情报与反情报丛书

情报分析

以目标为中心的方法

（第2版）

[美] 罗伯特·克拉克（Robert M. Clark）／著
马忠元／译　高金虎／审校

Intelligence Analysis

A Target-Centric Approach

金城出版社
GOLD WALL PRESS
·北京·

图书在版编目（CIP）数据

情报分析：以目标为中心的方法 / (美) 罗伯特·克拉克 (Robert M. Clark) 著 ； 马忠元译. --2 版. 北京：金城出版社有限公司，2025. 1. --ISBN 978-7-5155-2665-2

I. E87

中国国家版本馆 CIP 数据核字第 2024VT8820 号

情报分析：以目标为中心的方法
QINGBAO FENXI YI MUBIAO WEIZHONGXIN DE FANGFA

作　　者	[美] 罗伯特·克拉克
译　　者	马忠元
审　　校	高金虎
策划编辑	朱策英
责任编辑	李晓凌
责任校对	王秋月
责任印制	王培培
开　　本	700 毫米 × 960 毫米　1/16
印　　张	27.5
字　　数	425 千字
版　　次	2025 年 1 月第 2 版
印　　次	2025 年 1 月第 1 次印刷
印　　刷	天津旭丰源印刷有限公司
书　　号	ISBN 978-7-5155-2665-2
定　　价	88.00 元

出版发行	**金城出版社有限公司**　北京市朝阳区利泽东二路 3 号　邮编：100102
发 行 部	(010) 84254364
编 辑 部	(010) 61842989
投稿邮箱	jinchenglxl@sina.com
总 编 室	(010) 64228516
网　　址	http://www.baomi.org.cn
电子邮箱	jinchengchuban@163.com
法律顾问	北京植德律师事务所　(电话) 18911105819

目录

第二部分 创建模型

第三部分 预测性分析

图表目录

序　言

2001 年至 2005 年期间发生两起事件，即 2001 年 9 月 11 日恐怖分子对美国领土发动的袭击和 2003 年 3 月 20 日由美国主导的对伊拉克的入侵（后者通常被称为“伊拉克战争”），将全世界的注意力集中到美国情报界的明显失误上。在这两起事件中，每一起事件都在美国国内引起相当惊恐，以至于成立两党联合调查委员会，产生了“‘9 · 11’委员会”报告（2004 年 9 月公布）和“伊拉克大规模杀伤性武器委员会”报告（2005 年 3 月公布）。这两份文件在非保密层面上对情报失误进行了也许是最详细的评估，并直接导致美国情报界的结构和职能发生了引人注目的变化。

许多有关情报的书籍，无论是评论性的还是描述性的，关注的都是情报机构的结构与职能。然而，如果情报界有意进行真正改进，它肯定得从反思**流程**（process）开始，这样，新的情报界的形式和结构将自然随之产生。“‘9 · 11’委员会”和“伊拉克大规模杀伤性武器委员会”的一个重大贡献在于二者都关注了失误流程。因此，本书的首要目标就是重新界定情报流程（intelligence process）——具体地说，就是分析流程——以便使通常被称为“情报周期”（intelligence cycle）的所有环节通畅而有效地运行。

情报流程应当完成三项基本任务。首先，它应当便于用户提出问题。其次，它应当利用现有的情报信息基础，对用户需求立即做出响应。最后，它应当设法迅速获取新的信息，以回答尚未回答的问题。为此，情报分析人员必须擅长合作，擅长预测：合作是让所有参与者都参与进来，为用户提出问题和得到答案提供便利；预测是因为情报用户最想知道接下来将会发生什么。

我所说的以目标为中心的情报流程是：让所有参与生产可靠情报的各方聚集在一起，帮助分析人员和情报用户完成上述三项任务。虽然情报界是围绕层次体系组织的，但以目标为中心的流程则为情报搜集人员、分析人员和情报用户勾勒出一种合作方法，以对付越来越复杂的敌人。我们不能只是简单地向用户提供更多的情报，他们拥有的信息已超出了其处理能力，而且信息过载易于造成情报失误。情报界必须提供与用户需要相关的情报，也就是所谓“可供行动用的情报”（actionable intelligence）。合作可产生这样的情报。计算机与多媒体通信的融合，使情报生产者和情报用户能够从传统的层级体系向网络迈进，进行更加密切的互动。2004 年《情报改革与恐怖主义预防法》（*The Intelligence Reform and Terrorism Prevention Act*）实施后，美国情报界进行了重建，这种互动在重建之前即已开始。

利用现有的各种预测方法，澄清和提炼分析流程，是本书的第二个目标。这些预测方法可运用于组织计划、问题解决、科学与工程、法律以及经济学领域。尽管信息技术在过去 50 年里发生了巨大变化，但在许多情况下，这些方法和技巧都已经过考验。即便在看起来毫不相关的领域，这些方法在进行情报预测时都是有用的。事实上，我们可以从这些学科中提取许多统一的概念，并在创建未来情景想定、进行力量评估和监视各种征候时加以运用。本书在各种“分析原则”（analysis principle）的方框内强调了这些概念，并将它们作为情报分析的根本原则。即使世界在继续发生变化，这些原则也应该使本书成为一部有价值的参考资料。

本书对所有情报专业人士、学者和情报用户都有帮助，但它主要是为正在从事情报工作的分析人员撰写的。情报专业人员可能会将其整个职业生涯用于研究如“行为分析”这样的专门主题，而且有许多著作专门论述了这些主题，但本书对此只做简要的介绍。更准确地说，本书旨在作为一种普遍性的指南，为引导读者对特定的方法进行更深入的研究和提交情报报告提供参考。然而，在更好地界定情报分析流程、实际运用这些具体的情报分析方法、展示这些分析方法在情报分析流程中如何相互联系方面，本书的作用远不止于此。本书提出这样一种看法，即情报用户和情报分析人员同样需要更加积极地改变情报世界，尽可能提取更为有用的情报。

本书讨论了许多情报失误案例，这也许会使读者得出一种印象，即我们的失误多于成功。但实际情况恰好相反。也许，每一个重要的情报机构在分析方面取得的成功都多于失误，但失误更为明显。出于两大目的，本书集中探讨失误问题：其一，公开分享我们的成功经验，确保将来少犯些错误；其二，相比于经验，我们从失误中所获更多。

本书前两版在学术界、政府组织和签约部门普遍使用，读者提出了许多非常好的建议。在新版中，我一直在努力吸纳这些建议。本书第三版主要根据读者的建议进行了修订，导致本书的所有章节都发生了变化，尤其是第 6 章“情报信息来源”全部重写，以对情报搜集提出一个更符合逻辑的解释。第 15 章“分析人员与用户”也得到了相当的扩充，以讨论如何使情报为用户所理解和接受。

书中表达的所有事实陈述、观点或分析，均系作者个人意见，不反映美国中央情报局[1] 或其他美国政府组织的官方立场或观点。不应当将本书中的任何内容理解为美国政府肯定或暗示其真实性，或表明政府部门认可作者的观点。为防止泄密，本书已经通过美国中情局的审查。

[1] 为表达的方便，本书后文可简称为“中情局”。对该局四个分别负责情报、行动、技术和支援业务的部门，本书译者一律相应采用“分局”称之，以符合中文的表达逻辑和业界已形成的习惯。而中情局官方网站对此四个部门的中文译法则以“处”冠之。特此说明。——编注

引　言

最大的思想紊乱是相信人们想要相信的事情。

——路易斯·巴斯德（Louis Pasteur）

我们从失败中学到的东西比从成功中学到的东西更多。正如本书序言指出的那样，我们从美国在21世纪出现的两大情报失误（“9·11”袭击和误称伊拉克拥有大规模杀伤性武器）中有很多需要学习的东西。因此，本书开篇就概述一下我们为何失误。

一、我们为什么失误

需要提醒的是，情报失误并非美国所独有的问题。因此，有必要对20世纪其他国家情报机构的某些失误进行回顾。

- **1941年的“巴巴罗萨行动”**：约瑟夫·斯大林（Josef Stalin）自己给自己充当起情报分析员，但事实证明他是一位非常蹩脚的分析员。他对与纳粹德国的战争毫无准备，虽然收到大量情报表明德国人正准备发动突然袭击，他却对此视而不见。告诉俄国人德国即将发动袭击的德国叛逃人员被视为挑拨离间者，根据斯大林的命令，他们被枪毙。当代号为“巴巴罗萨”的攻击于1941年6月22日发起之时，斯大林的将军们吃惊不已，他们在前方的各师陷入陷阱，遭遇灭顶之灾。[1]

- **1942年的新加坡**：13万装备精良的英国、澳大利亚和印度士兵向3.5万名疲惫不堪且装备不良的日本士兵投降。这是英国在军事上遭受的最重大失败之一。在滑向这场灾难的道路上，英国情报机构对其对手做了一连串的拙劣分析，如低估了日本“零”式战斗机的实力、断定日本人不会在丛林中使用坦克等。在将英国人赶出马来半岛并迫使其撤回新加坡的过程中，日军坦克被证实效率奇高。[2]
- **1973年的赎罪日战争**：据称以色列拥有世界上最好的情报机构，但是在1973年，以色列情报机构领导层与内阁结合太紧，经常充当内阁的政策顾问和信息评估人。在一定程度上，以色列过去的胜利也导致其狂妄自大和对以色列固有优势的自信。以色列领导人认为，以色列压倒性的军事优势是阻止其对手发动进攻的威慑力量。他们认为，埃及在发动进攻之前需要重建其空军力量，并与叙利亚结成联盟。在这种氛围中，以色列的情报机构易于成为埃及欺骗行动的牺牲品，而事实上也确实如此。一位情报军官准确预测了埃及即将发动攻击，但这份报告被其上司即以色列南部军区司令部首席情报官扣压。1973年10月6日是犹太人的赎罪日，埃及没有重建空军，并严守叙埃协议的机密，发动了突然袭击，以色列国防军措手不及。虽然攻击最终被击退，但以色列为此付出惨重代价。[3]
- **1982年福克兰群岛战争**：阿根廷想要英国交出其于1837年占领并在那里进行殖民统治的福克兰群岛。英国的战术是进行旷日持久的外交谈判而不放弃该岛。当时有充足的证据表明阿根廷企图入侵该岛，有报告说一支阿根廷海军特遣部队与一支海军陆战队两栖

---

[1] John Hughes-Wilson, *Military Intelligence Blunders* (New York: Carroll and Graf, 1999), 38.（如无特别说明，本书注释均为原书所注。）

[2] John Hughes-Wilson, *Military Intelligence Blunders* (New York: Carroll and Graf, 1999), 102.

[3] John Hughes-Wilson, *Military Intelligence Blunders* (New York: Carroll and Graf, 1999), 218.

部队一起向福克兰群岛开进，但因为慑止或击退进攻将要付出高昂代价，英国外交和联邦事务部[1]不愿意直面阿根廷发动进攻的可能性。当时由外交部主管的拉美动态情报组（Latin America Current Intelligence Group）于1982年3月30日断定，阿根廷不会立即入侵。4月2日，阿根廷海军在福克兰群岛登陆并占领该岛，此事引发英国集结海军特遣部队并夺回了该岛。[2]

这些例子和本书讨论的其他情报失误都不是因为没有搜集到情报。在这些案例中，情报都已经搜集到。情报失误有三个问题是共同的。

不能共享信息

从珍珠港事件到“9·11”恐怖袭击，再到误称伊拉克拥有大规模杀伤性武器，情报搜集人员和分析人员不能够或不愿意共享信息，已经成为情报失误反复出现的一个原因。

情报工作是一项团队活动。有效的团队需要的是凝聚力、正式和非正式的沟通、合作、共同的思维模式（mental model）和类似的知识结构——所有这些都有助于信息的共享。没有这样一个共同流程，任何团队——尤其是必须处理当今复杂问题的跨学科团队——都将迅速解体。[3]

然而，“伊拉克大规模杀伤性武器委员会”（即“美国关于大规模杀伤性武器情报能力委员会”，该委员会于2005年3月向总统提交了正式报告）发现分析人员不能作为一个团队进行工作。[4]他们不能有效地共享信

[1] Foreign and Commonwealth Office(FCO)，常简称Foreign Office，故中文亦常译作外交部。该部1968年由原英国外交部和联邦事务办公室合并成立。——编注

[2] John Hughes-Wilson, *Military Intelligence Blunders* (New York: Carroll and Graf, 1999), 260.

[3] Rob Johnson, *Analytic Culture in the U.S. Intelligence Community* (Washington, D.C.: Center for the Study of Intelligence, Central Intelligence Agency, 2005), 70.

[4] *Report of the Commission on the Intelligence Capabilities of the United States Regarding Weapons of Mass Destruction*, March 31, 2005, Overview.

息。在美国情报界以及在全世界几乎所有的情报机构，不能共享信息的根本原因依旧存在。

分享需要开放，但任何需要秘密行事的组织都会对开放感到头疼，因此经常拒绝开放。[1] 包括美国情报界在内的大部分政府情报机构，强调更多的是保密而不是效率。[2] 对于产出劣质情报的惩罚比较温和。对于保密信息处理不当，当事人得到的惩罚则是情报生涯的终结。[3] 不进行信息共享确有合法理由，由于过分广泛地共享了搜集项目的细节情况，美国情报界有许多搜集“资产”[4] 遭到损失。所以,在保护资产与行动高效之间保持平衡，归根结底是一种艺术。商业组织在情报分享方面更为高效，因为较之保密性，他们往往更注重效益。而且，他们损失关键情报来源的风险也比较低。

任何学科的专家都拥有信息优势，他们往往利用这种优势为自己的日常工作服务。[5] 情报搜集与分析人员也是如此。在情报机构的较低层，囤积信息或许还有保住工作的好处。在高层情报机构，垄断情报可能有助于保护本单位的预算。因此，拿出最少量的必要信息进行分享，既避免遭受批评，又保护了真正有价值的材料，这是一种自然倾向。任何一个官僚组织都有囤积信息的手段，而本书对其中最常见的部分进行讨论。

最后，情报搜集人员和分析人员都会发现，与世隔绝轻而易举。他们不愿意利用外单位的资源。[6] 沟通需要付出时间和精力。从其他来源获取

---

[1] Rob Johnson, *Analytic Culture in the U.S. Intelligence Community* (Washington, D.C.: Center for the Study of Intelligence, Central Intelligence Agency, 2005), xvi.

[2] Rob Johnson, *Analytic Culture in the U.S. Intelligence Community* (Washington, D.C.: Center for the Study of Intelligence, Central Intelligence Agency, 2005), 11.

[3] 严惩不能恰当使用机密信息者确有几分道理。一个 10 亿美元的搜集项目可能因泄密而遭到损失，相关人员可能会被杀死。

[4] asset，即情报来源。——译注

[5] Steven D. Leavitt and Stephen J. Dubner, *Freakonomics* (New York: HarperCollins, 2005), 13.

[6] Rob Johnson, *Analytic Culture in the U.S. Intelligence Community* (Washington, D.C.: Center for the Study of Intelligence, Central Intelligence Agency, 2005), 29.

情报具有长期收益，但短期收益几乎很少。

总之，情报搜集人员、分析人员和情报机构隐藏信息的动机很多，共享信息的好处却很少。在共享的动机还没有超过隐藏的好处之前，这个问题有可能一直存在。

不能客观分析所搜集的材料

在本书引言开头所引用的各个案例中，情报分析人员或国家领导人都被固定在一种**思维模式**之中，这是分析出现失误一以贯之的原因。我在前面引用了巴斯德的警示，他们恰恰落入了这一陷阱之中。他们之所以相信，是因为他们自觉或不自觉地希望事情就是如此。思维模式本身可以通过多种偏见（bias）和先入之见（preconception）的形式表现出来，具体包括如下表现：

- **种族中心主义偏见**（ethnocentric bias）包括将自己的文化信仰与期望强加于人。这导致"镜像思维"（mirror-image）模式的产生，即以看待自己的方式来看待他人，并导致这样的一种假定，即别人都会按照自己所定义的理性来进行"合理"行动。以色列人之所以没有预测到赎罪日战争，是因为在以色列人看来，埃及人在没有进行充分准备的情况下发动袭击并不理智。
- **愿望思维**（wishful thinking）包括在分析中所表现的过度乐观或对不愉快选择的刻意避免。英国外交部之所以没有预测到阿根廷会入侵福克兰群岛，是因为尽管有情报表明入侵迫在眉睫，但外交部不想面对。出于同样的原因，在"巴巴罗萨行动"之前，约瑟夫·斯大林犯下了同样的错误。
- **狭隘利益**（parochial interest）导致组织的忠诚度或个人的日常工作影响了分析流程。
- **维持现状偏见**（status quo bias）使得分析人员以为事情将沿着直线发展。毕竟，最有把握的天气预报是"明天的天气将像今天一样”。英国情报军官的故事就是这样一个极端例子。1950 年，该军官在服役 47 年后退休。他回忆道 ：“对战争爆发进行可怕的预测，年复一年的不安与忧虑总是困扰着我。每次我都抵制这种不安与忧虑。我只误报过两次。”[1] 维持现状的偏见造成分析人员无法捕捉模式的变化。

- **提前做出结论**（premature closure）造成分析人员对某个问题的解决方案过早做出判断，然后就固执地捍卫最初的判断。这会导致分析人员（通常是在下意识的状态下）挑选支持自己所偏爱方案的证据，而拒绝接受与该方案相冲突的证据（或认为不重要而不予考虑）。

如果不进行质疑，所有这些思维模式就会产生糟糕的结论和劣质的情报。而且，正如“伊拉克大规模杀伤性武器委员会”的报告所指出的那样，分析人员经常以未经辩驳的假设来驱动自己的分析。[2]

用户不能根据情报采取行动

在某些情况下，如在“巴巴罗萨行动”和福克兰群岛事件中，情报用户不能理解或不能利用现有的情报。

国务院一位资深官员曾经这样半开玩笑地评论说 ：“没有什么政策失误，有的只是政策的成功和情报的失误。”[3] 这句评论虽然激怒了情报官员们，但应该将此理解为对采取行动的一种呼唤。当用户不能利用得到的情报时，情报分析人员应该承担部分责任 ；在分析过程中，分析人员也应该接受挑战，让用户参与其间，确保在用户必须采取行动时，这样的情报可

---

[1] Amory Lovins and L. Hunter Lovins, “The Fragility of Domestic Energy,” *Atlantic Monthly,* November 1983, 118.

[2] *Report of the Commission on the Intelligence Capabilities of the United States Regarding Weapons of Mass Destruction*, March 31, 2005, Overview.

[3] William Prillaman and Michael Dempsey, “Mything the Point: What’s Wrong with the Conventional Wisdom About the C.I.A.,” *Intelligence and National Security* 19, no. 1 (March 2004): 1–28.

考虑予以使用。

在本书中，我用相当大的篇幅讨论了情报分析人员“客观评估和了解客户、客户业务或领域”的极端重要性。本书第一部分阐述了一种合作性的、“以目标为中心”的情报分析方法。该方法要求所有的利益相关方，包括情报用户在内，都建立起紧密的工作关系，从而清晰地了解用户需求，取得最有效的成果或产品。本书最后一章讨论了各种方法，确保用户在决策时考虑所有可获得的最佳情报。

情报分析人员常常不愿同决策者这种情报用户密切接触。美国中情局成立之初，曾试图远离其从事政策制定的情报用户，以避免自己在国家情报评估过程中丧失客观性。[1] 二者之间存在分隔，不利之处显而易见，因为情报分析针对的不是用户当前感兴趣的问题，情报对政策制定就变得不那么有用，这种做法的不利之处显而易见。20 世纪 70 年代期间，中情局高级分析人员开始加强与决策者的接触。正如福克兰群岛之战和赎罪日战争这两个案例所显示的那样，这种密切接触也有风险。但在许多情况下，分析人员已经能够与决策者密切合作，在不丧失客观性的前提下，使得情报分析贴切中肯。

二、本书论述什么

本书是为情报分析人员撰写的，它提出了成功进行情报分析的流程——包括避免情报失误的三个主题。

研究表明，美国情报界不存在任何统一的标准分析方法。大的情报界都由许多情报门类（discipline）组成，每个门类都有自己的分析方法。[2] 而且，情报分析人员一般都会创造出一些专门方法，来对具体问题进行分析。这种个性化的分析方法（approach）已经产生了许多不同的分析手段

[1] Harold P. Ford, *Estimative Intelligence* (Lanham, Md.: University Press of America, 1993), 107.

[2] Rob Johnson, *Analytic Culture in the U.S. Intelligence Community* (Washington, D.C.: Center for the Study of Intelligence, Central Intelligence Agency, 2005), xvii.

(method)，其中美国情报分析人员采用的分析手段有 160 多种。[1]

分析手段的扩散具有充分的理由。为了解决非常专门的问题，人们开发了各种方法，这些方法通常是某一学科所独有的，如经济分析方法或科技分析方法（它很可能拥有最多的解题方法）。例如，苏联解体后，那些一辈子从事计划经济分析的经济学家，突然面临自由市场价格和私有化问题。任何地方都不存在这种经济过渡的模式，分析人员必须从头做起，发明各种方法，以衡量俄罗斯私营经济的规模。[2]

不过，所有的情报分析方法都来自一个基本流程。本书讨论的就是这个流程。书中提出这样一种思路，即创建情报目标模型，从该模型中提取有用信息。这两个步骤——第一步称为综合，第二步叫作分析——构成了人们所称的情报分析。所有的分析人员都会自然而然地这样做。避免失误的关键是，情报分析人员应与信息搜集人员和情报用户共享这种模型。尽管不存在解决所有问题的统一方法，但基本的流程事实上是存在的。

也有各种标准的、广泛使用的方法。分析人员必须全部掌握它们，以便在解决情报问题时应用。它们可能包括模式分析（pattern analysis）、趋势预测（trend prediction）、文献评估（literature assessment）和统计分析（statistical analysis）等。本书从头到尾以分析原则的形式介绍了这些技巧。这些分析技巧综合在一起，形成了一个解决问题的流程，便有助于避免此前讨论过的情报失误。

谢尔曼 · 肯特（Sherman Kent）指出，一名分析人员具有三个愿望：“知晓一切，得到信任和对政策施加积极影响。”[3] 本书不会培养出能够知晓

---

[1] Rob Johnson, *Analytic Culture in the U.S. Intelligence Community* (Washington, D.C.: Center for the Study of Intelligence, Central Intelligence Agency, 2005), 72.

[2] Center for the Study of Intelligence, Central Intelligence Agency, “Watching the Bear: Essayson CIA’s Analysis of the Soviet Union,” Conference, Princeton University, March 2001, www.cia.gov/cis/books/watchingthebear/article08.html, 8.

[3] Center for the Study of Intelligence, Central Intelligence Agency, “Watching the Bear: Essayson CIA’s Analysis of the Soviet Union,” Conference, Princeton University, March 2001, www.cia.gov/cis/books/watchingthebear/article08.html, 12.

一切的分析人员——这就是评估将继续存在的原因。但是，本书第 1 章至第 14 章可帮助分析人员学会各种分析技巧，而第 15 章则可帮助分析人员朝第二个和第三个愿望迈进。

三、小结

情报失误具有三个由来已久的共同问题：

- **搜集人员与分析人员不能共享信息**。出色的情报工作需要团队行动和共享信息，但在庞大的情报机构中，大多数激励措施都是鼓励隐藏信息而不是共享信息。
- **分析人员不能对所搜集的材料进行客观分析**。存在思维模式是这些失误的共同问题，偏见和先入之见妨碍了客观性。
- **用户不能根据情报采取行动**。这不完全是用户的过错。分析人员有义务确保用户收到情报，而且完全理解情报。

本书讨论的是一个可以减少这种失误的情报流程。庞大的情报机构会开发出许多分析方法，用以处理它所面临的各种问题。这些方法在基本分析流程中都行之有效：创建情报目标模型（综合），并从该模型中提取有用信息（分析）。成功来自情报分析人员与搜集人员和用户分享这种目标模型。

第一部分

以目标为中心的情报分析

[第 1 章]

情报流程

未来冲突更多的将是以网络而不是以层次体系进行，谁掌握了网络形式，谁就会获得重大优势。

——约翰·阿奎拉（John Arquilla）

大卫·朗菲尔德（David Ronfeldt）

兰德公司（RAND Corp）

乔治·卢卡斯在其原创电影《星球大战》中，对人力情报行动的最后阶段进行了描述。女主人公莱娅公主从移动的无人交接点（mobile dead drop）[1]——机器人 R2–D2 那里获得邪恶的“银河帝国”最后的战争机器“死亡之星”的计划，并将这些计划交给了抵抗力量。抵抗力量的科学情报分析人员向抵抗力量司令部汇报了这些计划，准确地指出了“死亡之星”的薄弱之处，并对敌方的防御进行了出色的分析。抵抗力量的战斗机驾驶员向“死亡之星”的薄弱处发射了质子鱼雷，摧毁了“死亡之星”，影片结束。

《星球大战》的这一片段准确地总结了人们普遍认为的情报流程。搜集情报信息和实施作战行动的人获得了荣誉，上了媒体，得到了金钱。在

[1] 无人交接点是两个秘密特工之间用于交接物品的临时性的隐匿地点。使用无人交接点，特工可以避免危险的面对面接触。公园长凳旁边的罐头盒就是典型的无人交接点。

幕后工作的情报分析人员获得的是有待解决的有趣问题，以便使一切运转起来。

虽然人们普遍关注的是情报搜集，但大部分重大情报失误的原因是由于分析不足，或者根本就没有分析，而在其他失误中，大多数则是因为没能根据分析采取行动，正如在引言中所指出的那样。信息通常就在那里，至少在事后看来就是如此。不幸的是，大量无关材料也存在着，这些材料必须予以研究或摈弃。今天，所有的情报机构都充斥着不断涌来的信息。另外，在庞大的情报机构中，有关情报事务的关键信息或许不能进行有效共享，因为情报活动是围绕“情报周期”这个有缺陷的概念组织的。在探讨这个有缺陷的概念之前，我们应当对**情报**这个术语给出定义。

一、情报的本质：减少冲突中的不确定性

情报就是要减少冲突中的不确定性。由于冲突可能包括因双方或多方观点或利益分歧而造成的竞争或对立行动，因此冲突不一定是实际的战斗。如果存在竞争或谈判，那么处于冲突状态的是两个或两个以上的集团。冲突可以有不同级别，从友好竞争到武装战斗不等。事情的背景决定另一方是对手还是盟友。通常，同志和盟友之间不相互实施情报活动，然而，一场冲突中的盟友可能在另一场冲突中成为对手。[1] 例如，法国和美国通常是军事盟友，但在商业事务上却是对手。

要减少不确定性，情报机构需要去获取对手喜欢隐藏的信息。这一界定并不排除使用可利用的公开来源，如报纸或因特网。对这种公开来源信息进行充分分析，经常能揭示对手想要隐藏的信息。一般情况下，情报工作是理解可用信息含义的一种复杂过程。情报工作的典型目标是确立事实，然后做出准确、可靠和有效的推理（包含假设、评估、结论或预测），

[1] Walter D. Barndt Jr., *User-Directed Competitive Intelligence* (Westport, Conn.: Quorum Books, 1994), 21–22.

以便在进行战略决策或制订作战计划时使用。

许多公司在从事市场研究，实验室、思想库和学术界在进行传统研究。它们与情报工作有哪些不同呢？毕竟，那些研究的目的也是减少不确定性。这个问题的答案是：它们使用的方法大部分是相同的，只有一个重要区别：在情报研究中，当通过（成本不很高的）传统手段不能获得准确信息时，情报领域所独有的一系列专业手段就会派上用场。学术界不大可能把随意截取电话通信作为搜集和分析的手段，也不必频繁地应对隐蔽、拒止或欺骗。

由于情报针对的是冲突问题，因此它保障的是各种**行动**，如军事计划与战斗、外交谈判、贸易谈判和商务政策，以及执法行动等。情报的主要用户是行政管理人员、决策者、作战指挥官或执法官员，他们要根据情报采取行动。因此，学者将情报描述为**可供行动用**的信息。然而，并非所有可供行动用的信息都是情报。天气报告可供行动之用，但它不是情报。

情报与普通新闻的区别在于其能否保障行动。采取行动的用户可以（或应该）对情报大施拳脚，而电视观众对新闻通常无所作为——尽管他们可能对天气预报有所动作。当然，同样的信息既可以是情报，也可以是新闻：如果用户根据信息采取行动，那么索马里因食品发生骚乱，这既是情报，又是新闻。

最后，情报总是与**目标**有关。目标是用户希望得到解答的问题的焦点。在电影《星球大战》的例子中，目标就是“死亡之星”。抵抗力量情报机构确定对手的薄弱环节，为作战行动提供保障。

逻辑性决定了情报流程应该围绕如何最好地接近目标展开。这正是本书其余部分所要关注的问题：使用以目标为中心的方法来解决情报问题的步骤。这个流程与大多数介绍性的文本和课程中所描述的不同，但它是情报实践所遵循的新方向。简要地回顾一下传统的情报周期，就可说明其中的原因。

二、传统的情报周期

传统上，情报工作一直遵循一系列步骤，我们称之为**情报周期**。图 1–1 显示的是情报周期的基本形态。

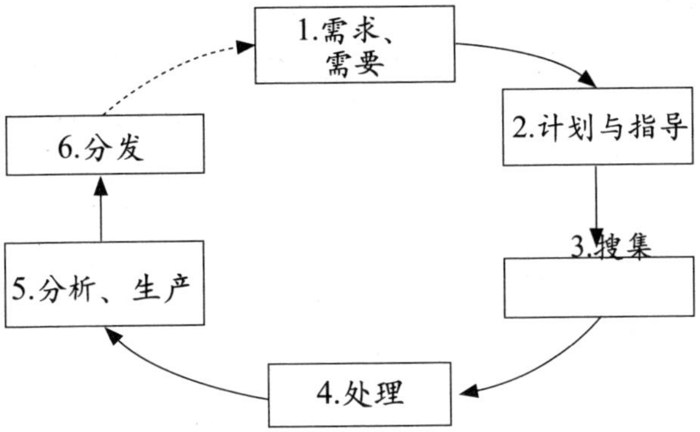

图 1–1　传统的情报周期

注：虚线代表从一个周期向下一个周期的过渡。在此期间，用户对情报产品加以审查，并提出新的需求和需要。

情报周期通常从确定**需求**（requirements）或**需要**（needs）开始，这就等于对该情报问题做了界定。一般情况下，它的形式是——情报用户提出一个相当笼统的问题，如“埃塞俄比亚政府的稳定性如何？”

接下来的步骤是**计划**（planning）或**指导**（direction）——确定情报周期的其他部分将如何解决该问题。指导者必须向情报搜集人员下达任务以搜集缺失信息；必须指派分析人员对埃塞俄比亚政府的稳定性进行研究，并写出报告。

然后，情报周期进展到**搜集**（collection）阶段。负责搜集的人员必须弄到埃塞俄比亚的报纸。通信情报（communications intelligence，简称 COMINT）必须关注埃塞俄比亚政府的通信。人力情报（human intelligence，简称 HUMINT）人员必须向线人（source）提出问题，以了解埃塞俄比亚的内部事务。

从此时开始，有关信息必须经过**处理**（processed）。外语材料必须翻译；加密信号必须予以破译；胶片或数字信号必须转换成可视图像；对于人力情报来源的反应，必须加以证实并形成报告格式。

在**分析**（analysis）阶段，新搜集和已处理的材料必须与有关的历史材料汇总，以便形成情报。分析人员必须根据埃塞俄比亚的当前形势来设想各种结局，生成对埃塞俄比亚领导人的传略，评估他们对各种可能发生的事件有可能做出的反应。分析阶段通常还包括对情报成品进行专门的监督和审查，但形势快速变化的战斗情报除外，后者只要进行简单的融合（fusion）即可（见第 4 章论述）。

成品情报必须以书面报告（通常以电子形式发送）或简报的方式**分发**（disseminate）给用户，接下来过渡到一个新的需求或需要阶段，从而开始新的情报周期。

多年以来，情报周期几乎成了一个神学概念：没有人质疑它的正确性。然而，许多情报官在被追问时却承认情报工作“实际上并非那样运转”。换句话说，有效的情报活动不是周期性的。下面就是几点原因。

情报周期界定了一系列相对**独立的**（antisocial）步骤，这些步骤制约了信息的流动。情报周期将搜集人员、处理人员与分析人员分开，经常“把信息扔到墙外”，使其成为后一步骤人员的责任。每个人都巧妙地规避对最终产品质量的责任。这种部门隔离在每个阶段都造成了程式化、相对固定的要求，因此它更易于被对手预测，也更易于遭到对方的反制。如同在多种冲突中一样，在情报领域，如果你能够预测到对手将要采取的行动，你就能将其击败。

如果从根本上考虑用户，情报周期所定义的观点倾向于将用户抽象地看作一个完整的实体。在一个真正的周期中，其固有的反馈回路是不存在的；在情报分发和需求之间存在空白。用户处在这种反馈回路之外，因此其不断变化的需求不能为人所知。为何存在这种空白呢？

在政府内部，情报官和决策者对彼此业务毫无了解。[1] 在军队，这种空白可能不那么严重——在军事文化中，情报的重要性早已根深蒂固。但是，如同在文职政府部门中一样，组织之间的界限总是存在的。大多数指挥官及其参谋人员没有情报工作经历，而情报军官通常又不承担作战任务。他们往往讲着不同的行话，对行动中哪些部分最重要，他们存在意见分歧。军事情报军官对敌方能力的了解往往超过对己方部队的了解，而指挥官存在的问题恰恰相反。

在庞大的情报机构中，如美国政府的那些情报机构，情报搜集单位（见图 1–1）一般都是建制有序、资金充足，能够自动处理海量信息。相形之下，当人们从情报分发朝新的需求迈进时，却几乎得不到资助，而且需要从情报用户那里得到大量的反馈。这种制度依赖于用户表达其需求。对于这种情况，军事组织有一个正式的系统，决策者则没有。决策者的信息输入大部分是非正式的，取决于分析人员所获取的信息反馈，通常需要经过若干中间环节。对于美国情报界最新的那类情报用户——执法组织而言，信息反馈还处于最原始的阶段。没有哪个实体对闭合信息反馈回路承担明确责任。分析人员及其管理者一般与情报用户保持最紧密的联系，他们通常决定了用户的需要，但是，反馈的信息更多的是一种漫无目的的陈述，它取决于分析人员的倾向性，而分析人员正忙着处理其他迫切的问题。

情报周期的传统观念也占据上风，因为它符合解决问题的常规方式。它顺理成章地来自这样的规则，即解决情报问题最好的方式是遵循一个连续的、有序的和线性的流程，从提出质疑（问题）开始，到找到答案（解决方案）为止。人们从了解问题入手，接下来是搜集和分析数据，然后运用各种分析技巧解答问题。最简单的解题课本教的就是这种思维模式，而我们几乎是本能地运用它。事实上，传统的智慧告诉我们，问题越复杂，遵循这种有序的流程就变得越重要。这种线性方法的缺陷在于它模糊了真

[1] David Kennedy and Leslie Brunetta, "Lebanon and the Intelligence Community," case study C15-88-859.0, Kennedy School of Government Case Program, Harvard University.

正的、根本的认识过程：思维并非按直线运转——它在寻找解决方案的流程中，常常从问题的一个方面跳到另一个方面。在实践中，情报官或许从情报分析跳回到情报搜集，然后回到情报需求，再回到情报搜集，尔后再回到情报分析。这看起来是一个非常凌乱的过程，根本不像一个有规可循的周期。

尽管情报周期这一概念与真实的情报世界毫不相关，但它却顽强地存在着。美国和英国情报界的一些专家，如美国前国家情报总监迈克·麦康奈尔（Mike McConnell）[1]、著名的英国学者迈克尔·赫尔曼（Michael Herman）[2] 等人都质疑这一概念的相关性。他们认为所谓的情报周期实质上是一系列的反馈回路。但是积习难消，在一些介绍性的情报课程中，情报周期依然是教学内容。

美国情报分析的权威谢尔曼·肯特曾指出：情报周期的问题——情报参与者的门户之分、情报分发与需求之间的空白，试图使非线性过程变成线性过程的努力——在庞大的情报机构中更为严重，危机越严峻，上述问题越严重。[3] 像美国国家侦察办公室（National Reconnaissance Office）前主任基思·霍尔（Keith Hall）评述的那样："在危机期间，所有的缝隙都消失，所有角色都在齐心协力，创立终端到终端的方案……但在非危机形势下，我们做得就不那么好。"[4]

总之，情报传统周期理论也许充分描述了情报界的结构和职能，但它没有描述情报流程。在信息技术不断发展的世界，传统的周期理论甚至

---

[1] William J. Lahneman, *The Future of Intelligence Analysis,* University of Maryland, Center for International and Security Studies at Maryland, final report, vol. I, March 10, 2006, E-8.

[2] Michael Herman, *Intelligence Power in Peace and War*(Cambridge: Cambridge University Press, 1996), 100.

[3] Sherman Kent, "Producers and Consumers of Intelligence," in *Strategic Intelligence: Theory and Application,* 2nd ed., ed. Douglas H. Dearth and R. Thomas Goodden (Washington, D.C.: U.S. Army War College and Defense Intelligence Agency, 1995), 129.

[4] Stew Magnuson, "Satellite Data Distribution Lagged, Improved in Afghanistan," *Space News*, September 2, 2002.

与真实的情报世界不那么相关了。为解决肯特指出的问题，非正式的网络（利益相关方）正在形成，通过保密的网络技术，非线性的情报流程成为可能。

然而，我们仍然在运用情报周期，因为它包含一种便利方法，使我们可以组织和管理情报机构，就像管理庞大的政府组织和庞大的军事组织一样。在某些方面，它还是一种保护措施，使得我们难以明确情报失误的责任。

50 年前，汽车生产“周期”看起来很像传统的情报周期。销售人员对新式汽车提出要求，设计人员拿出方案并提交生产部门，生产部门重组工厂设备，在很长的生产线上产出汽车，汽车从生产线末端制造出来，由销售队伍向顾客出售。然后，从新的需求配置开始，开始新的周期。没有任何人对最终的结果负责。然而今天的汽车生产是一种团队行动——市场调查人员、销售人员、设计人员和生产人员、用户代表聚集一堂，为一个共同的目标即新款汽车而努力。这种复杂的、互动的、协作的、社交的过程使汽车厂得以更快地生产出质量更高、更符合市场需要的产品。情报生产比汽车制造更为复杂，但互动式方法是二者所必须的。当今的情报问题正变得越来越复杂，本书为此界定了一种备选方法，该方法正在成为情报界的主流。

三、以目标为中心的情报

一个可以替代传统情报周期的方法，是使所有的利益相关方（包括用户）成为情报流程的组成部分。在情报界，利益相关方包括搜集人员、处理人员、分析人员，以及为保障这些人员而计划、建立各种系统的人员。例如，就某一特定问题而言，美国的情报用户可能包括总统、国家安全委员会、军事司令部、外交官、国土安全部、地方执法部门，以及美国海军舰艇指挥官等。为了将他们包括在情报流程当中，我们必须重新定义情报周期。这不是为了在传统的等级组织中便于实施，而是为了使该流程能够充分利用不断发展的信息技术并能够处理各种复杂问题。

图 1–2 从**以目标为中心**（target-centric）或以目标为导向的视角，对情报流程进行了界定。目的是建立一个目标共享的图景，所有参与者均可从中提取他们所需要素，完成自己工作，并为此贡献自己的资源或见闻，以便建立一个更加准确的目标情景。这不是一个线性过程，也不是一个工作周期（尽管它含有许多反馈回路或工作周期）；它是一个**网络过程**，一个所有参与者都关注其目标的社交过程。美国情报界已经将其准确地描述为“以网络为中心的合作过程”。[1]

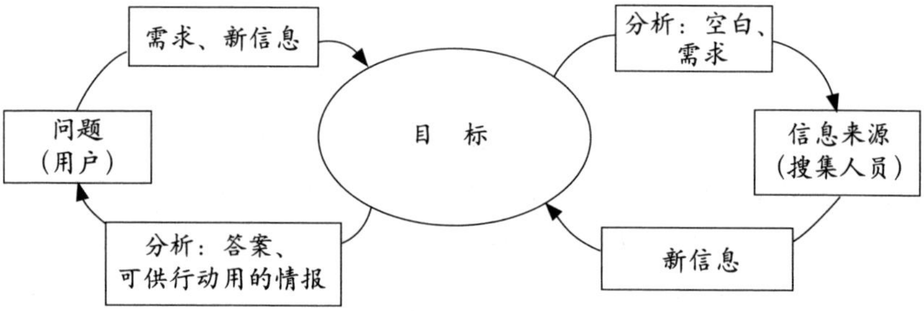

图1–2　情报流程中以目标为中心的视角

在图 1–2 所显示的过程中，在行动上遇到问题的用户可以查看当前对目标所了解的程度（当前的目标情景），明确他们所需要的信息。情报分析人员与分享同一目标情景的搜集人员一起，将这些需要转换成搜集人员所要解决的“情况空白”或“信息需求”。当搜集人员获得所需信息时，该信息就被纳入目标共享图景。从这种图景中，分析人员提取可用于行动的情报，并将其提供给用户，反过来，用户也可向共享的目标情景补充他们自己的认识，提出新的信息需求。

让我们向图 1–2 所显示的过程添加一些有意思的内容：1993 年 12 月 2 日，哥伦比亚警察中尉雨果 · 马丁内斯（Hugo Martinez）的警用监听车

[1] V. Joseph Broadwater, “I Would Make the T-PED Pain Go Away,” Memorandum for the record (U.S. National Reconnaissance Office, Washington, D.C., August 3, 2000), photocopy.

在麦德林市的街道上行驶。他注视着计算机屏幕上的信号显示，倾听着耳机内的声音。电子情报跟踪显示，大毒枭巴勃罗·埃斯科瓦尔（Pablo Escobar）在这个街区进行手机通话。准备孤注一掷的埃斯科瓦尔正和儿子谈论如何使全家人逃出哥伦比亚，马丁内斯则正在努力找出埃斯科瓦尔究竟在哪所房子内。

计算机屏幕上和耳机内的信号增强并达到峰值。监听车在一幢房子旁停下来。马丁内斯抬起头，看到一个胖男人站在一扇窗户旁，拿着手机。男人转过身去，电话交谈戛然而止。马丁内斯向指挥官报告："我已将他锁定。他就在这幢房子里。"指挥官发出命令，要求所有部队会合并包围该建筑。5 名警官冲进前门并与住在里面的人交火。10 分钟后，交火停止。在房顶上，巴勃罗·埃斯科瓦尔躺在那里死了。[1]

这是一个真实的故事。它是美国与哥伦比亚的情报官员一年密切合作的结果。本案例中的情报行动有若干个用户：由哥伦比亚警察组成的行动队、美国陆军在哥伦比亚的保障分队，还有哥伦比亚政府和美国政府，每个用户都有不同的情报需求。信息来源包括集中跟踪埃斯科瓦尔及其同伙的手机通信，来自埃斯科瓦尔同伙的人力情报，以及从其他渠道获得的财务信息等。行动队的重点是找到埃斯科瓦尔，至于为行动队提供保障的情报分析人员，其目标比较广泛，包括埃斯科瓦尔的家人、他的生意伙伴、他的银行管家和他在哥伦比亚政府的线人。如果情报搜集仅仅专注于他个人而忽略他的网络，那么埃斯科瓦尔是不会被击毙的。

如同对时效性要求不高的其他案例一样，在埃斯科瓦尔这一案例中，情报分析普遍存在，但它不完全由分析人员完成。情报用户和信息提供者也参与其中。无论情报分析人员是否欢迎，他们都将参与。情报用户和信息提供者对目标有真知灼见，也希望其见解能被纳入最终的分析产品中。然而，必须有人使这个过程运转起来：创建并维持目标情景，掌握用户的需要并将其转化为对新信息的需求，接收新信息并将其纳入目

[1] Mark Bowden, "A 15-Month Manhunt Ends in a Hail of Bullets," *Philadelphia Inquirer*, December17, 2000.

标图景，然后提取可供行动用的情报，确保情报抵达用户手中。所有这些都是分析人员经常履行的职能。在以目标为中心的过程中，分析人员虽然仍然履行这些职能，但搜集人员和用户能够了解这一过程，并有更多机会为此出力。分析人员更多的像是程序管理者和其他参与者接收信息的管道。

团队生成的目标情景是用来方便和鼓励在地理上彼此相距很远的情报搜集人员、分析人员和用户通过电子网络互动。团队视角比情报周期视角具有更大的互动性或社交性，因此它是处理复杂问题的一个较好途径。所有参与者共享关于目标的信息，他们更能确定信息中存在的缺口，也更能理解与目标相关的重要问题。团队生成的观点将团队的全部资源用在目标上。在 2002 年美国对阿富汗的战争中，情报官利用因特网聊天室之类的屏幕，在互动过程中共享数据。该过程与传统的情报周期毫无相似之处[1]，在“伊拉克自由行动”中，他们继续应用这一成功的模式。这种方法在战术层面已经奏效，在国家情报层面上却仍然是发展中的事物。正如“大规模杀伤性武器委员会”报告所说的那样 ：“相对于情报界一体化的信息网络而言，信息共享仍然过多地取决于所处的共同地域和个人之间的关系。”[2]

图 1–2 所显示的过程是具有活力的。由于参与者的合作，整个流程不存在任何失误之处 ；其他成员可以作为协调员参与 ；整个团队为产品负责。

这个过程还可以根据单一的信息基础，满足广泛用户的需求。通常情况下，关于某一具体问题的情报可能有许多情报用户，他们的需要又各不相同。例如，军事、外交、金融和对外贸易组织或许都需要关于某国的信息，由于这是一个共同目标，他们的需要因而出现重叠，但每个组织又有

---

[1] Stew Magnuson, “Satellite Data Distribution Lagged, Improved in Afghanistan,” *Space News*, September 2, 2002.

[2] *Report of the Commission on the Intelligence Capabilities of the United States Regarding Weapons of Mass Destruction,* March 31, 2005, www.wmd.gov/report/wmd_report.pdf, 14.

自己独特的需求。

对复杂问题而言，以目标为中心的方法比传统情报周期视角更有前途。虽然传统过程被描述成一个周期，但在实践中它是线性的、连续的，而以目标为中心的方法的出发点是合作，其非线性的分析过程使所有的利益相关方都能参与其中，对某个问题的真知灼见可能来自任何消息灵通人士。用户的参与增加了相关情报产品被采用的可能性。它还提醒（或介绍）用户某种分析方法在解决复杂问题时的价值。据说美国政府已经从分析过程脱身，越来越多地依赖情报界为其分析。[1] 决策者越来越多地转向分析过程，将有助于扭转这种趋势。

团队合作的概念还具有这样的潜力，即解决情报分析人员当下所面对的两种重要压力：

- **信息过剩：**分析人员头脑里充斥搜集人员提供的材料。团队办法就是扩大分析人员的队伍，包括从搜集人员、处理人员和用户群体中聚集有识之士，每个人都可吸纳相当数量的过剩信息，过滤掉无关材料。这种做法在商业组织已经实施多年，他们现在很大程度上依靠以 Web 为基础的各种手段。不幸的是，像美国情报界这样庞大的情报机构，还没有成功地将这一良方用于解决信息过剩问题。搜集人员、处理人员、分析人员和用户之间的屏障仍然牢固，门户之见制约了合作。
- **情报用户对细节不厌其详：**对于情报目标，所有的情报用户都越来越需要更多的详情。考虑到目标更加复杂，用户对付对手的手段也更加丰富，这就不应当令人感到奇怪。例如，如果作战目标是一幢建筑（如大使馆或指挥控制中心），那么目标情报或许需要包括建筑平面图、建筑层数、是否有地下室、建筑类型、屋顶特征、使用何种空调设备、建筑内何时无人等信息。如果要在该建筑内安装一枚智能炸弹或者切断该建筑的电力供应，这样的细节至关重要。

[1] Robert D. Steele, “The New Craft of Intelligence,” advance review draft intended for general circulation, July 6, 2001, available from the author at bear@oss.net.

为了使合作奏效——为使扩大了的团队分担过载信息，提供所需的目标详情——情报机构不得不提供一些激励措施以鼓励共享，这些激励措施的分量应超过我们在引言中讨论的抑制共享的因素的分量。团队成员必须相互充分地信任与理解，而这两者均需要进行团队建设和广泛的社交互动。有些公司的合作很成功，美国政府在这方面仍然在努力，而在世界范围内，大多数政府情报机构甚至还没有开始行动。

重要的是，还要指出合作过程不赞成的是什么。正如马克·洛文塔尔（Mark Lowenthal）阐述的那样，合作不会取代竞争性分析（competitive analysis），也就是说，不同的分析人员可对目标提出各种不同看法。[1] 如果处置得当，合作可以确保各种竞争性的观点尽可能多地分享目标信息，从而扩大竞争性分析。

四、目标

在弗吉尼亚州诺福克市，一名年轻的情报军官控制着一架“捕食者”无人驾驶飞机在阿富汗上空巡逻。“捕食者”的视频屏幕上出现一辆车，它沿着一条山区公路疾驰。为了看得更清楚，这位军官操纵“捕食者”接近那辆车子。他发现那竟是一辆 BMP—— 一种装甲运兵车。他召来一架在附近巡逻的 AC–130“幽灵”武装直升机。当 AC–130 出现在现场时，那辆 BMP 突然停下，后门打开，跑出塔利班士兵，他们散开寻找掩蔽。“幽灵”开始射击。在“捕食者”的视频中可以看到，武装直升机火力所到之处，那些塔利班士兵一个接一个地倒了下去。

这位情报军官之所以能够命令 AC–130“幽灵”武装直升机发动攻击，是因为他心里存有塔利班潜在目标的图景，而 BMP 战车的位置和特征符合这种图景。在阿富汗，BMP 战车是一个具体的作战目标，这种目标的

[1] Mark M. Lowenthal, “Intelligence Analysis,” address to the Intelligence Community Officers’ Course, at CIA University, July 19, 2002.

情报视野（intelligence view）要大得多。它包括阿富汗境内能够保障BMP战车行驶的公路网的详细情况和标明塔利班控制区域的地图。情报要向作战行动提供如此密切的保障，正确的思维模式必不可少。这位情报军官在强大的压力下，迅速识别出这是运兵车还是满载村民的公共汽车，而出错的后果是严重的。

作为复杂系统的目标

如同BMP战车的例子所表明的那样，典型的情报目标是一个系统，不是一个简单的车辆或建筑物。因此，情报分析一开始就应把目标作为一个系统来考虑。一个系统包括结构（structure）、职能（function）和流程（process），而分析人员在进行系统思考时必须涉及这三项中的每一项。[1] 系统的**结构**是由系统的组成部分及相互关系确定的。**职能**涉及该系统可产生的效果或结果，即系统输出。**流程**是指产生结果的事件或活动的次序。

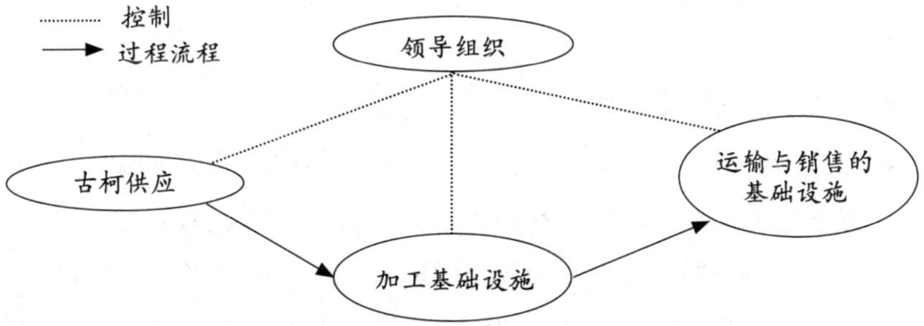

图1–3　目标示例：可卡因网络

埃斯科瓦尔贩毒集团是（或曾经是）一个典型的系统。图1–3是可卡因集团结构的一种宏观图景，展现了其主要的组成部分及相互之间

[1] Jamshid Gharajedaghi, *Systems Thinking: Managing Chaos and Complexity* (Boston: Butterworth-Heinemann, 1999), 110.

的关系。每个组成部分都有自己的结构，包括次级组成部分及它们的关系。例如，古柯[1]的供应部分就包括诸如农民、土地、种子和农业设备之类的次级组成部分。一个可卡因集团还具有若干主要职能，如面临国家打击时的生存、获利和向吸毒者提供可卡因等。每个组成部分也有其需要履行的附加职能。运输与销售基础设施承担将可卡因从加工者手中送到吸毒者手中、销售毒品以及获得款额等职能。如这个示例所示，大部分情报目标都是具有从属系统——也称为**子系统**（subsystem）——的系统。埃斯科瓦尔的领导组织包括一个子系统，其结构包括像保安和财务这样的组成部分；它拥有一项职能（管理可卡因网络）和一个履行职能的程序。

作为一个与此相反的示例，地理区域则并非一个系统。地理区域是一个过于抽象的概念，不能作为一个系统对待。它自身没有结构、职能或过程，尽管它包含许多具备所有这三项内容的系统。因此，地理区域不能被视为情报目标。而一个地区的政府是一个系统——它有结构、职能和过程。

所有的情报目标均是系统，大部分还是**复杂系统**（complex system），因为：

- 它们是动态的和演变的。
- 它们是非线性的，以树形图这样的简单结构，或是我用以表达传统情报周期的线性结构（图 1–1），是不能进行充分描述的。

可卡因供应网络是一个复杂系统。它在不断演变，其错综复杂的关系网不会轻易地导致整个贩毒集团的土崩瓦解。然而，它通常被描述为一个网络。确切地说，大部分具有情报意义的复杂系统都是网络。

[1] 南美洲植物古柯树 (erythroxylon coca) 的叶，从中取得的可卡因曾用作中枢神经系统兴奋药。——编注

作为网络的复杂目标

尽管情报总是将对方系统作为目标，但它往往将这些系统看作是单个的实体，而不是联系在一起的实体。这种狭隘的焦点低估了组织和个体之间的联系，这种联系可能正是对方系统整体上的真正实力或弱点所在。这就是我们关注网络的原因。

根据定义，网络包括**节点**及节点之间的**联线**。好几种网络已经得到了界定，而且节点和联系的性质各不相同。在通信网络中，节点是位置，地理上通常相互阻隔，通信传递就发生在这些节点之间。通信卫星及其地面终端是通信的节点。联线是通信手段，如光纤、卫星通信和无线（蜂窝）电话等。在社交网络中，节点就是人。联线展示的是人与人之间的关系，通常展示那些关系的性质。例如，社交网络存在于鸡尾酒会上或投资俱乐部之中。

除非另有说明，本书中的**网络**指的就是**广义化网络**（generalized network），其中的节点几乎可以是任何一种实体——人员、地点、事物、概念。可卡因供应系统是一个广义化网络。联线确定了节点间的关系。有时，联线可将关系量化。尽管通信网络和社交网络是有用的情报概念，在情报分析中更有效的广义化网络却更受欢迎，并得到了广泛的应用。

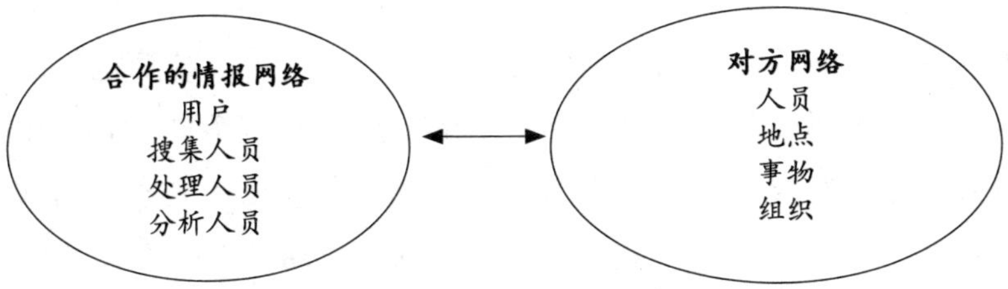

图1–4　网络战对抗：网络对网络

在情报工作中，对方广义化网络通常是政府、个人、非政府组织（如环境、人权和宗教团体）、商业公司或非法组织的某种结合，如图 1–4 所示，它们因某些目的而紧密地联系在一起。在冲突中，情报工作的目标是加强对对方网络的了解，使自己的网络尽可能有效，使对方的网络尽可能无能。

负责评估防空网络、竞争性的商业公司或联盟、毒品生产与销售网络的能力的分析人员，必须具有网络视野。例如，那些关心中东地区力量平衡的情报机构，有时孤立地看待叙利亚、沙特阿拉伯、伊朗和伊拉克。然而，对中东的未来进行任何评估，都不能忽视这些国家之间持续不断的紧张关系——过去的敌视态度对任何国家可能采取的行动所具备的制约影响，以及这些影响给对手提供的机会。这些个体国家是一个更大的目标网络的组成部分，而这个网络是由互不信任和互相猜疑的关系联系在一起的。

将双方作为网络看待十分重要。将对手视作网络要容易些，而把己方情报资产视为网络，并充分发挥其优势则较为困难，在官僚体制中尤其如此。搜集人员、分析人员、用户共同参与，运用以目标为中心的合作方法，即可创建一种有效网络以对付敌方网络。图 1–5 显示的是一个可卡因供应目标网络及敌对的（即美国和哥伦比亚）情报用户网络的某些组成部分。如该图所示，美国执法部门以贩毒集团的运输与销售基础设施为目标，是合乎情理的，因为这种基础设施的大部分设在美国境内。正常情况下，美国执法部门是不能以哥伦比亚境内的贩毒集团的领导层为目标的。另一方面，哥伦比亚的执法组织既可以瞄准贩毒集团的领导人员，也可以瞄准其运输与销售基础设施，但他们很可能会发现，以贩毒集团的领导层为目标更为有利。当然，图中显示的用户网络远非完整。例如，它或许包括关心可卡因买卖的美国和哥伦比亚的政治领导人，或者关心可卡因买卖的地区政府实体与欧洲政府实体。

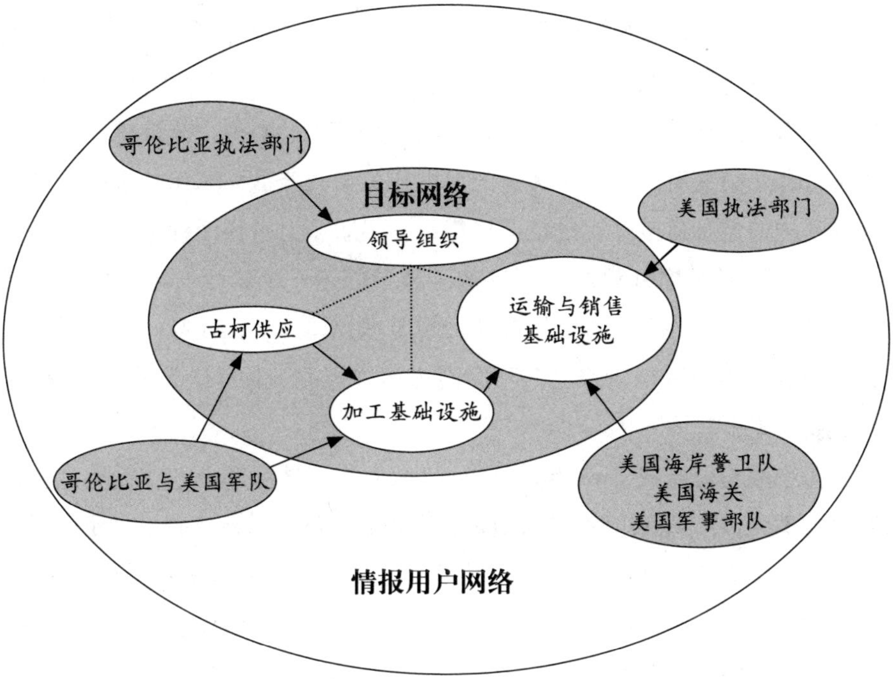

图1–5 对付某可卡因网络的网络战示例

注：虚线代表领导组织施加的控制，进入目标网络的实线表示情报用户网络进行的目标锁定。

兰德公司的约翰·阿奎拉和大卫·朗菲尔德在讨论新的通信与信息技术对军事结构、理论和战略的影响时，对网络目标进行了阐述。他们创造了**"网络战"**（netwar）这个新词，并将其定义为一种与信息有关的冲突，在这场冲突中，敌对双方形成了网络。具体地说，阿奎拉和朗菲尔德使用这个词，形容利用新技术进行的"社会斗争"。[1] 他们所谈的技术到处都

[1] John Arquilla and David Ronfeldt, "Cyberwar Is Coming," in *Athena's Camp: Preparing for Conflict in the Information Age*, ed. John Arquilla and David Ronfeldt (Washington, D.C.: RAND Corporation, 1997).

有，随处可用，就像萨帕塔主义者[1]发动的网络战所展示的那样：1994 年 1 月，萨帕塔主义民族解放军在墨西哥恰帕斯州发动游击队式的叛乱，墨西哥政府进行了残酷镇压。一批与人权、土著居民权力和其他地方的非政府组织有关的活动家以电子方式，与墨西哥国内的类似团体取得联系，要求进行非暴力变革。在一个孤立的地区作为暴力叛乱而开始的事件，突变成非暴力的但具有破坏性的社会网络战，吸引了全世界活动家的目光，在墨西哥全国以及国外都产生了反响。为了创建一个非政府组织的支持网络，萨帕塔叛乱分子巧妙地掀起了一场全球媒体运动，并以一种非对称袭击的方式（利用两个对手之间不同能力而进行的一种冲突形式），使得墨西哥政府陷于窘境。[2]

网络战与信息战（information warfare）在某些问题上存在重叠，但存有很大不同。信息战也称为**信息作战**（information operation），它使用信息系统，如计算机、通信网络和数据库，以赢得对对手的竞争优势。因此，信息战可以作为网络战中的“杠杆”之一；计算机网络可以成为目标的一部分，但人们可以在不攻击对方信息系统的情况下从事网络战。

在美国国防部内，网络战目前被称为**网络中心战**（network-centric warfare）。[3] 国防计划人员已经确定三个主题：

- 从对单一的节点目标的关注转移到对网络目标的关注。
- 从把各种角色视为独立角色，转变为把他们看作是一个不断调整的系统的组成部分。

[1] 萨帕塔主义者（Zapatista）源于萨帕塔民族解放运动，这是位于墨西哥最南端的恰帕斯州(Chiapas)的武装组织。组织名称来自墨西哥著名革命家艾米里亚诺·萨帕塔(Emiliano Zapata)。萨帕塔主义者认为自己为土生印第安人的权利而战斗，以反抗五百年来的西班牙帝国主义而战。他们把争取“土地与自由”作为行动口号，自 1994 年 1 月发动武装暴动以来，与政府军冲突不断。——编注

[2] David Ronfeldt and Armando Martinez, “A Comment on the Zapatista ‘Netwar,’ ” in *Athena’s Camp*, 369.

[3] Arthur K. Cebrowski and John J. Garstka, “Network-Centric Warfare: Its Origin and Future,” *Proceedings of the Naval Institute* 124, no. 1 (January 1998): 28–35.

● 战略选择适应（或生存）不断变化的系统的重要性。

对商界而言，网络中心战并不是一个新概念。[1] 像荷兰皇家壳牌这样的公司在十多年之前就在创建这样的网络，包括结成同盟的局外人（allied outsiders）。该网络的参与者发现，这是一个强有力的机制，它汇集一系列广泛的专业技能，用以解决各种问题。[2] 万维网已经加速了这种网络的形成，而且以网络为中心的方法在商业界已经广为采用。像思科系统和沃尔玛这样的公司，已经将合作网络变成其商业战略的一个关键部分。在沃尔玛以网络为中心的零售方式中，公司与供应商几乎实时分享销售信息，使得他们能够更好地控制生产与销售，以及更好地管理提供给沃尔玛的产品的供应链。[3] 另一个例子是由德意志摩根建富证券公司创建的以网络为中心的证券交易系统 Autobahn。[4]Autobahn 用网络系统取代传统的以交易人为中心的（层面的）证券交易系统。在该网络系统中，参与者可平等获取证券定价信息。这种以网络为中心的方法给沃尔玛和德意志摩根建富证券公司带来优势，迫使他们的竞争对手要么采取类似的方法，要么在竞争中败北。

在运用网络战的策略方面，商业情报机构可能领先于政府情报部门。就连具有层次体系传统的军事组织，也在考虑网络结构的优势。[5] 如果国家情报机构必须与商业实体打交道，就像他们在经济事务、武器扩散和洗钱案中那样，情报分析人员必须越来越了解以网络为中心的冲突。况且，非政府组织正在越来越多地参与世界范围的军事、经济、政治和社会议题，而它们的参与通常会使冲突成为以网络为中心的冲突，就像它在墨西哥对萨帕塔主义者所做的那样。

---

[1] Liam Fahey, *Competitors* (New York: John Wiley and Sons, 1999), 206.

[2] Peter Schwartz, *The Art of the Long View* (New York: Doubleday, 1991), 90.

[3] James F. Moore, *The Death of Competition: Leadership and Strategy in the Age of Business Ecosystems* (New York: HarperBusiness, 1996).

[4] Cebrowski and Garstka, "Network-Centric Warfare."

[5] 乔良、王湘惠，《超限战》（*Unrestricted Warfare*）（北京：解放军文艺出版社，1999 年），第 57 页。

五、小结

情报就是要减少冲突中的不确定性。它为行动提供保障，并且总是涉及目标问题。从传统的角度来看，情报一直作为一个工作周期来描述：从需求到计划或指导、搜集、处理、分析和生产、分发，然后再回到需求。这种传统的视角有若干缺陷。它将用户与过程分隔，将情报专业人员相互分隔。实际上，在情报分发和情报需求之间存在空白。传统的工作周期对于阐述结构和职能是有用的，它也可以当作组织和管理庞大情报机构的一种合适的理论基础使用。但是，它并没有阐述情报流程如何运转，或者应该如何运转。

情报作为一个过程，正在变成一种非线性的、以目标为中心的网络，即由共同专注于情报目标的分析人员、搜集人员和用户组成的合作团队。信息技术的快速发展正在推动这种过渡。

对以目标为中心的网络而言，所有重要的情报目标都是复杂系统，在这些系统中它们是非线性的、动态的、演变的。因此，它们在结构上几乎总是被描述为动态网络——随着时间流逝而不断变化的对立网络。与这类网络发生的冲突一直被称为**网络战**或**以网络为中心的冲突**。在对付敌对网络时，情报网络必须高度合作。然而，历史上，像美国情报界这样庞大的情报机构，却存在较多不利于合作的限制因素。如果那些抑制因素能够得到消除，美国的情报机构将与最先进的商业情报机构越来越相似，既是以目标为中心，也是以网络为中心。

在对目标进行界定后，要着手的第一个问题是：关于目标，我们需要了解用户尚未掌握的情况还有哪些？这就是情报问题，对于复杂的目标，相关的情报问题也是复杂的。下一章将讨论如何界定情报问题。

[第2章]

情报问题的界定

的确，他们不相信他们尚未掌握的东西。

——《可兰经》(*The Koran*)

上一章关注的是情报目标——在大多数情况下，它是一种复杂的网络。对于这些目标，通常有若干人群对获得情报感兴趣，而那些情报用户一般具有不同的兴趣，或拥有不同的情报问题需要回答。例如，美国能源部为了评估当前的石油产量，可能对伊拉克的油井活动感兴趣；一位野战指挥官为防止井源遭到破坏，也可能对同样的油井感兴趣。因此，所有的情报分析活动都是从某种形式的问题定义开始的。

然而，用户向分析人员提出问题的初始指导原则几乎总是不完善的，甚至在无意间具有误导性。因此，一位分析人员能够采取的第一步，也是最重要的一步，就是详细地了解所提出的问题。他（她）必须确定用户要求进行情报分析的原因，分析结果将支持什么样的决策。分析的成功取决于其对问题的准确定义。正如一位资深的政策用户对有关的情报失误所评论的那样："有时候，他们（情报官）认为是重要的却并不重要，而他们认为不重要的却十分重要。"[1]

[1] Stew Magnuson, "Satellite Data Distribution Lagged, Improved in Afghanistan," *Space News,* September 2, 2002, 6.

对问题定义不当的现象是如此普遍，以至于它们有一个共同的称谓：**框架效应**（framing effect）。[1] 所谓“框架效应”可以这样理解：即便当用户将等量的原始信息进行逻辑重组后能够形成完全相反的思维框架，他们也更趋向于按照我们提供给他们的思维框架去接受问题。[2] 许多学科都存在这一现象。在问题能够有效解决之前，我们应定义好问题的框架。这方面的典型案例是 1982 年美国医学界进行的一项实验。他们将医生分成两组，要求以不同的方案进行一项手术。他们告诉第一组医生“手术的存活率是 93%”，而告诉第二组医生“手术的死亡率是 7%”。两组数据意义相同，理论上不会成为影响医生的决定。然而，第二组医生趋向于不进行手术。[3]

情报分析人员经常会遭遇“框架效应”问题。最广为人知的例子是美国国家情报委员会（National Intelligence Council）关于伊拉克大规模杀伤性武器的评估（本书附录中有详细介绍）。

出于这样的原因，经验丰富的分析人员从事分析的过程与新手就大不相同。在任务开始时，新手往往试图立即解决用户的问题。经验丰富的分析人员则花较多的时间考虑这些问题以避免框架效应。他们以自己对以前案例的了解为背景，创建解决问题的各种思维模型。当缺乏解决问题所必需的信息时，经验丰富的分析人员也更清楚应从何处寻找[4]，部分原因是他们一开始就在问题定义阶段花了足够的时间。在本章所要讨论的那些复杂

---

[1] 心理学词汇，是认知偏见的一种典型。一个问题在逻辑意义上相似的两种说法却导致了不同的决策判断。——译注

[2] Matthew Herber, “The Intelligence Analyst as Epistemologist,” *International Journal of Intelligence and Counterintelligence* 19, no. 4 (December 2006): 666–684.

[3] Barbara J. McNeill, Stephen G. Paulker, and Amos Tversky, “On the Framing of Medical Decisions,” in *Decision Making: Descriptive, Normative, and Prescriptive Interactions,* ed. David E. Bell, Howard Raiffa, and Amos Tversky (Cambridge: Cambridge University Press, 1988), 562–568.

[4] Rob Johnson, *Analytic Culture in the U.S. Intelligence Community* (Washington, D.C.: Center for the Study of Intelligence, Central Intelligence Agency, 2005), 64.

问题上，分析人员在问题定义上所下的功夫大约应该占一半。

对问题进行定义，是**结构性论证**（structured argumentation）过程的第一步。我们将在后续章节中深入探讨结构性论证细节。现在需要理解的重点是，结构性论证总是始自分解问题，然后对问题的每一个组成部分进行系统分析。[1] 在本章中，第一步被称为**从战略到任务**（strategies-to-task）。

一、问题的陈述

对某个问题进行定义，从回答下述五个问题开始：

- **何时需要得出结果？**确定什么时间必须交付产品（通常情况下，用户需要的是昨天的报告）。在传统的情报流程中，许多报告提交得太晚——在产生情报需求的决策已经完成很长时间后——这在一定程度上是因为用户被隔绝在情报流程之外。另外，在所有情报领域，严格的时效性越来越成为一个问题：用户看重的是即时、精确和详细的情报。由于用户是情报流程的一部分，以目标为中心的方法可以大幅减少所需要的时间，让用户获取可供行动用的情报。
- **用户是谁？**明确情报用户，努力了解他们的需求。传统的过程通常涉及若干个中间环节，因而在通信渠道传输过程中，情报需求不可避免地遭到曲解。另外，即使是为了某个单一用户采取的情报行动，最终结果通常也会发给其他许多用户。因此，把排列在第二顺序的用户及其需求牢记在心，也是有好处的。
- **用途是什么？**情报行动一般都有一个主要用途。当情报行动开始时，所有的参与方都应当明白其用途，用户还应当清楚行动的结果。例如，情报的主要用途可能是为美国和欧盟之间的贸易谈判提

[1] Jill Jermano, "Introduction to Structured Argumentation," Project Genoa Technical Report (Washington, D.C.: DARPA, Department of Defense, May 2002).

供支持，同时，存在许多更具体的情报用途，以支持这个主要用途，如查明可能采用的谈判策略，准确指出可能导致对方谈判人员四分五裂的问题。而且，用户的参与有助于分析人员了解情报用途。

- **用户需要什么形式的情报输出或产品？**书面报告（越来越多的是采用电子形式）是情报行业的标准做法，因为它们使用长久并可广泛分发。当情报结果用于某单一用户，或情报结果极其敏感时，口头介绍或许也是一种输出形式。口头介绍具有优势，它可以与用户互动，得到用户反馈，确保预期的情报用户收到情报。各种研究表明，对大部分书面情报，用户从不阅读。[1] 他们的下属人员可能会查看并解读那些报告，但信息往往被曲解。因此，在以目标为中心的过程中，口头介绍或（理想状态下）用户经常与情报团队互动，有助于对信息的理解。
- **真正的问题是什么？**对于用户提出的问题背后的问题，要尽可能多地获取背景知识，并了解答案将对组织决策产生怎样的影响。这一步骤的目的是缩小对问题的界定。一项含糊其词的信息请求通常都具有误导性，而且得出的结果几乎不是请求者所需要的。

对待经过一个组织内部数个节点传递的信息请求，要特别谨慎。组织内部的各个层次，尤其情报官僚组织的那些层次，有时在传递请求时会“附加”额外的指导原则，而这些原则可能与原始用户的兴趣毫不相干。一个历经若干环节的问题，在抵达分析人员手中时，可能已变得冗长而复杂。例如，一个有关以色列当前国际收支状况的问题，在指令最后到达分析人员手中时，也许变成了对以色列经济的全面评估。在这种情况下，分析人员必须回到提出初始情报需求的用户那里，借以消除这样的漏洞。在情报机构中，这样的沟通问题十分普遍，我们在第 7 章将详细讨论。

---

[1] Jack Davis, “Intelligence Changes in Analytic Tradecraft in CIA’s Directorate of Intelligence,” CIAPES ICATCIADI-9504 (Washington, D.C.: Central Intelligence Agency, April 1995), 2.

信息请求应当具体，不应有多余的废话。这包括与提出原始请求的用户——行政管理人员、决策者或作战军官——集中互动或反复互动，询问用户请求是否得到正确的表述。在明确请求上花些时间，可以在后续的搜集和分析过程中节省时间。它还可以弄清楚哪些是用户不需要分析人员作答的问题。1983 年，美国已经卷入黎巴嫩局势，决策者不想从情报机构听到这样的声音——没有任何合理的办法可以迫使叙利亚总统哈菲兹·阿萨德从黎巴嫩撤军。[1] 情报和用户脱节的后果是，美国外交政策遭到重大灾难：1983 年 10 月 23 日，在贝鲁特国际机场，恐怖分子使用汽车炸弹炸毁了美国海军陆战队兵营，241 名海军陆战队员遇难，美国随后撤出黎巴嫩。但是，决策者有时倾向于不让情报机构向自己通报某些问题。第 15 章将讨论用户对情报反感时情报机构应如何反应。

在回答了这五个问题之后，分析人员就掌握了某种形式的问题陈述。在大的（需花费数周时间）情报项目上，这种问题陈述本身就是一种正式产品。对问题进行定义的产品有助于解释真正的难题和相关问题。一旦这一步完成，集中精力回答用户希望回答的问题，就变得容易多了。

二、问题定义产品

当最终的情报产品必须是书面报告时，问题定义产品（problem definition product）通常采用梗概（总结、摘要或受委托事项）的形式。梗概应包括对问题的定义或质疑、概念性的结果、结论和假设等。对于较大的项目，许多情报机构要求制定一份简明计划书或概要，以概略的形式向利益相关方提供一份各方认可的受委托事项（terms of reference）。

如果情报产品必须采用简报形式，那么就把一系列的图表制作成最终介绍时使用的幻灯片。如果可能，要将幻灯片转换为一种“概念性简介”

[1] David Kennedy and Leslie Brunetta, “Lebanon and the Intelligence Community,” case study C15-88-859.0 (Cambridge: Kennedy School of Government, Harvard University, 1988), 15.

(notional briefing，一种带有假设、概念性结果和结论的简要介绍)，并将其展示给用户。这将增加最终报告解决用户心目中各种问题的机会。

这两种做法均有助于所有参与者（用户、搜集人员和分析人员）了解其在此过程中的任务或作用，将其作为一个切入点予以考虑。如果后来的分析发现有可替代的方法（这种情况经常发生)，没有人会被束缚在概略或概念的展示上。

无论是采用概略方法，还是采用概念简介方法，问题的定义最终都应以从战略到任务的视角结束。

三、问题的详细定义：从战略到任务

对某个问题进行详细的定义，其基本方法已经有许多名称。诺贝尔奖获得者恩里科·费米（Enrico Fermi）赞成这样一种方法，即处理一个看起来十分棘手的问题时，将其分解为一系列可处理的子问题。费米向他的学生提出的典型问题是，芝加哥有多少个钢琴调音师？运用情报界常用的那类间接方法，就可以得出答案：估计该市有多少户家庭，平均多少户家庭能拥有一架钢琴，以及一位调音师每年可调多少架钢琴。[1] 兰德公司的格伦·肯特（Glenn Kent）使用这个名为**从战略到任务**的方法，对美国国防部的问题进行了一次类似的破解。[2]

不管叫什么名称，这个过程很简单：把一个最高层级的抽象问题分解成较低级的构成功能（constituent function)，直到得出必须予以执行的最基础的任务或必须予以解决的最基础的子问题。在情报工作中，拆解问题一般要详细阐述需要解决的问题或需要回答的疑问，从对问题进行定义的陈述开始，提供有关该问题的更具体的细节。通过分类学这种分类系

[1] Hans Christian von Baeyer, *The Fermi Solution* (Portland: Random House, 1993).

[2] Glenn Kent and William Simon, *New Challenges for Defense Planning: Rethinking How Much Is Enough* (Santa Monica: RAND Corp., 1994).

统——根据群体中各个事物所共有的某些因素，将各类事物排列成自然群体或相关群体——从最高层面到具体的任务层面对情报需求进行了界定。在最高层面上，分类学反映了决策者或决定者的视野和用户需要优先解决的问题；在任务层面上，分类学反映出情报搜集和分析团队的观点。那些子任务有时被称为**关键的情报问题**（key intelligence questions，简称 KIQs）或**情报资料必需内容**（essential elements of information，简称 EEIs）。

从战略到任务的方法天生具有吸引力。我们往往很自然地形成社会层次体系的安排，并从层次体系上思考问题。战略到任务的拆解遵循了这个解决问题的经典方法。它产生了需求或需要层次体系，这在情报机构中广泛应用。对不同的国家政策问题进行界定，有助于说明这种技巧。

图 2–1 显示的是对世界某个国家或地区的政治情报进行从战略到任务的部分分解过程。为简单起见，只将分解过程中的一个部分显示到最低层面。

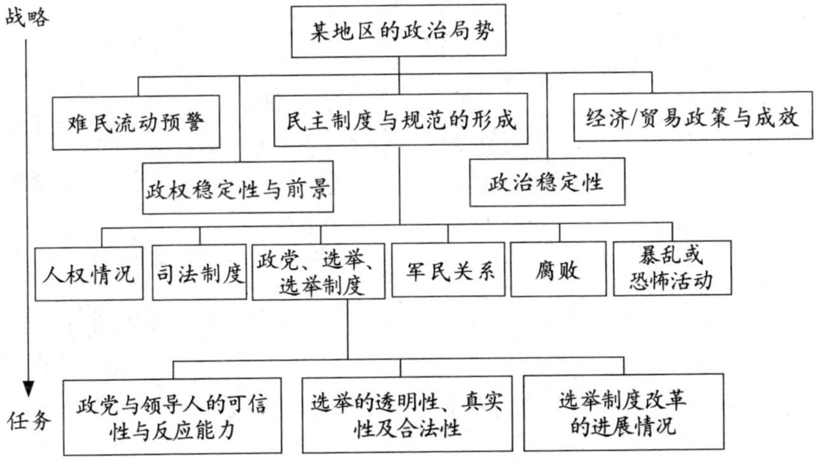

图2–1 政治局势问题分解：从战略到任务

图 2–1 说明了将分解过程进行到最低的适当层面的重要性。如果不首先回答层次体系中较低层面上的具体问题（如选举制度的改革正取得哪些

进展），那么就难以回答“某地区的政治局势如何”这个最高层面的问题。

线性的问题分解所具有的另一个优势是，它可用来评估在某些具体问题上情报机构的表现，评估情报搜集系统未来应如何运行。同样我们看图2–1，要评价情报机构对“某地区政治局势如何”这个问题回答得好不好是困难的，但是，评估该组织在研究选举透明度、诚实性与合法性方面的所作所为则容易得多，因为那都是些非常具体的问题。

很显然，若干不同的问题可以与某个给定的情报目标有关，或若干不同的目标可以与某个给定的问题相关。如果给定的问题是对某个国家的经济而不是政治形势进行总体评估，那么问题分解可能看起来与图 2–2 所显示的非常相似。

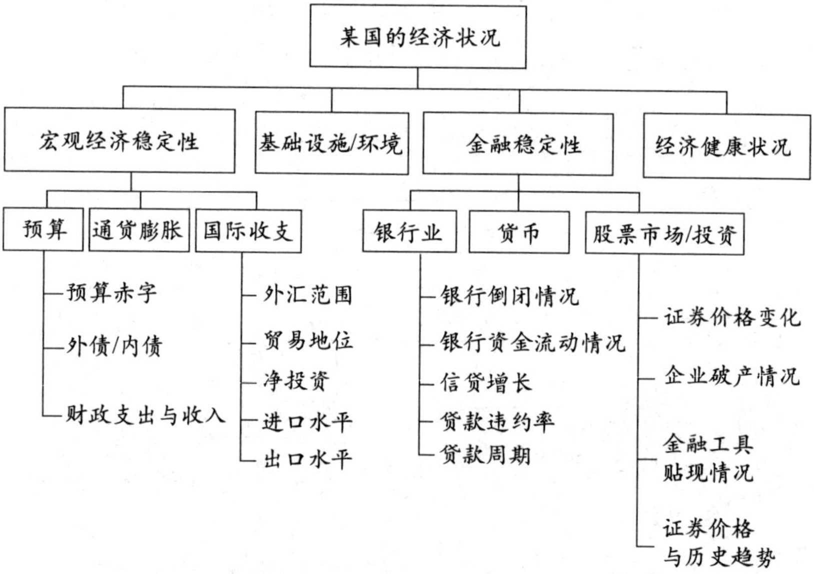

图2–2　对某国经济问题的分解

由于篇幅限制，13 个最低层次问题在这里仅列出其中 4 个。在基础层面上，与“某国的金融稳定性如何”这种高层次问题相比，回答诸如贸易款项和企业破产这样的问题就相对容易。

这两个从战略到任务的问题分解，是情报分析人员在涉及某个目标时通常会遇到的那类问题，两者都是以宽泛的信息需求（在这里，是政治需求和经济需求）为导向。但是，从战略到任务的分解可以更加具体，更加以用户解决问题的选择为导向。图 2–3 展现了这样一个示例：如何为对某个国家进行经济制裁提供情报保障，20 世纪 90 年代对伊拉克制裁时就是如此。一位情报分析人员可能难以直接回答决策者提出的问题：告诉我，我在制定对某国的经济制裁时需要掌握哪些情况。这位分析人员可以对该问题进行从战略到任务的分解，回答更为具体的问题，如“制裁对经济具有哪些影响”等，然后将这些答案整合起来，就可以回答最高层次的问题。

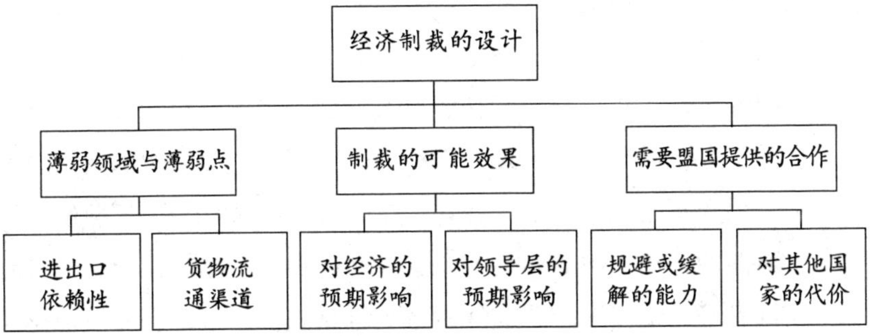

图2–3　经济制裁的问题分解

无论最高层次的情报任务在范围上多么狭隘，它仍然可以被分解成一系列具体问题。如果任务是评估对手的主战坦克的性能，那么分析人员就要考虑坦克的速度、射程、装甲和火力，也应分析坦克的维修保养要求、乘员的训练素质、后勤保障以及指挥与控制等。离开这些不那么突出的组成要素，坦克只是一块造价昂贵的金属，对任何人都不构成威胁。

四、从战略到任务与复杂问题

我们知道，情报流程中最重要的步骤是准确、详细地理解问题。不过，我们同样确定的还有，今天的情报问题正变得越来越复杂——经常被描述为非线性的，或“超出常理的”。它们是动态的、演变的，因而其解决办法也应如此。这就使得情报问题难以处置，在传统的情报周期框架内，它们几乎不可能得到解决。上文提及的贩毒集团例子就是关于复杂问题的一个典型案例——这个贩毒集团本身是动态的和不断变化的，而对其感兴趣的情报用户提出的问题也是如此。

在现实中，当今用户提出的典型问题可给情报官提出如下挑战[1]：

- **提出的问题代表了一组不断变化的连锁问题和制约因素**。这样的问题没有明确的陈述。情报官在完成分析之前，可能对这个问题还不甚了解，如果说他在完成分析之后有所了解的话。只有通过寻找答案的过程，人们才会了解它复杂而又难以预料的结果。经常出现的情况是，甚至在项目已经完成时，分析人员才从用户那里得知，自己并没有全面弄懂所涉及的那些问题。那个毒品问题的案例就包含了一系列不断变化的连锁问题和制约因素。考虑一下那些制约因素对可能的选择方案的影响：有选择地在毒品中添加毒药，通过恐吓吸毒者来扼杀需求，这或许能减少毒品的使用，但这种做法是美国所不能接受的。
- **存在许多利益相关方——那些关注问题的解决方式或在解决问题的方式中具有某种利益的人**。（这使解决问题的过程成为一个根本的社会性过程，与相对独立的传统情报周期形成对照。）在违禁的毒品问题中，利益相关方分成两方：在那些努力消除违禁毒品的利益相关方中，有药品管理局、其他的执法组织、美国海关、军队、美国的银行和毒品生产国的政府。站在对立面的利益相关方则包括贩毒集团、其在外国政府中的支持者、进行洗钱的金融组织、农民、加工者、中间人、街头力量和吸毒者。利益相关方对问题有不同的看法。考虑一下第 1 章中介绍的巴勃罗 · 埃斯科瓦尔的例子。从美

[1] E. Jeffrey Conklin, “Wicked Problems and Social Complexity,” CogNexus Institute, March 24, 2003, www.cognexus.org/wpf/wickedproblems.pdf.

国的观点看，问题就是阻止毒品流入美国。从哥伦比亚政府的观点看，问题就是要制止埃斯科瓦尔下令进行的暗杀和爆炸。

- **各种解决办法的制约因素，如有限的资源和难以预料的政治后果等，将随着时间推移而变化。**正如埃斯科瓦尔的例子所显示的那样，目标在不断变化，用户（利益相关方）改变想法，未能进行沟通，改变了游戏规则。在追捕埃斯科瓦尔的过程中，哥伦比亚人不希望看到“外国佬”的过度参与，尽管他们随着对美国特工建立起信任而放松了这一限制。[1] 美国政府不想与杀死埃斯科瓦尔的亲属、商业伙伴和律师有任何关联。结论就是问题的定义是动态的，不可能一劳永逸，永远不变。
- **由于没有最终的问题定义，因此也就没有最后的解决方案。**情报流程通常随着时间的耗尽而结束，但用户必须根据当前最可能利用的信息采取行动。杀死埃斯科瓦尔并没有解决美国或哥伦比亚的毒品问题。埃斯科瓦尔的竞争对手卡利集团反倒成为哥伦比亚主要的毒品供应商——这是一例美国不想看到的结果。许多哥伦比亚官员仍然生活在被暗杀的恐惧之中。

哈佛大学教授戴维 · 兰迪斯（David S. Landes）在他的书中写道：“复杂流程的决定性因素总是多元的，且相互联系。”[2] 这种说法极好地概括了这些挑战。由于复杂的或超出常理的问题涉及各种连锁问题和制约因素，由于无法阻止新的制约因素的介入，因而对复杂问题进行从战略到任务的分解也必须是动态的，并随着时间和环境而变化。当情报用户对目标有了更多的了解时，他的需求和兴趣也会变化。

另外，由于各要素间的相互关系，复杂问题的分解应该作为网络而不是作为一种层次体系来实施。在图 2–1 中，政治稳定性的方框与“政党、

---

[1] Mark Bowden, “Martinez Pushes Ahead with the Hunt,” *Philadelphia Inquirer*, December 3, 2000.

[2] David S. Landes, *The Wealth and Poverty of Nations* (New York: W. W. Norton and Company, 1998), 577.

选举和选举制度”下的所有三个最低的方框相关，尽管它们出现在层次体系的不同部位。例如，当选举透明、真实和合法时，政治稳定性就得到增强。在图 2–3 中，“规避或缓解制裁的能力”与“对经济的预期影响”或“对领导层的预期影响”是明显相关的，尽管它们位于层次体系中的不同位置。在 20 世纪 90 年代期间，伊拉克规避或缓解制裁的能力足以将领导层受到的影响降至最低程度，却不足以保持伊拉克经济的健康发展。如果将所有存在于这些领导人之间的适当关系用直线联结起来，那么将会形成各种非常复杂的网络。由此产生的动态网络将变得错综复杂，在当前的信息技术发展阶段也难以驾驭。

解决现实世界中的复杂问题，线性问题分解或从战略到任务的方法或许不那么理想，但如果在分析过程中不断对其进行评估和修正，这种方法是富有成效的。它使得分析人员能够相当详细而准确地对问题进行定义，从而使下面的过程不脱离主题。在线性层次体系中可能存在冗余情况，但人的头脑通常可以识别和处置这种冗余。为了保持问题分解的可控性，分析人员应当继续采用从战略到任务的层次体系，清楚地认识到经常进行修改的必要，直到信息技术提供一种更好的方法为止。为了说明这一点，让我们以一个非常复杂的问题为例，该问题具有上面列举的所有挑战——反情报的问题。

五、示例：对反情报问题的界定

对情报问题进行错误定义，是十分容易的。如果发生这种情况，如果不对该问题定义进行修正，如同以上所讨论的那样，那么即便是世界上最出色的情报分析，也无法避免最糟糕的结果。多年来，许多国家对反情报问题的处置一直很糟糕，其原因就在于对反情报工作进行了错误的定义，且对于这种错误的问题定义从没有反思过。

通常情况下，政府内的反情报工作被认为包含两个从属的问题：安全保密（保护信息来源和方法）和抓捕间谍（反间谍）。各种关于反情报的标语、文献和简介不可避免地将重点放在抓捕间谍上——很可能是因为它们的主要目的是制止叛国行为。这么做也是在迎合大众媒体对反情报的认知。

如果把反情报工作定义为反间谍和安全保密，那么，在反情报政策与行动上的反应就会是防御性的，也就是对人员进行背景安全调查。所有的雇员每年都要提交财务报告。要为计算机使用的异常样式建立档案，以发现可能的计算机间谍行为。使用有密码保护的门禁系统、徽章和个人身份号码及口令，确保只有授权人员才能接触机密情报。通信安全的重点放在拒止上，这一般通过加密实现。对情报泄露要进行调查，以查明其源头。

反间谍和安全保密所关注的重点从根本上说是防御性的，而战略冲突的首要规则是，**进攻方总会取得胜利**。因此，就情报用途而言，如果问题分解从安全保密和抓捕间谍开始，那么你一开始就走上了歧途。“伊拉克大规模杀伤性武器委员会”注意到，美国的反情报行动几乎完全专注于反人力情报即抓捕间谍，因而饱受批评，它认识到这种方法是有缺陷的。[1]

对问题进行定义的一个较好办法，就是从考虑反情报的真正目标即外国情报机构开始。出色的反情报工作需要对敌对的情报机构进行出色的分析。我们在本书后面的几个例子中将要看到，如果你能够建立对手的情报系统的模型，你就能够击败它。因此，我们一开始就将目标作为这个问题的核心，并开始进行从战略到任务的分解。图 2–4 显示了这样的结果：一个简单的、第一流的问题分解。

如果反情报问题以这种方式进行定义，那么反情报活动将是前瞻性的，通过综合运用隐蔽行动、拒止和欺骗，将关注的重点放在对付外国情报机构的认识能力上。赢得战略反情报冲突的最好方法是采取

[1] *Report of the Commission on the Intelligence Capabilities of the United States Regarding Weapons of Mass Destruction,* March 31, 2005, www.wmd.gov/report/wmd_report.pdf, chap. 11.

攻势（建立目标模型，预测对手的行动，并击败它）。例如，向外国情报机构提供假信息而不是阻止它获得信息，最终将削弱对手对其情报机构的信任。

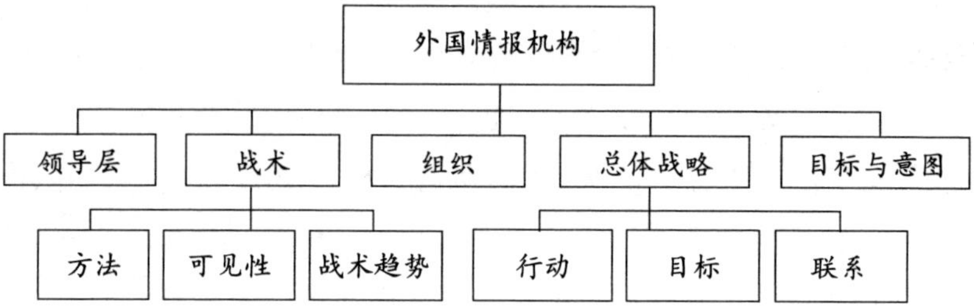

图2–4　反情报问题的分解

为了做到这一点，人们需要采用以目标为中心的情报分析方法，建立一个外国情报系统的模型。这包括它的通信渠道与节点、它的需求与目标、它所倚重的情报来源等。下一章将讨论如何使用此类模型。

六、小结

在开始进行情报分析前，分析人员必须理解用户的问题。这通常需要与用户进行密切互动，以明确重要的情报问题。然后，必须使用从战略到任务的过程，对该情报问题进行分解，从而使情报搜集、综合与分析都能行之有效。

然而，所有重要的情报问题都是复杂和非线性的。复杂问题是各种连锁问题和制约因素的动态集合，有许多利益相关方参与，但没有任何明确的解决方法。从战略到任务的线性过程虽然不是解决此类问题的最佳途径，但如果在分析过程中经常对其进行评估和更新，它就能够奏效。

问题的界定是**结构性论证**的第一步。随着这一过程的展开，分析人员要搜集和评估相关的信息，并将其纳入目标模型（该模型看起来也许像问题分解，也许不像）；这一过程我们将在第 5 至第 7 章讨论。分析人员查出目标模型中存在的信息空白，制定填补这些空白的策略（这是第 8 章讨论的主题）。接着，对目标模型进行分析，可回答在问题定义过程中提出的疑问。下一章将讨论模型概念，以及如何对其进行分析。

[第 3 章]

对目标的分析方法

如果我们必须认真地思考这个世界，并有效地采取行动，某种简化的现实地图……是必要的。

——塞缪尔 · 亨廷顿（Samuel P. Huntington）

《文明的冲突与世界秩序的重建》（*The Clash of Civilizations and the Remaking of World Order*）

如果还没有目标模型，那么以目标为中心的方法和上一章中所叙述的问题定义过程，将自然地导致一种目标模型的建立。目标模型在情报工作中使用如此广泛，以至于分析人员很少对它们加以思考，即便在使用模型时也是如此。例如：

- 图像分析人员之所以能够识别出核燃料再处理设施，是因为在他们的心目中有一个有关核设施典型细节的模型，如采用厚重的钢筋混凝土屏蔽强大的伽马射线。
- 在信号情报（signals intelligence，简称 SIGINT）中，通信信号或雷达信号具有标准的参数，在无线电频率、调制参数及工作模式上与现有的模型相一致，因而可以被识别。
- 秘密的或暗藏的无线电通信信号之所以可以被识别，是因为它们符合特定的模型：它们使用极短的（脉冲）发射，或者迅速从一个无线电频率跳到另一个频率，从而避免被截获。

- 经济分析人员之所以认识到经济恶化，是因为他们有一个指标清单（一种简单形式的模型），如预算赤字、国际收支逆差和通货膨胀等。图 2–2 显示的从战略到任务的问题分解就提供了这样一种清单。

在许多学科中，这种模型范式（model paradigm）是一种强有力的工具。正如本章开头引用的政治学家塞缪尔·亨廷顿的名言："如果我们必须认真地思考这个世界，并有效地采取行动，某种简化的现实地图、某种理论、概念、模型与样式是必要的。"[1] 在本书中，地图、理论、概念或范式合成一个实体，我们称之为模型。

通常认为建模是定量的，要使用计算机。然而，所有的模型都是从人脑开始，建模并不需要计算机，许多有用的模型都只存在于纸面上。运筹学和系统分析等领域广泛使用模型。通过建模，人们可以分析、设计和操作复杂系统。人们可利用仿真模型评估现实世界的各种过程。这些过程过于复杂，根本不可能使用表格处理软件或流程图（它们本身就是模型）来进行分析，也不可能实际做一下来验证假设。模型是一种有效的传达工具，它显示目标如何运作，激励人们进行创造性思维，找出对付对手的办法。

在处理复杂目标时，模型是必不可少的。以目标为中心的情报方法会产生大量想法和创意，如果没有一种手段来保存它们，分析人员就不得不记住太多的细节。而且，在以目标为中心的方法中，情报用户是合作过程的组成部分。有了模型作为对目标进行思考的组织架构，用户就可以为这种模型贡献出自己所掌握的点滴情况——对于这些情况，分析人员未必知晓。信息的主要提供者（搜集人员）也是如此。

由于模型概念对本书此后的论述具有根本性意义，因此对其进行界定十分必要。

[1] Samuel P. Huntington, *The Clash of Civilizations and the Remaking of World Order* (New York: Simon and Schuster, 1996), 29.

分析原则 3–1

情报的核心

所有的情报活动均涉及创建目标模型，然后从中提取知识（所有解决问题的过程也是如此）。

一、模型概念

模型[1]是对某种思想、客体或某个实际系统的复制或再现。它经常被用于描述系统的表现。无须与真实系统互动，分析人员就可创建一个在某些方面与真实系统一致的模型。例如，政治性民意测验的结果是一种模型，它显示民众如何看待某一问题；今天的天气图也是一种模型，它预计天气如何发展。

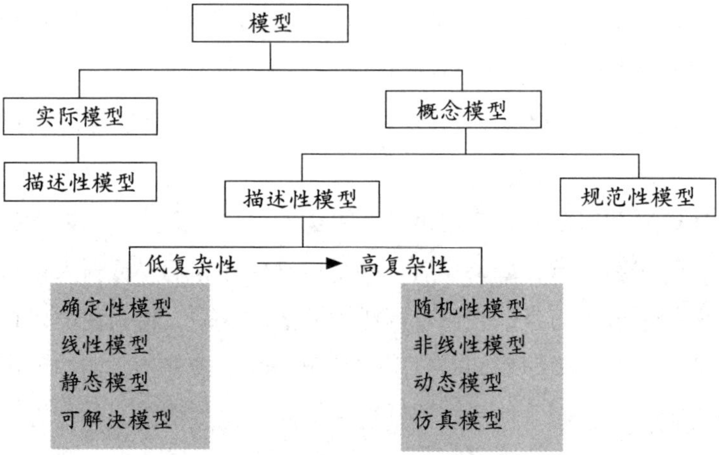

图3–1　模型的层次体系

[1]　本书中大量谈到模型问题，尤其是模型的分类。模型的分类有两种方法，根据模型的作用可分为描述性模型和规范性（或指示性）模型。描述性模型是说明一个系统怎样进行工作的模型，用它可清楚表明问题的现状，并可指明应怎样改变这种现状；规范性（或指示性）模型包含早已确定了的某些原则及事务的变化规律。它能指出要完成一个特定目标，这个系统应该是什么样的。根据模型的变量种类可分为确定性模型和随机性模型。——译注

图 3–1 显示的是一种模型的层次体系，它是我们继续讨论的基础。如同该图所显示的那样，模型可以分成实际模型或概念性（抽象的）模型。

实际模型（physical model）是对某种事物的有形体现。一张地图、一个地球仪、一本日历和一个时钟都是实际模型。前两者体现的是地球或地球的一部分，后两者则代表时间。实际模型总是描述性的。

概念模型（conceptual model）——思想的产物——是分析过程必不可少的。它使分析人员能够用抽象的术语描述事物或局势，既评估当前局势，也预测未来趋势。概念模型不是一个有形的东西，虽然它所代表的东西可能是有形的。数学模型是概念模型。概念模型既可以是描述性的（descriptive），也可以是规范性的（normative）。规范性模型可以包含某些描述性的部分，但其目的是描述一种最好的或最可取的行动方案。一个决策—支持型模型——从相互竞争的备选方案中选出一个行动方案的模型——就是规范性模型。

在情报分析中，最有意义的模型是概念性的、描述性的模型，而不是规范性的模型。这些概念模型具有如下一些共同特征：

- **描述性模型可以是确定性的（deterministic），也可以是随机性的（stochastic）**。在确定性模型中，各种关系是已知的，并得到清晰说明。含有不确定性的模型都是随机性模型（意味着涉及概率），尽管它可能具有某些确定性的属性。[1] 想想第 1 章中关于毒品大亨巴勃罗·埃斯科瓦尔的故事。有关埃斯科瓦尔藏身住宅及周围建筑的模型是确定性的，因为其详情已被掌握并得到了准确描述。袭击开始时，有关住宅内人员的模型是随机性的，因为事先无法知道埃斯科瓦尔和他的家人是否在住宅内，只能将其作为一种可能性加以评估。
- **描述性模型可以是线性的，也可以是非线性的**。线性模型只用线性方程（例如，$x=Ay+B$）来描述各种关系。局势本身未必是线性的，只要它能够采用线性方程进行描述即可。例如，一条装配线上产出

[1] 在随机过程中，过程事件是由机会决定的。这种过程因此使用概率论来进行分析。

的汽车数量是时间的线性函数。相比之下，非线性模型可采用任何类型的数学函数。由于非线性模型较难使用，而且并不总是能够用于分析，因此通常做一些折中，以使线性模型可以得到应用。证明有理由这样做十分重要，因为在现实世界中大部分情报目标都是复杂的或非线性的。一场战斗的仿真模型是非线性的，因为各要素之间的互动是复杂的，其变化方式并不能用线性方程来描述。例如，战斗消耗率是随着时间的推移和余下的兵力状况而出现的非线性变化。一个有关经济体的模型先天就是非线性的，但用来描述一个经济体的计量经济学模型却被简化成一系列的线性方程组，以得出解决方案。

- **描述性模型可以是静态的，也可以是动态的**。静态模型假定要对某个具体的时间段进行分析，而且在这个时间段内，对象的性质状态是固定不变的。静态模型可忽略基于时间的各种变化。例如，人们不能使用静态模型来确定一个事件出现的时机对其他事件相关的影响。我们回到战斗模型的例子上来，一张显示敌方部队在某个时刻的位置及其运动方向的战斗快照是静态的。静态模型不考虑一个系统中各组成部分所发挥的最佳协同作用，因为在这种协同作用中，各种不同组成部分所采取的行动对系统带来的影响，不同于它们单个影响的总和。表格处理软件和大多数关系模型都是静态的。

另一方面，动态模型考虑若干个时间段，并且不忽视第一时间段内的行动对第二时间段的影响。战斗仿真模型是动态的；战斗部队在第一时间段遭受的损失，将影响接下来所有时间段内的战况。建立动态模型（dynamic modeling，也称为**仿真**）是对某个系统基于时间行为的一种软件体现。静态模型涉及对某个方程式的单次计算，但动态模型则是可重复的——它随着时间变化，不断地对其方程式进行重新计算。它可以预测可能的行动方案结果，并解释各种变化或随意性的影响出现的原因。人们无法控制偶发事件的发生。然而，人们可以利用动态模型预测偶发事件发生的可能性及其后果。过程模型（process model）通常是动态的，因为它们可预测物资的流动、时间的流逝和信息的反馈。结构性和职能性模型（structural and functional model）通常是静态的，但也可以是动态的。

- **描述性模型既可以是可解的，也可以是仿真的**。可解模型是一种分析方法，我们通过它可以找到问题答案。衡量雷达、导弹或弹头性能的模型，就是可解模型。但解决其他问题所要描述的方程组是如此复杂，以至于无法求解。更糟糕的是，复杂问题通常不能以有限的方程组加以描述。在这种情况下——如一个经济体或一个人的表现——人们可以求助于仿真方法。与其说仿真是寻求最佳的解决方案，不如说是要求进行仿真的人提出一套可能的解决办法，然后将用户提出的建议引进模型，并在计算机上编成代码，进行可行性检验。用户可以从所推荐的行动方案中选定具有最佳结果的那个方案。

仿真涉及为系统设计模型并在设计的模型上进行试验。进行这些“假设”（what if）试验，其目的是确定真实系统如何运行，预测随着时间的推移，各种变化对系统产生的影响。例如，一位分析人员可以使用仿真模型回答这样的问题：预计明年全世界贸易差额是多少？X 国的移动式地对空导弹（SAM）可能部署在哪些地区？预计 Y 国新型中程弹道导弹核弹头的当量是多少？

二、使用目标模型进行分析

目标模型的创建与分析，通常作为一个快速而直观的流程出现，在作战或执法行动中更是如此。我们从一个简单的例子开始—— 一个与军事战斗行动有关的案例。

想想在第 1 章中所述的沿阿富汗山区公路疾驰的 BMP 战车。在那个例子中，对问题定义非常简单：确定塔利班部队在那个地区的位置。但是，这一次情报军官又多了一个问题：他必须确定那辆 BMP 战车将在什么时候抵达附近的某个村庄，当时正有一个“无国界医生”小队在那里进行医疗援助。

对于 BMP 战车的性能，那位情报军官头脑里已有一个模型。他知道这种战车在一般山区公路上的最大速度。他掌握“捕食者”无人机提供的那辆 BMP 战车当前位置的信息。而且，他还有一张地图——一种地理模型——从而能够确定 BMP 战车当前的位置与那个村庄之间的距离。他将这些模型结合在一起，并进行简单计算（分析），得出了预测性的情景想定（将若干个模型综合成一个更加全面的目标模型），并断定 BMP 战车将在 25 分钟后抵达那个村庄。除非“幽灵”武装运输机首先赶到，否则，“无国界医生”小队就成了塔利班的猎物。

当情报用户是一位国家领导人或决策者或商业主管时，分析过程通常要比这个例子更为周密。想想在前一章图 2–1 和图 2–2 中的问题分解所定义的情报问题。在每个示例中，当问题分解与特定情报相结合，它也是一种可满足许多用途的目标模型。我们可以以它为基础，就某些情报问题提出搜集要求，这些问题就显示在图表下方方框中——在第 8 章进行详细探讨的一个主题。它可以是一种框架结构，把搜集到的情报综合其中——这是我们在第 7 章“填充模型”中讨论的一个主题。

为了说明问题，我们使用图 2–2 对某国经济情况的问题进行分解，并重点关注其整体经济的组成部分：该国的金融稳定性，特别是银行业的稳定性。有五个组成部分可帮助我们对银行业进行评估：银行倒闭、银行资金流动、信贷增长、贷款违约率和贷款周期。在这些组成部分中，大部分可以用第 5 章所讨论的一个简单模型进行有效描述：时况图解（temporal graphic）。利用掌握的原始情报，人们可以绘制出各种曲线，以显示：

- 过去 5 年来银行倒闭情况（趋势平稳）。
- 同一时期银行资金流动性（稳步下降）。
- 信贷增长状况（信贷急剧增长）。
- 贷款违约率（在去年以前，违约率稳定，之后就开始上升）。

人们还可以画出一份比较曲线图，显示如何同其他国家的贷款期限进行比较（目标国的贷款期限更多地有利于出贷方）。

将所有这些模型综合成银行业的整体图景后，人们可能注意到，虽然到目前为止，银行倒闭的状况已经稳定下来，但前景并不看好。模型的其他所有部分都显示趋势不利。根据过去经验，人们可以对模型进行分析，并创建出新的预测性模型——这是另一种情景想定——显示银行倒闭在不远的将来将急剧上升，而这个国家的银行业正走向严重的困境。

这个例子说明了问题分解是如何与目标模型紧密地联系在一起，以及它又是如何被用来构建和组织目标模型。本书第二部分将更详细地探讨目标模型，并说明分析中所用的模型种类。第三部分专门讨论使用模型的各种分析方法，特别是预测性的方法。

前述反情报问题是政策制定和实施中如何分析和运用合理的目标模型的一个范例，我们回到这一问题上。

三、反情报分析

在第 2 章，我们分析了一个简单的反情报问题分解模型，该模型将某外国情报机构作为目标。我们从图 2–4 该组织“总体战略”这一方框开始。它分三个子范畴——目标、行动、（与其他情报机构的）联系。现在，我们对这些子范畴做更为仔细的研究。

目标

大部分情报机构喜欢与其国家利益有密切关系的战略目标。作为示例，我们考虑三个国家——俄罗斯、法国和德国。他们的情报机构规模较大，且目标各异。

- 像法国和德国这样的国家，关心的是打击恐怖主义和通过出口提升他们的经济。因此，他们关注的重点集中在恐怖主义和经济情报上。他们的优先目标是恐怖组织和与国内公司竞争的商业事务。[1]

- 俄罗斯重点关注内部安全（特别是恐怖主义威胁）和邻国尤其是前苏联加盟共和国发生的政治、经济和军事事件。俄罗斯情报机构对这些目标进行了分工，由俄罗斯对外情报局 [SVR，其前身是克格勃（KGB）] 跟踪政治和经济目标，由俄罗斯军事情报总局（GRU，即格鲁乌）跟踪军事目标。

行动

各国情报机构倚重的情报来源各不相同，部分原因是过去曾为他们工作的那些人、他们的战略目标，以及他们的财力规模各不相同。经费不太充足的情报机构主要依靠各种公开来源（包括网络）和人力情报，这两者相对花费不多。如果通信情报不是通过卫星搜集，那么它也可以是廉价的。经费充足的情报机构可利用卫星搜集的图像情报（imagery intelligence，简称 IMINT）和通信情报，也可以利用其他专业化技术搜集手段（所有这些将在第 6 章予以讨论）。

- 法国和德国利用技术搜集，包括通信情报和计算机入侵技术。[2] 他们的通信情报搜集装备精良，两家第一流的通信情报硬件开发组织就设在法国（泰雷兹公司）和德国（罗德与施瓦茨公司）。
- 中国依靠人力情报，它通过各种商业组织尤其是贸易公司和学术界开展情报搜集，其程度超过其他主要情报大国。[3]

---

[1] "Telecommunications, Satellites Said to Be Targeted for Espionage by France," *Common Carrier Week*, May 17, 1993.

[2] Samuel D. Porteous, "Economic Espionage: Issues Arising from Increased Government Involvement with the Private Sector," *Intelligence and National Security* 9, no. 4 (October 1994): 735–752; Wayne Madsen, "Intelligence Agency Threats to Computer Security," *International Journal of Intelligence and Counterintelligence* 6, no. 4 (Winter 1993): 413–488.

[3] Nicholas Eftimiades, *Chinese Intelligence Operations* (Annapolis: Naval Institute Press, 1994), 22.

除了要熟悉对手的情报搜集习惯之外，反情报工作还需要了解外国情报机构的分析能力。许多情报机构在分析问题时要么具有偏见或种族优越感，要么对异常情况处置草率。了解他们的情报通信渠道以及他们在政府内如何分享情报十分重要。在许多国家，高层决策者或军事指挥官就是情报分析者。这为“知觉管理”（perception management）[1]提供了最好机遇，尤其在像希特勒、斯大林和萨达姆·侯赛因那样自我陶醉的领导人负责情报并自己进行分析时，更是如此。领导人和决策者是难以做到客观的。他们是实干家，总有一个日程表。他们有许多偏见，易于陷入一厢情愿的思考。

联系

几乎所有的情报机构都与外国的情报或安全组织保持联络关系。为这些关系建立模型十分重要，因为它们可以显著地扩展情报机构的各种能力。

- 在冷战期间，苏联与其东欧卫星国的情报机构保持着广泛的联络关系。不管怎样，苏联情报机构在这些关系中总是处于主导地位。自从苏联解体以来，俄罗斯一直在与前苏联加盟共和国中的部分国家缓慢地发展新的联络关系。
- 法国和德国既直接共享情报，也通过北约组织分享情报，并与其他有关国家达成各种情报联络安排。
- 在执法领域，许多国家通过国际刑警组织分享情报，这一组织即为便于跨境警务合作而创建。

[1] 知觉是个体为了对自己所在的环境赋予意义而组织和解释自己的感觉印象的过程。影响知觉的因素有知觉者、目标、情境等。知觉是个体的人与外部世界联系的重要途径。人的知觉又不可能是十分准确的，经常出现知觉错误。知觉管理即建设性地利用知觉效应，使它对我们的管理有好处。——译注

四、各种目标模型的综合

问题分解常常可提供一种目标模型，或至少提供一个起点，但有时候它也提供不了。有的时候，在没有详细了解所要解决问题的情况下，我们就可以建立目标模型。几乎所有的目标模型实际上都是许多模型的综合。

我们以获取有关生物武器威胁的例子来说明如何组织可用情报。这个问题是评估某国生产、部署和使用生物武器并以此作为一种恐吓或作战武器的实力。人们可以从合成一种类属模型（generic model）或模型模板开始，依据的只不过是对建造和使用生物武器所需物质的一般了解。这种类属流程模型看起来很可能与图 3–2 相似。[1]

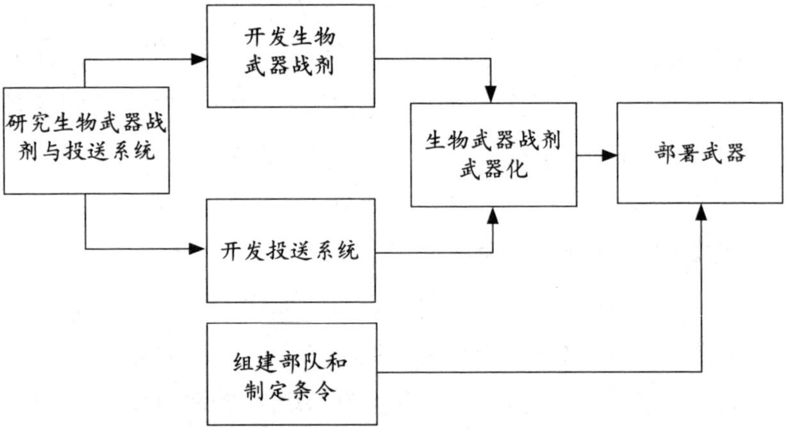

图3–2　生物武器系统过程的类属模型

但是，这种模型只是一个起点。从这时起，该模型必须扩大，并且使其专门针对目标，即某国的生物武器项目。这个迭代过程包括创建更为详细的模型，我们称其为**子模型**（submodel）或**附带模型**（collateral model）。

[1] Michael G. Archuleta, Michael S. Bland, Tsu-Pin Duann, and Alan B. Tucker, "Proliferation Profile Assessment of Emerging Biological Weapons Threats," research paper, Directorate of Research, Air Command and Staff College, Maxwell AFB, Ala., April 1996.

子模型

像俄罗斯套娃玩偶一样，一个整体目标模型可以包括许多更为详细的组件模型。然后，以目标为中心过程的参与者可进入整体模型内部，提取他们需要的信息。信息搜集人员可以挖掘更多细节，更好地提炼搜集目标，填补具体的情报空白。情报用户可以琢磨如何正确地回答各种问题，从分析人员提供的目标图景中获得信心，并了解分析人员的分析限度。目标模型是一种强大的合作工具。

组件模型是一种子模型，是对顶级模型的更详细的分解。图 3–3 显示的是一种子模型，它是图 3–2 所显示流程的组成部分。[1] 在此方案中，作为发展生物武器战剂和投送系统的组成部分，必须建立一个试验区，而且必须在动物身上进行战剂试验。

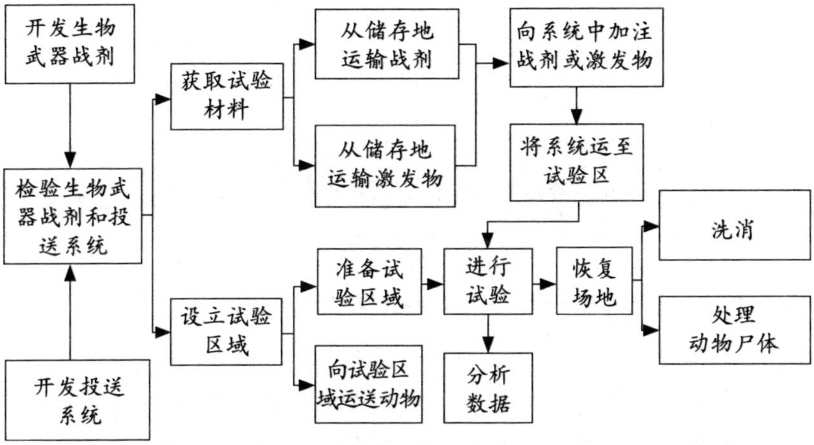

图3–3 生物武器系统试验过程的子模型

[1] Michael G. Archuleta, Michael S. Bland, Tsu-Pin Duann, and Alan B. Tucker, "Proliferation Profile Assessment of Emerging Biological Weapons Threats," research paper, Directorate of Research, Air Command and Staff College, Maxwell AFB, Ala., April 1996.

附带模型

与子模型相比，附带模型可以显示整体目标模型的细节，但它不是简单地对顶级模型进行详细分解。通常情况下，为了某种特定的情报用途，附带模型对目标提出一种不同的思维方式。例如，假定用户需要了解生物武器组织是如何管理的，其行动部门在哪里，以及该国将在何时部署生物武器等。

图 3–4 是一个附带模型，旨在回答第一个问题——生物武器组织是如何管理的？该图是为生物武器发展组织建立的一种模型，像大多数组织模型一样，它是结构性的模型。

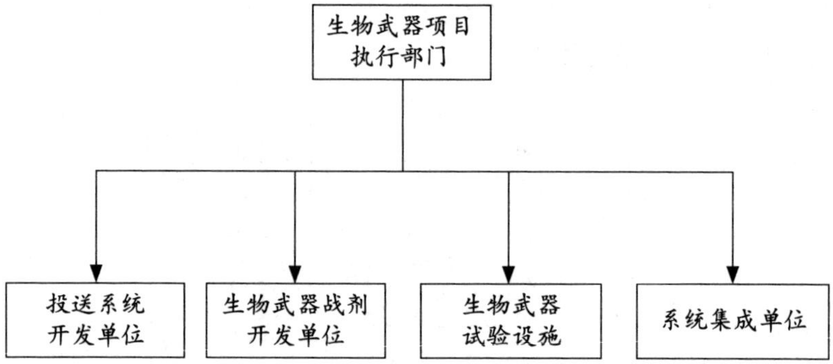

图3–4　生物武器开发的组织模型

图 3–5 显示生物武器目标的空间或地理附带模型，回答了第二个问题，即生物武器行动部门位于哪里？如同在第 8 章讨论的那样，这种模型在制订情报搜集计划时十分有用。

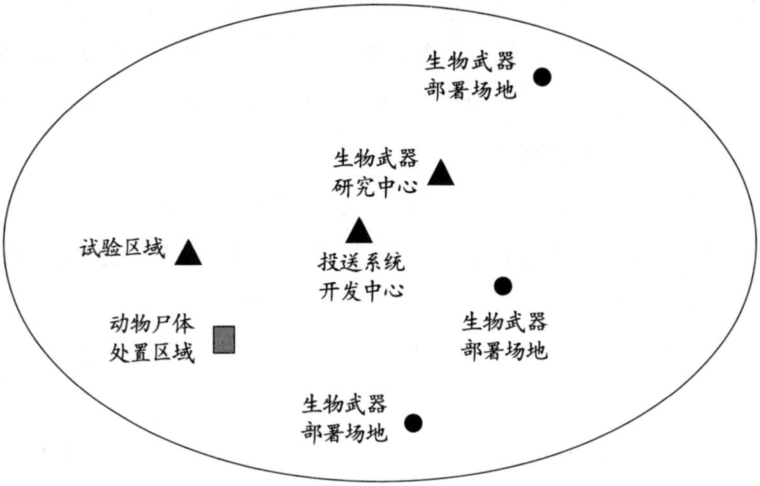

图3–5 生物战设施的附带模型

图 3–6 显示的是生物武器目标的另一种附带模型，它是生物武器开发的一种编年模型（chronological model），旨在回答该国将在何时部署生物武器的问题。这类模型对于情报搜集人员确定搜集时机具有重要意义。

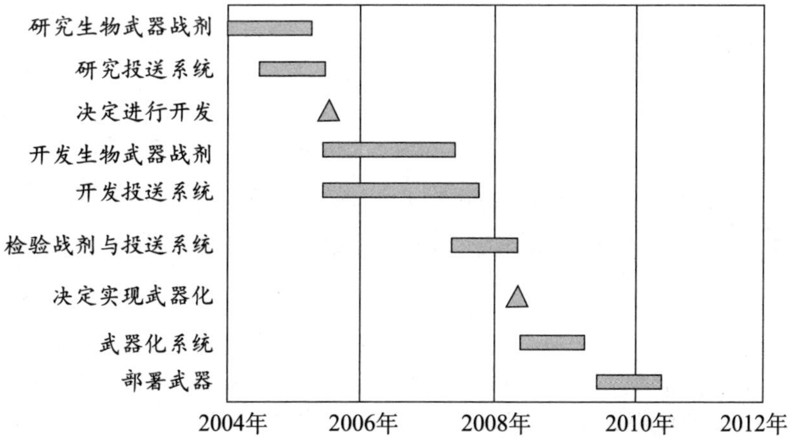

图3–6 生物武器开发的编年模型

图 3–4、3–5 和 3–6 中所列的附带模型是系统分析中采用的三种普通类型——结构、功能和过程——的示例。图 3–4 和图 3–5 是结构模型。图 3–6 既是一个过程模型，也是一个功能模型。在分析复杂的情报目标时，所有这三种模型都可能用到。

把这些模型综合在一起，分析人员就能回答各种用户提出的一系列问题。像图 3–5 这样的模型有助于判定已部署的生物武器系统可能的用途和目标。图 3–6 所显示的模型可帮助确定这个项目进展到哪个阶段，并可帮助情报用户适时采取政治、经济或军事行动以阻止该项目发展，或者使其逆转。

在实践中，这些模型将共同用于一个迭代分析过程[1]（iterative analysis process）之中。为说明如何使用迭代法，我们从图 3–3 中的类属模型开始。以此为起点，分析人员可创建在图 3–4 所示测试过程的子模型。由于认识到生物武器测试项目必须有一个试验场地，分析人员将要求情报搜集人员搜寻设置了动物围栏、且在附近部署了某种生物传感器的试验区域，分析人员还会要求搜集人员搜寻动物尸体处置区。假定情报搜集人员获得成功，分析人员就可以创建一种附带模型——图 3–5 所示地图显示。根据对试验场和动物尸体处置区活动的观察，分析人员就可细化图 3–6 所示编年模型。

追捕巴勃罗 · 埃斯科瓦尔，是迭代过程的另一个示例。哥伦比亚和美国情报分队为埃斯科瓦尔的手机通信方式、其同伙网络及其财务结构创建了模型。根据对这些情况的分析，情报搜集人员才能够瞄准具体的目标——我们将在第 8 章进行详细讨论。当有关埃斯科瓦尔的集团成员、手机号码、银行账号和行动样式等最新情报集中在一起，所有的模型几乎每

[1] 迭代法（iterative approach）也称辗转法，是一种不断用变量的旧值递推新值的过程。跟迭代法相对应的是直接法（或者称为一次解法），即一次性解决问题。迭代法又分为精确迭代和近似迭代。迭代法是用计算机解决问题的一种基本方法。它利用计算机运算速度快、适合做重复性操作的特点，让计算机对一组指令（或一定步骤）进行重复执行，在每次执行这组指令（或这些步骤）时，都从变量的原值推出它的一个新值。——译注

天都在持续的迭代过程中更新。

五、小结

所有的情报机构都涉及从目标模型中提取知识。在情报工作中，模型通常是概念性和描述性的。易于对付的是确定性的、线性的、静态的、可解的模型，或它们的某种综合。不幸的是，在情报行业，目标模型往往是随机性的、非线性的、动态的和仿真的。

从已经掌握的情况开始，建立一个目标模型。接下来，对模型进行分析，为用户提取信息，或者启动新的情报搜集行动。复杂目标模型通常综合了各种相关模型，它可以满足情报用户和搜集人员的目的。附带模型和子模型就是示例。在一个正在进行的情报分析过程中，分析人员将不断地把新情报纳入模型之中，目的是对其进行提炼。

[第 4 章]

分析领域

马修 · 加思上尉（查尔登 · 海斯顿饰）：乔，你是在猜测！

情报官约瑟夫 · 罗彻福特（哈尔 · 霍尔布鲁克饰）：长官，我们喜欢把这叫分析。

——电影《中途岛》（*Midway*），1976 年

情报分析需要从目标模型中得出结论。必须从模型中提取的情报类型是变化不定的，取决于用户的需要和根据情报采取行动的可用时间的多少。没有哪一种情报分类方案是完美无瑕的。我在本章中介绍的各种分类虽有不足和重叠，但它们更多的是促进搜集与分析，而不是进行诸如“政治”、“经济”和“军事”这样的学科分类。它们同样可用于政府和商业情报机构。

一、冲突范围[1]

正如我们在第 1 章中所了解的那样，情报是有关冲突的。军事组织通常将冲突界定为三个层次：战略层次、战役层次和战术层次。[2] 决策者、

[1] conflict spectrum，也有译作冲突光谱。——编注

[2] JCS Joint Publication 2-0, “Doctrine for Intelligence Support to Joint Operations” (Washington, D.C.: Department of Defense, Joint Chiefs of Staff, March 9, 2000), chap. 3.

执法官和企业都可经历类似层次的冲突。情报的种类通常被界定为反映这三个层次，尽管不同层次间的界限经常是模糊的。

对付冲突中的任何对手，都可采取三种连续行动：**预防、慑止**或**击败**。图 4–1 显示的是包括这些行动在内的范围。预防性行动往往具有战略性，并集中在计划制定上。旨在慑止和击败而采取的行动，大部分是战术性的，其重点是执行计划和处理正在形成的危机。

行动等级	预防	慑止	击败
性质	战略性	战役性	战术性
需要的活动	制订计划	实施计划	危机管理
时间框架	长期	短期	即时

图4–1 冲突范围

- **预防**：情报用户首先要努力预防不利形势的形成。包括防止对手获得或形成某种能力、某种战略或某个新式武器系统；防止对方做出不利于己方的决策；防止谈判对手采取某种立场；鼓励对手彻底改变已经做出的不利于我的决定，从而使局势变得于我有利；逆转某种能力；诱使对手放弃既定的行动或撤出争夺区域。
- **慑止**：当预防已经为时过晚，则采取慑止行动。这方面的例子包括慑止某次攻击；慑止使用某种能力或武器系统；慑止对手升级或加剧危机；或制造不确定性，以诱使对手小心谨慎。预防是为了不让形势变得不利，而慑止重点针对对手的潜在行动，以此化解不利的局势。
- **击败**：当所有其他的手段均告失败时，以对己方有利的条件解决冲突。包括在武装战斗中击败对手，摧毁对手的大规模杀伤性武器，或在国际贸易中夺走对手的市场份额。

在 2001 年 9 月 11 日恐怖分子对世贸中心和五角大楼发动袭击以前，

美国国防部中央司令部（Central Command，简称 CENTCOM）关注的重点主要是预防和慑止阿富汗塔利班和“基地”组织。9 月 11 日之后，中央司令部迅速进入作战计划制订，接着实施击败他们的战术行动。

我们已经说过，情报可为冲突范围中的各种作战行动提供保障。如同作战行动一样，情报可以在最高层次上宽泛地界定为**战略情报、战役情报**或**战术情报**。

战略情报

战略情报（strategic intelligence）解决的是长期问题。一般情况下，对国家用户而言，战略情报可用于制定国家战略与政策，跟踪国际形势，也可为贸易决策或国家工业决策等多样化的行动提供支持。战略情报也是为高级军事领导人生产的。它可用于制订军事计划、决定需要建设的武器系统，确定部队结构。[1] 在通常情况下，它可为企业策略计划制订提供支持。

分析人员必须花费大量时间，从头开始建立目标模型或者更新现有模型。有许多可供选择的方法。人们可以考虑许多可能的目标模型（情景想定），而形势可以通过许多不同的方式展开。情报工作可采取一种长期的分析视角。

在很大程度上，商界和政府这两类组织的战略情报工作，创建的目标模型是相同的。商界和政府都着眼于对手的政治结构与结盟关系；两者都建立人物生平介绍或领导层简介；两者都评估对手的技术。

战略情报的难度大于战术情报。分析人员不得不掌握更复杂的分析方法。战略情报中的各种模型与用于战术情报的那些模型类似或完全相同，但通常更复杂，因为战略情报预测的时间跨度更长。另一个问题是，尽管情报分析人员也在培养用户的长期视角，但很少能撇开对用户的短

[1] JCS Joint Publication 2-0, “Doctrine for Intelligence Support to Joint Operations” (Washington, D.C.: Department of Defense, Joint Chiefs of Staff, March 9, 2000), chap. 3.

期战术保障。[1] 分析人员需要用户群体中出类拔萃的人物支持其进行战略情报研究，因为战术情报通常会耗尽所有的可用资源，以处理各种紧迫的问题。

战役情报

战役情报（operational intelligence）关注的是对手或潜在对手所具备的各种能力和企图。战役情报被界定为计划和实施具体作战行动所需的情报。在军队中，它主要为作战司令官、下属联合部队指挥官及其所属部队指挥官所使用。战役情报可让他们及时了解在其任务区域内发生的各种情况，并可确定对手将在何时、何地、以何种兵力发起并遂行战役或战役性作战。[2] 因此，战役情报也必须是预测性的。

例如，外交活动中的战役情报可以为制定削减军备条约谈判计划提供支持。在执法行动中，战役情报可为破获有组织犯罪集团的行动提供支持。在商业情报中，战役情报可为赢得某条特别生产线上产品的市场份额而开展的活动提供支持。

战术情报

战术情报（tactical intelligence）是在冲突的前线进行的。在军事上，战术层次的指挥官用它来计划和实施各种作战和交战。战术情报确定和查明对手的部队与武器装备的位置，增强战术指挥官通过实施演习、进行目标瞄准和设置各种障碍来获得战斗优势的能力。它使得战术部队能够取得

[1] Bill Fiora, "Moving from Tactical to Strategic Intelligence," *Competitive Intelligence Magazine* 4 (November–December 2001): 44.

[2] JCS Joint Publication 2-0, "Doctrine for Intelligence Support to Joint Operations" (Washington, D.C.: Department of Defense, Joint Chiefs of Staff, March 9, 2000), chap. 3.

对敌人的优势。[1]

20 世纪 90 年代，由于武器技术的发展趋势，支持军事行动的战术情报变得非常重要。高精确武器装备和作战行动的发展趋势，使人们十分重视高度准确的数据。情报系统可以把敌方部队的位置精确到数米之内，其重要性凸显。地理空间分析领域的迅速扩展，地图和海图绘制、大地测量数据可用于对“智能”武器的制导，这些都为外科手术式的作战行动提供支持。[2]

许多执法情报在导向上也往往是战术性的。第 1 章介绍的哥伦比亚警察中尉和“捕食者”无人驾驶飞机操作手在与单个对手作战时，都使用了战术情报。但正如下面的例子所示，除军事行动和执法行动外，战术情报每天都在使用。

> 一张地球卫星照片在一个较大的等离子屏幕上缓慢转动，上面标定的各种标记表明各种在线威胁来源。在成排的计算机设备前，分析人员监视着防火墙和其他在线防护手段。显示屏、布局图以及安全警卫人员都可唤起作战室里出现的情景——这情景不是别的，就是一种新型战争。
>
> 这是赛门铁克公司的作战室。这里聚集了不同类型的分析人员，他们在对付各种各样的对手，如试图越过过滤系统的垃圾邮件发送者，并把他们列入黑名单；竭力绕过银行防火墙的形形色色的黑客；可以在数秒钟之内侵入全球数千台计算机的病毒。
>
> 为保护银行和财富 500 强企业免遭各种网络威胁，赛门铁克公司维持着这个作战室。这间作战室是对抗蓝宝石病毒（SQL Slammer）的前线。该病毒横行在因特网上，破坏警察局和消防

---

[1] JCS Joint Publication 2-0, “Doctrine for Intelligence Support to Joint Operations” (Washington, D.C.: Department of Defense, Joint Chiefs of Staff, March 9, 2000), chap. 3.

[2] 测地学研究地球的规模、形态、重力场、坐标框架以及其参考系统。

> 中心的联络，中断货运列车的运行。这间作战室也是对抗冲击波病毒（MSBlaster）的前线。该病毒阻塞企业网络，迫使网站站点离线。这间作战室也是对抗使用像梅利莎（Melissa）和爱虫（ILoveYou）这样没有毒名的涂鸦病毒的前线。[1]

赛门铁克作战室的分析人员即时为病毒、蠕虫和特洛伊木马建立了模型，从而成功实施了战术行动。他们为欧洲有组织犯罪集团的行为方式建立了模型，这些犯罪集团利用大无极（Sobig）病毒，跟踪用户的按键行为，窃取用户口令和信用卡号码。他们为传播病毒的计算机建立了模型。在等离子大屏幕上，显示了这个因特网战线的广泛模型，从这里可以看到新威胁的形成。通过使用这些模型并随时建立新的模型，这些战术情报分析人员可以在数分钟内分析和击败新病毒。

二、时间分析范围

图 4–2 显示随着时间推移如何对某一特定问题开展分析。由于用户关注的是战略问题和计划制订，因此情报工作通过深入研究来创建目标模型，关注的重点是对手的各种能力、计划或企图。情报用户关注的重点是战略性问题，情报活动也是如此，各种备选的目标情景想定因而创立。再看看图 4–2 中的情况说明：在右侧的问题是战术性的。情景想定或局势发展是公开的。现在情报的焦点不是建立目标模型，而是更新和利用这些模型，以确定敌方当前的意图，并提供征候与预警。在这种情况下，情报就是要围绕当前的局势发展，对新情况做出迅速反应。用户必须做出决策并付诸实施，而情报必须帮助他们。

---

[1] Andy Sullivan, "Attack of the Killer Bugs: Your Computer Could Be Hijacked by Scam Artists to Send Out Spam and Steal Your Bank Account," *Reuters Magazine*, January–February 2004.

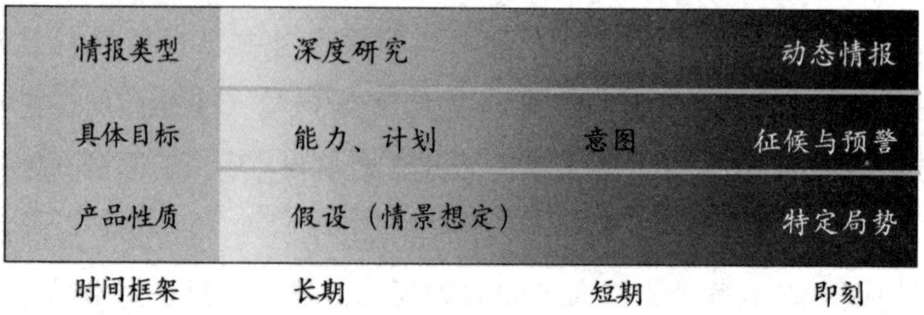

图4–2 时间分析范围

作为一个示例，想想在进行外交或商业谈判中所采取的行动。在任何一种谈判中，人们都是先制定战略，再确定战术，然后根据对手的行动修改战术。在图 4–2 的左侧显示的是一个数据采集与评估过程，紧接着就是进行冷静、合乎逻辑的分析研究。该图的右侧显示的是一种快速的、疯狂的信息采集氛围。在此氛围中，如果过程管理不当，即便是周密制订的计划也会被淘汰出局。因此，情报行动的节奏变化不定，从对目标模型的正常维护，以及对所收到信息的汇总，到最后行动阶段的高潮迭起。这种节奏的加快很适合支持对目标网络采取的“集群式”行动，如同兰德公司的约翰 · 阿奎拉和大卫 · 朗菲尔德所倡导的网络战战略那样（见第 1 章）。[1]

长期研究与动态情报

本书大部分篇幅叙述如何进行长期研究，常常包括可进行数天乃至数周的重大分析行动。**动态情报**的流程相似，但使用现成模型，费时少，并且直奔要害信息。

---

[1] John Arquilla and David Ronfeldt, “Looking Ahead: Preparing for Information-Age Conflict,” in *In Athena’s Camp: Preparing for Conflict in the Information Age,* ed. John Arquilla and David Ronfeldt (Santa Monica: RAND Corporation, 1997), 468. “蜂群行动”（“Swarm” operations）是闪击战概念的现代拓展，也就是酌情使用全部“权力”（如政治、经济、军事和心理力量），协调一致地向对手发动压倒性攻击。

动态情报处理的事务需要采取立即行动，例如保障贸易谈判、解救洪灾或饥荒灾民、执行法律、阻止毒品交易或秘密的武器贩卖。在战术层面上，情报流程是非常快速的，模型必须事先建好。最理想的是，它在研究阶段处理日常事务时就建立起来，只要加入新收集的情报，就可对模型进行细化，并可对各种变化所做的分析进行快速提取和报告。

图 4–2 的右侧是用户需要的详细情况。情报必须是快速的和高度反应性的。例如，一个军事指挥官不在乎坦克能做什么，这些他早已了解。他需要知道的是坦克在哪里，要往哪里去。在外交战术层面上，外交官不那么担心谈判策略，而担心对手对其外交倡议可能做出何种反应。

人们还可以将动态情报与情报研究或深入分析进行比较。动态情报覆盖的是迅速爆发的各种事件，并且看起来更像是报纸或电视的新闻报道。情报研究更多地与大学或研究实验室的工作相似。它着眼于长远，对某个特定问题的看法更深入。

这两种情报在情报机构和决策者中都有支持者。在进行时间和资源分配时，对它们采用非此即彼的思路是无益的，因为两者都需要。动态情报使得分析人员能够与决策者保持密切接触，并促进两者之间进行更好的了解。情报研究可提供背景，使分析人员能够在动态情报报告中做出可信判断。

图 4–2 中，哪一区域需要加以强调，取决于用户及其行动所处的位置。几乎所有的国家领导人都想得到具体的动态情报。[1] 但是，正如中情局情报分局的副局长布鲁斯 · 克拉克（Bruce Clarke）曾经评论的那样："情报研究是把钱存在银行里，而动态情报则是从银行里提款。"放弃进行深入研究的问题是，如果少了它，情报模型最终将变得与问题无关。不清晰了解长期趋势，分析人员就无法做出短期预测，情报机构就会破产。它不仅不能提供战略情报，甚至也不能生产像样

[1] 能干的国家领导人确实思考长期战略，但他们很少求助于战略情报。与此相对应的是，他们通常是热心的战术情报用户。

的战术情报。

融合中心

“快速合成”（fast synthesis）某种数据，是保障已经展开的战术行动所必须的，也是迅速巧妙地完成新的情报搜集所必须的。这种快速合成经常被称为**融合**（fusion）。它与常规的合成与分析的区别仅在于强调的重点不同：时间是关键。融合的目的在于利用所有掌握的数据来源，对某个复杂事件快速形成一个完整图景。目标模型已经建好，分析人员的任务就是向其注入一切新的数据。分析人员只处理新来的数据，以及通过直接访问从数据库中得到或自己的记忆中所具有的任何信息。在军事行动、危机管理和执法行动和其他类似的直接行动中，时间是关键要素，在这种情况下，情报分析人员经常使用融合。美国国内对这种信息的需求，导致其成立了许多**融合中心**来支援国内安全事务。这些融合中心综合了来自私企、联邦、州和地方、部落政府（tribal government）的各种信息。中心的初始目的，是评估来自自然灾害、恐怖袭击对人员和基础设施的风险，并使第一反应者能采取行动。但随着时间的推移，许多中心的重点转向提供犯罪情报，处理各种各样的意外事件，从而为州与地方的执法行动提供支持。

关于融合中心的设计，没有一个模型。理想状态下，其功能可能与赛门铁克公司的作战室类似。但与赛门铁克公司模式不同的是，融合中心的情报来源和数据更多，其涉及的威胁类型更广。许多州的融合中心很少进行真正的融合，如对不同的数据来源进行分析，发现情报空白，积极主动地搜集情报以填补空白，从而预防（意外事件），这方面的不足遭到了诟病。人们也担心他们的行为可能侵犯隐私权和公民自由。[1]

---

[1] John Rollins, “Fusion Centers: Issues and Options for Congress,” *CRS Report,* January 18, 2008, www.fas.org/sgp/crs/intel/RL34070.pdf.

能力、计划与意图

战略情报的目标往往分为两个主要领域：能力与计划。这种对战略情报的认识是与战略计划制订过程紧密地联系在一起的，因为在政界与商界，战略计划的制订过程就是这样。这种战略计划的制订是从所谓 **SWOT** 分析开始，即优点、弱点、机遇和威胁。

优点和弱点界定了**能力**，由在敌方组织内进行的**内部调查**决定。机遇和威胁塑造各种**计划**，并由**外围考察**所决定——（不深入对手内部但）以对手的角度看待形势。从这种视角出发，战略情报的任务是评估敌对组织的各种能力（优点与弱点）及其最终计划（由其认为的机遇和威胁确定）。

图 4–2 显示的情报“具体目标”可以是战术性的、战略性的，或者兼而有之。**征候与预警**往往是战术性的多；**能力、计划**与**意图**往往是战略性的多。两者之间的区分以情报要求的时限和质量为依据。

在战役情报中，对手运用其执行计划的能力——明确地说，其意图——变得十分重要。意图发动军事攻击，意图实施禁运或者意图中断谈判，这些都是战役性的甚或是战术性的。在图 4–2 中，有关“意图”的情报处于深入研究与动态情报之间。在传统的情报定义中，计划与意图往往被混为一谈，但实际上它们是两个不同的目标，区别在于它们的时间长短：计划是比较长期的，意图则更为即时。

三、征候与预警

对政府而言，**征候与预警**（indications and warning，一般称为 I&W）这个范畴包括查明、报告威胁本国军事、政治或经济利益的外国动向的信息，这类信息具有极高的时效性。从传统上说，提供国家安全受到威胁的征候与预警，是情报机构最优先的任务。美国情报机构未能提供有关日本袭击珍珠港的情报，是 1947 年美国情报界得以形成的主要原因；未能提供有关“9 · 11”恐怖袭击的情报，则直接导致了 1947 年以来对美国情报机构进行最重要的改组。

征候与预警情报工作的目的，是为了避免发生损害组织或国家利益的突然袭击。战术性征候与预警包括对敌方行动或意图、迫在眉睫的敌对行动、暴动或恐怖袭击的预报。预报各种间接和直接的威胁，包括政变或内乱、第三方的战争、难民潮，也是征候与预警情报工作的目标，尽管这些事件可能不会直接、迅速地对评估方的利益产生影响。

虽然征候与预警情报显示在图 4–2 的右侧，似乎属于战术情报或动态情报，但它也可以是战略情报。战略性征候与预警包括查明和预测正在出现的各种威胁。不稳定的局势、新的国防技术、可以极大改变对立两军相对优势的各种技术突破，都属此类。

自 1950 年到 1990 年的 40 年间，美国国家征候与预警情报工作主要关注苏联的战略攻击问题，其次则是持续不断的世界热点：如阿（拉伯）以（色列）冲突、印（度）巴（基斯坦）冲突或朝鲜半岛冲突的可能性。对许多中东国家而言，阿以局势支配了其国家征候与预警行动。自 2001 年以来，征候与预警行动变得更加复杂——许多国家将注意力集中在恐怖袭击上，尤其是使用大规模杀伤性武器发动的袭击。最后，自 2008 年秋天以来，许多国家的征候与预警情报工作集中在世界经济危机上。征候与预警情报这个范畴也与其他两个情报范畴密切相关（和重叠），其一是能力、计划与意图，其二则是危机管理与行动支援。

征候与预警情报工作的传统方法，一直在为部队部署与行动制定各种指标或标准。假如 1941 年 12 月美国有一个征候与预警组织，那么它就会在其他指标中发现下列指标，以发现日本当年的计划与意图 [1]：

- 1 月，一份来自秘鲁驻东京使馆的人力情报来源称，如果美国与日本之间出现纠纷，日本打算首先从突袭珍珠港开始。
- 11 月 19 日截获的日本外交电报包含这样的内容：“东风雨”。一些美

[1] Harold P. Ford, *Estimative Intelligence* (Lanham, Md.: University Press of America, 1993), 3–5.

国情报官将其解读为日本决定在不远的将来发动战争。

- 11 月 22 日，外交部长东乡茂德通知日本驻美大使野村吉三郎，谈判必须于 11 月 29 日完成，并声称："自那以后，事情将自动发生。"
- 11 月末，日本开始在其无线电通信中加入混乱或冗余的电文——这是挫败敌方通信情报行动的一种典型战术。
- 12 月初，日本海军改变了其舰船的呼号，这偏离了其每 6 个月改变一次呼号的一贯做法。
- 12 月 2 日，日本外交部命令其驻伦敦、马尼拉、巴达维亚、新加坡和华盛顿的大使馆和领事馆，销毁大部分代码、密码和机密文件。
- 12 月初，美国海军情报机构"找不到"日本航空母舰和潜艇的位置。
- 有零散的报告称，日本海军航空兵最近在演练用鱼雷攻击停泊在日本南部港口的船只。

事后才明白，这些点滴的情报汇聚在一起，就清楚地表明日本对珍珠港的袭击迫在眉睫。实际上，这些点滴的情报本来就可以在大量相互冲突和矛盾的证据中形成一幅不完整的画面，就像罗伯塔·沃尔斯泰特在她的《珍珠港：预警与决策》一书中所指出的那样。[1] 最好的情景是：美国应发布一份措辞谨慎的警告，指出在未来几天内遭遇袭击的可能性和袭击的性质。然而，1941 年的美国不存在国家征候与预警组织。

自第二次世界大战以来，大多数国家无论大小，都已创建各种组织，以便对即将发生的军事行动和其他种类的意外事件发出预警。尽管由于糟糕的情报分析（例如，我们在引言中讨论过的赎罪日战争和福克兰群岛突然袭击）而出现某些失误，但征候与预警情报在预报常规军事进攻方面表现得相当出色。1990 年 7 月 25 日，美国中情局国家预警情报官查理·艾伦（Charlie Allen）曾经发布一份预警情报，判定伊拉克进攻科威特的可能性有 60%，这比海湾战争的爆发提前了一

[1] Roberta Wohlstetter, *Pearl Harbor: Warning and Decision* (Stanford: Stanford University Press, 1962)。该书第 7 章讨论了冲突性证据与矛盾性证据（conflicting and contradictory evidence）的区别。（中译本 2020 年 12 月已由金城出版社出版。——编注）

个多星期。[1]

然而，征候与预警情报工作往往只能对常规武装冲突进行成功预测。伊拉克在 1990 年即将进攻科威特，其预警指标（indicator）早已成立，足以发出预警。对恐怖主义、局势不稳、低强度冲突和技术性突破的预警就较难进行，因为各种预警指标很容易被隐藏起来。

另外，自 1941 年以来，从大量的可用信息中提取出条理清晰的形势图景，这个问题并没有变得更容易。五角大楼和世界贸易中心大楼遭到“9 · 11”袭击以后，大量有关恐怖分子使用飞机对美国发动袭击的证据被汇编成册。像袭击珍珠港的证据一样，这些证据只有与美国情报界在袭击发起前得到的所有冲突的、矛盾的并且常常是虚假的原始情报放在一起，才能得到客观的判断。

对于商业组织来说，征候与预警情报工作最优先的目标是危及该组织生存的重大威胁——例如，竞争对手即将结盟，某一竞争对手在产品上即将取得突破，等等。但是，在商业情报领域，征候与预警情报作用更为广泛。竞争对手经常发出某些假信号（deliberate signal）以显示其意图。商业情报分析人员必须理解这些征候，并确保其用户了解这些信号。[2] 对微妙信号的含义进行分析，是所有分析人员都应具备的一种特殊技能，因为政府也会发出这种信号。

征候与预警情报总是面临一个权衡问题（trade-off problem）：分析人员不想错过预警征候，从而错过预警。对手越来越多地使用拒止和欺骗手段，这个问题变得更加复杂。另一方面，如果分析人员将预警的门槛设得过低，就会出现虚假警报，而且分析人员也易于碰到“狼来了”（cry wolf）的问题——用户会变得麻木不仁，而且在真正危机来临时，人们也会对警报置之不理。[3] 当局

[1] Michael R. Gordon and Bernard E. Trainor, *The General's War: The Inside Story of the Conflict in the Gulf* (London: Little, Brown, 1996).

[2] Liam Fahey, *Competitors* (New York: John Wiley and Sons, 1999), 78.

[3] Mark M. Lowenthal, *Intelligence: From Secrets to Policy*, 2nd ed. (Washington, D.C.: CQ Press, 2002), 87.（中译本《情报：从秘密到政策》2015 年 1 月已由金城出版社出版。——编注）

势逐渐恶化，预警指标持续了相当长的时间，危机却没有如期发生，这也会使分析人员变得不那么敏感。这种脱敏模式（desensitization pattern）经常发生，英国学者迈克尔·赫尔曼（Michael Herman）称之为“警戒疲劳”（alert fatigue）[1]。诀窍在于建立一套既必需又充分的预警指标，既不发布虚假警报，又不漏报事件。这些成套的预警指标是根据经验和常见指标的积累而确立的。例如，储存全血制品[2]、召回外交人员、召回休假的军事人员、取消休假、在新闻媒体上发出威胁、将弹头运出储藏地等，都是表明军事进攻迫在眉睫的预警指标。

关键的一点是必须有一套预警指标进行有效预警。它们必须支持备选的结果模型，我们在后续章节将要讨论。

四、小结

情报分析必须支持整个冲突范围中的各种行动和政策。分析的种类、着手分析并提交给用户的速度也相应地变化不定。支持战略情报的分析往往是一种长期研究，以能力和计划为焦点，需要考虑多种情景想定。战役情报是近期的，涉及支持具体行动的计划制订。战术情报支持的往往是快速反应或动态情报，以支持危机管理与计划实施，其关注的重点是当前的形势及征候与预警。

潜在的模型种类很多，下一章将讨论用于情报分析的主要模型种类。

[1] Michael Herman, *Intelligence Power in Peace and War* (Cambridge: Cambridge University Press, 1996), 233.

[2] 进入战备状态时，考虑到人员在战争中受伤的可能，医疗部门会保持血库百分之百满额。——编注

第二部分

创建模型

[第 5 章]

情报模型概述

一图道千言。

——中国谚语

前面我们已经介绍了各种模型概念，并提供了分析人员如何应用模型的示例。创建适当的模型过程被称为合成，这是从工程学中借用的词汇。**合成**（synthesis）是将各个组成部分或组成要素放在一起，以组成一个整体，也就是目标模型。这是情报分析人员的必备技能，也是衡量其专业能力的一个主要手段。本章我们将评估通常被用来描述情报目标的模型类别、它们是如何建立和使用的，以及每一种模型的优点和弱点。

一、创建概念模型

创建模型的第一步是定义包含了重要情报问题的系统，以使得出的模型能够回答所界定的问题，在第 2 章我们对问题的定义进行了描述。系统可以简单得像是一架新式战斗机、一个数据处理中心、一块生长罂粟的土地，或一条新的石油管线。在动态情报或战术情报领域，许多问题就可以这样集中关注。前述阿富汗境内那辆 BMP 战车的例子，就将注意力聚焦

BMP 战车及其乘员身上。对于赛门铁克公司作战室面临的各种问题，通常只关注需要予以立即重视的病毒、黑客或特洛伊木马。然而，在战略情报或情报研究中，一个定义过窄的系统几乎不能回答任何问题。对于典型的情报研究的复杂目标，分析人员必须处理的一般都是一个完整系统，如采用新式战斗机的防空系统；毒品的种植、收获、加工和销售网络，而生长罂粟的土地只是其中的一部分；或者一个能源生产系统，从石油勘探到钻井、采油、运输（包括石油管线）、炼油、销售和零售等。在执法活动中，有组织的犯罪集团包括人员、资金、通信、行动实施、货物运输、政治关系和受害人等。许多情报问题也需要考虑相关的系统。例如，能源生产系统将引出有关相关公司、政府组织、供应商和用户以及像环境保护组织那样的非政府组织的情报问题。用户提出的问题应当只需通过参考目标系统就能够予以回答，而不需要进行超范围的研究。

定义相关系统，一个重大挑战就是进行约束：定义必须包括**必不可少的**子系统或附带系统，仅此而已。分析人员的部分技能在于能够只将解决问题所需的相关组成部分包括在定义之中，而不涉及其他。

第 1 章指出，可以对一个系统进行结构和功能分析，或者将其作为一个过程进行分析。因此，系统模型可以是结构的、功能的、以过程为导向的，也可以是它们之中的任意组合。结构模型可包括各种角色和客体以及它们相互关系的结构。过程模型关注各种互动及其动态情况。功能模型集中在所取得的结果上；用于模拟一支海军特遣部队战斗力的模型就是这样一例。

二、类属模型

在界定相关系统之后，情报分析人员下一步必须选择将要使用的类属模型或模型模板，然后利用证据，使这些模型模板具体化或“填满信息”。图 3–3 显示的类属生物武器研究模型就是模型模板的一个示例。情报工作中有若干类属模型。

清单

各种清单和略图是模型最简单的示例。本杰明 · 富兰克林喜欢采用“并行清单”（parallel list）作为一种解决问题的模型。他将对某一争论主题的正、反两方面意见并列排在一起，将各方具有同等重要性的论点删去，从而得出结论。今天的分析人员继续使用各种清单，更多的是出于同样的目的——得出肯定或否定结论。并行清单在一系列问题上富有成效，并在向用户传递信息方面仍然非常有效。在情报工作中，它还经常被用来进行比较分析，例如，将一架俄制战斗机的性能与其美国对手进行比较，或将两种文化进行对比。

曲线图

曲线图是另一种简单的模型，它既可以对分析进行合成，也可以对提出的分析结果进行综合。本书后续章节将对曲线图做更多的阐述，这里我将探讨一种最常见的曲线图，一种随着时间变化而变化的曲线图。当专家们用不变力预测法[1]预测未来发展时，他们经常关注一种或数种影响某个实体的力量，如经济或环境，然后基于采用那些变量的模型，假设某种灾难的发生，形成图 5–1 中的**指数曲线**（exponential curve）或**灾难曲线**（disaster curve）。灾难曲线的创造者们往往忽略或不考虑其他变量——尤其像人类适应性与技术这样的反应性或限制因素——以同样的或更快的速度进行变化的能力。

[1] 不变力预测法（extrapolation），预测方法的一种。根据过去和现在的发展趋势推断未来的一类方法的总称，用于科技、经济和社会发展的预测，是情报研究体系的常见内容。不变力预测法的基本假设是未来系过去和现在连续发展的结果。其基本理论是：决定事物过去发展的因素，在很大程度上也决定该事物未来的发展，其变化不会太大；事物发展过程一般都是渐进式的变化，而不是跳跃式的变化。掌握事物的发展规律，依据这种规律推导，就可以预测出它的未来趋势和状态。本书后文中还会详细讨论此法。——译注

1900 年前后曾有这样一个经典例子，即预测电话机指数级增长。该推断预测，到 1920 年，全体美国人都会做着电话接线员的工作。[1]

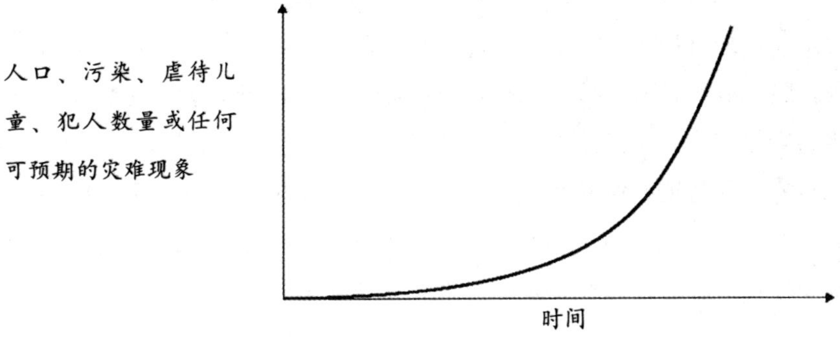

图5–1　指数（灾难）曲线

当然，灾难曲线从未成为现实。一种对抗性的反应、反馈、污染或某些其他抵消力量干预进来，遏制了指数增长曲线，从而形成一个 S 形的曲线（见图 5–2）。S 形曲线在综合中经常使用，我们将在第 14 章再次对其加以论述。

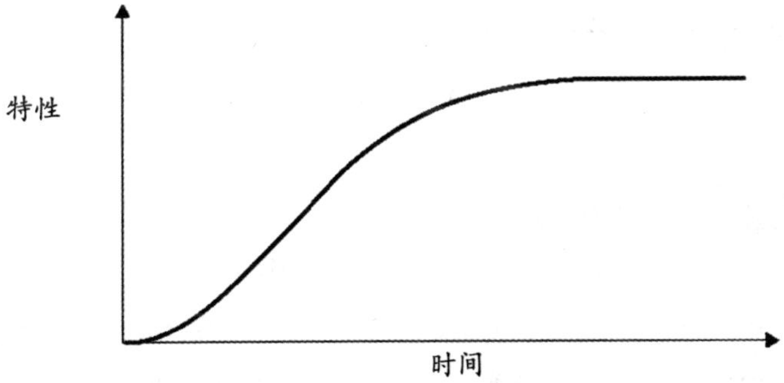

图5–2　S形曲线

[1]　在某种意义上，这一预测十分准确。到 20 世纪 70 年代，所有的电话机要么是拨号盘式的，要么是按键式的。根据不变力预测法的基本含义，10 岁以上的美国人几乎全是兼职接线员。

许多现象可以采用图 5–3 所显示的**高斯曲线**（Gaussian Curve）或**正态曲线**（normal curve）制成模型。有关人口数量的情报、图像质量的变化、化学物质排放在大气中的分布和证券价格的变化——所有这些以及其他更多的情况，都可用正态曲线表示。为说明这一点，我们以一张照片的质量为例。照片的质量有一个平均值，以零轴表示，而图 5–3 中的曲线在零轴处达到峰值。但是，如果用同一个相机对同一个场景拍摄许多（比如 200 张）照片，并将这些照片的质量绘制成图，那么就会得到一个像图 5–3 所示的曲线；有少数几张照片将非同一般的好（分布在曲线的最右端），也会有少数几张质量会很差（分布在曲线的最左端）。

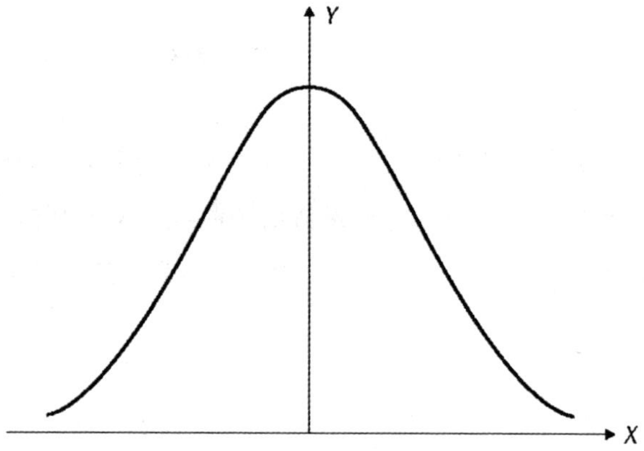

图5–3 正态曲线

比较性模型（基准点测试）

像清单和曲线图一样，比较性模型法[1]（comparative modeling）代表了另一种简单而实用的模型，这种模型一般不需要计算机仿真。比较性模型法在政府组织中使用，主要用于武器系统分析和技术分析。政府和商业组织都采用比较性方法，以评估竞争对手的运作实践、产品和技术。这被称

[1] 又称比较建模法。——译注

为**基准点测试**（benchmarking）。

分析竞争对手的动向，一个强有力的办法就是将其与你自己所在组织的发展情况进行比较。分析人员自己的系统或技术可以为对比提供基准点。建立比较模型的一个缺陷是，分析人员往往依赖于他们熟悉的模型，如本国的组织结构或工业过程模型，而不是目标国的组织结构或工业过程模型。这种所谓的“镜像思维”导致了许多错误的评估。比较性方法的其他缺陷将在第 7 章中予以讨论。

比较建模必须考虑“文化专有”（culture-specific），以避免形成镜像思维。财阀就是一个典型的文化专有组织模型。它是日本所独有的，尽管在亚洲其他地区也存在类似的组织模型。财阀是一个企业网络，通常存在于相关的行业之中，彼此之间持有股份，并且拥有共同的董事会成员，以此作为共同安全的一种手段。一个基本上被控制的（完全依赖于财阀）供货商组成的网络向财阀制造商提供原材料，而财阀贸易公司和银行则提供营销服务。财阀在战前的日本就已扎根，当时由四家被称为财团的大型联合企业所主导，即三菱、三井、住友和安田。这些财团进入钢铁、国际贸易和银行业等领域，并由一家控股公司进行控制。

六家财团——住友、三菱、三井、第一劝业、三瓦（Sanwa）和福幼（Fuyo）控制着日本经济。日本最大的 100 家企业中，大多数都是这“六大”财阀中某一家的成员。[1]

如果分析人员将财阀文化现象照搬到西方的商业实践中，那么他就低估了供应商与制造商之间紧密的财阀合作关系以及它在持续的产品开发、质量改进和降低成本方面所带来的优势。但是，分析人员也会忽视这种依附关系中所固有的弱点，即它使合作伙伴免受竞争压力、延缓创新，最终侵蚀了所有财阀方的市场地位。

为了避免出现镜像思维，一个有益的做法是创建并行模型，摆在一起进行比较。这有助于凸显本公司或本国模型与目标模型之间的差异，由此

[1] “Facts from the Corporate Planet: Ecology and Politics in the Age of Globalization,” October 23, 2002, www.wired.com/news/business/0,1367,8918,00.html.

准确描绘镜像思维的潜在领域。

模式模型

许多模型都可以归到**模式模型**（pattern model）这个广泛的类别之中。模式识别是所有情报工作的关键要素。[1] 大多数罪犯和恐怖分子都有一套惯用伎俩或标准行动样式。大部分政府和生产组织（以及情报机构）也宁愿坚持使用过去取得成功的方法。因此，情报综合的一个重要方面是识别活动模式，然后在分析阶段确定：(A）这些模式是否偏离了已知的或预期的情况；(B）这些变化是否重要到需要关注。此时，计算机是一个重要的帮手，它可以显示各种趋势，并且使得分析人员能够对这些趋势进行识别。在通过大脑检索或过滤大量数据都找不到趋势的情况下，这样做特别有用。模式分析是有效处理复杂问题的一种方法。

创建模式模型存在一种危险，即分析人员企图迅速找到一种模式。一旦选定了模式，他就强调那些支持该模式的证据，忽视、低估或搪塞那些可能破坏该模式的证据。(在引言部分，我们讨论过情报分析人员应如何避免这样的错误。)

下面列举情报分析人员重点采用的几种模式模型：

统计式模型 很多模式综合是统计式的，而情报工作处理的就是一系列统计式建模技巧。有些最有用的技巧很容易上手，不需要事先进行统计培训。

现在，几乎所有的统计分析都依赖数字计算机。所用的统计软件应当既能提供广泛的日常统计程序，又能提供灵活的数据定义与管理能力。统计软件应当具备基本的绘图能力，以直观地显示趋势线这样的数据。

简单统计样式的一个示例是矩形图，它是显示频率分布的柱形图表。图 5–4 显示的是一个可用于情报分析的示例，分析人员可据此分析主要罂

---

[1] M.S. Loescher, C. Schroeder, and C. W. Thomas, *Proteus: Insights from 2020* (Utrecht, the Netherlands: Copernicus Institute Press, 2000), 25.

粟生产国一段时间以来的罂粟产量模式。[1]

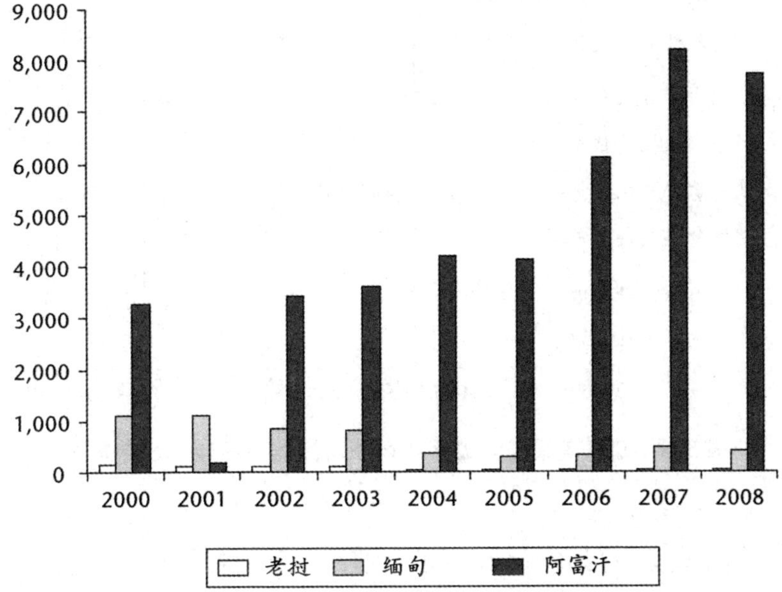

图5–4 2000—2008年罂粟产量柱状图（单位：吨）

编年式模型 对于显示趋势而言，一段时间以来的各种活动模式十分重要。我们可以用模式变化，将现在的进展情况与去年的（或过去10年的）情况进行比较。预测性分析经常依靠编年式模型。

时机选择可改变预定事件的结果。在销售活动、军事行动、政治运动以及其他行动中，时机选择对效果的产生至关重要。只有将表面上看起来毫无联系的事件放在一条时间线上，对手的战略才变得清晰明了。[2] 例如，考虑一下图5–5所显示的编年式模型。时间线显示一家假定的欧洲电子制造商的预期行动，它正在制造导弹制导系统，预定运往某中东国家。

[1] 数据来自联合国毒品与犯罪管制局。参见：http://www.unodc.org/unodc/en/crop-monitoring/index.html。

[2] M.S. Loescher, C. Schroeder, and C. W. Thomas, *Proteus: Insights from 2020* (Utrecht, the Netherlands: Copernicus Institute Press, 2000), 24.

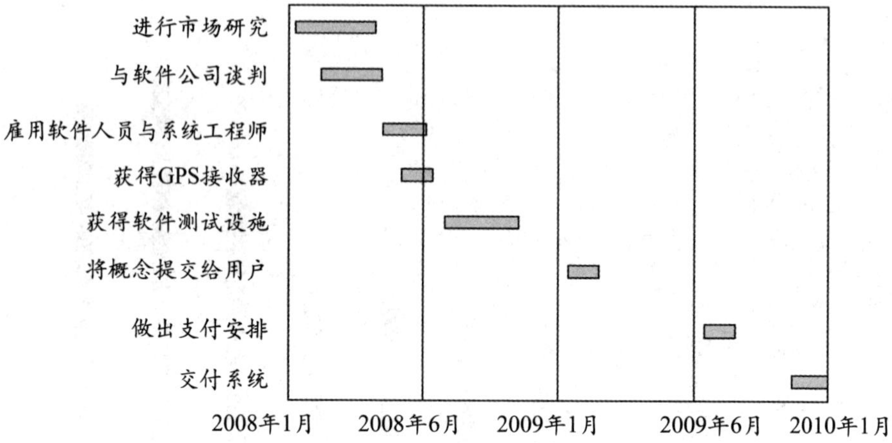

图5–5　编年式模型：某导弹制导系统公司的预期外部行动

这样的模型可用来预测对手的行动，并为未来进行反制提供选择时机。在图 5–5 中，分析人员所在国政府可以用该模型来阻止制导系统的运输，或者破坏其付款安排。

正如图 5–5 中所描述的那样，事件—时间样式可向分析人员提供大量信息，使得他们能够推断出事件之间的各种关系，并对各种趋势进行分析。例如，一个目标网络的活动样式对于确定最佳的情报搜集时间十分有益。一个例子就是整个电话机 24 小时使用的情况图——该图在上午 11 时左右达到峰值，而这正是一个人最可能打电话的时间。

图 5–6 显示的是一个时序数据分析种类示例。在基于卫星的信号情报（SIGINT）或图像情报（IMINT）搜集计划中，时序数据分析（time series data analysis）十分有用。横轴线标定的是月，覆盖区间为一年；纵轴线标定的是小时，覆盖区间为每天的 24 小时（格林威治时间）。暗色调的部分显示的是从一颗特定的低轨卫星上一年之中对百慕大群岛的可见度，而在靠近格林威治标准时间 11 时和 23 时的横向曲线，则显示一年之中百慕大群岛的日出和日落时间，确定了白昼的界限。如果卫星

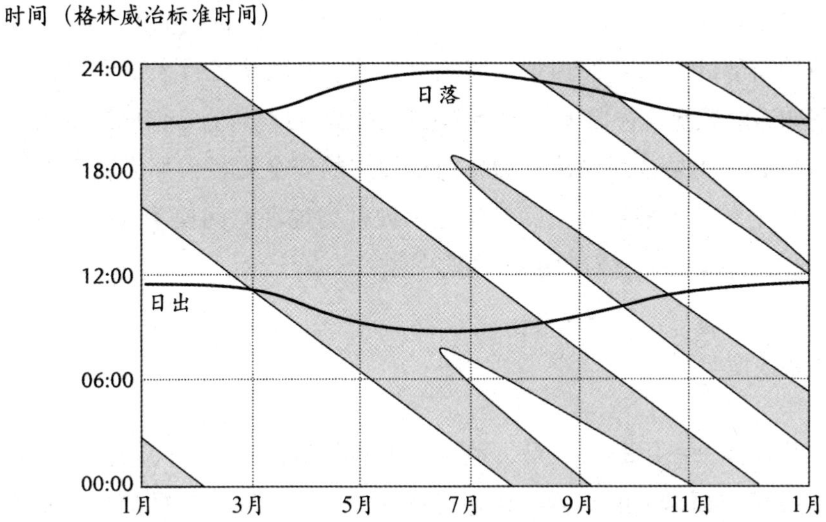

图5–6 百慕大地区每日24小时卫星能见度

注：阴影区域表示从一般低轨道卫星上所看到的百慕大地区活动的天数与时间。

携载可见光成像相机，那么白昼期间的阴影区域显示的将是进行图像搜集的时机（相反，无阴影区域显示的是在看不到的情况下可在百慕大采取行动的时机）。这种时间样式的关联性，在计算机的帮助下可以最理想地构建出来。为了计算和显示时序数据，已有好几款商业软件，设计得相当理想。

空间式模型 另一种分析数据和寻找模式的办法，是使用空间式模型，以描述客体在空间的位置。空间式模型可以在小范围内有效使用。在一幢建筑物内，计算机辅助的设计或计算机辅助的模型被称为CAD/CAM，可以是一种情报综合的强大工具。例如，在评估建筑物的物理安全[1]或评估其生产能力时，建筑物的平面图和楼层布置图是十分有价值的。在对某设施进行情报搜集和反情报分析中，计算机辅助设计或计算机辅助模型十分有用。它们可用于为设施建立物理安全剖面图，使分析

[1] 物理安全（physical security）是一种反情报手段，防止对手非法接触某建筑物。——译注

人员能够通过分析楼层布置图、建筑细节、电子和电力联接，找出建筑物的薄弱之处。

各种局部区域的空间模型，如城市街区，有利于进行大量的分析推断。例如，两幢建筑物位于同一个安全围栏内，可以认为它们的用途相互关联。然而，如果这两幢建筑物分别有独立的安全围栏，那么就不能做这样的认定。较大规模的空间模型通常被称为**地理空间模型**（geospatial modeling），本章后面将对此进行详细讨论。

关系模型

各种实体——组织、人员、地点、事物和事件——之间的关系，或许是情报模型最常见的主体。这种关系模型有四个层次，每个层次使用的分析方法复杂性逐次递增：层次体系模型（hierarchy model）、联系模型（link model）、矩阵模型 (matrix model) 和网络模型（network model）。这四个层次密切相关，越来越复杂，但体现了相同的基本理念。层次体系模型是一个简单的树形结构，联系模型让人们看到更加复杂的树形结构中的各种关系，矩阵模型显示了某一层次上两个或两个以上树形结构的相互关系，网络模型可以被认为是多个树形结构在多个层次上的灵活的相互关系。

关系模型需要相当多的创建时间，维护这种模型（那些做过这项工作的人都知道，如同“喂野兽”）需要更大的努力。但这种模型对于分析各种复杂问题非常有效，而且在说服用户接受所得出的结果时，相关的图表显示非常有力。

层次体系模型　在综合与分析中，层次体系模型得到广泛、几乎是出于直觉的应用。其主要的应用是为了将大型的或复杂的客体——如某个项目、某个组织或某个武器系统——分解成各个组成部分。本章前面介绍了某个项目的层次体系模型，图 5–7 展示的便是这样一个示例——一家开发导弹制导系统的电子制造商。目标即开发导弹制导系统，是以最高层的方框表示的。在第二层有四项主要任务，这是情报分析人员已经确认进行系统开发和向中东国家销售所必需的。在这一层的下面，有许多更低层次的任务，而它们将是进行情报搜集和模型综合的主体。[1]

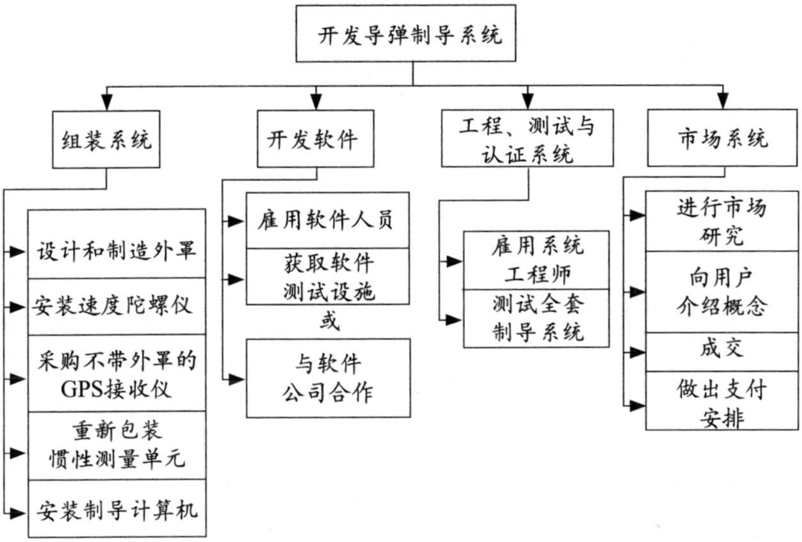

图 5–7　导弹制导系统开发的层次体系目标模型

任何绘制过组织结构图的人都知道，创建组织模型自然有助于创建一个层次体系。对这样一种层次体系进行自然扩展，就必须使用一种加权方法，用以表明个人或下属组织在这个层次体系中的重要性。

一个更复杂的层次体系形式是**相关树形图**（relevance tree），它用于技术预测。图 5–8 显示了一个相关树形图的示例，该树形图根据化学战剂的生理影响对其进行了再次划分。

这一特别种类的相关树形图被称为**目标导向**（object oriented）——一个现在广泛用于软件编程的术语，并在软件编程学科里具有同样的含义。

[1] Michael C. O'Guin and Timothy Ogilvie, "The Science, Not Art, of Business Intelligence," *Competitive Intelligence Review* 12, no. 4 (2001): 15–24.

目标导向的意思是将树形图再分成不同的目标（在图 5–8 中，各种化学战剂）。相关树形图具有许多变种：目标树形图、决策树形图、备用树形图和资源分配树形图等。

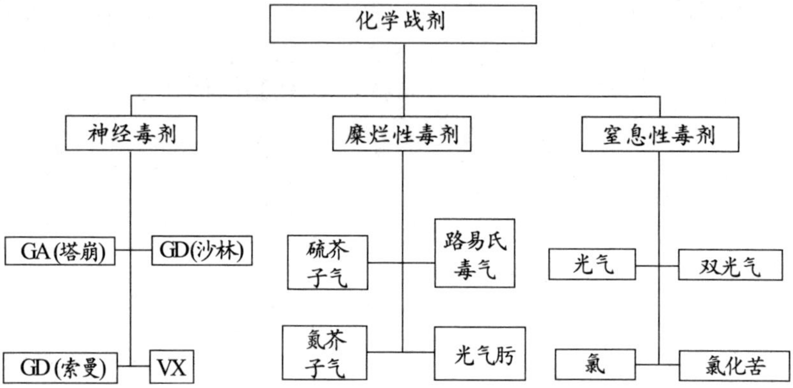

图5–8　化学战剂相关树形图

联系与社交网络模型　在分析人员的工具箱中，最强大的工具之一是进行联系模型创建与分析，以及与之关系密切但更为复杂的网络模型创建与分析。对于分辨各实体之间复杂且迂回的关系，联系模型已经显示出它所具有的价值。联系模型与层次体系模型密切相关。实际上，有些种类的联系图表就被称为**横向相关树形图**（horizontal relevance tree）。[1] 其实质是这种图表代表：

- 各种节点及其联接样式。
- 各种实体与关系。

联系模型历史悠久，据说在 20 世纪 40 年代，洛杉矶警察部门就使用这一方法评估有组织犯罪网络，其主要用途是显示人与人之间或人与事件之间的各种关系。今天，联系模型一般用于政府情报与执法活动，以发现

[1] William L. Swager, "Perspective Trees: A Method of Creatively Using Forecasts," in *A Guide to Practical Technological Forecasting,* ed. James R. Bright and Milton E. F. Schoeman (Englewood Cliffs, N.J.: Prentice Hall, 1973), 165.

毒品交易、恐怖分子和间谍组织。它已经被应用于社会学、人类学、执法部门和通信网络的分析。

对于历年积累起来的关于某个专题的信息，大多数人根本吸纳不了，然而，情报综合 / 分析的一个典型目标就是依据可得数据，做出精确、可靠和有效的推导（包括假设、判断和结论），以支持战略决策或战役计划制订。联系模型对这种推导工作提供支持。

在 20 世纪 70 年代之前，各种图解树形图都必须在纸上绘制，因此创建联系模型是一项耗时费力的工作。计算机软件为联系综合 / 分析的最新扩展做出了贡献。当进行数据输入时，软件工具对数据进行合理储存，并以图表的方式显示各实体之间的不同关系，从而简化了这种过程。

创建联系模型的主要目的是便于数据的组织与使用，以便协助分析过程。许多情况评估，其主要部分是分析人、组织、位置和事物之间的各种关系。一旦这些关系在数据库系统中得以建立，它们就可以在联系分析程序中得到快速的显示和分析。图 5–9 显示的是某种联系的一部分，它取自一个对洗钱活动进行研究的真实案例。洗钱活动涉及穆罕默德（Mohammed）、易卜拉欣（Ibrahim）和阿巴 · 萨尼 · 阿巴查（Abba Sani Abacha）三人在花旗银行开设的私人账号。这三个人是萨尼 · 阿巴查（Sani Abacha）将军的儿子。萨尼 · 阿巴查是个独裁者，从 1993 年至 1998 年他去世之前，一直控制着尼日利亚。人们认为，阿巴查将军在当权的 5 年中，从尼日利亚国库中攫取了 35 亿美元。[1] 这幅图表显示阿巴查将军在洗钱中所涉及的各种关系。就像广义化网络模型一样，这是一种广义化联系模型（generalized link model），它包括了人、银行、公司、政府组织和银行账号。

[1] “Minority Staff Report for Permanent Subcommittee on Investigations—Hearing on Private Banking and Money Laundering: A Case Study of Opportunities and Vulnerabilities,” November 9, 1999, www.senate.gov/~govt-aff/110999_report.htm.

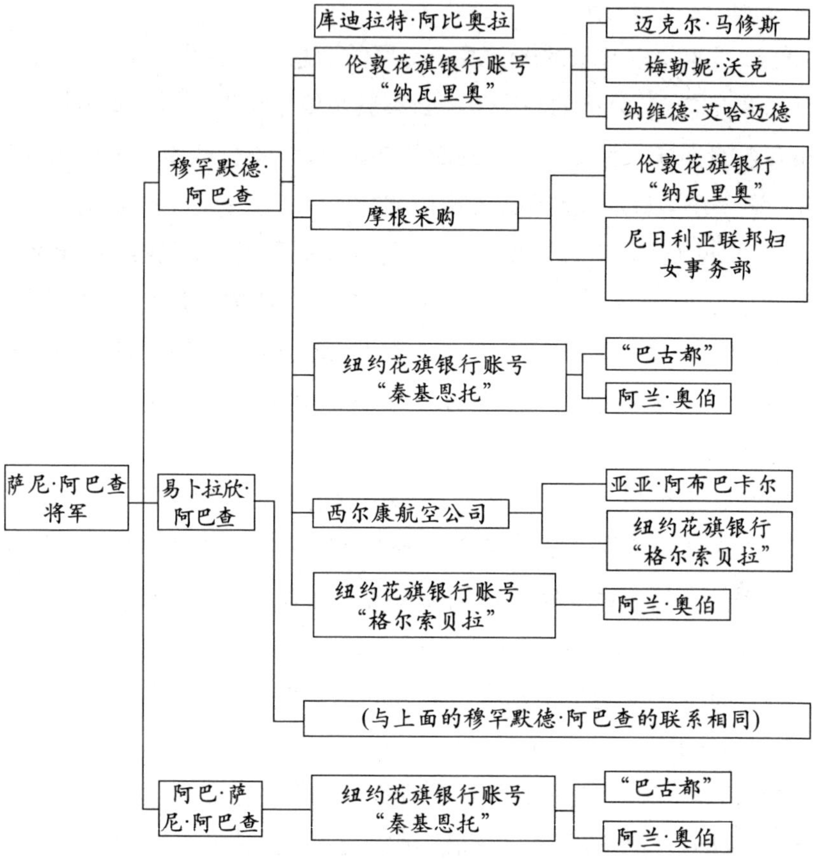

图5–9　联系模型中的财务关系

图 5–9 显示了能够在模式综合 / 分析中看到第二、第三序列联系人的重要性。在单独对每条证据进行分析时，有些联系并不明显，但在采用联系显示时，这些联系就很清楚了。

为了在情报分析中发挥作用，联系模型不仅应当明确数据项目之间的各种关系，而且还应显示这些关系的性质。一种“主—谓—宾”式的显示方法已经在情报界使用多年，用以显示关系的性质，它有时就用在联系显示方法之中。在图 5–9 中，一种典型的“主—谓—宾”

式的关系将是，穆罕默德·阿巴查（主语）拥有（谓语）西尔康航空公司（宾语）。这是一种正面的关系，需要区别于负面关系，如穆罕默德·阿巴查与库迪拉特·阿比奥拉之间的关系（阿巴查被控谋杀阿比奥拉）。

当联系软件具有过滤功能时，定量关系和时间（加日期邮戳）关系也可使用。过滤功能使得用户能够将关注的重点放在各种重要关系上，并可以采用若干个数量级（order of magnitude），简化联系图中所显示的数据。例如，用户可以选择图 5–9 中的“摩根采购”作为根(即联系图表的起点，在图表的左侧)，并显示与摩根采购有关的所有组织和个人的联系图表（link chart）。然后，用户可以使用过滤功能，展现出在特定时间范围内（如 1995 年至 1998 年）摩根采购与瑞士银行的关系网。

矩阵模型 在试图对两个层次体系之间的关系进行分析时，人们通常尽可能详细地解析每个层次体系，然后将两个层次体系排列成一个二维的矩阵，其结果是“交互矩阵”(interaction matrix)，它是进行情报综合的一种宝贵的分析工具。在不同的学科它有不同的名字，也被称为**参数矩阵**（parametric matrix）或**可跟踪矩阵**（traceability matrix）。[1] 表 5–1 显示的是一个交互矩阵。在 2005 年，关于南亚天然气管道的项目中，有四条线路可供考虑。[2] 交互矩阵以简单形式总结了每项建议的成本和风险。交互矩阵也是提出分析结果的一种简洁而有效的方式。表 5–1 全面展现了这四种建议，而如果采用文本形式，则无法实现轻松或清晰的表达。

---

[1] Theodore J. Gordon and M. J. Raffensperger, “The Relevance Tree Method for Planning Basic Research,” in *A Guide to Practical Technological Forecasting*, ed. James R. Bright and Milton E. F. Schoeman (Englewood Cliffs, N.J.: Prentice Hall, 1973), 134.

[2] Ian Gill, “Gas Pipeline Race,” ADB Review, October 2005, Asian Development Bank, Manila, www.adb.org/Documents/Periodicals/ADB_Review/2005/vol37-5/gas-pipeline.asp.

表5–1 交互矩阵：天然气管道建议

线路建议	成本	支持的国家	风险
从伊朗的南帕尔斯气田到卡拉奇	30亿美元	伊朗、巴基斯坦	技术风险
从伊朗到印度北部	40亿—50亿美元	伊朗、印度	政治风险、安全风险、成本风险
从土库曼斯坦的道拉塔巴德气田到巴基斯坦	32亿美元	土库曼斯坦、巴基斯坦	安全风险
从卡塔尔到巴基斯坦的水下管道	30亿美元	卡塔尔、巴基斯坦	政治风险、技术风险

如表 5–1 所示，交互矩阵可以是定量的，也可以是定性的。定量交互矩阵自然适用于许多可用于决策支持的软件包，这种软件包在商业上常常使用。它通常用来确保所有可能的备用方案在解决问题时都得到考虑。

在经济情报和科技情报活动中，经常要对某家实业公司收购其他公司所产生的影响进行评估。有一个模型被用来评估某次合并或收购的可能结果，它采用了思科公司用来研究可能进行收购的五条标准。这些标准列在图 5–10 的第一列。[1] 在这个交互矩阵模型中，三个候选收购对象按照它们符合每条标准的程度进行排名。阴影越深，排名的位置越靠前。这个合并与收购模型的潜在用途已经超出了商业界。1958 年，它本来应当作为一个有用的工具，用于评估叙利亚和埃及当年“合并”成功的可能性，当时这两个国家合并成阿拉伯联合共和国（United Arab Republic）。两国合并的动议并不太符合图 5–10 列举的任何一条标准，甚至连“文化类似”那一条也达不到。那次合并后来失败了。

[1] Michelle Cook and Curtis Cook, “Anticipating Unconventional M&As: The Case of DaimlerChrysler,” *Competitive Intelligence Magazine*, January–February 2001.

合并与收购标准	A公司	B公司	C公司
在行业发展方向以及每家公司希望在行业中发挥的互补作用上具有共识			
类似的文化与特质			
为被收购企业的员工争取要求，至少短期上是如此			
为股东、员工、用户和商业伙伴争取长期要求			
在地理位置靠近的地方，特别是进行大宗收购时			

图5–10　合并与收购分析矩阵

注：三个候选收购对象是按其符合左侧列举的标准程度进行排列的。阴影越深，排名越靠前。

网络模型　矩阵模型的关键限制在于，虽然它可以处理两个层次体系模型在某一层次上的互动，但由于它是一种二维表示，因此它处理不了在多层次上的互动或两个以上的层次体系模型。网络合成是联系或矩阵综合概念的扩展，它可以处理这些复杂问题。网络模型至少有三种：

- **通信网络模型**由通信工程师用来设计和预测电信网络的性能。节点是通信终端，联系是数据流通的渠道（例如微波点对点、光纤或射频电缆线）。
- **社交网络模型**显示人际关系的各种样式。节点是人，联系显示存在某种类型的关系。
- **广义化网络模型**在情报工作中是最有用的。在这里，节点可以是任何类型的实体——人、地点、事物、概念——而联系则显示在各实体之间存在某种类型的关系。

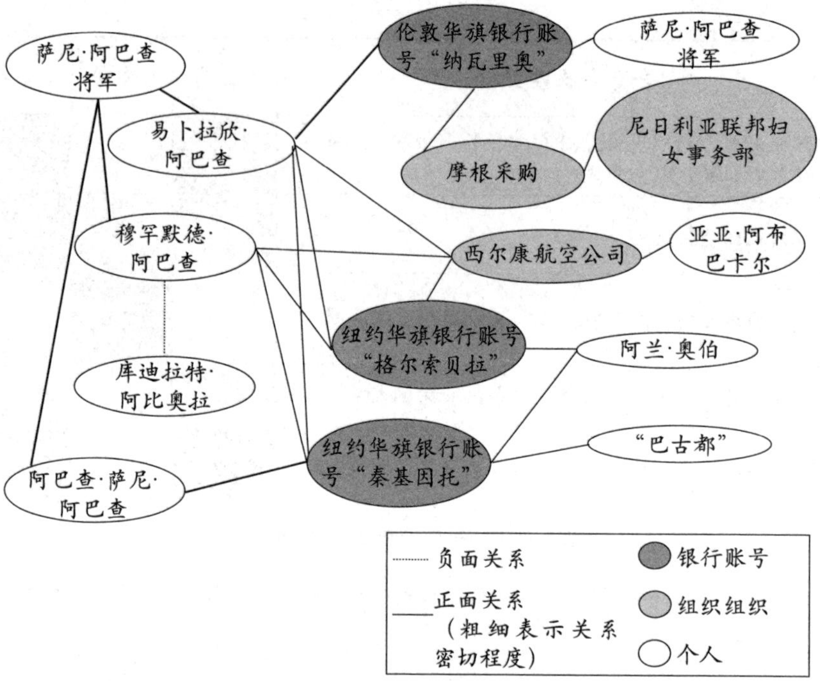

图5–11　财务关系网络模型

图 5–11 是图 5–9 中财务关系模型的修订版，它被重新绘制成一个网络模型，增加了一些具有分析价值的信息。节点被加上了阴影，以表明种类——银行账号是深灰色，人不用阴影，而组织则用浅灰色。所显示的各种关系既有正面的（实线连接），也有负面的（虚线连接）。关系的密切程度是以连接线的粗细来表示。还有其他的方法可以传递更多信息——例如，用虚线表示关系可疑，或用节点的大小表明相对的重要性。当然，这些方法也可用在联系模型上。

在美国情报界，联系模型和网络模型均已成功地用于评估反恐、大规模杀伤性武器和缉毒等问题，以及处理秘密武器交易和武器系统研发问题。在军事情报工作中，确定目标、制定作战战略与战术，联系模型和网络模型都是必不可少的。简单问题适用于建立联系模型，而复杂问题通常需要网络模型。

网络模型用于执法情报机构，尤其用于处置有组织犯罪。由于大多数执法行动关注的是人员和组织以及他们之间的关系，因此执法组织采用一种高效办法，即绘制网络图表，使得各种关系更为明朗，如图 5–12 所示。

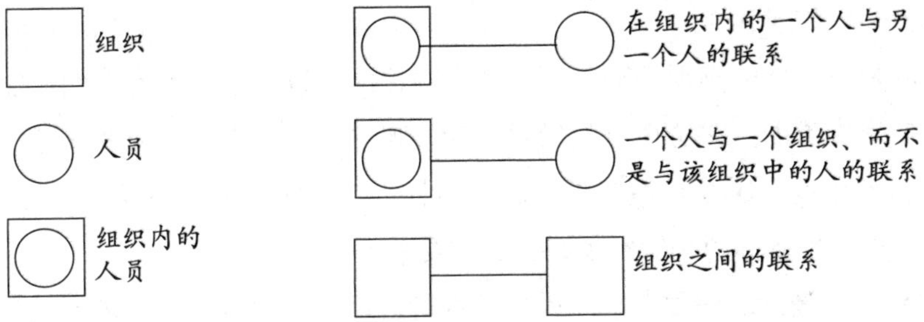

图5–12 执法情报中使用的网络图表要素

人物传略

人物传略是对单个人员的描述——在国家情报机构中，有关外国政府领导人；在商业情报活动中，有关竞争组织的高层管理人员；在执法活动中，有关暴动领导者和连续作案的罪犯。建立人物传略的目的通常是，帮助预测传主在特定的环境中将如何行动。[1] 第 13 章讨论如何利用人物传略进行预测。

一个社会的成年成员所共有的心理与行为特征的样式被称为这个社会的**典型性格**（modal personality）。一个社会中可能存在若干个典型性格类型，而它们共同的要素经常被称为**国民性格**（national character）。一句反复重复的妙语——尽管是说说而已——反映了人们对国民性格的普遍看法。这句妙语是这么说的：

天堂是这样的一个地方，即厨师是法国人，机械师是德国人，警察是英国人，爱人是意大利人，而所有这一切均由瑞士人来组织。

[1] Carolyn M. Vella and John J. McGonagle, "Profiling in Competitive Analysis," *Competitive Intelligence Review*11, no. 2 (2000): 20.

地狱是这样的一个地方，即厨师是英国人，机械师是法国人，警察是德国人，爱人是瑞士人，而所有这一切均由意大利人来组织。

在开心一笑后，美国读者可能会停下来进行反思，因为在大多数国家，人们对于美国国民性格有一种常见的陈词老调：美国人是机敏的牛仔和拿枪的匪徒或壮男。

界定典型性格类型是刚刚走上情报岗位的分析人员力所不及的，需要寻求专家的帮助。在这里，我仅对行为外观这个话题进行简要的概述，以指出它们在整个决策建模问题中的重要性，而这个问题将在第 13 章进行讨论。典型性格模型一般至少包括下述要素：

- 自我概念——关于一个人如何看待自己的自觉意识，也包括无意识状态下对有损自尊事件的动机与防御行动，如失恋、当众羞辱、内疚或孤立。
- 与权威人物的关系——一个人如何适应当权人物。
- 控制冲动和表达感情的方式。
- 形成和把握想法的过程。

有三种模型类型经常用于研究典型性格和建立行为形象：

- **文化模式模型**（cultural pattern model）的分析相对直截（见第 13 章），这种分析在评估集体行为时十分有用，但对个人评估没有多少价值。文化模式来源于政治行为、宗教思想体系、艺术形式、大众媒介、民俗和类似的集体活动。
- **子女抚养系统**（child-rearing system）可予以研究，以便能够突现成人的性格模式和行为。这些系统在对个人评估时或许比对文化模式进行的简单研究准确得多，但它们不能解释童年后可能出现的一系列变化。
- **个体评估**（individual assessment）很可能是创建行为模型最准确的起点，但它们依靠有关这个特定个体的详细数据。通常情况下，对突出的个性评估进行检测可以获得这类数据，使用的是诸如罗夏墨迹测试[1]这样的方法。这种反映主观的个性评估依据主体对 10 张带有墨水痕迹的系列照片的反应进行。然而，情报界很少掌握重要人物的测试数据。一般情况下，为了构建一幅典型性格画面，必须使用像轶闻证据、笔迹分析（笔迹学）或个人的作品、讲话稿等零碎数据（如《我的奋斗》）。

另一个模型模板是“迈尔斯—布里格斯类型指标”[2]（Myers-Briggs Type Indicator），它使用 16 种类别对个体性格进行评估。迈尔斯—布里格斯式指标有 4 种不同的子范畴，用以衡量不同的性格倾向。与其他以测试为基础的评估一样，窍门在于获得关于目标个体的测试结果。

过程模型

过程模型（process model）用以描述可产生结果的事件或活动的次序。如图 5–13 所示，它可以是开放回路，也可以是封闭回路，区别在于是否有反馈。大多数过程和过程模型都具有反馈回路。反馈使得系统能够具有适应性，即根据输出调整输入。像家庭取暖和空调系统这样简单的系统，是通过恒温器提供反馈。对复杂系统而言，为防止过程产生不想要的输出，反馈是必不可少的。反馈既是综合的重要组成部分，也是分析的重要组成部分，因此第 12 章将对其进行详细论述。

---

[1] 罗夏墨迹测试（Rorschach Test）是一种非常有名的投射测验，是其他投射测验的原型。该测验由瑞士精神病专家罗夏于 1921 年编制而成。罗夏检测的工具是 10 张两侧大致对称的，然而是模糊不清、模棱两可的墨迹图。根据整个图形回答。如将图形中连续或不连续的部位综合在一起为一级，只用了图形中单一的区域为二级，疏忽图形中最明显的部分为三级，一般人通常不会做出的不寻常、不合理的为四级。——译注

[2] 美国的凯恩琳·布里格斯和她的女儿伊莎贝尔·布里格斯·迈尔斯制定。该指标以瑞士心理学家荣格划分的 8 种类型为基础，加以扩展，形成 4 个维度。这 4 个维度就是 4 把标尺，每个人的性格都会落在标尺的某个点上；这个点靠近哪个端点，就意味着这个人有哪方面的偏好。——译注

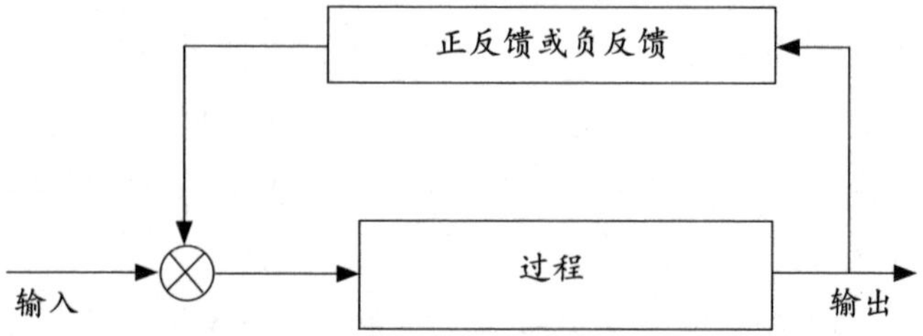

图5–13 简单过程模型

注：内含 × 形的圆圈表示输入与反馈在进入过程前的会聚点。

商业过程的重新设计可采用类似于图 5–14 中所显示的过程模型。在该图中，过程节点以进入“泳道”（swim lane）的功能分开，以便于进行分析。这种模型同样以电子制造商研制导弹制导系统的案例为依据。[1]

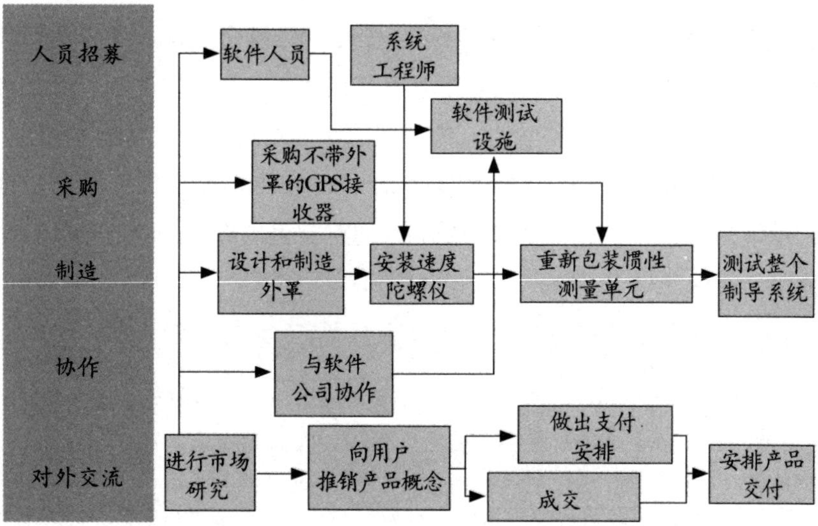

图 5–14 商业过程模型

注：GPS 代表全球定位系统。

[1] Michael C. O’Guin and Timothy Ogilvie, “The Science, Not Art, of Business Intelligence,” *Competitive Intelligence Review* 12, no. 4 (2001): 15–24.

第 2 章介绍了使用新的情报信息对模型进行改进的迭代过程。图 5–15 通过商业过程显示了这种迭代模型的虚拟示例。在这个案例中，图 5–14 所显示的模型设想这家电子制造商雇佣保障软件开发的软件人员并从国外购买全球定位系统接收器。假定分析人员后来得到证据，表明该公司既没有雇用软件人员，也没有试图采购全球定位系统接收器，于是分析人员对该模型进行修改。如图 5–15 所示，他删除了那两个方框，增加了一个新的方框，以表明分析人员判断该公司自己在制造全球定位系统接收器。然后，分析人员必须判断该制造商是否将采购软件测试设施，或该制造商是否将依赖其合作伙伴软件公司的设施。

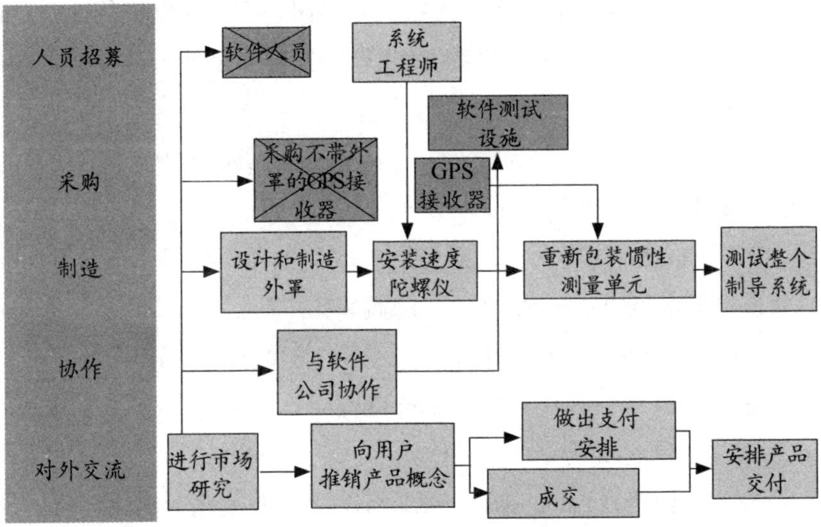

图5–15 运用商业过程模型进行的分析

仿真模型

仿真模型是对可决定一个系统行为的相互关系所做的数学描述。我们已经说过，仿真不同于其他种类的模型，其差别在于：仿真所包含的方程是不能同时解出的。人们通常通过各种变量来求解联立方程组[1]（simultaneous equations），以全面叙述系统。如果他写不出或不能衡量这些变量时，他就会建立仿真模型。

仿真模型在进行长期预测时最为有用，因为长期预测不必进行准确的数值评估。当用来对各种备选情景想定（例如决策或自然现象）的影响进行比较时，仿真模型通常最为有效。

无论是在随机的情形下，还是在确定的情况中，都可使用仿真。一个简单的表格处理软件是一个确定性的模型；输入是由表格处理软件的单元格中的数字确定的，只有一种答案出现，而为了获得另一个答案，就必须对输入数字加以改变。如果不能确定输入数字是否恰当，就可采用随机仿真。计算机给每个不确定的输入赋值并得出答案，重复进行这一进程，就可以获得一系列答案。所产生的仿真模型被称作**蒙特卡洛模型**（Monte Carlo Model），以摩纳哥的赌城命名。[2]

蒙特卡洛仿真的挑战是为输入变量选择正确种类的不确定性。所有的不确定性变量都有一个概率分布。一次简单的掷骰子却具有所谓的均匀分布：得到“1 点”的概率与得到“2 点”或“3 点”的概率相同。当掷两次骰子时，分布是不均匀的；出现“7 点”的概率比“2 点”或“12 点”高得多。如果选择错误的概率分布作为输入，那么随机仿真将产生错误的答案。

仿真模型通常分为**连续事件** (continuous event) 和**离散事件**（discrete event），或是两者的结合：

- 在**连续仿真**（continuous simulations）中，系统随时间而变化。飞行中的飞机是连续系统的一个示例，飞机的速度、高度和方向的变化是随时间变化而持续发生的。这也可能是一个确定性仿真，因为飞

[1] 将两个或两个以上的方程并列起来得到新的方程组。——译注

[2] 一种随机模拟方法。由 S. M. 乌拉姆和 J. 冯 · 诺伊曼在 20 世纪 40 年代为研制核武器而首先提出。以概率和统计理论方法为基础的一种计算方法。将所求解的问题同一定的概率模型相联系，用电子计算机实现统计模拟或抽样，以获得问题的近似解。为象征性地表明这一方法的概率统计特征，故借用赌城蒙特卡罗命名。又称统计模拟法、随机抽样技术。——译注

机在任何时刻的速度、高度和方向都是可以通过输入和标准方程来预测的。

- 在**独立事件模型**（discrete event model）中，系统随着仿真中出现的事件而改变状态。飞机的飞行可以作为一系列离散事件建立模型。某个离散事件可能发生在起飞时，当飞机达到飞行高度时出现另一个事件，而当它着陆时又是一个事件。
- **混合模型**（hybrid model）是前两个模型的综合。飞机飞行的一个简单混合模型可能包括对两个离散事件的仿真——飞行的开始和结束——以及在其间对飞行途中的连续的事件仿真。

作为模型的方程式　最常见的建模问题涉及方程式的求解。方程式或许就是最简单形式的仿真模型。在工程或技术情报中，大多数问题都是这种形式的单方程，即

$$f(x,y,z,t,\ldots,a,b,c,\ldots)=0$$

或这种形式的方程组。方程组在计量经济综合 / 分析中特别流行；单方程则在雷达、通信和电子战性能分析中常见。

大多数分析涉及解出这样的方程或方程组中的所有变量和常量，但两个变量除外。然后，可反复解出这个方程，得出一个图示，以一种变量作为另一种变量的函数。许多软件包进行这类求解时非常有效。例如，作为雷达性能分析的一部分，通过解出雷达作用距离方程，可求得由作战距离决定的信噪比，并画出一条二维曲线。接下来，也许要做的是确定信噪比，并绘制由作用距离决定的雷达横截面的新曲线。

经常要做的是解一个方程，获得一套序偶，代入另一个方程，以获得一个图解描述，而不是解一些联立方程式。

对于解方程类的问题，计算机是个强大的工具。表格处理软件已经使创建以方程为基础的模型变得容易。可被纳入表格处理软件的丰富的数学函数和表格处理软件的灵活性，使其有可能成为情报工作中最广泛使用的模型。

创建计量经济学模型（econometric modeling）　计量经济学模型是对经

济体系的一种定量描述。它包括大量关于经济系统如何运行的假设。计量经济学模型是用于宏观经济分析的多个联立线性方程组（simultaneous linear equations），而且方程的数量可能会非常大。这些模型在金融界和情报界广泛使用。在情报工作中，其可应用于贸易、国际收支和全球能源分析模型。

建立经济模型，也可采用输入—输出建模，它是一个程序。在这个程序中，某个工业领域输出的产品被设置成等于其他行业和用户对该产品的输入消耗。与许多其他模型不同，输入—输出模型经常被分解得非常彻底，因此也体现出更多的因果关系。输入—输出模型可以用方框图和矩阵代数方法进行解读。输入—输出模型已经应用于各种经济政策分析和预测问题。

三、综合模型

在我已经介绍过的模型中，大多数模型可以并入综合模型，例如某种“关系—时间”显示。这是一个动态模型，其中的联系或网络关系线会随时间的推移变粗（加强）或变细（减弱），而节点则会改变大小或消失。对于预测性情报来说，情景想定就是一个常用的、也许是最重要的综合模型。我们将在第 10 章对此进行讨论。下面介绍情报分析中经常采用的其他综合模型。

地理空间模型

情报分析中最广泛采用的综合模型无疑是地理空间模型。创建地理空间模型将图像、地理空间信息（如地图和图表）以及从多个渠道获得的位置信息综合起来，用于描述、评估和直观显示地球上的物理特征和有关的地理活动，但它不仅仅是将地图与图像结合起来。它有时被认为属于情报搜集或情报处理门类，但它确实是以目标为中心的分析方法的应用。

创立地理空间模型，通常采用以电子方式存储的各种地图（世界地图、地区地图或城市地图）显示以地理为导向的数据。这对于直观显示各种复杂的空间关系具有宝贵价值。只有从地理空间的角度对网络进行分析，才能最好地了解网络。

这是一种非常古老的分析方法。在公元 500 年前后出版的《孙子兵法》一书中，孙子主张在谋划军事行动时，要依靠地理空间模型。他说："不知山林、险阻、沮泽之形者，不能行军。"[1] 夏洛克·福尔摩斯（Sherlock Holmes）在刑事调查中经常采用地理空间模型。

实际上，地理空间模型是一种全源情报分析方法，囊括了先进的技术搜集手段、人力情报手段和通信情报手段。每个来源的分析团队都会建立地理空间模型，用于解决所分析的问题。这个方法也越来越多地被战术军事部门和执法单位所采用，而且处理部分是自动化进行的。也就是说，它包括了自动化的场景描述和自动化的目标识别。

地理空间模型可以非常复杂，并可能具有许多相关的子模型或附带模型。图 5–16 显示的是一个复杂系统的地理空间模型——2005 年提出的一个南亚天然气管线项目，将天然气从伊朗和土库曼斯坦的油气田输送给巴基斯坦和印度的用户。图 5–16 中的地图是一个显示一条可能线路的简单模型。线路本身是一个复杂的系统，该系统包括许多政治问题（必须达成的国际协议，以及必须在该地区传统的敌对国家之间进行前所未有的合作）、技术问题（路线选择、管线设计与建造）、安全问题（管线是恐怖分子的一个明显目标）以及经济和商业问题（天然气定价条件，以及哪些公司或中间人获得什么样的收益）。一旦开工，这条线路将极大地改变该地区的各个经济体。

这样一条管线的影响将远远超出南亚范围。欧洲、俄罗斯和美国的公司将为建设该管线而展开竞争。当管线建成后，它将改变全球天然气分布样式——更多的天然气将流向南亚用户，而流向其他地区的将会减少。许多国家的情报机构都对这一十分复杂的系统产生兴趣，每一个情报机构都在其政府的政治、经济和军事部门拥有许多客户。在管线建设中有利益得

---

[1] Sun Tzu, *The Art of War*, ed. James Clavell (New York: Dell, 1983), 9.

图5–16　南亚天然气管道的计划线路

失的商业公司将会展开自己的情报活动。本例中的分析系统将是全球性的和复杂的。图 5–16 对这个系统的简单结构视角进行了显示。[1] 功能视角将谈及这条管线带来的经济变化。过程视角将展现天然气开采与交付的样式、达成管线协议的政治过程或者保护管线的各种安全过程，以及其他内容。正如第 3 章所讨论的那样，该系统将具有许多子模型或附带模型。

人类地形模型

在过去几年里，驻伊拉克和阿富汗的美军地面部队重新发现和总结出一种类似于地理空间模型的模型，这种模型曾在越战中广泛应用。在与叛乱分子作战时，军方需要建立一个涵盖当地政治、经济、社会以及军事

[1] BBC News, "South Asia Gas Pipeline Talks End," July 13, 2005, http://news.bbc.co.uk/1/hi/world/south_asia/4674301.stm; Shamila N. Chaudhary, "Iran to India Natural Gas Pipeline," *TED Case Studies* (American University, Washington, D.C.) 11, no. 1 (January 2001).

方面详细信息的模型，这被驻伊拉克和阿富汗的美军称为“人类地形测绘”(human terrain mapping)。在这一模型中，每个乡镇的如下信息需明确标注：

- 每个部落地区的边界（毗邻或重叠处需特别标明）。
- 每个酋长、村长和政府官员的位置和联系信息。
- 清真寺、学校、市场的位置。
- 进入或离开该区域的主要方式。
- 居民作息和购物习惯。
- 最近的安全部队或其检查站的位置。
- 经济驱动力，包括居民的职业、生计以及就业和失业水平。
- 反联盟势力及其活动。
- 基础服务情况，如燃料、水、急救、火灾响应等。
- 当地居民重点关注的问题。[1]

人类地形测绘（或者准确点说，是人类地形建模）是一种古老的情报技术。中国的孙子对此有深刻理解并曾力推这种做法。19世纪，拉迪亚德·吉卜林（Rudyard Kipling）在其小说《基姆》(*The Great Game*）中生动描述了当时印度土地上所上演的“大博弈”，主张亚洲中部国家积极参与竞争并充当平衡英、俄两大帝国力量的缓冲国，书中所讲的人类学调查(Ethnological Survey）就是在做人类地形建模。实际上，早在1878年，印度军需部门的情报机构就开始通过各种来源建立人类地形模型，这些来源包括：地名、路线书籍、名人报告、政治评估、政治和军事官员提交的情报报告、旅客和在当地从事秘密工作的特工。[2]

“谷歌地球”(Google Earth）和微软的“虚拟地球”(Virtual Earth)

---

[1] Jack Marr, John Cushing, Brandon Garner, and Richard Thompson, “Human Terrain Mapping: A Critical First Step to Winning the COIN Fight,” *Military Review* (March–April2008): 18–24.

[2] Penelope Tuson, “British Intelligence on Russia in Central Asia, c. 1865–1949,” IDC Publishers, 2005, www.idc.nl/pdf/453_brochure.pdf.

这两个软件大大扩展并推广了人类地形测绘和其他地理空间建模能力。这些地理空间建模工具提供了多层次信息。这些信息层以附属模型的形式提供关于位置的详细信息，如建筑物照片、建筑物 3D 模型、与当地人进行互动的虚拟旅游视频和文字材料。而将设计图或 CAD / CAM 模型等建筑物内部详细情况涵盖在模型中并不难。这些公开的网上资料具有多种情报用途。情报分析人员可以借助这些材料规划人力情报和通信情报行动。军队则可以借此锁定具体目标。它为恐怖分子实施恐怖袭击提供了便利。

空间—时间模型

地理空间模型的一个动态变体就是空间—时间模型。有些情报从业人员将此描述为运动情报（movement intelligence, 简称 MOVEINT），仿佛它是一种情报搜集手段而不是一个目标模型。许多活动如卫星、车辆、船只或飞机的运动，都可从空间得到最好的显示。地理与时间综合 / 分析的结合可以显示出各种运动样式，如人或海上航行船只的运动样式。例如，商船至少每天都用无线电报告它们的地理位置。如果一艘船只开始发送错误的位置数据，如电子情报或雷达地理定位这样的独立手段所发现的那样，那么，这艘船就成为具有情报价值的目标。如果该船的航迹不符合正常的作业特征——例如，它用了几天时间只走了几英里[1]——那么，警惕的分析人员就会开始调查在那段时间，该船是否抵达附近的港口，做了临时停靠。

图 5–17 是船舶跟踪图的一个示例，针对的是俄罗斯“图波列夫”号船在 1990 年的一次航行中的一段航程。“图波列夫”号从多米尼加共和国开始其航程，然后向北沿美国海岸航行。当这艘船抵达加拿大新斯科舍省附近的航线最北端时，失踪了两天。当这艘船转向南准备到哈瓦那做港口停泊时，跟踪又恢复了。接下来，这艘船继续驶向加勒比海。单单看该船

[1] 1 英里约为 1.6 公里。——编注

的这些位置，没有重要意义，但其靠近美国海岸的运动模式、它在航行中的耽搁、它的失踪以及它的位置与其他情报报告之间的关联性，则可以提示很多信息。

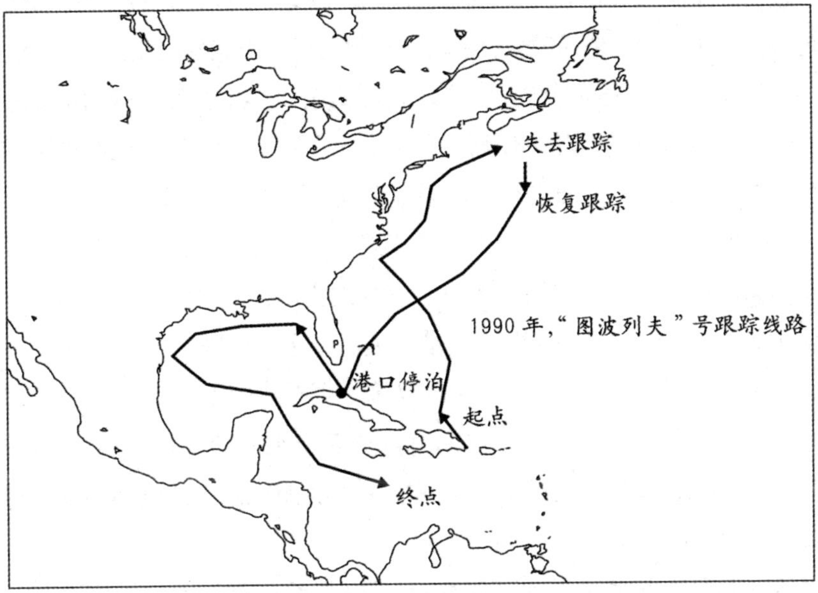

图5–17　（时空）综合模型：船舶跟踪

四、地理剖面图

地理剖面图是一种地理空间建模，具体地说，是一种适用于执法活动的空间—时间模型，可支持对连环暴力犯罪或性犯罪的调查。针对陌生人的犯罪难以调查，这种调查会得出数百条线索和数百名嫌疑人，造成信息过载。地理剖面图为警方提供了一种有力的方法，用于处理他们所搜集的信息并确定其优先次序。建立剖面图的过程，是对与连环犯罪有关的地点进行分析，以判断罪犯可能生活的区域。这样得出的结果有助于将调查工作集中在焦点上，优化各种线索和筛选嫌疑人，并提出对传统方法进行补充的新策略。

五、小结

创建目标模型从界定相关系统开始。系统模型可以是结构性的、功能性的或过程性的，或者是其任意组合。下一步是选择类属模型或模型模板。

列表和曲线是最简单的模型形式。在情报工作中，经常采用的是比较性模型或基准点测试。几乎任何一种模型都可以进行比较，通常的方法是创建己方的系统模型，使之与目标系统模型并列。

模式模型在情报界广泛采用。编年式模型使得情报用户能够对相关事件的时机进行分析，并找到改变事态进程的方法。地理空间模型可用于武器目标定位和评估敌军的位置与运动，因而在军事情报中广受欢迎。

关系模型用于分析目标（组织、人员、地点和实际物体）各要素之间在一段时间内的关系。普遍采用的有四种普通类型的关系模型：层次式、联系式、矩阵式和网络式模型。这些模型中功能最强大的是网络模型，它正被越来越多地用于描述复杂的情报目标。

仿真模型也被大量用于描述复杂目标。仿真建模的复杂性变化不定，可以简单到一个简单的方程式，也可以复杂到深奥的计量经济学模型。

领导人和关键行政管理人员传略可用来预测各种决策。这种人物档案取决于分析人员界定典型性格类型的能力。过程模型描述的是一个可生产结果的事件或活动的序列。它经常被用来评估一个开发项目的进展。

许多模型是类属模型种类的结合。预测性分析利用了情景想定，我们将在本书的后面再次对它们进行讨论。一个强大的综合模型是地理空间模型。它把所有来源的情报综合在一起，以可视化地显示局势。地理空间模型是最古老的分析产品，它有许多称谓，如人类地形图和地理剖面图。空间—时间模型是一个有关动态变量的地理空间模型，常用来观察一段时间内时局的发展，并预测其未来的发展趋势。接下来的两章，我们将讨论如何向本章中所界定的模型模板填充信息。

[第 6 章]

情报信息来源

坚守你的消息来源，它们会报答你。

——R. V. 琼斯（R. V. Jones）

二战英国皇家空军情报处助理处长

前一章讨论的向目标模型添加内容的工作，是一项信息搜集与综合的工作。本章关注的是各种数据来源和如何使用那些来源的信息。正如“大规模杀伤性武器委员会”评述的那样，之所以设置此章节，是因为“分析人员需要充分利用当前可用却没有被充分利用的非传统技术情报能力”[1]。另外，了解所有的情报搜集资源，对于制定情报搜集策略不可或缺。

对情报分析人员来说，数据处理自动化是一项重大福利。从全球搜集来的信息通过因特网或电子文件形式，抵达分析人员的办公桌，随时可以审阅，且经常可通过关键词检索进行初步分类。然而，自动化的缺点之一在于它可能以同样的方式处理所有信息。在某些情况下，分析人员甚至不知道是何种搜集来源提供的信息。毕竟，在显示屏上，所有的一切看起来都是一样的。然而，信息必须根据其来源区别对待。成功的分析需要了解数据来自何处，以及各种来源的可用信息所具有的局限性与陷阱，而这正

[1] *Report of the Commission on the Intelligence Capabilities of the United States Regarding Weapons of Mass Destruction,* March 31, 2005, www.wmd.gov/report/wmd_report.pdf, 400.

是本章所要讨论的。

一个单一的数据来源很少能够为一名分析人员提供其合成一个复杂的目标模型所需的一切，必须使用一系列的保密和非保密来源，部分原因是为了减少被单一来源信息误导的可能性。

一、现有的报告

信息搜集从所掌握的现有情况开始。在开始情报搜集活动之前，分析人员必须确保其清楚对该目标已了解多少。分析人员所在机构的研究成果或存档报告是开展研究活动最好的起点。真正的新问题几乎没有。情报机构数据库中所包括的是已经完成的情报报告，以及许多有关具体问题的特殊数据文件。大型商业公司一般都拥有类似的内部设施，或者依靠商业数据库。

进行文献检索，应当是分析人员着手进行新的研究项目的第一步。其目的是双重的：明确所了解现状——也就是说，了解情报目标的现有模型——并明确围绕目标模型所存在的主要争议与分歧。这是必不可少的一步，然而也是危险的一步。你不能自然而然地把现有情报当作事实来接受。在经验丰富的分析人员中，几乎没有人会轻率地接受有关某个主题的早先研究成果，尽管他们确切地知道那些研究发现了什么。危险在于在检索文献时，分析人员往往自然地采用先前存在的目标模型[1]，匆忙做出不成熟的结论或对现状存在偏见，从而导致分析人员保留现有的模型，即使有证据表明建立不同的模型更为适宜。在第 5 章的商业过程模型中，当现有模型（见图 5–14）显然都无法奏效时，分析人员不得不开发一个可供替代的过程模型（见图 5–15）。

一旦报告成品在手，分析人员就应当对所有已有的相关**原始数据**进行回顾。如果本单位档案中已有某种信息，然而分析人员还让搜集人员去搜

---

[1] Rob Johnson, *Analytic Culture in the U.S. Intelligence Community* (Washington, D.C.: Center forthe Study of Intelligence, Central Intelligence Agency, 2005), 22.

集，那么没有什么能比这更快地毁掉他的职业生涯了。

二、情报来源的分类

出于官僚机构的各种原因或历史先例，大多数文章都是根据图 6–1 所示的美国当前的情报搜集体系来讨论情报来源问题。在本章，我提出一种替代视角来讨论情报来源，这种视角更多地与情报分析人员有关。

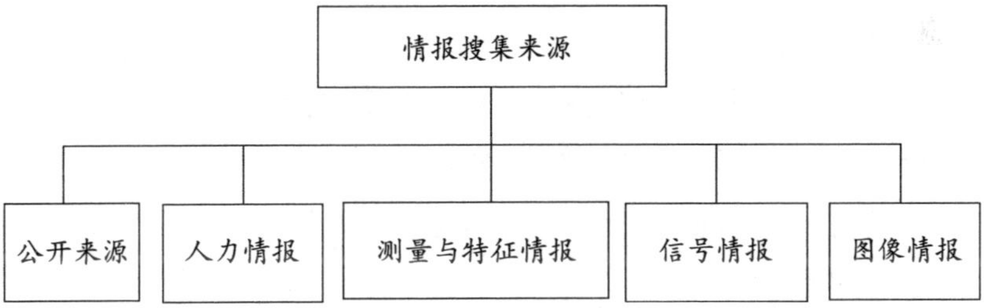

图6–1 美国情报搜集分类

在大型情报界（如中国、法国、俄罗斯、英国和美国的情报界），情报搜集机构有必要专业化，即它们的成立就是为了从某一特定类别的情报来源中搜集信息，如图像情报、无线电信号情报或人力情报。由于这种专业化，情报搜集机构经常被称为“烟囱”（stovepipe），这自然是一种隐喻，意指处于严格控制下的、只有一项职能的渠道。这个隐喻最好不要用得过度，因为烟囱吐出的唯一产品是烟。

美国情报界已经对情报搜集方法进行了划分，使用情报团体名称来界定各种庞大情报搜集机构的搜集责任范围，例如国家地理空间情报局 (National Geospatial-Intelligence Agency，简称 NGA) 和国家安全局 (National Security Agency，简称 NSA)。结果是，美国情报界中的各种有关“情报”的名称并非恰当的描述，而是各种官僚机构提议的结果。图 6–1 显示的是美国当前的一种分类法。各种情报的定义如下：

- **公开来源**（open source）：普通大众都可获得的具有潜在情报价值的信息。
- **人力情报**（简称 HUMINT）：从人力来源搜集和提供的信息中得出的情报。
- **测量与特征情报**（measurements and signatures intelligence，简称 MASINT）：通过对特定的技术传感器获得的数据（距离、角度、空间、波长、时间依赖性、调制、等离子体和磁流体动力）进行定量和定性分析而获得的科学技术情报。
- **信号情报**（简称 SIGINT）：包括所有的通信情报、电子情报和外国仪器信号情报等单一或多种结合的情报。
- **图像情报**（简称 IMINT）：通过对普通航空照片、红外传感器、激光、光电技术和雷达传感器（如合成孔径雷达）等搜集发掘而获得的情报，物体的图像通过光学或电子手段再现在胶片、电子显示设备或其他媒介上。

有些分类法用地理空间情报（geospatial intelligence，简称 GEOINT）取代图像情报（见图 6–1）。美国把国家图像与测绘局（National Imagery and Mapping Agency）更名为国家地理空间情报局，许多欧洲国家定期召开防务地理空间情报（defence geospatial intelligence，简称 DGI）会议，对“地理空间情报”这一称谓给予了一定的赞许。但如前一章所述，地理空间情报是一种合成目标模型而不是搜集情报的全源方法。

在图 6–1 的分类法中，信号情报被分成三类不同的情报：通信情报（简称 COMINT)、电子情报（electronic intelligence，简称 ELINT) 和遥测截取情报（telemetry interception），后者通常被称为外国仪器信号情报（foreign instrumentation signals intelligence，简称 FISINT）。把通信情报、电子情报和外国仪器信号情报作为信号情报归并在一起，通常被认为是符合逻辑的，因为它们均需要截取目标发出的某种信号。但是，某些测量与特征情报和图像情报的传感器也依赖目标发出的信号。事实上，信号情报是个过于笼统的称谓，不怎么使用，在多数情况下，它指的是通信情报。

图 6–1 中的分类法是以资源控制（“地盘”）考虑为基础的，而在分析人员看来，这种分类是人为的。本书中的分类法相当不同。本书没有遵循美国烟囱式分类法，而是尝试进行一种逻辑突破：将重点放在搜集和处理的材料性质上，而不是搜集手段上。

图 6–2 显示了这种情报搜集来源的视角。它将情报搜集划分为两大类型，增加了一种新的、日益重要的情报搜集类型：网络搜集（cyber collection）。

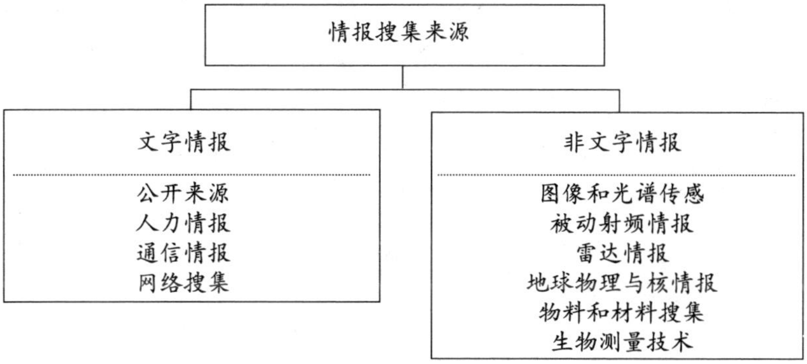

图6–2　分析人员视角下的情报搜集分类

传统的通信情报、人力情报和公开来源搜集手段主要与**文字信息**（literal information）有关，其基本产品、搜集及分析文字信息的一般方法通常易于为分析人员和情报用户理解。处理（包括翻译）完毕后，不需要其他的特别利用就可被理解。它显而易见。

非文字信息（nonliteral information）则恰恰相反，常常需要特殊的处理和利用，这样情报分析人员才可以使用。了解此类处理与利用的性质与局限性，至关重要。

如此分类的基本原理是，如果分析人员掌握语言和文化技能，可以接触到原始信息，那么他们就能对通信情报、人力情报、网络搜集情报或者开源情报的解释提出质疑。但如果非文字材料的处理 / 利用人员做出判断，那么其他人就难以反驳该判断，除非他也是该领域的专家。判读一幅高光谱图像

(hyperspectral image) 或者一段电子情报录音需要专业技能。

此种分类的逻辑为其他情报学者所关注。英国作家迈克尔·赫尔曼就指出有两种基本的搜集手段：一种是通过对事物的观察和测量来提供证据（非文字的），另一种是通过处理，使其可为人类思维过程所理解（文字的）。[1]

没有哪一种搜集方法分类是完全令人满意的或"干净利落的"。通信情报的重要组成部分——流量分析（traffic analysis）——就是非文字信息，它取决于处理与解读。人力情报被用于材料和材料搜集，他们提供的也是非文字情报。由于分析人员处理材料的方式，图 6–2 提供的分类方法比图 6–1 更为管用。但无论采用什么分类法，都会出现重叠现象。在以下章节，我们将找出一些重复的部分。

三、文字情报来源

有四种文字情报来源在数量和影响方面占据主导地位：公开来源和三个机密来源——人力情报、通信情报和网络搜集。前三种来源都有数百年的历史。公开来源的使用很可能可追溯到书写文字的开始。人力情报活动在《旧约》中就有记载（"摩西打发他们去窥探迦南地"）。[2] 通信情报至少可追溯到解读信号旗和烟幕信号以及破解书面外交通信的时期。网络搜集类似于通信情报，始于计算机的出现。

公开来源

在对内部现有的已知情况进行挖掘后，分析人员可以转向最容易的外部来源（公开文献、在线数据库）。传统上，公开来源信息指的是公众

[1] Michael Herman, *Intelligence Power in Peace and War* (Cambridge: Cambridge University Press, 1996), 82.

[2] The King James Bible, Numbers 13:17.

可得到的已出版材料——报纸、书籍和期刊。正因为如此，它有时被称为**文献情报**（literature intelligence，简称 LITINT）或**开源情报**（open source intelligence，简称 OSINT）。今天，开源情报所包含的远远多于传统的出版物来源。例如，大量的图像可通过商用成像卫星得到。商业数据库包含大量经济数据，只要付款订阅即可。所有这些均属公开来源一类，尽管它们不经过传统意义上的出版。

最大的公开来源材料储存宝库是互联网。几乎所有情报机构感兴趣的主题，都可以在互联网上找到。互联网材料的质量差异很大。大多数网上的内容是误导性的或者是完全错误的，分析人员在使用网络资源时要格外小心。但是许多可信的材料也存在于网络之中，商业浏览器和搜索引擎使搜索材料变得相对容易。总之，网络已成为情报分析的最有用起点。

公开来源的材料或许是最宝贵的情报来源，但政府部门偏爱机密信息，因而它最容易被忽略。开源情报的主要价值，在于它的获取相对容易。在开源情报的潜力没有充分挖掘之前，分析人员不应转向更加昂贵的搜集来源，而且当昂贵的来源提供新的线索时，分析人员也不应忘记使用公开来源。

有太多的分析人员错误地认为，通过隐蔽手段搜集的“秘密”数据，比公开的或非保密的数据更有意义或更重要，因此更加看重它。[1]“大规模杀伤性武器委员会”评论说，分析人员“过度依赖机密信息，对非保密的和公开的信息使用太少”。对于了解社会、文化和政治趋势，非秘密来源的信息至关重要，但对它们利用得不够。[2]

政治分析十分注重公开来源的情报。政府领导人的讲话可以告诉我们他们的态度、他们的个性（用于建立人物传略）、他们的政府所强调的重点以及其他许多事情。他们的讲话必须经常地放到相关背景中进行分析

[1] Rob Johnson, *Analytic Culture in the U.S. Intelligence Community* (Washington, D.C.: Center forthe Study of Intelligence, Central Intelligence Agency, 2005), 24.

[2] *Report of the Commission on the Intelligence Capabilities of the United States Regarding Weapons of Mass Destruction,* March 31, 2005, www.wmd.gov/report/wmd_report.pdf, 13.

(例如，他们在对谁说话，他们有些什么日程安排)，而且在进行评估时应当很好地了解领导人所在的国家文化和机构文化。公开讲话中的各种细微差别，可向经验丰富的政治分析人员传递很多信息。经济分析也十分依赖（事实上，是主要依靠）开源情报，特别是像联合国这样的国际组织汇编的有关国际贸易和国家经济的庞大数据库。第 14 章将要讨论，科技分析在预测中广泛采用公开文献。

一种常见的误解认为，对军事情报而言，公开来源材料不那么有用，因为“好”材料都是加密的。恰恰相反，第二次世界大战期间，那些重大的情报成功事例中，有一例依据的就是巧妙地运用开源情报。像其他国家一样，德国人有效地实施报刊审查制度，但他们的确公布过所有货物的货运价格，包括石油产品。根据这些价格表，美国战略情报局的一位年轻分析人员沃尔特 · 利维（Walter Levy）运用地理空间建模，查明了德国炼油厂的准确位置，而这些炼油厂日后就成了盟军轰炸机的目标。[1] 在距今更近的一些时段，公开来源提供的恐怖分子和叛乱组织的情报特别有效。[2]

与其他情报领域一样，开源情报工作遵循的一般规则是：谁讲的比讲了什么更为重要。政府首脑的讲话通常比州长的讲话更有分量。财政部长有关预算问题的陈述比内政部长发表同样的言论更具重要性。

具有讽刺意味的是，开源情报存在的问题是，它太过充足，以至于分析人员可能无法利用所有的材料。事实上，分析人员甚至无法了解所有可获取公开来源材料的方法。跟踪数据来源是一项专职工作。解决办法就是向进行研究的专家求助。参考书阅览室的管理员可以帮助从许多不同的数据库（包括商业数据库）中寻找和检索文件。由于那些数据库在全球范围都能使用，几乎所有的国家或商业公司都应该具备一种为其分析人员提供便利的杰出研究能力。

---

[1] Walter Laqueur, *The Uses and Limits of Intelligence* (Somerset, N.J.: Transaction Publishers, 1993), 43.

[2] Susan B. Glasser, “Probing Galaxies of Data for Nuggets,” *Washington Post,* November 25, 2005, A35.

历史上，大多数公开来源材料都是印刷成册（打印稿），今天，最常用的来源则是在线信息。

在线数据库（online database） 许多有用的在线数据库可通过万维网获得。非保密的商业数据库的数量和可用能力正在发生快速变化，本书不准备对它们一一列举。全球信息网络的快速扩展，已向分析人员开放了大量以前无法得到的信息。

在线数据来源长期存在的一个问题，仍然是难以从大量数据中提取相关信息。分析人员不可避免地遇到信息过载。政府和商业开发项目继续向这样一个目标努力，即建立一个“人—计算机”小组，它可大幅提高分析人员在复杂且包含大量数据的领域进行推理的能力。这样的小组将极大提高以下各种能力，即从隐藏在大量不相关的信息背后查明关键事实，对大量零散事实进行汇总，以得出正确结论和生成有助于进行未来分析的新样式。我们有理由期望，从信息沼泽中提取相关信息的方法将得到稳定发展。

在过渡期间，专业化的数据库可以在检索问题上缓解此问题。例如，对政府和商业情报机构而言，最有用的技术信息来源之一是在线专利数据库。对于许多从事机密研究的机构来说，专利权是公开发表其成果的唯一途径。

硬拷贝[1] **来源**（hard copy source） 有些公开来源的材料仍然无法通过网络获取。硬拷贝的公开来源文献可以从图书馆和商业数据库以及经常与外国同行打交道的科学家和商人那里获取。有价值的来源包括报纸、电话簿、专著、杂志、专利和技术文献等。

这些文件中最有用的是那些**灰色文献**（gray literature），即不公开的、内部的和半保密的杂志。国家部门和大型研究与制造机构出版的杂志，都包含敏感信息或专利信息，其中有些是机密的，大部分则是受控制的，对它们的接触受限，因此称它们为**公开来源**稍有牵强。然而，由于文件控制或分发上的错误，这类文献有的可在公共图书馆找到，通过秘密搜集（例

---

[1] 即电脑打印稿。从印刷机、打印机、复印机等得到的印件叫作硬拷贝，而把显示器等装置上面显示的图像、文字等叫作软拷贝。——译注

如通过间谍）常可获得。许多研究机构的内部出版物，即使是在不保密的时候，也常常比一般的行业杂志更有价值。它们往往能够就该机构正在开展的工作提供更多细节。会议讨论记录也属于灰色文献类，通常比广泛散发的期刊和杂志更有价值。

因特网可提供一些站点和有密码保护的聊天室，其作用相当于灰色文献。这样的网站经常具有巨大的情报价值。当然，面临的挑战是如何进入到那里。

人力情报来源

人力情报来源包括各种搜集国外动向情况的手段，其重点是人及其获取有价值信息的渠道。人力情报来源最适用于提供用其他手段无法获得的信息。它通常是有关对手计划和意图的情报最佳来源。一般情况下，它是对付非法（间谍）网络的最好办法。

与其他情报门类相比，人力情报需要更多的时间进行搜集，因为需要与线人接触，即使这些线人已经被发展（即被招募）也是如此。人力情报并不总是能切中要害；搜集人员必须尽一切努力，与他们已经发展的线人一起工作。但是，人力情报具有灵活性——从一个来源得不到的信息，可能从另一个来源得到，也可把若干个来源得到的点滴串在一起。人力情报最适于跟踪对手的计划、商业秘密或政治稳定性这样的目标，或为谈判提供支持。它还可为自己或其他情报门类进一步锁定目标提供关键线索。

政府的人力情报活动包括大使馆官员的评估、从联系人那里套取的信息、受雇的间谍提供的信息，通过购买或窃取方式秘密获得的文件或设备等。人力情报来源可以是外交官和国防武官、国际会议与会者、叛逃人员、移民或难民。（武官是国家派驻在外国首都的驻外使馆中的技术专家；移民通常是出于政治或经济原因，被迫从一个国家移出的人员。）

私下进行合作的个人和机构也可以提供其工作中碰到的特殊信息。非政府组织在近些年渗透很快，在提供国外动向情况方面越来越有用。

人力情报是执法活动中主要的情报搜集方法之一。与过去相比，“美国黑手党”只是一个躯壳，很大程度上是因为执法机构有力地使用了人力情报来源——在贩毒团伙中发展线人（informer）或“告密者”（snitch）。[1]

人力情报是许多商业机构的主要信息来源，而许多国家也将人力情报用于商业目的。大多数企业出于道德原因不使用秘密的人力情报来源（例如，在竞争对手的雇员中安插间谍）。即使道德因素不对企业构成限制，企业通常也会避免使用秘密的人力情报来源，因为暴露之后代价太大。有两个示例说明秘密的商业人力情报来源暴露后所造成的危害。2001 年，宝洁公司针对竞争对手联合利华进行信息搜集，其中包括一项被非正式地称为**垃圾箱搜寻**（dumpster diving）或**垃圾情报搜集技术**（TRASHINT）——对联合利华的作废文件垃圾进行筛选。此事曝光之后，作为解决方案的一部分，据说宝洁公司向联合利华支付了 1000 万美元赔款。[2] 2000 年，甲骨文公司承认雇用了一名调查员，寻找令微软公司感到尴尬的文件。它采用的策略据说包括对华盛顿特区和各类政治组织进行秘密搜查，以及向看门人支付酬金，以获得表明微软不当活动的作废文件。[3] 这两起事件导致媒体对违规公司进行了损害性的报道。

工业革命期间，商业间谍迅速发展。当时英国在制造业方面具有领先优势，因而成为法国、德国、荷兰和瑞典的目标，这些国家试图雇佣熟练工匠（如果可能的话，也会雇佣其工具）。[4] 当然，英国还以颜色，也觊觎其他国家拥有的优势技术。防御方常常采用这种方法——令其员工只了解

---

[1] Clarence Walker, “A Special Investigative Report: American Mafia Recruits Sicilian Mafia,” August 2004, www.americanmafia.com.

[2] Arthur Weiss, “How Far Can Primary Research Go?” *Competitive Intelligence Magazine,* November–December 2001, 18.

[3] Arthur Weiss, “How Far Can Primary Research Go?” *Competitive Intelligence Magazine,* November–December 2001, 18.

[4] David S. Landes, *The Wealth and Poverty of Nations* (New York: W.W. Norton and Company, 1998), 276.

主要工序的单个部分，例如炼钢或商贸，没有一人能了解整个流程。[1] 苏联随后改进了这一技术。在苏联的军工体制中，没有一个流亡者、叛逃者或间谍——除非他是顶尖行政人员——能了解全貌。苏联体制使所有一切都相互隔离。这种体制大大抵御了人力情报的进攻，但也付出了巨大代价。它扼杀了适应性，阻碍了信息在需要者之间实现共享。

人力情报搜集可以覆盖一个研发项目的所有阶段，从系统概念到生产部署和运行的全过程。人力情报来源已经提供了有关从事研究的科学家的传记信息，查明了进行研究的机构，并对开发中的系统做出了评估。他们已经揭示出研究项目的发展趋势，查明了关键的场地和设备，并获得场地和平台的照片。人力情报数据还使得通信情报、图像情报和开源情报搜集的数据变得更容易理解，并因此更加有效，而且对本章后面所要介绍的技术搜集系统获得的数据产生重要的认识。能够接触人力情报搜集的设备或技术文件，使分析人员能够从内部了解该设备的性能或生产方法，而这对技术手段搜集的数据是个补充。

下面我们概述利用联络关系、情况套取、移民和叛逃人员、秘密来源、采样和材料获取等各种人力情报方法。它们的共同主题是，情报是由一个人搜集的，而这个人通过与另外一个人的互动获得信息。

联络关系（liaison relationship） 国家情报机构通常与其他国家的情报机构和执法团体保持联络关系，有些时候即使当两国的官方关系变得冷淡时也是如此。企业情报团体有自己的联络网络，以共享诸如恐怖分子对海外企业主管进行威胁这样的信息。

联络关系的性质和密切程度主要取决于两个机构之间的相互信任，以及其各自的谨慎程度和安全方面的信誉。正如迈克尔 · 赫尔曼指出的："国家安全方面信誉的好坏，直接关系其在国际情报界的地位。" [2] 在冷战

[1] David S. Landes, *The Wealth and Poverty of Nations* (New York: W.W. Norton and Company, 1998), 279.

[2] Michael Herman, *Intelligence Power in Peace and War* (Cambridge: Cambridge University Press, 1996), 211.

期间，美国和其他国家不愿意与西德共享信息，害怕其已经被东德渗透（事实也是如此）。

情报联络在政府和非政府组织中也并非罕见。非政府组织可为政府或商业公司进行情报搜集联络提供许多机遇。在那些更广为人知的案例中，就有第二次世界大战期间美国海军情报部利用码头工人联盟开展反间谍行动而与“黑手党”集团建立联络，以及战略情报局为反对西西里岛上的法西斯政府而采取的类似行动。黑手党头目“幸运儿”卢西阿诺（Luciano）得以从监狱中释放，据说就是因为他协助开展了反情报行动并帮助实施了西西里（登陆）行动。[1]

多年来，与“黑手党”联络的伦理性一直是一个热门讨论话题，许多情报官员主张情报机构不应与犯罪组织合作。他们经常用这样一句格言来总结他们的保留态度：“如果你同狗一起上床睡觉，准备醒来时惹上跳蚤！”相反的论点认为，在选择联络对象时，应采取一种客观的办法——如果利大于弊，就利用他们。

联络必然要冒许多风险，其中一个就是提供虚假合作的问题。若干情报机构无意间使用同一个间谍的情况并非罕见。（毕竟，如果一个情报机构愿意出钱购买你知道的情报，那么其他情报机构也愿意这样做。）当间谍的信息通过联络关系在多家情报机构之间共享时，对分析人员来说，这些信息看起来是来自不同的来源——联络机构，以及分析人员自己的人力情报机构，结果，这个信息的可信性就远远超过了其应得的程度。

联络中存在的另一个问题是，必须依靠联络机构查明线人的可信度（被称为“审查”）。德国联邦情报局（BND）向美国提供了一份有关伊拉克所谓的生物战计划，该情报来自一个代号“曲线球”（Curveball）的人力情报源。德国人显然对线人有所怀疑，但他们未允许美国情报官员接触他。然而，美国分析人员十分依赖“曲线球”提供的信息，并据此做出了

---

[1] Richard Eels and Peter Nehemkis, *Corporate Intelligence and Espionage* (Old Tappan, N.J.: Macmillan, 1984), 59; Charles D. Ameringer, *U.S. Foreign Intelligence* (Lanham, Md.: Lexington Books, 1990), 170.

错误的判断，即伊拉克在 2002 年拥有一个实施中的生物武器计划。[1]

与中立或者非友好势力进行联络会遭遇许多额外的问题和风险。你不能确定友好机构如何处理你所提供的情报。在与中立或者非友好机构进行联络时，这种情况更难确定。瑞典采取不结盟政策，但第二次世界大战期间它与纳粹及盟军情报机构都有联络关系，在冷战期间它与西方势力（主要是英美）也有联络关系。[2] 瑞典及其联络伙伴都从这种联络关系中受益，但对双方来说，“瑞典可能同时在帮助其对手”这种风险是存在的，从而使联络关系变得紧张。

与中立政府或敌对政府的联络，往往包括许多形式的交换条件，但这些与其后果相比往往不值当。一个藏匿恐怖分子的专制政府往往愿意出卖恐怖分子，以交换有关其国内反对派的情报。对许多政府而言，这种获取情报的代价太高了。但事实表明，敌手之间的联络关系往往能长久存在。据报道，以色列情报部门与数个阿拉伯国家有长期的情报联络关系。[3] 据报道，在“9 · 11”恐怖袭击发生后，美国情报部门与叙利亚建立了情报联络关系，因为叙利亚不希望被视为恐怖袭击的支持者。[4] 对叙利亚在此情形下提供的情报，应该十分谨慎，至少需要其他来源进行交叉印证。确实存在这样的风险，即联络机构会操纵情报为自身牟利。

套取（elicitation） 套取是从谈话中获得某个主题的信息，最好是在提供者不知情的情况下进行。在外交官和武官聚会上，在商业领域中商业主管的社交场合和销售会议期间，套取被广泛采用。因为参与者都了解这个游戏，所以套取来的信息可能遭到“污染”。但是，这些聚会也是进行

[1] *Report of the Commission on the Intelligence Capabilities of the United States Regarding Weapons of Mass Destruction,* March 31, 2005, www.wmd.gov/report/wmd_report.pdf, 80.

[2] Wilhelm Agrell, “Sweden and the Dilemmas of Neutral Intelligence Liaison,” *Journal of Strategic Studies*(August 2006): 633–651.

[3] Jennifer E.Sims, “Foreign Intelligence Liaison: Devils, Deals, and Details,” *International Journal of Intelligence and Counter Intelligence* 19, issue 2(Summer 2006): 195–217.

[4] Jennifer E.Sims, “Foreign Intelligence Liaison:Devils, Deals, and Details,” *International Journal of Intelligence and Counter Intelligence* 19, issue 2(Summer 2006): 195–217.

信息传递的重要场所。采用正式渠道会违背《反垄断法》，因此企业尤其要利用这一渠道向竞争对手非正式地表明自己的意图。

直接在线人所在的国家或单位与其接触，这一点常常十分困难，而且环境可能不利于套取。然而，这些线人经常出版著作，或在国际会议上，或在拜访其他专业人员时讨论他们的作品。套取是一种有效的策略，可在这种专业聚会上使用，尤其是经济学家、贸易专家、科学家或工程师聚在一起宣读论文的时候。这些专业人员是宝贵的人力情报来源，他们越是自负，就越有可能提供信息——而且是更有价值的信息。他们在本国和本单位与本领域的其他人有联系。当分析人员具备恰当的资格时，就可经常参加这样的聚会，并以套取方式自己进行情报搜集。

从套取对象那里套取信息，面临的挑战是如何提出恰当的问题。专家们具有套取情报的有利条件，因为他们了解所谈的题目，他们和其他专家互动时，套取信息是很自然的一部分。然而，专家们在套取时也有自己的偏见。

套取的一个变体是互换信息，就像联络机构所做的一样。彼得·施瓦兹（Peter Schwartz）在荷兰皇家壳牌公司时，定期使用情景想定（一种高级的模型）作为交流媒介，向指定的群体发表有关这些情景想定的谈话——例如，向航空公司的管理人员谈论航空公司的燃料前景。作为回报，他从管理人员那里得到了航空公司的计划信息，而他可以利用这些信息优化他的情景想定。[1]

移民与叛逃人员　按惯例，政府情报机构可以利用移民和叛逃人员。移民已经合法地离开一个国家，但如果他们掌握具有重要情报价值的信息，有些国家是不允许他们离境的。叛逃人员非法离开那个国家，通常也掌握重要的信息。

然而，移民和叛逃人员通常出于经济或政治原因，自愿地断绝了与祖国的联系。他们在这些问题上的客观性值得怀疑，他们提供的信息必须予

[1] Peter Schwartz, *The Art of the Long View* (New York: Doubleday, 1991), 78.

以仔细过滤。如同套取一样，提出恰当的问题十分重要；叛逃人员要取悦新朋友，因此可能会给出答案。

按惯例，企业情报活动可利用不同类型的移民或叛逃人员——竞争对手的前雇员——以获取有关商业秘密的信息，如营销策略、成本和专卖程序。与政府叛逃人员一样，企业移民和叛逃人员同样存在客观性的问题。此外，这些人还背负着一些思想包袱，如前雇主的雇用协议和一些法律问题，而这些在传统的移民或叛逃人员身上是不存在的。如果他们只是在国内企业中改换门庭，当他们被指控窃取商业秘密时，他们是不能指望政府保护的。然而，如果他们投奔一个国际企业，他们是可以得到这种保护的。1993 年至 1994 年，通用汽车公司的伊格纳西奥 · 洛佩兹 · 德 · 阿里奥图亚（J. Ignacio Lopez de Arriortua）和其他 6 位高管戏剧性地投身大众公司，从而成为国际汽车行业的明星。正如其他叛逃人员一样，洛佩兹和他的同事显然带走了通用汽车公司大量敏感文件，如果他希望在新机构里提高身价的话。洛佩兹被控在离开通用汽车公司担任大众公司行政官时，策划窃取超过 20 箱有关研究、计划、制造和销售方面的文件。德国政府遵循为叛逃人员提供政府保护这个确立已久的传统，首先拒绝对洛佩兹进行起诉，最后以撤诉告终。[1] 大众最终在民事诉讼中赔偿了通用公司的损失。如果企业叛逃人员的目的国与美国关系不太友好，那么他们将会得到更多的保护，一如他们投奔的公司一样。

秘密来源（clandestine source） 相对于所获得的信息量来说，秘密人力情报来源（典型的间谍、双重间谍，或间谍小说中的特工）可能是成本最高的情报来源。因此，目标选择必须仔细。秘密人力情报可能是判断对手计划与企图的最好方式。

秘密人力情报通常由**专案官**（case officer）执行。他们通常与一个秘密情报线人（agent，代理人或间谍、特务）网络一起工作，这些秘密情报线人是从当地招募的。

---

[1] Charlotte W.Craig, “Germany Drops Spy Case Against Lopez; Former GM Exec Must Give Money to Charity,” *Detroit Free Press*, July 28, 1998, www.auto.com/industry/qlopez28.htm.

在正常时期，必须围绕和保护秘密线人采取严格的安全措施，这意味着在从线人发现线索到信息送到分析人员手中会有相当大的时间延误。在危机期间或战时，对易于消失的数据进行快速传输是十分重要的，但是速度往往加剧暴露线人的风险。

抽样方法（sampling technique） 抽样方法主要在公开的民意测验中运用。它们是第 5 章所讨论的制作人力地理模型的极有价值的来源。当分析人员需要了解某个庞大群体的情况时（如阿拉伯人群对中东问题的态度），他们不会去调查该群体中每个成员的情况，这种任务难以完成而又不实际。相反，分析人员会根据这个群体中的小部分或采样进行估算。抽样理论通过下述方法，可使估算过程更加高效，即提出对所选的小部分进行估算的策略，确定从小部分的数据中进行估算的替代办法，帮助降低抽样成本，并对估算误差规模进行量化（从预测的角度），而这种估算误差与给定的抽样或评估算法联系在一起。

通信情报来源

通信情报来源是指对对方的通信进行截取、处理和报告。此种定义中的通信（communications）包括语音与数据通信、传真、因特网信息和任何其他有意的信息传递。通信情报可通过飞机和卫星、公开的地面基站、数量有限的海上搜集设备以及一些隐蔽的秘密站点进行搜集。

传统上，通信情报工作被视为政府的职责，而当私营实体遂行通信情报工作时，一般都被视为非法。但是，越来越多的国家将通信情报用于获取经济和政治情报，特别是锁定卫星通信，有些商业企业也在这样做。通信情报搜集装备可以在全球商业市场上轻易获得，最好的商业装备价格不菲，但是，它们可以与政府通信情报机构能够提供的最好设备相媲美。

像人力情报搜集一样，通信情报的搜集可以识破对手的计划和企图。它可以帮助提供关于人、组织、金融交易、设备、设施、程序、日程、预算、行动、试验、部署和环境条件等方面的信息。通信情报可以对各种关系和机构提供线索，也可对敏感的或保密项目提供线索。今天，通信情报在应用方面的主要限制源于它是劳动力密集型的，依赖训练有素的语言专家。最终，机器翻译有望缓解这一瓶颈。过去，通信情报很少提供大量细节，因为它主要处理简短谈话。现在情况已有改观，因为大量的材料通过数据通信或传真传递。

对战略情报而言，通信情报的目标可能包括政府领导人、研究与设计单位、试验设施、类似于国际资金汇兑这样的经济活动、进行试验与作战活动的参与者和行政政策讨论等。

军事机构在全球范围内从事大量的通信情报活动，其中，语言专家可对敌军的移动无线电通信进行监听。保障正在展开的行动的通信情报被称为战术通信情报。总的来说，它已被大量用于执法工作和打击非法网络。我们在第 1 章中谈到的巴勃罗 · 埃斯科瓦尔一案就是一个典型示例。军事通信情报正大量用来监听空对地、地对地和海上通信，大部分涉及对无线电通信的截取，尽管潜艇采用的水下声响通信激发了通信情报能力在水下声学领域的发展。

通信情报在战时取得了许多成功。在第二次世界大战期间，美国在中途岛战役中取得了对日本海军的胜利，主要是因为美国密码专家破解了日本海军密码，并能够确定中途岛是日本的目标。在欧洲，英国在破解德国“恩尼格玛”（Enigma）密码方面取得成功，为第二次世界大战中的数次胜利做出了贡献，其中包括诺曼底登陆。[1]

通信情报最早也是最重要的一次成功，是发生在 1914 年 8 月末的坦能堡会战（Battle of Tannenberg），当时正是第一次世界大战开战之初。俄罗斯的第一和第二集团军正通过东普鲁士向德国第八集团军开进。俄军司令部之间的通信是通过高频无线电传递的，可以在范围广泛的地区接收，有些电文没有加密。8 月 25 日夜，德国无线电部队截获了关于这两支俄罗斯集团军的部署和任务的电文。在接下来的几天内，更多电文被截获，这

[1] F. W. Winterbotham, *The Ultra Secret* (New York: Dell, 1974).

两支俄罗斯集团军的实力、位置和运动等信息被泄露。德军指挥官很快弄清，萨姆索诺夫（Samsonov）领导的第二集团军部署在德国坦能堡镇附近的暴露位置上，如果他受到攻击，那么由连涅坎姆普夫（Rennenkampf）领导的第一集团军无法为其提供支援。

德军第八集团军军长冯 · 兴登堡（von Hindenberg）将军将其整个部队部署在对俄军第二集团军发起进攻的位置上。8 月 26 日，他发起进攻。在接下来的三天内，通过截收更多的俄军无线电报，他得到了有关反击行动的预警，据此部署了自己的部队。德军大获全胜。俄军第二集团军大部被歼，萨姆索诺夫自杀，东部前线最终陷入僵局。[1]

对于坦能堡会战来说，有一件有趣但无足轻重的事情，即会战的主要德军参与者都一致宣称，所截获的信息虽然有用，但并非是制胜的关键。冯 · 兴登堡本人在其撰写的文章中给人这样的印象，即他不掌握关于俄军部署的信息。[2] 在第二次世界大战中，奥马尔 · 布拉德利（Omar Bradley）将军和伯纳德 · 蒙哥马利（Bernard Montgomery）元帅以类似的方式对待截收的德国“恩尼格玛”电报，并将胜利归功于他们的指挥艺术。[3] 这样的陈述值得怀疑。成功的将军、政治家和企业领导人得到情报强有力的支持，却否认情报的作用，他们是典型代表。在情报界，公开赞扬情报来源会导致情报来源的丧失，而且，领导人不想将太多的荣誉归功于其情报信息，因为人们会顺理成章地推断，取得成功的是那些掌握最好情报的领导人，而不是具备最出色领导才能的领导人。

自第二次世界大战以来的几十年里，加密技术（encryption technology）的发展速度快于密码破译（cryptanalysis）发展的速度，再现盟军在第二次

---

[1] 更多情况，请参见：Wilhelm Flicke, *War Secrets in the Ether* (Laguna Hills, Calif.: Aegean Park Press, 1994), 4–12。

[2] Wilhelm Flicke, *War Secrets in the Ether* (Laguna Hills, Calif.: Aegean Park Press, 1994), 4–12.

[3] Douglas H. Dearth and Thomas R.Goodden, *Strategic Intelligence: Theory and Application*, 2nd ed. (Washington, D.C.: U. S. Army War College and Defense Intelligence Agency, 1995), 111.

世界大战中的辉煌将非常困难，如果不是不可能的话。所有国家都汲取了那场战争的教训，现在密码破译领域的大部分成功还是来自无线电操作人员犯下的错误，如俄国人在坦能堡犯过的那些错误。当然，大量的军用和民用无线电通信仍然是未加密的，但对高度敏感的通信进行加密是未来的发展趋势。

进行通信情报搜集有几种主要方法。

麦克风和音频发射器（microphone and audio transmitter）“麦克风加导线”(microphone-and-wire) 是一种陈旧的技术，但仍然被一些情报机构广为采用。它廉价、可靠且持久耐用。不幸的是，它更易于被反情报单位发现。

几十年来，音频发射器，俗称**窃听器**（bug），已成为一种有用的情报工具。由于它发射无线电信号而不采用导线，因而比“麦克风加导线”方式更易安装。它也很廉价，使用时不需要太多的技术能力，因而在欠发达的情报机构和在工业间谍活动中特别流行。音频发射器通常采用低发射功率，以避免被探测到。它有自己的供电单元（除非可以接进建筑物的供电系统），并小到可被有效隐藏起来的程度。窃听器除了能够提供音频外，还越来越多地提供视频。

在微型化、电源和发射技术等方面，技术的进步已经提供了这些能力。脉冲传输（burst transmission，非常短的无线电信号，通常为一秒或不到一秒）、扩展频谱（spread spectrum，通常是指看起来像噪声的信号）和其他技术均可用来降低信号被截听的可能性。难以探测的红外链接技术也可采用。各种远程控制与指挥技术可以打开和关闭发射器，从而减少被发现的可能性，并且延长电池寿命。

电话监听（telephone surveillance） 电话交谈可能是通信情报最常见的来源，传统的方法是通过安装分机对重要电话进行监听。除了对一般的电话交谈进行监听外，有些装置还可利用这样一个现象，即在电话机挂机状态下，电话设备可以将室内的谈话（音频）沿电话线传递出去。有些电话设备被设计成可在挂机状态下传递音频，而其他一些则因为错误的安装或毁坏而进行意外传递。新型、先进的以计算机为基础的电话系统的引进，大大扩展了使用这种技术监听方法的可能性。

如果将通信设备安装在适当的位置，以搜集电话公司干线上的点到点微波传送，那么也可以利用通信情报设备大量截获电话交谈。未加密的蜂窝电话网络也是一个容易被监听的目标。在民用系统上截收这种通话存在一个重要问题，即必须处理的通话量会使通信情报处理人员忙得不可开交，特别是在语言必须翻译的情况下。必须找出一些专门手段，对具体的电话进行识别，以便能够选定重要的通话。在现代电话系统中，这的确十分困难。

大量的国际电话和数据通信业务是通过通信卫星传输的。这种通信业务可以被许多无意接收的用户截收到。在未来，这种出于商业情报目的的活动可能会增加，尽管这是违反国际法的。许多国家的政府对卫星通信进行例行截收，从中筛选出有价值的信息，包括那些允许本国公司在国际市场上展开竞争的信息。

其他通信情报技术 如果一个情报机构不能进入一处设施安装“麦克风加导线”或音频发射器，那么它有时就会使用若干远程声学监视技术。所有这些技术都依靠结构物体或安置物体来拾取室内的声音和机械性振动。

机械振动仪（accelerometer） 可以作为一种专业的麦克风使用，它能直接从建筑结构中拾取机械振动，然后通过电缆或无线电发射器将音频传出设施。无论是声音振动，还是机器噪声振动，机械振动仪都可以在隔有几个房间的距离上有效地接收到声音。一般情况下，机械振动仪被安放在通往监视区域的结构横梁上。房间里进行的谈话会产生振动，振动沿着结构横梁传出，机械振动仪就会测出它们。

声能在液体或管道气体中传递时损失相对较低，**射流技术**（fluidics）充分利用这一原理来秘密搜集音频信息。如果一根水管能感受到声能，那么音频信号将在水管内传递很长距离。电导管或空气管道也可以进行相当距离的音频传递。乘客在许多商业客机上使用的老式音频耳机，就利用了空气管道的这种传送效应。

自20世纪60年代以来，军事设施的**射频溢流**（radio frequency flooding）一直被用来进行情报数据搜集。溢流信号通常在微波范围内工作，并用于远程搜集数据，很像雷达探测目标。溢流依赖于这样一个事实，即物体尤其是金属物体，会根据室内的音频产生轻微振动。一束投射到金属物体上的微波能反射回来，带回声音振动所产生的微弱调制。如果反射回来的能量能够被收集起来并进行反调制，那么在该区域的谈话就可监听到。像电视台或广播电台发射出来的那种无害信号，就可以成功地用来淹没某一设施。射频溢流也一直在打字机这样的装置上使用。打字机上直接发出的信号由按键进行调制，而经过调制的信号则通过附近的天线进行接收，从而泄露了所打印的信息。

射频溢流最著名的例子，或许是在冷战初期苏联对美国驻莫斯科大使馆实施的。苏联人将一个被动式声音感应装置藏在送给美国大使的一个巨大的美国国玺内，然后国玺作为装饰物被放在大使的书房里。该装置是一个小型的U形金属支架，支撑着一块弹簧钢片。弹簧钢片会随着办公室里的声音而轻微振动。当从附近一座由苏联人控制的建筑物内发出的强大微波照射到这个美国国玺时，U形支架充当一个天线，感应到这种微波能，并将从室内传来的音频信号进行调制后再辐射出去。附近的一个接收器将接收这个再辐射信号，并对其进行反调制。[1]

20世纪60年代以来，**激光雷达技术**（laser radar technique）已被用来拾取从办公室内的窗户或固定物体产生的音频振动，其原理与射频溢流相同。一束红外激光（人的眼睛是看不见的）可以从远至数百码的距离上瞄准办公室的一扇窗户。如果为激光选择了适当的红外波段，那么窗户玻璃将把激光能反射回来。办公室内的谈话将造成窗玻璃轻微振荡，而那些音频振动会调制反射回来的激光能，然后，设在激光发射器附近的光学接收器就可以读出向后散射能（backscattered energy），对其进行解调并将声音

[1] John Wingfield, *Bugging* (London: Robert Hale Ltd., 1984), 21–22.

复原。现在，采用这种激光装置的技术已得到广泛运用。[1]

联络关系 与人力情报来源一样，通信情报中的联络关系十分重要。自第二次世界大战以来，美国与英国、加拿大、澳大利亚和新西兰建立了正式的联络关系。[2] 比之于正常的双边模式，这种五环情报联络关系是一个例外。多边安排会导致情报共享问题激增，因此双边关系较受欢迎。美国情报界与挪威、丹麦和瑞典情报机构的双边联系，使其在冷战早期获得了大量宝贵的信号情报。这些国家在地缘上接近苏联的西北边界，这使其在信号情报的搜集上具有独一无二的优势。[3]

网络搜集

网络搜集是针对某个信息处理系统或网络进行的情报搜集，不属于任何传统情报门类。它常常是由人力情报人员开展的技术搜集行为的一个延伸，因此与人力情报手段有一定的联系。它与通信情报搜集手段也有些类似，在涉及从数据通信网络搜集信息时更是如此。它可以公开接触万维网这样的信息处理系统，这又使其落入开源情报范畴。本节将重点讨论对被保护系统的情报搜集，尽管万维网经常是进行此类攻击的一个渠道。

针对电脑和网络的情报行动已成为最多产的情报搜集类型，原因之一就是大量的有用信息可从电脑上获得。这不仅包括具有直接情报价值的信息——例如计划、装备说明书以及经济数据——也包括有助于定位其他搜集资产的信息。例如，盯住在线的招聘搜索网站可以获得个人信息。这些网站上的简历可以提供许多秘密项目的细节，可以为通信情报行动定位个

[1] John Wingfield, *Bugging* (London: Robert Hale Ltd., 1984), 52–53.

[2] Duncan Campbell, "Interception Capabilities 2000," Report to the Director General for Research of the European Parliament, April 1999, www.fas.org/irp/eprint/ic2000/ic2000.htm.

[3] Matthew M. Aid, "In the Right Place at the Right Time: US Signals Intelligence Relations with Scandinavia, 1945–1960," *Journal of Strategic Studies* 29, issue 4(August 2006): 575–605.

人目标，或者帮助招募人力情报资源。[1]

网络搜集日益重要的另一个原因是因为获取的风险相对较小。据说美国国家反情报执行办公室（National Counterintelligence Executive，简称NCIX）曾提出这样一个问题："如果你可以通过电子渠道从其他洲获取大量信息，为何要冒险发展一名间谍呢？"

多数有关网络搜集或"黑客"的文章，都是从防御的角度论述的，因而结果是悲观的，通篇全是警告。我将从攻击者的角度论述这一问题，因此坚持一个更为乐观的态度。在本书中，其他章节体现出的战略冲突的基本规则——**进攻者常是赢家**，同样完全适用于网络搜集。正如在战略冲突的其他领域，进攻者拥有优势。防御者必须防御所有形式的可能进攻。进攻者只需寻找一个破绽。进攻者有充裕的时间，耐心和持久力是他成功的关键。前黑客达斯汀·戴克（Dustin Dykes）指出："安全系统需要每次都赢，而黑客只要赢一次。"[2] 防御者能采取的措施，充其量就是使进攻者难度更大，代价更高，或者延缓进攻的步伐。获胜不是他的选项。

防御者的思维定式与计算机网络的复杂性，给进攻者提供了帮助。

- **思维定式**：网络管理员和网络防御者不会像进攻者那样思考。[3] 防御者愿意相信他们有一个安全的系统。网络搜集者更清楚这些。黑客的座右铭是"如果安全中存在一个漏洞，我们就会找到它"[4]。由于思维定式，防止受到攻击的电脑安全项目往往关注薄弱点，因为薄弱点比可能的威胁更容易想到。政府和私营公司极少对进攻者如何选

[1] Kevin G. Coleman, "Cyber Espionage Targets Sensitive Data," December 29, 2008, http://sip-trunking.tmcnet.com/topics/security/articles/47927-cyber-espionage-targets-sensitive-data.htm.

[2] Quoted in Kevin D. Mitnick and William L. Simon, *The Art of Intrusion* (Indianapolis: Wiley Publishing, 2005), 115.

[3] Quoted in Kevin D. Mitnick and William L. Simon, *The Art of Intrusion* (Indianapolis: Wiley Publishing, 2005), 43.

[4] Quoted in Kevin D. Mitnick and William L. Simon, *The Art of Intrusion* (Indianapolis:Wiley Publishing, 2005), 43.

择目标（电脑、网络、数据库）进行分析。另一方面，由于缺乏威胁方面的知识，公司和国家常常在不存在的威胁上耗费大量有用资源，仅仅因为它们体现出这种可能性。相反，由于防御者没有从进攻者角度进行威胁评估，在被攻击领域，防御者配置的资源很不充分。

- **复杂性**：大型软件项目和大型网络往往比小型、不复杂的网络存在更多的漏洞。此外，新的漏洞每天都在出现，这也是时间对进攻者有利的原因之一。系统硬件的不断变化，系统和应用软件的不断升级；补丁和更新的频繁安装；新产品的不断引进，例如即时通信、网络聊天和蓝牙，所有这些都为进攻者提供了一波波新的机会。糟糕的网络管理十分常见。设备不正确地连接网络，每次对系统的修正都制造了一个潜在漏洞。这些持续的变化，被前黑客、现电脑专家凯文·米特尼科（Kevin Mitnick）称之为“目标充裕的环境”。[1]

网络搜集主要分为两种类型：电脑网络利用（computer network exploitation，简称CNE），直接或间接地对某个电脑或内联网络（Intranet，一个私人维护的电脑网络，需要进入权限）的开发利用。以下段落将描述情报领域开发利用计算机系统和网络的常用技术。因为这是一个快速变化和高度技术性的领域，这些叙述仅仅是介绍性的，而且省略了一些比较尖端的搜集方法。

电脑网络利用 有许多方法可以利用目标网络。搜集者首先应该获取目标网络的进入权限，使用工具对其利用，然后消除行动的证据。搜集者可以利用网络中存在或者其供应链上提供的漏洞。它们可以伪装成授权用户进入目标网络，或者利用人力资产亲自接触该网络。一旦它们获得进入，它们会在软件中植入后门（backdoor）。植入的后门将会回传至控制的机构，允许搜集者从该网络获取信息。此过程可以分为以下四个步骤：

- **消极网络分析和勘察**（passive network analysis and mapping）：这包括对目标网络进行免入侵式探测，确定网络设备的存在，勘察其连

[1] Quoted in Kevin D.Mitnick and William L.Simon, *The Art of Intrusion* (Indianapolis:Wiley Publishing, 2005), 62.

接。在此步骤中，攻击者可以通过分析点滴迹象来了解该网络，并制作一个该系统的模型，就如情报分析人员需要做的一样。

- **漏洞扫描**（vulnerability scanning）：使用公开获得的密钥进行漏洞扫描，从而与目标网络及其组成部分取得联系。漏洞扫描可以以在线或者离线方式进行，它将使用许多顶尖黑客使用的工具。这包括一系列特殊的技术，这些技术的名字都是些外来词，如“Pinging”和“端口扫描”。
- **利用**（exploitation）：这一步骤即人们熟知的“hacking”（黑客攻击）。搜集者通过调查，建立与目标网络的联系，植入软件以便未来使用。多数植入软件被称为后门，这是一种软件代码，允许非授权进入一台计算机或者网络，在理想的状态下可以不被人发现。
- **持续搜集**（sustained collection）：利用后门，不断进入计算机或者网络，以获取有用的情报信息。

在最初的两个步骤——网络分析与勘察以及漏洞扫描——其成功的主要标准是不被发现。扫描软件尤其不能被侦测系统或者“嗅探者”（sniffers，软件或者人力管理员审查进入权限或者寻找入侵者）发现。这些探测系统对于进攻者的威胁正日益增加，以前嗅探者的存在相对容易识别，但是其他新式的嗅探软件则不易发现。一旦进攻者惊动了防御者，那么进入网络将变得十分困难。

后面两个步骤——利用以及持续搜集——需要攻击者植入后门，并保持其秘密存在。后门允许轻松持续进入计算机软件或运行系统。合法的后门，由系统开发人员安装，允许人员在任何时候都可以绕过安全程序进入系统，进行测试、系统升级或者解决问题。一般情况下，当系统处于操作状态时，这些后门会被删除。然而，后门可能会因操作失误或者为了能够继续维护而被打开。

最出名的后门存在于电影中。在电影《战争游戏》（*WarGames*）[1] 中，

---

[1] 该片由约翰·班德汉姆（John Badham）导演，1983 年上映，是一部反映冷战的美国科幻影片。——编注

主角是一名电脑黑客，他发现了一个名叫约书亚（Joshua）的后门，从而使其可以进入北美太空防御司令部（North American Aerospace Defense Command）的战略防御软件，开始进行一系列的活动。在这里，战争游戏变得如此现实。

后门可能是黑客进行商业计算机间谍活动所使用的最基本的工具。在较弱的防御系统中，一个后门可以使黑客无限制地访问系统中的数据。竞争对手可以通过后门一再获取有价值的公司私密信息。[1]

持续搜集可以使用一系列的工具，最著名的有四种：特洛伊木马、蠕虫、内核级后门及击键记录器。

- **特洛伊木马**（Trojan horse）：特洛伊木马是一种表面看起来无害的程序，而这个程序却隐藏了其主要目的——为了非法用途，渗透进用户计算机系统。操作系统软件和几乎任何应用软件程序包——屏幕保护程序、制表软件、文字处理程序、数据库管理系统——都可能是特洛伊木马的藏身之地。例如，隐藏在文字处理程序中的一个简单的特洛伊木马，就可以复制该程序保存的所有文件，并将其复制件存储在一个木马“主人”以后能够访问的位置上。另一种简单的特洛伊木马一旦被激活后，会一直处于等待状态，直到用户尝试退出。然后，它在保持用户在线的同时模拟一次真正的退出。当用户下次尝试登录时，特洛伊木马就为其主人捕获到该用户的密码，并模拟一次登录。
- **蠕虫**（worm）：特洛伊木马能做的事情，蠕虫大部分都可以做，它同时也可以做一些其他事情，比如安装后门。但与木马相比，蠕虫被设计为完全隐藏而不是伪装为无害程序。黑客可以利用蠕虫命令银行电脑转账给一个非法账户。蠕虫也可以用来将受控制的数据传送给非授权的接收方，这就是它们在网络搜集中的手法。
- **内核级后门**（rootkit）：这是一种恶意软件代码，被用来控制一台计

[1] John McAfee and Colin Haynes, *Computer Viruses, Worms, Data Diddlers, Killer Programs, and Other Threats to Your System* (New York: St. Martin’s Press, 1989), 79.

算机，同时规避探测。这一词汇来自 Unix 操作系统，用来表达对计算机行为进行基本控制。微软对应的解释为“管理员权限”。内核级后门常常隐藏在特洛伊木马中。

- **击键记录器**（keystroke logger 或 keylogger）：可以是基于几款硬件或者软件，其基本目的是捕获和记录击键行为。用于网络搜集时，他们特别注重捕获密码和加密的密钥。硬件型按键记录器常常大量存在于键盘中，要求可以接触到键盘上的某个点——而无线键盘的出现使攻击者可以在附近监视无线信号，搜集键盘记录。软件型击键记录器通常被植入计算机操作系统中。

全球计算机能力的扩散以及商业计算机间谍能力的发展，导致由政府、工业间谍和黑客进行的计算机网络利用活动迅速扩散。近十年来，商业计算机间谍活动持续增长，越来越难以将其与国家安全目标定位活动（national security targeting）区分开来。许多集团对搜集商业信息感兴趣，包括竞争对手、敌对情报机构、有组织犯罪集团以及恶作剧的人或者黑客。这些情报活动越来越多地得到政府的资助，而不是非政府组织的资助。

正如下面的例子所示，当一个黑客进入一个系统后，受害者通常不能确定攻击者的真正来源。

- 1988 年，天体物理学家克利福德 · 斯托尔（Clifford Stoll）在加利福尼亚州一家实验室担任计算机系统管理员。他注意到账单日志中有 75 美分的差错，并开始对日志进行调查，以纠正这个错误。斯托尔发现了不少误差，足以使他确信有人正在非法进入实验室的计算机系统。他最终追踪到一名黑客，这名黑客正试图进入涉及国家安全的美国计算机网络，并对 450 个系统发起攻击，已经攻入了其中大约 30 个。这名来自德国汉诺威、名叫马库斯 · 赫斯（Markus Hess）的 25 岁黑客和其他一些黑客，显然把他们的计算机技能提供给了苏联，而苏联则出钱购买他们所发现的信息。[1]

[1] Clifford Stoll, *The Cuckoo's Egg: Tracking a Spy Through the Maze of Computer Espionage* (NewYork: Simon and Schuster, 1989).

- 1999年和2000年，不明身份的黑客从美国国防部和洛斯—阿拉莫斯实验室与劳伦斯—利弗莫尔实验室的计算机上，下载了大量“敏感但非机密”的内部文件。这次行动被追踪至某个国家，而该国官员否认卷入其中，但侵入计算机的行动突然停止了。[1]

直接进入电脑或内部网络 攻击一个与互联网物理隔离的内联网，或者从不连接网络的计算机，需要使用不同类型的攻击方式。攻击者需要通过某些途径接触到计算机或者网络。一旦通过网络或光纤、电话或者其他设备获得接触，几乎所有的事情都可以实现。从防御者角度而言，游戏结束了，防御者已经输了。

一个最简单的目标就是用于旅行或者会议的个人笔记本电脑。在数分钟内，不受干扰地接触该笔记本，搜集者可以下载笔记本硬盘的资料。电脑或者任何电子存储设备——例如移动硬盘或者U盘——当它们跨境时都可以被依法检查，而且事实上也常这样。加密这些材料也不能提供保护。海关官员可以要求获得密钥，拒绝旅行者进入他们的国家，或者没收该电脑。在许多情况下，海关官员会寻找恐怖主义材料、黄色物品或者禁书。但是，拥有商业间谍名声的国家常对所获材料进行情报利用，获准进入个人笔记本，为进攻者提供了一次进攻的机会。如果估计此笔记本随后将接入一个内部网络，那么进攻者就会在其中植入一个后门。

如果这些电脑和内部网络从未离开一个安全场所，或者远程连接无法实现，那么就有必要采取行动来进入网络。此类情报手段包括物理接触或接近等任何计算机网络利用工具。在情报领域，这些被称为人力情报保障行动，在黑客世界，他们称之为“社会工程学”（social engineering）[2]，包括一些经典的秘密人力情报技术，如通过欺骗、贿赂或者招募机构中可信人员以及秘密进入等。人力情报支援的行动往往得益于人为的失误或者过

---

[1] *Association of Foreign Intelligence Officers (AFIO) Weekly Intelligence Note 36-02*, September 9, 2002; available from the association by contacting afio@afio.com.

[2] Quoted in Kevin D.Mitnick and William L.Simon, *The Art of Intrusion* (Indianapolis:Wiley Publishing, 2005), chap.10.

失，而复杂的内部网络常常易受人为失误和过失的影响。

即使人为进入受保护区域的外围也有助于直接进入或者实现“计算机网络利用”。此前提到的垃圾情报搜集技术（TRASHINT）往往是网络进攻的前提。我们常常可以在垃圾中获取网络信息、系统架构和密码。

搜集放射物（collecting emanation） 如果一个计算机或者网络没有连接网络，或者物理接触无法实现，那么进攻者可以使用短距离传感器来利用设备的放射物以获得情报。如果一台计算机或者一个内部网络组件释放出电磁信号，传感器可以靠近，以还原正在被处理的信息。电子信号和磁场信号可通过空间区域、电源线或其他传导途径放射出来。此前我们提到从无线键盘搜集击键放射物，但即便是传统的有线键盘也会释放损害性信号。

这种类型的技术搜集进攻行动的细节十分敏感，难以发现。这种攻击是高手之间的巅峰对决，需要大量人力情报支持。几年前美国政府试图通过加强防护来抵制对放射物的搜集，从而产生了一个相当规模的产业——TEMPEST[1]。TEMPEST 技术使用屏蔽以及其他电子技术，来减少电磁信号辐射，防止其被进攻者截获。

四、非文字情报

对非文字情报进行搜集和加工，有许多专业方法，其中大多数集中在特定类别的目标上，并提供具体的情报答案。多数方法要么采用新型传感器，要么以特别的方式处理常规传感器搜集的原始数据。在美国，许多这样的方法被结合在一起，归入“**测量与特征情报**”（MASINT）这个门类，这个门类包含了多种搜集与处理方法。其他方法则被称为图像情报或信号情报。专业化搜集方法范围很广，无法完整列出，而且这个领域也在不断

[1] TEMPEST（Transient Electromagnetic Pulse Emanation Surveillance Technology）技术是电磁环境安全防护（电磁安防）的一部分，包括对电磁泄漏信号中所携带的敏感信息进行分析、测试、接收、还原以及防护的一系列技术。——编注

发生变化。下面介绍其中一部分。

非文字情报搜集采用诸如雷达、射频天线、激光、被动式光电传感器、核辐射探测仪和地震或音响传感器等传感装置。这些装置可搜集诸如雷达横截面、辐射强度或温度可显示军事作战和战术特征的测量数据；评估导弹、飞机和推进系统的性能；监视研究、开发、试验和生产设施；以及了解文化与经济活动、环境影响和自然现象等。所采用的搜集传感器可以广泛地划分为遥感传感器和原位传感器（remote and in situ sensing），尽管有些传感器的界限很模糊。

遥测传感和原位传感

遥测传感经常被定义为：利用部分电磁频谱从卫星或飞机上了解地球表面。它还包括从地球上判断飞机或卫星。光学传感器在紫外线到红外线的各区间工作。雷达在微波和毫米波区间工作。

随着我们转向频谱中更高的频率，湿气、云层甚至黑暗往往都以减少传感器可接收的能量来降低传感器的有效性。对探测的可靠性而言，传感器应该在全天候的光照条件下工作。而且在更高的频率上，传感器的分辨率一般都会提高。良好的分辨率——传感器分辨小物体的能力——使得人们能够分辨出具体的车辆。而在低分辨率的情况下，物体是模糊的或无法辨别的。

相对于其他传感器，遥感传感器的主要优势是，它们可以快速覆盖地球上广大的区域。它们能做到这一点，因为它们有非常大的扫描宽度，使得传感器一次扫描就能搜索广大的地域。通常情况下，人们需要在扫描宽度与分辨率之间加以平衡。然而，扫描宽度大的传感器一般分辨率不高，而分辨率高的传感器一般具有较小的扫描宽度。

遥感传感器可分成两大类：主动式和被动式。主动式传感器（雷达）发射信号，然后截取从目标上反射回来的信号。被动式传感器利用自然辐射或采用一个替代照射源，如太阳。大多数被动式传感器在微波、毫米波和光学波段工作。地球资源探测中采用的大多数遥感传感器都可生成图像，但少数则不行。每一类别和每一频段都有独特的优势和劣势。每个类别又包括若干种具体传感器类型，同样是优势与劣势并存。

遥感有一种替代手段，即使用这样的装置，能够对直接围绕在传感器周围的媒介（空气、水、泥土）中的变化进行检测。这样的原位传感器对一个物体内部或附近的现象进行测量，并且通常探测出声响、电流、温度、污染、辐射或磁场。由侦察机携带在空中的空气采样设备，对大气层核试验的碎片进行探测，就是原位传感器的一个示例。遥测技术装备可从安装在航天器上的原位传感器提供有关辐射带的读数。这些传感器的数量和种类之多，使得对每一种传感器的技术细节进行讨论不切实际。

大多数原位传感器不具备遥感传感器的那种大范围搜索潜力。与安装在飞机或航天器上的传感器相比，它们要么搜索速度相对较低，要么搜索范围相对较小，或者两者兼而有之。因此，所有的原位传感器都有一定局限性，其覆盖的区域要小于遥控传感器所覆盖的区域。

原位传感器可以用来跟踪船只或潜艇。船只或潜艇航行时，会留下可显示其航迹的化学物质（trace chemical）。由于船体的腐蚀和生锈，金属不断地沉淀到水中。润滑油、从卫生水箱中冲出的废物、从潜艇的生命保障系统中排出的氢气——所有这些都沉积在船只的尾迹中。核电发电机中的中子辐射可导致海水发生可测变化。所有这些沾染物都会在海洋中留下一条“痕迹”，这种痕迹是可以用安装在跟踪船只或潜艇上的适当的传感器进行跟踪的。

由于世界范围内生物战或化学战恐怖主义的威胁日益增长，有两种原位传感器——生物传感器和化学传感器——变得更加突出。生物传感器可以分辨具体的病原体，如炭疽热和天花。化学传感器可以辨别出图 5–8 中所显示的所有化学战剂。

下文将简要介绍一些用于非文字情报搜集的最重要的传感器、它们的性能以及它们所搜集情报的使用。

图像及光谱传感

图像情报来源传统上被认为是可见光摄影——要么是用手持相机，要么是从飞机或航天器上拍摄。事实上，大多数图像都是这种类型。然而，雷达和红外频谱图像在情报中也变得越来越重要。

图像情报可以辨认出已部署的部队、试验设施以及执行演习或作战任务的参与者。与通信情报和人力情报结合，它可以确定研发设施的位置，提供在试验区使用设备的详细信息。当飞机和船只已经离开常驻基地、抵达集结整备基地或正在参加试验、作战演习或作战任务时，图像情报都可以为其他的情报搜集者提供线索，从而可以协调使用非图像情报搜集手段，如通信情报或专业化技术搜集，以覆盖这些活动。

商业图像情报——即政府或商业机构获得并销售给公众的图像——正在发挥着以前保留给政府情报机构的作用，其质量和可用性正在稳步提高。商业卫星图像越来越多地被视为公开文献。政府和商业公司知道它的存在、它的覆盖面及其质量。几乎任何人都可以出于任何目的购买它。因此，为了政府和非政府的一系列广泛情报用途而进行图像发掘，这种做法已经被人们接受。

实际上，这种图像——可见光的、雷达的和多频谱的——可以作为公开来源使用，而其质量之好，足以使许多情报应用受益。卫星图像的广泛可用性，产生了若干正面与负面的影响：

- 图像发现的秘密越来越少。图像的能力是众所周知的，各种类型图像卫星的数量正在稳步增加。因此，政府、恐怖组织和有组织犯罪集团正在将敏感活动越来越多地隐蔽在地下进行，采用藏匿和欺骗手段，或者安排好敏感活动的日程，以避开图像卫星。
- 广泛的可利用性或许也正在推动政府的图像情报进入新的技术领域或具有新的能力。政府可能会提高图像分辨率或改变其保密图像的性质，以避免重复那些可通过商业手段获得的图像。
- 从积极的方面说，商业图像可以在盟友之间共享而不会泄露图像来源和获取方法。

摄影与视频 近距离图像——手持相机和摄像机——在情报工作中发挥的作用经常被忽视，遥感技术尤其是卫星图像技术往往得到更多关注。然而，手持设备获得的图像在一系列广泛的情报活动中，仍然十分重要。手持设备获得的图像提供了关于工业产品的详细信息，从而能够对飞机、坦克、船舶和潜艇进行性能分析，并能对车载或机载仪器进行彻底评估。它对获取物体的大小和特征进行技术评估十分有用，也有助于为开展反情报和反毒品行动获取个人照片（罪犯照片）。视频对目标进行连续监视越来越重要，在分析外国领导人的心理，评估其行为时，他们的视频画面十分有用，在生物识别[1]中广泛使用，稍后本章将讨论这一点。

成像雷达（imaging radar） 当雷达安装到飞机或航天器上时，它可以快速地对地球表面大片区域进行搜索。微波雷达所采用的频率受水蒸气的影响不大，而且不会受到黑暗的影响，因此它们在夜间和大多数天气条件下工作良好。它们还有一个优势，即能够穿透植被和伪装网，有时甚至能够穿透表层的干燥土壤。它们可以穿透建筑物的非金属墙壁与屋顶。

机载或航天器载图像雷达几乎具有与可见光一样的探测与辨认目标的潜力。大多数这样的雷达被称为**合成孔径雷达**（synthetic aperture radars，简称 SARs）。它们利用行进中车辆的多普勒（运动）效应，使用一个小型天线，便可生成高分辨率的图像。雷达凭借天线发出的波束，照射到面向卫星或飞机平台的一块地面。随着合成孔径雷达扫过地面目标，从目标变化反射回来的雷达波频率就将下降，由于多普勒效应的结果，很像是火车通过时机车汽笛的音频（高度）一样。通过其信号处理器对这一变化进行跟踪，合成孔径雷达就能够建立一张目标图像。在一定限度内，若是天线的作用距离能够与飞机或航天器飞行的距离一样远，该图像就能够具有它

[1] biometric identification，指利用人体生物特征进行身份认证。它基于两个假设：(1) 人的生物特征是不相同的；(2) 可以测量或可自动识别和验证。人的生物特征包括生理特性或行为方式。生理特征有手形、指纹、脸形、虹膜、视网膜、脉搏、耳郭等，行为特征有签字、声音、按键力度等。——译注

应当具有的分辨率。优质的合成孔径雷达图像在商业上已经普遍可得。

光电成像（electro-optical imaging） 光电成像系统的吸引力在于它们可以覆盖地球表面广大的地域，其分辨率足以供图像判读。然而，它们的光学系统无法穿透云层、烟雾、尘雾或降雨。最初安装在航天飞行器上的成像传感器是使用胶片的照相机，而胶片可以通过脱离轨道的“胶片桶”返回地面。美国的 KH–4 科罗纳（CORONA）卫星就采用了一套这样的系统。今天，光电成像设备采用与数码相机很相似的阵列光敏探测器，并将图像传回地面站。

光电图像既可在可见光频谱范围内拍摄，也可在红外频谱范围内拍摄。红外图像采用的波长多少大于可见光波长，既可在白昼工作，也可在夜间工作。在接近可见光波长的波长上（称为**近红外**，near infrared），红外图像用可见光成像方式，依靠从地球表面反射的光线。采用这一近红外光的彩色红外图像，经常被称为**假彩色**（false-color）图像。正常情况下，红色的物体看起来成了绿色，绿色物体（植被除外）看起来是蓝色，而通常根本不可见的红外物体则看起来成了红色。植被研究非常依赖彩色红外图像。茂盛的绿色植被是红外辐射的一种非常强烈反射，而在彩色红外图像上看起来是鲜亮的红色。

辐射测定与光谱测定法（radiometry and spectrometry） 之前讨论的光电图像装置基于反射能量，常常借助于太阳。但是所有温度在绝对零度以上的物体都可发出射频能。在较长的波长上，远离可见光波长（远红外），图像是根据地球和地球上物体的热辐射而不是反射光形成的。在夜间探测车辆和电厂这样的人造物体时，远红外十分有用。

随着目标变得更热，放射的强度和频率就加大。非常热的物体在可视范围内发出辐射（如灯丝）。曾经目睹铁被加热到赤热或白热温度的人，都会注意到这一现象。

不同物体发出不同的辐射。岩石、土壤、海水和植被均有不同的放射样式。工厂或车辆工作时往往辐射更强。

辐射测量传感器利用这一现象，获得有关船只、飞机、导弹和环境

（自然背景）的信息。这些被动式传感器接收并记录物体自然发出的电磁能。辐射测量仪可记录加热物体在射频范围内放射的自然能。物体越热，它辐射的能量就越大，而一个优良的辐射测量仪可以检测出不到一摄氏度的温度变化。

辐射测量仪有两大类：微波和红外。对于接近室温的物体，通常使用微波辐射测量仪进行调查。如导弹尾焰和高爆武器与核爆炸这样较热的物体，往往在红外波段上使用辐射测量仪进行调查。

光谱图像（spectral imaging） 光谱图像包括光电图像和光谱测定，通过测量不同光谱段上所接收能量的密集度来获取额外的情报信息。多频谱和超频谱传感器利用从一个物体或特征的表面反射或发射出来的光来分辨该物体或特征。它们多数工作在红外频谱上，但也可能包括可见光频谱。多频谱图像（multispectral imagery）使得人们能够分析湿度样式并确定物体掩埋的位置。不同的表面特征显著地出现在多频谱成像仪的不同频段上。例如，如果选择适当的波长，多频谱图像可被用来探测像伪装、热辐射和有害废料这样的物体或特征。超频谱成像（hyperspectral imaging）采用的技术相同，但可以对更大数量（数以百计）的频段进行采样。一系列广泛的环境情报和农作物预测方法均采用了超频谱成像。探测化学武器或生物武器、评估轰炸对地下结构的毁坏、穿透植被探测部队与车辆，都是超频谱成像潜在用途的示例。

被动射频情报

正常的人类活动会释放出一系列射频（radiofrequency，简称 RF）信号，一些无意释放的信号具备情报价值。但有两类有意释放的信号，加上之前讨论过的通信信号，具有极高的情报价值。搜集和利用这些释放物被称为电子情报或外国仪器信号情报。

电子情报 电子情报是指对非通信信号进行遥感而获得的信息——包括由雷达、信标、干扰发射装置、导弹制导系统和测高仪发射的信号。尽管电子情报这个词的英文首字母缩写可能陌生，在美国这样的国家，它却广为使用。有些开车人用来探测警察的雷达探测器，就是一种电子情报装置。电子情报大致分为两类：技术电子情报（technical ELINT）和作战电子情报（operational ELINT）。

技术电子情报被用来评估雷达的功率与性能；判断建造雷达的技术水平；发现雷达存在的弱点，以帮助电子战设计人员解决弱点问题。技术电子情报搜集与处理，通常集中在已经被确认的信号上和对信号进行渐进式改进上。然而，电子情报搜集最优先的信号总是新的和未确认的信号，因为它们可能代表了最先进的能力。在试验中，新研发的雷达只进行短时间的辐射，而且只在据信被敌方拦截的可能性最低时才发出辐射。因此，被截收的时间短是这种雷达的最大优势。

作战电子情报主要是对从事战术情报工作的军事野战指挥官和执法官具有价值。作战电子情报涉及对已经部署的雷达进行定位并判断它们的工作状态。它是建立第 5 章中所讨论的地理空间情报模型的重要贡献者。持续跟踪船只、飞机或地对空导弹部队所携带的雷达，就可准确地指出它们的位置。在现代战争中，作战电子情报广泛用于锁定空袭目标和确定威胁雷达的位置，从而使袭击的飞机能够避开雷达控制的防空体系。

作战电子情报还可以利用雷达信号的小颗粒特征，识别和跟踪特定的雷达。这一方法被称为**特定辐射源识别**（specific emitter identification）或**指纹采集**（fingerprinting），因为正如没有两个完全相同的指纹一样，没有任何两部雷达具有相同的信号参数，即使它们的其他物理参数可能相同。

外国仪器信号情报（FISINT） 正在进行测试的运载工具，如导弹、飞机，甚至农用拖拉机和推土设备，都携带被称为**换能器**的装置，用以监控压力、温度和子系统的性能。该装置的读数通常被记录在案，以供后来实验室分析之用。有些运载工具的记录仪无法在灾难性的失败（如飞机失事）中保存下来，或无法对记录仪进行恢复（如导弹和卫星），在这样的情况下，就可将读数通过无线电传回地面站。这种传输被称为**遥测技术**。这种用于情报目的的搜集活动，被称为外国仪器信号情报搜集。

像导弹和卫星这样复杂昂贵的系统，装有大量需要传递的仪表读数，而为每个读数建立一个独立的传输链接是不切实际的。因此，遥测技术系统在一个称为**多路复用传输**（multiplexing for transmission）的过程中，将来自各种读数的信号综合起来，使用一个统一的发射器进行传输。每个信号占用多路复用传输系统中的一个“信道”。在接收端，各信道进行分隔(多路分解)，并被发送到单独的显示器或记录仪上。

对被拦截的遥测技术进行判读是十分困难的，部分原因是缩放比例的问题。负责使用仪器的工程师知道他们所收到的读数的缩放比例，以及遥测技术的哪个信道来自哪台仪器。信号拦截方经常必须从外部证据中推断仪器的性质和读数的缩放比例，从而将读数与飞机或导弹的高度或速度这样的外部要素联系在一起。

由于遥测技术涉及信息的主动发送，因此对它的截取可以被认为是通信情报的一部分。但由于需要对其结果进行大量的处理、利用和释读，因此，它通常被视为非文字情报的一部分。

意外释放的射频情报（unintentional RF emission） 各种设备，如内燃机、发电机、开关，都可发出射频能。这些发射信号一般十分微弱，但敏感的设备可以探测到，并确定发射体的位置，或利用发射特有的“特征”来识别目标。除了高度敏感的接收设备外，处理人员还需要高度先进的信号处理设备，用以处理意外辐射信号并从中获得有用的情报。

特殊的装备部件经常可以通过其独特的射频特征加以识别。例如，监督射频辐射样式，可以判断某工厂建筑物内正在进行的生产项目及其生产率。

另外，因为目标上的活动部分会对附近的射频信号进行调制，所以有时可以利用有意发出辐射信号来获得目标特征。例如，安装在一架飞机上的雷达或无线电的信号将被飞机的螺旋桨或喷气涡轮叶片所调制。这种调制虽然微弱，但能够分辨出飞机的类型和具体的飞机。其概念类似于利用微波或激光照射一个物体，并随着音频的振动接收到谈话，而音频振动就调制了信号。

雷达情报

传统上雷达可用来对太空中的目标进行定位和跟踪。有一种特别的雷达探测通常被称为**雷达情报**（radar intelligence，简称 RADINT），它利用雷达搜集各种雷达目标的实际特征与能力。雷达目标已经包括卫星、导弹、舰船、飞机和战场车辆。雷达情报可生成目标图像，确定其雷达横截面，识别和区别各种目标，精确地测量组件，推测目标及其组件的运行和测量目标的雷达反射与吸收特征。雷达反射波可用来重新构造导弹的弹道，并对导弹再入飞行器（missile reentry vehicle）本身的细节与形状进行传送。

图6–3 航天飞机的雷达图像

来源：《用于卫星图像的FGAN跟踪与摄像图像雷达》，美国科学家联盟，太空政策计划，军事太空项目，2008年12月18日。www.fas.org/spp/military/program/track/fgan.pdf.

几十年来，美国和其他国家已经采用高分辨率微波雷达对目标进行远程识别。与光学成像装置相比，这样的雷达在飞机或太空物体识别方面具有特别优势。微波雷达能够在很长的大气路径或那些令光学系统无能为力的云层或天气条件下工作。另外，这种雷达提供了各种丰富的波形和相关的处理方法，这些可用于建立卫星和飞机运行的图像并观察其运行。图

6–3 显示的是利用这种方法生成的一架航天飞机的雷达图像。雷达成像的质量并不能与光学成像媲美。生成该图像，需要解读和了解卫星或飞机是如何设计的。图 6–3 中的图像顶部和底部的物体是航天飞机的机翼，机头在左侧。

地球物理与核情报

地球物理情报（geophysical intelligence）涉及搜集、处理和利用透过地球（土地、水或大气）进行发射的各种环境干扰。磁感应技术可以通过车辆和船只或潜艇给地球磁场造成的微弱变化，探测到它们的存在或运动。安装在飞机上的地磁仪已被用来探测进行短距离下潜的潜艇（大概几百米）。

声波的意外放射或调制（声能）可以提供与射频能同样类别的情报。这种意外放射情报的专业化领域被称为**音测情报**（ACINT，水下声音）或**声测情报**（ACOUSTINT，空气中的声音）。在声音能够传出很远的环境中，声能搜集效果最好，就像水下声音那样。使用被动声呐获得潜艇特征是众所周知的做法。潜艇的涡轮、推进器和其他艇上机械都会产生噪声，这种噪声可以被发现，并用于对水下数公里远的目标进行识别。

与声测情报密切相关的是地震情报（seismic intelligence），即对透过地球的地震波进行测量，而地震波是由于出现重大扰动而引起的，如地下或水下爆炸。如果在全球部署许多合适的原位传感器，信号分析人员就可通过比较信号抵达每个传感器的时间来确定这种爆炸来源的位置。

所有的核反应都会放射各种粒子和波——伽马射线、X 射线、中子、电子或离子。地面或大气层核爆炸的辐射最强，而核动力反应堆也一样。辐射的强度和类型使人们能够确定辐射源的特征。人们已经开发了大量核辐射探测仪，有些能够在相当远的距离上对隐蔽的核装置进行探测，而且有些相当小，只有一粒衬衫纽扣的大小。

物料和材料搜集

物料和材料搜集（materiel and materials collection）严重依赖于人力情报手段，因为通常要运用人力资源秘密获取。尽管两个词听起来如此相似，但它们是不同的，区别就在于所搜集物质或物体的性质。材料情报（materials intelligence）包括对微量元素、微粒物质、废水、遗骸的搜集与分析。这些物质通过一系列的工业程序被排放到空气、水和土壤中。而物料（materiel）则是指一个组织或机构使用过的设备、仪器和其他替代品。物料和材料搜集的共同点是都需要进一步挖掘，借以产生有用的情报。

进行核生化武器、工厂生产和环境问题分析时，材料情报十分重要。它早已用于执法活动，而其最早的实施者之一是一个虚构的人物：夏洛克·福尔摩斯。正如他谦虚承认的那样，他能够"看一眼雪茄或烟草的灰烬就可分辨出任何一种已知的品牌"[1]。

物料获取（materiel acquisition）在商业情报中早已运用。在整个有记载的历史上，制造商都在获取竞争对手的产品样本，作为制定销售策略的组成部分进行评估，模仿好的想法，甚至改变设计。小亚细亚的赫梯人是物料获取行动的早期目标。在铜器时代，中东人从赫梯人那里获得了铁制武器。[2] 许多商业公司（例如所有汽车制造商）购买其对手的新产品以用于评估。

苏联情报人员非常善于秘密获取。有一次，他们在一种新型 IBM 计算机正式上市之前，就获得了一台这样的计算机。然而，结果一定是让苏联人不那么满意，因为在他们随后接触的 IBM 销售或维修人员中，没有人知道如何操作那台计算机。

物料获取也可以通过特种作战行动完成。最著名的物料获取行动之一

---

[1] Sir Arthur Conan Doyle, "A Study in Scarlet," in *The Complete Sherlock Holmes* (London: Hamlyn, 1984), 26.

[2] University of California at Davis, Department of Geology, "The Age of Iron," March 22, 2003,www.geology.ucdavis.edu/~GEL115/115CH5.html.

是第二次世界大战中发生的突袭布鲁纳瓦尔（Bruneval）。[1]1941 年秋季，英国皇家空军情报处助理处长琼斯博士瞄准了德国一种新型防空火控雷达，据信该雷达的发射频率为 570 MHz。一位英勇的英国侦察机飞行员最终带回了一张位于法国布鲁纳瓦尔附近的新雷达照片。英国人很快注意到它的位置离海岸只有不到两百码的距离。他们决定组织一次突袭，以获得有关该雷达的详细信息，为此组建了一个伞兵连进行空降突击。海军突击的风险太大，因为布鲁纳瓦尔周围的山崖太高。但是，他们集结了一支轻型海军部队，以接应突击队后撤。与此同时，琼斯已经查明德国雷达的名称——**维尔兹堡**（Würzburg）——但仍然无法确定该雷达就是 570 MHz 信号的来源。

琼斯向他挑选的物料获取小组——皇家工程兵和一位雷达机械师——详细说明了需要取回的那些部件。这些部件包括雷达抛物面天线反射镜使用的馈接天线，它将确定雷达的工作频率；接收器和显示设备，它们将表明是否存在任何抗干扰电路；发射器会揭示德国生成 570 MHz 信号所使用的技术。如果可能，必须俘获两名雷达操作手，以便审问他们雷达是如何工作的。最后，如果设备无法被取下，那么要带回标签和检验印记，因为它们可以提供宝贵的背景信息。

这个代号为“咬痛行动”（Operation Biting）的突袭发生在 1942 年 2 月 27 日夜间。这是一次完胜。对布鲁纳瓦尔进行突击的部队在取得雷达接收器、调制器和发射器以及馈接单元后成功撤离。他们把这些部件从天线上锯了下来，带回的东西正是琼斯所需要的，但只俘获了一名雷达操作手。[2] 凭借从这次袭击中所获得的情况，英国人能够成功地制定出针对乌尔兹堡雷达的反制措施。

布鲁纳瓦尔袭击之所以取得成功，因为英国人就像冷战期间的苏联人那样，十分清楚他们需要什么。物料获取小组包括一位分析专家，紧密地介入行动的每一步。从那时起，在物料获取方面的大多数成功案例，离不开掌握

---

[1] 关于这个真实间谍的详细情况，参见：Alfred Price，*Instruments of Darkness* (London: William Kimber, 1967), 80–87。

[2] Alfred Price, *Instruments of Darkness* (London: William Kimber, 1967), 80–87.

了专门分析技能、目标明确的获取小组。当物料获取人员与分析人员脱节，不了解他们要获取什么，或者为什么要获取这些东西，行动就会失败。

最昂贵的一次物料获取行动可能要算**“格洛玛探测者”**号（Glomar Explorer）对沉没的苏联潜艇的打捞。1968 年 4 月，一艘苏联“海狼级”潜艇在夏威夷西北部巡逻时爆炸，沉入 17,000 英尺[1]深的海中，艇上 90 人全部随潜艇沉没。苏联救生船只不能定位沉没潜艇的位置，但美国海军利用其更加先进的搜索装备，准确地定位了潜艇的位置。就在此刻，美国中情局介入，建议对该潜艇进行打捞。据说这就是代号为“詹尼弗”（Jennifer）的项目的开始。

中情局与霍华德·休斯（Howard Hughes）的速马公司（Summa Corporation）签订合同，建造一艘 620 英尺长、配备大型吊杆式起重设备的深海打捞船，另外建造一艘配套的驳船，用于在潜艇被打捞出水后将其隐藏起来。“格洛玛探测者”号以深海采矿的名义进行建造，于 1973 年完工，耗资 2 亿美元。

1974 年 7 月和 8 月期间，“格洛玛探测者”号确定了潜艇的位置并开始打捞作业。潜艇被绳索缠绕起来，绞盘开始缓慢将其拖向驳船。在潜艇被打捞到半道时，艇体破裂，三分之二的艇身重新下沉，消失在海底。剩下三分之一的艇体被打捞出来，从中挖掘出了宝贵的情报。但是，人们苦心追寻的猎物——密码本与核弹头——据说弄丢了。[2]

虽然“詹尼弗项目”没有取得完全成功，但它说明了成功的搜集行动需要把创新和采取意想不到的行动结合起来。美国的情报搜集唯一最大的资源——也可能是它对其他情报机构唯一的最大优势——就是美国人的创新能力和不可预测性。在物料获取方面，就像在一般的人力情报工作中一样，美国情报官员十分依赖其在先进技术搜集方面的优势，努力做着其他情报机构不可想象或不能做的事情。当然，美国的情报搜集机构也已经冒

[1] 1 英尺约为 0.3 米。——编注

[2] “Project Jennifer,” March 22, 2003, http://web.ukonline.co.uk/aj.cashmore/.features/articles/jennifer-text.html.

了更多的风险，而且为此陷入更多的麻烦。

生物测量技术

生物测量技术就是使用人的身体特征或个人特点进行人的识别。它当前的流行程度使人误以为这就是它的时代。摩尔斯式电码操作员早就能够通过其他操作员键入密码的**指法**（fist，被称为笔迹）而辨认出他们。数码指纹和声波纹在人员识别中已经使用多年，而它们的应用正在增加。虹膜和视网膜扫描、手形以及键盘击键用力等是新的生物测量技术。

今天，生物测量面部识别技术可能是发展最快的生物测量技术领域。面部识别使用相机图像，测量面部不同点——嘴角、鼻孔、眼角——之间的距离和角度，以生成在对一群人扫描就可识别出来的“面纹”(faceprint)。当前，生物测量面部识别技术在全球被用来控制进入各种设施、计算机、赌场和在边界过境点的路径等。[1]

五、小结

传统的美国情报搜集分类法之所以得以创立，既有历史先例方面的原因，也有官僚机构的理由。它将情报搜集分为开源情报、信号情报、图像情报、人力情报和测量与特征情报。本章对情报来源提出了一种不同的观点，这种观点与情报分析人员更为相关。这种观点根据所生产的情报的性质将来源分为文字型情报与非文字情报。文字情报来源包括公开来源、通信情报、人力情报及网络搜集。非文字情报来源涉及几种新型和备受关注的搜集技术，它们重点依赖处理、利用和释读等手段，以把材料转换成有

[1] John D. Woodward Jr., “Super Bowl Surveillance: Facing Up to Biometrics,” *Intelligencer: Journal of U.S. Intelligence Studies* (Summer 2001): 37.

用情报。

在合成目标模型的信息搜集中，分析人员首先从更容易得到和更廉价的来源（内部文件和公开来源的材料）着手，然后转向比较秘密且昂贵的来源（人力情报、通信情报和图像情报）。

公开来源的材料或许是最宝贵的情报来源，但经常最容易被看重秘密信息的政府情报机构所忽视。传统上，公开来源的信息指的是可以公开获得的已出版材料——报纸、书籍和杂志。它正越来越多地包括因特网和商业上可获得的图像来源。

人力情报包括秘密来源（传统间谍）和联络手段（与其他情报机构或非政府组织共享）。它还包括从移民和叛逃人员身上获取信息。套取是从谈话中获得关于某个主题的信息，最好是在提供者不知情的情况下进行，这种做法已在政府和商业情报中广为使用。

通信情报是对对手的通信进行截获、处理和报告。它包括窃听器和传统的“麦克风加导线”，也包括搜集声音、数据和传真通信的先进技术。

网络搜集分为两种类型：网络攻击，主要使用互联网；对电脑和内部网络进行直接攻击，通常依赖人力情报的支援。这些攻击可由政府实施，也可由个人或私人实体实施。他们都使用被称为“黑客”的技术，从电脑和网络中获取情报。

非文字情报搜集主要依赖（但不仅仅依靠）遥控感知，其中最著名的是图像情报，包括近距离图像——既有静止的图片，也有视频——和远程探测（从数英里到数千英里不等）。它覆盖整个电磁波谱，包括雷达、红外和可见光谱图像。如多频谱和超频谱成像这样的更新的技术使用有关目标频谱特征的信息，以获得用其他方法无法获得的东西。

电子情报可能是使用最广泛的被动射频情报，它主要支持军事和执法活动，通常被划分为最常见的战术电子情报，以及用来评估雷达性能的技术电子情报。遥测技术搜集，也称为外国仪器信号情报搜集，被用来评估飞机和导弹性能以及飞船的运行状态。主动射频情报被称为雷达情报，被用于获取飞机和空间飞行器的详细信号。

为满足特殊的情报需求，今天有一系列复杂的技术搜集方法。它们包括地理空间情报（包括声音、次声、磁场感知）以及核情报（依赖于感知微粒的释放与核反应所释放出的电磁能量）。物料和材料搜集（获取和利用设备或者材料样品）是一种古老但仍广泛使用的搜集技术。现代的法医鉴定设备能够让我们从细小的样品中获得有价值的情报。最后，生物测定技术被情报、安全和执法部门所使用，私人机构如赌场，也用其来认证相关个人。

下一章我们将转向如何评估通过这些来源搜集的信息，以及如何将信息充实到目标模型，对这个话题的讨论将贯穿本书。

[第 7 章]

评估和整理数据

什么是真相？

——庞蒂斯 · 彼拉特（Pontius Pilate）

大多数情报综合涉及使用前一章讨论的各种数据源，在目标模型中积累数据或建立数据关系。在情报流程中，这一步骤经常被称为**整理**（collation）：根据情报的来源和背景，以条理分明的方式对相关信息进行组织。它包括评估信息的相关性、可信性和可推断力，并将其纳入目标模型。

这里介绍的整理概念将在后续章节中进一步展开讨论。这个过程一般从建立第 5 章中介绍的那种模型模板或模板集（template set）开始。接下来的任务是把相关信息填入各个模板。我们以复数的形式谈谈模板（templates），因为我们处理复杂问题最终要使用多种模板——既有第 3 章中讨论的各种附带模型，也有各种备选模型。正如戴维 · 斯查姆（David Schum）曾经指出："在事实调查中产生新思想，通常取决于以不同的方式安排或排列我们的想法与证据。"[1] 为了做到这一点，我们需要建立多种备选模型。

本章叙述如何建立证据的可信性，并继续讨论广泛使用的将证据综合

[1] David A. Schum, "On the Properties, Uses, Discovery, and Marshaling of Evidence in Intelligence Analysis," lecture to the SRS Intelligence Analysis Seminar, Tucson, Ariz., February 15, 2001.

起来的非正式的方法，然后介绍结构性论证方法（威格摩尔证据图示法和贝叶斯分析法）。许多其他结构性论证方法也用于预测：在第 10 章中涉及情景想定（scenario），在第 11 章中讨论各种影响网络（influence net）和影响图表（influence diagram）。

一、评估证据

评估证据的根本问题是判断其可信性，这最终需要分析人员自己做出主观判断（上一章中包括了一些关于可靠性的有用见解，见有关通信情报和人力情报的分析陷阱的段落）。

权衡证据包含三个步骤：(A) 评估情报来源；(B) 评估传递信息的通信渠道；(C) 评估证据本身。通信渠道经常被忽视，但我们将要看到，它是研究可靠性的一个至关重要的部分。

评估过程的核心是一个最古老的分析原理，即“奥卡姆剃刀原理”[1]（Occam's Razor）。这个名称来自奥卡姆的威廉，他曾说过：“杀鸡用牛刀是愚蠢之举。”[2] 在现代英语中，我们将此称为“KISS”原则（Keep It Simple, Stupid！）——搞简单点，笨蛋！举个最常见的例子，当某个电气设备出现故障，人们建议采取的第一个标准步骤往往是：看看电源插头是

[1] 由 14 世纪逻辑学家、圣方济各会修士奥卡姆的威廉（William of Occam，约 1285 年至 1347 年，有时写作 William Occam，据说出生在英格兰一个叫奥卡姆的村庄）提出。他说：“切勿浪费较多东西，去做‘用较少的东西，同样可以做好的事情’。”“奥卡姆剃刀”常用于两种假说的取舍上：如果对于同一现象有两种不同的假说，我们应该采取比较简单的那一种。对于科学家，“奥卡姆剃刀原理”还有一种更为常见的表述形式：当你有两个处于竞争地位的理论能得出同样的结论，那么简单的那个更好。这一表述也有一种更为常见的形式：如果你有两个原理，它们都能解释观测到的事实，那么你应该使用简单的那个，直到发现更多的证据。对于现象最简单的解释往往比较复杂的解释更正确。如果你有两个类似的解决方案，选择最简单的。——译注

[2] Bertrand Russell, *A History of Western Philosophy* (New York: Simon and Schuster, 1945), 472.

否插上。“奥卡姆剃刀原理”并不是一条万无一失的原则。有时，对事实的正确解释是非常复杂或令人费解的。常规思维（conventional wisdom）经常是错误的，这种可能性对于反情报工作（尤其是拒止和欺骗）来说近乎肯定，对此即便是科学也无法否认。然而，如果分析人员选择性地抛弃不便的事实，他们可以使数据适应几乎任何想要的结论。因此，剃刀原理是分析人员“工具箱”中的一件宝贝（分析原则 7–1）。

分析原则 7–1

奥卡姆剃刀原理

以尽可能少的假设解释你观察到的情况。换句话说，选择适用于眼前事实的最简单解释。

评估来源

不要接受任何表面看似有价值的东西。对证据来源进行仔细评估，并当心提供者提供信息的动机。评估来源要回答以下三个问题：

- 来源有提供信息的能力吗？（对所提供的信息很有见识）
- 来源具备获取该信息所需的途径吗？
- 来源具有既得利益或偏见吗？

人力情报手段将这一过程称为判定人力来源的**诚意**（bona fides）。即使处理的情报资源不是来源于人力情报，分析人员也必须思考这三个的问题。

能力（competence） 英美司法系统对能力问题有很好的界定：人类具有感知事物的能力，如果这种能力没有丧失，他 / 她就有权描述自己所感知的一切。但如果要在司法系统中对这种感知做进一步解读，那么除了做这种解读的专家，普通人是不被允许的。

对来源进行评估的人员必须采用同样的标准。在原始情报报告（raw intelligence report) 中，既有线人所观察到的情况，又有线人的推断。始终要提出这样的疑问，即得出这个结论的依据是什么？如果得不出满意的答案，那么使用线人的结论就要谨慎或根本不要采用。

一个谈论机载拦截雷达性能的雷达专家是可信的，如果他进而叙述飞机的性能，那么他就相当的不可信。评估一个国家通胀前景的经济学家或许具有可信度，但如果他/她进而评估通货膨胀可能产生的政治影响，那么就值得怀疑。

途径（access） 通常情况下，人们会想当然地认为线人具有接触情报的途径，因而并不把途径问题当回事。然而，当有理由对线人表示怀疑时，就应当对线人进行核查，他或许并不拥有其所宣称的途径。

在司法审讯中，辩护人员在“证人盘问”环节通常要质询证据的来源途径。1858 年发生的所谓“年历审判”（Almanac Trial）是比较著名的案例之一。此案辩护人亚伯拉罕 · 林肯（Abraham Lincoln）在“证人盘问”环节表现堪称经典。被告人达夫 · 阿姆斯特朗（Duff Armstrong）被控谋杀。他的父亲——林肯的老朋友——在临死前将他托付给了林肯，希望林肯担任其辩护人。林肯为他做了一个有力而巧妙的辩护，并最终取得成功。审判的亮点是，林肯借助年历证实一位控方证人不可信。该证人宣称自己清楚地目睹了谋杀，因为当时月亮高挂在天空（视线良好）。而年历表明，当时的月亮应该是在地平线以下。证人获取证据的途径，即他能够看到谋杀的可能性，因此受到质疑。[1]

途径是评估线人的关键。当中情局的分析人员起草关于伊拉克可能存在大规模杀伤性武器的《国家情报评估》时，代号“曲线球”的线人（此人现在已声名狼藉）提供了内容详细、技术准确的情报，这一情报还被另一线人的报告所证实，因而分析人员对其确信无疑。但是，中情局的一位情报组长（group chief）指出，那些确凿的信息只是肯定了“曲线球”曾经到过一个指定的地点，并不能肯定他对那里正在进行的生物战活动有任何掌握。[2]

---

[1] John Evangelist Walsh, *Moonlight: Abraham Lincoln and the Almanac Trial* (New York: St. Martin’s Press, 2000).

[2] *Report of the Commission on the Intelligence Capabilities of the United States Regarding Weapons of Mass Destruction,* March 31, 2005, www.wmd.gov/report/wmd_report.pdf, 97.

既得利益或偏见（vested interest or bias） 在人力情报中，分析人员偶尔会遇到“职业情报商”(professional source)，这些人把信息卖给尽可能多的出价人。他们中最笨拙的人都知道，信息越能激起客户兴趣，自己赚到的钱就越多，因而他们具有把信息变得尽可能有趣的动机。

政府组织中的正式报告也有类似的既得利益问题。对这类信息要有所怀疑，不能仅仅由于其来源可靠就自然而然地相信它。在此类报告中，很少会有明显的谎言，但政府官员偶尔会歪曲或隐瞒事实，以支持他们的政治立场或保护他们的个人利益。长久以来，美国研究人员一直就其对外交往问题，向政府情报机构提供歪曲信息。通常的做法是夸大其国外同行工作的重要性，以此为自己的工作争取更多投资。一份报告不会因为它出自本国公民之手就变得更加真实。在运用比较性模型和分析方法（基准点测试）时，既得利益与偏见也是分析人员同专家们打交道中经常遇到的问题(见第 5 章和第 14 章)。

在对各种系统或技术进行比较时，通常是根据己方的试验与评估项目中的衡量标准，将系统或技术性能与对目标系统性能的判断和数据加以比较。在评估采用高级技术的系统时，测试与评估十分重要，因为许多方法在理论上行得通，但在实践上却行不通。

然而，情报机构在利用上级（或国家）的测试和评估结果时面临一个问题，因为许多结果已经被弄得失真。有些测试是虚假的，有些则包含着曲解或省略了关键的要点。诚实、客观的测试很少。之所以存在这个问题，原因很多：测试有时是为了证明或推翻一种先入之见，因此无意间就有了倾向性。有些测试是假测试，因为不这样做就无法掩饰某一系统的弱点或无效性，或者，某项采购决策需要这个测试结果。

尽管绝大多数案例可能决不会被发现，历史上仍存在着关于这个问题的诸多案例。第 12 章将会讲到的威廉 · 西姆斯（William Sims）向海军建议使用“连续目标射击系统”的案例中，美国海军对所提议的射击方法进行了测试，但该测试旨在证实“这种方法无效”的先入之见，而不是真的要对这一概念进行测试。二战期间，英德两国都曾为证明某一观点进行过测试。[1] 另一个典型案例是几年前在美国一个军用试验场进行的电子战试验。一台机载干扰器没有按预期的那样，对一种特别的目标跟踪雷达实施干扰。调查发现该雷达事实上已被干扰，但雷达站人员却使用第二部雷达对干扰飞机进行跟踪，而这第二部雷达不应当是试验的组成部分。

除了认识到你自己的组织（或国家）的测试结果可能被弄得失真之外，你还必须清楚，目标组织可能出于同样的原因对试验进行歪曲或造假。仅仅依赖试验报告是不明智的，有必要对测试本身进行监督。在分析任何测试或评估结果时，首先要问两个问题：

- 进行测试的组织对结果存在重大的利害关系吗（例如，万一测试出现负面结果，存在着项目被取消的危险，或该组织希望从正面的结果中获利）？
- 已报告的结果支持该组织的立场或利益吗?

如果对这两个问题的答案是肯定的，那么接受测试结果时就得小心。在制药行业，为使某种药物获得药监部门的审批，欺骗性的测试非常常见。[2] 在其他行业，结果可能也是类似。

当情报搜集集中于某个特定问题时，一种不同类别的偏见就会出现。这种偏见来自这样的事实，即当你在情报界寻找某种东西时，你总能找到你想找的东西，无论它是否存在。在 2003 年以前对伊拉克的可疑化学设施进行研究时，分析人员就从图像报告中得出结论，认为这些设施内的活动等级已经提高，但这种提高可能只是图像搜集活动增多造成的结果。[3]

本节介绍了关于来源可信度的高层次观点。戴维 · 斯查姆和乔恩 · 莫里斯（Jon Morris）的专著对这一课题有更为详细的论述（侧重人力情报领域）。[4] 他

---

[1] Alfred Price, *Instruments of Darkness* (London: William Kimber, 1967).

[2] John Braithwaite, *Corporate Crime in the Pharmaceutical Industry* (London: Routledge and Kegan Paul, 1984).

[3] *Report of the Commission on the Intelligence Capabilities of the United States Regarding Weapons of Mass Destruction,* March 31, 2005, www.wmd.gov/report/wmd_report.pdf, 125.

[4] David A. Schum and Jon R. Morris, "Assessing the Competence and Credibility of Human Sources of Intelligence Evidence: Contributions from Law and Probability," *Law, Probability and Risk*, 6 (March/December 2007): 247–274.

们设置了 4 大类共 25 个问题：来源能力、真实性、客观性和观察灵敏性。他们的问题涵盖了我们本节讨论的能力、途径、既得利益或偏见，且更为详细。

评估通信渠道

评估证据的第二个基本原则是对传递证据的通信渠道加以分析。在大型情报系统中，情报搜集需求必须通过某一官僚机构传递给负责需求分配的官员，如国别情报主管、野战情报军官、通信情报或人力情报的业务主管等，然后传递给某一间谍，而回馈则通过报告渠道传回。这一过程中，信息决不可予以扭曲，而进行完全没有曲解的信息传递几乎不太可能。在物理学上，信息传递过程中的曲解情况可以用热力学第二定律来解释（见分析原则 7–2）。将该定律与情报领域的要素进行匹配性修改，结论是：任何通过通信系统传递的信息，其准确性随着联系环节的长度和中间节点的增多而下降。

> 分析原则 7–2
>
> **热力学第二定律**
>
> 热力学第二定律可以用多种方式表述。最简单的两种（等价的）表述是：
>
> ——没有任何物理过程是完全可逆的过程。不存在永恒运动的事物。
>
> ——熵永远随着时间增长。这也可以表述为“物理系统中的随机程度总是在增长”。

同样的原则也适用于通信工程。克劳德 · 香农（Claude Shannon）在他的通信理论说明中对此做了叙述。[1] 正如热量总是散发的，而熵（无序性、

[1] Claude E. Shannon, *The Mathematical Theory of Communication* (Urbana: University of Illinois Press, 1963).

随机性）在增长一样，在一个数字化通信线路上也是如此，最初清晰的脉冲会随着距离增加而逐渐失去形状，并消失在噪声之中，如图 7–1 所示。

正如使用香农的通信理论分析电子通信渠道的情况一样，情报通信渠道中的某些节点比其他节点可产生更多的“噪声”。沿着嘈杂和扭曲的频道传输下来的通信脉冲会失去其形状，并最终在噪声中消失。信号会完全消失，或出现错误的信号。

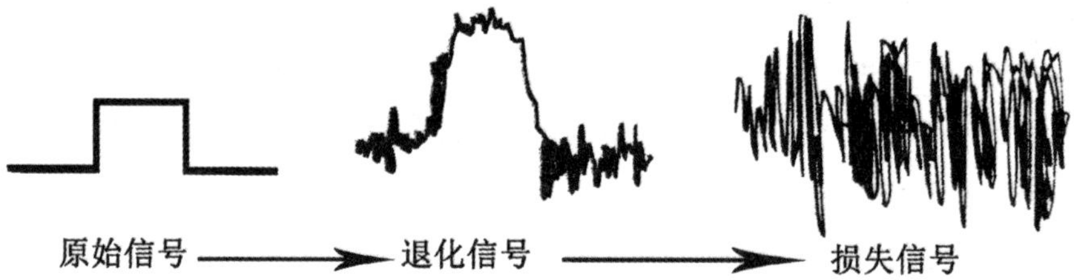

熵（无序、随机）恒增加

图 7–1　通信渠道上熵的影响

同样的通信问题可在各种组织中出现。大型复杂系统往往具有更多的熵现象。该结果经常被描述为大型组织内的“通信不畅”问题，而其影响可以在第 13 章将要讨论的大型项目曲线中看到。在人力通信的漫长链条上，图 7–1 中显示的过程相当于最初传递的信息最终变成比谣言好不了多少的信息。

在商业情报界，分析人员使用**主要来源**（primary source）和**次要来源**（secondary source）这两个不同术语来肯定通信渠道的重要性。主要来源是指第一手信息，通过与消息来源直接讨论或其他互动而获取；次要来源是指通过中间环节（如一本出版物或在线网络）所了解到的信息。这种划分降低了可靠性的许多等级，而国家情报组织一般都不采用这种主要 / 次要来源的划分方法。有些国家情报搜集组织采用**附带**（collateral）一词，用以称谓从其他搜集者那里获得的情报，但它与商业情报中使用的**主要**和**次要**的意思不同。

但是，主要 / 次要划分和附带证据划分都不实用，更为重要的是看看通信渠道本身。要对通信渠道发问：过去怎么样？这条信息是有意提供的吗？如果是，其中哪一部分是真实的？该信息或信号是一种欺骗，是用来向对手发出的吗？如果是向对手发出的信息或信号，那么信息内容是什么？为什么要发出这条信息？

正如在司法诉讼程序中采用的一样，“传闻证据禁用”规则是对香农理论和人力事务中熵现象的一种认可。根据“传闻证据禁用”规则，证人不能以一个人说过的话证明其所说的话是真实的。在法庭看来，信息经历的中间节点太多就会变得无法相信。熵现象影响某些情报的可信性，而可信性的下降与中间经过的节点数量直接成正比。

熵现象在情报领域还有另一种影响。即通常情况下，“*X* 是一种可能性”的情报断言，在经历一定时间和通过不同的通信渠道后就变成“*X* 可能是真实的”，然后变成“*X* 很可能就是事实”，最后在没有一丝新证据来支持这个断言的情况下，就变成“*X* 就是事实”。在情报领域，我们把这种现象称为“渐趋合理性”（creeping validity）。“伊拉克大规模杀伤性武器委员会”的报告认为，“伊拉克已经藏有大规模杀伤性武器”这种假设随着时间的推移变成了一种看法，最终成了一种不可辩驳的结论。[1] 报告认为这是一个主要的分析失误。

我们在前面讨论了情报来源（线人）的偏见。偏见也可以成为通信渠道中的一个问题。多年前，美国一个情报组织幸运地得到一个对某高度机密的外国军事设施进行窃听的装置。但该装置声音非常微弱，而且讲的是外语。人们几乎无法分辨出这是人在讲话。然而，一位听力极强的翻译写出了内容。这份情报既让人兴奋，又让人不安，但最终仍有多份报告被送到政府高层。

翻译出来的材料非常好（事实上是太好了），但技术上前后矛盾。调查发现那名翻译不是在翻译，而是出于丰富的想象力和对动态情报重要性的某些了解，完全编造了那份材料。报告被撤了回来，那位翻译被解雇。

[1] *Report of the Commission on the Intelligence Capabilities of the United States Regarding Weapons of Mass Destruction,* March 31, 2005, www.wmd.gov/report/wmd_report.pdf, 10, 49.

在撤回报告时，我们就学到情报工作的另一条基本原则：想让用户读到报告，最可靠的办法就是撤回报告。

这个例子为我们提供了两条教训：第一，如果通信渠道中的来源或个人想通过提供有趣的材料获得什么，那就要保持警惕。在本例中，那位翻译获得了认可和晋升。第二，能激发兴趣的情报更有可能被采用。在本例中，这个教训来自用户。他们觉得这些报告非常有趣，并具有刺激性，因而多年一直引用。当被告知报告无效时，他们典型的反应是："哎呀，它们应该是有效的呀！"

评估证据的可信性

如前所述，证明证据的主要依据是可信性（credibility）、可靠性（reliability）和可推断力（inferential force）。**可信性**是指我们对某事、某物可以相信的程度。**可靠性**是指可论证性或可复制性。**可推断力**指的是证据对支持某项结论所具有的分量或价值。确凿证据的可信性取决于它的真实性、准确性和可靠性。证言证据的可信性取决于证人的诚实性、客观性（和记忆力）以及观察的敏锐性。[1]

美国政府的情报机构已经提出了一套区分不同等级的情报可信性的定义：

- **事实**（fact）：经过核实的信息，已知存在或已发生的事情。
- **信息**（information）：有关某个情报问题的报告、研究和反映的内容，它有助于评估某件事情成为事实的可能性，并因此减少不确定性。
- **直接信息**（direct information）：由于来源（图像、截取和观察）的性质而可以被考虑是事实的信息。
- **间接信息**（indirect information）：可能是或可能不是事实的信息，因为对信息源的可靠性存在某些怀疑、提供人缺少直接途径或信息内

[1] David A. Schum, "On the Properties, Uses, Discovery, and Marshaling of Evidence in Intelligence Analysis," lecture to the SRS Intelligence Analysis Seminar, Tucson, Ariz., February 15, 2001.

容（从秘密来源得到的传闻、外国政府的报告或当地媒体的描述）具有复杂（非具体）性质。[1]

这种划分听起来类似于商业情报中采用的主要 / 次要来源的划分。它低估了这样的现实：情报具有一系列的可信性（a continuum of credibility）；像信号或图像这样的直接信息可能因为拒止和欺骗而具有误导性或虚假性。

评估证据时，通常的办法是提出三个问题。这三个问题可以在美国法庭证人的宣誓誓词中找到。这三个问题是：

- 它是真实的吗？
- 它反映了全部真相吗？
- 它的确是真实的吗？（它是相关的还是显著的？）

它是真实的吗？ 证据是事实还是观点（别人的分析）？如果是观点，对其正确性提出质疑，除非提供人能够提出证据来证明它。

它与其他证据相符合吗？证据的关联（符合的程度）最好在综合阶段进行。从不同搜集来源获得的数据在综合起来使用时最有价值。将许多来源的数据结合起来所产生的综合作用，既可加强结论，又可提升分析人员对结论的信心。

- 人力情报和通信情报数据可与电子情报数据结合在一起，以形成一幅更加完整的雷达图像。
- 人力情报和开源情报经常整合在一起，以便更加全面地了解人、项目、产品、设施和研究细节。这是判读通信情报和图像情报数据极好的背景信息。
- 在测试期间，使用专业化技术搜集手段搜集的环境条件的数据，可以与在同一测试期间获得的电子情报与通信情报数据一起使用，以便对主动传感器系统的能力进行评估。
- 最初可以通过人力情报、通信情报或公开来源等手段对研究组织及其关键的科学家或研究人员进行鉴定。一旦通过一种情报手段完成

[1] "The Skills of an Intelligence Analyst," North Carolina Wesleyan College, March 29, 2003, http//faculty.ncwc.edu/toconnor/392/spy/analskills.htm.

对某组织或个人的鉴定，其他手段通常可提供广泛的补充信息。

- 对通信情报数据进行成功的分析，可能需要将通信情报的原始数据与外部信息（如电子情报和图像情报）或与对作战行动或技术实践相关的信息联系起来。

20 世纪 60 年代至 80 年代期间，美国情报机构对苏联弹道导弹性能所做的评估堪称情报综合的一个最佳示例。为了查验对导弹重量和大小做出的各种假设，他们将卫星摄影同遥测技术进行比较。导弹在发射台上的照片可用来为遥测技术搜集装置提供预警。对导弹推进阶段的雷达跟踪可以与遥测装置一起进行反复核查，以确定导弹推进器的性能，而对再入大气层飞行器进行同样的反复核查，也可用来对再入大气层飞行器的大小和重量进行更加自信的评估。[1]

它反映了全部真相吗？回答这个问题，需要对来源进行分析。在人力情报中，这意味着需要对线人的情报历史或心理状况等情况进行研究。（线人是个口无遮拦者？是个阴谋家？还是一贯坦白正直的人？）对于我们打交道的人，我们根据第一印象或其声望之类的信息，为其形成特定的形象。有时我们需要更多的信息，例如其心理状况。

情况不全所产生的误导，就像彻头彻尾的谎言一样。在冷战期间，苏联导弹制导与控制专家定期拜访他们的美国同行，目的是进行一些非正式的情报套取。为了提防苏联人即将进行的另一次访问，美国情报组织与一位重要的美国专家合作，在这位专家的办公室挂了一幅高度精确的新型导弹制导系统的精制显示图。苏联客人对这项新技术印象深刻，整个访问都集中在制导系统的细节上，以及它是如何生产的。美国专家没有提到的是，为了使该系统运转起来，必须用机器加工一些组件，而加工的精度无论美国还是苏联都达不到。这是一个失败的设计，但是起初问题并不明显，直到苏联人花去许多时间和大量金钱去复制它，才发现它是一个骗局，正如我们后来听到的那样。那位美国专家没有说谎，他只是省略了一

[1] John Prados, *The Soviet Estimate* (Princeton: Princeton University Press, 1987), 203.

个关键的事实。

它的确是真实的吗？ 在这一点上，花一点时间对数据和证据加以区分是值得的。只有在与手边的难题或问题相关时，数据才会成为证据。相关的简单标准就是该材料是否影响对目标进行假设的可能性。它有助于回答已经提出的问题吗？或者，它对回答应该提出的问题有帮助吗？用户在他们初步的或初始的咨询中，很少透露他们真正想要知道什么——这是让他们进入以目标为中心的流程的另一个原因。

医生经常碰到相关的问题。他们必须对各种证据（症状和检查结果）进行综合以做出诊断，这是确定病人当前状态的一种模型。当医生必须处置同时具有两种病状的病人时，他们遇到严重的难题。有些症状与一种病理有关，而有些症状则与另一种病理相关。如果医生试图将所有症状用于一种诊断，那么他或她往往就会误诊。对一个只需处理几种症状的医生而言，这一问题已然变得棘手。而在通常情况下，情报分析人员需要处理大量数据，其中许多是毫不相关的。因此对于情报分析人员来说，情况更糟糕。

举一个简单的例子。假设意大利那不勒斯港口当局在码头上一个货物集装箱内，发现一批武器和爆炸装置。后来的通信情报报告表明，在发现这批非法货物的当天，一个众所周知的恐怖组织的六名成员在那不勒斯港口一家咖啡馆会面。分析人员可能倾向于将这两个事实放在同一个目标模型中，模拟预定的恐怖活动，但这两个事实可能毫不相关。

将证据纳入模型时存在的一个相反的问题是丢弃相关证据。要避免仅仅因为证据看起来不适合模型就将其丢弃。不合常规的情况可能表明模型出了问题或另外一个模型更加合适。换句话说，就像得两种病的病人一样，应把证据分割开，并将其纳入两个不同的模型。

评估证据的陷阱

在评估证据时，至少要避免七种陷阱。

1. 倚重直观　一般来说，进行情报沟通的渠道应该尽量短，但一个短渠道在什么时候会成为问题呢？如果渠道过短，结果就是倚重直观证据——直接经历的证据最令人信服（“眼见为实”）。用户最看重他们自己搜集的证据——这对高级行政管理人员来说是危险的陷阱，他们反复陷入其中，并越来越容易受到欺骗。坚强和富有活力的领导人尤其如此：富兰克林·罗斯福（Franklin Roosevelt）、温斯顿·丘吉尔（Winston Churchill）和亨利·基辛格（Henry Kissigner）都是不定期自己搜集和分析情报的政治家的典范，但其结果有时却十分不幸。据迈克尔·赫尔曼（Michael Herman）讲，二战期间丘吉尔阅读了经过破译的德军元帅埃尔温·隆美尔（Erwin Rommel）的电报，并据此得出结论：德国人在北非急缺物资。依据其本人对这种原始通信情报信息的解读，丘吉尔命令英国驻北非的将领向隆美尔发起攻势。任一情报分析人员都知道：为了达到要求补给和增援的目的，隆美尔一贯喜欢夸大短缺。[1] 这一事实却偏偏被丘吉尔忽略了。

通过表象判断证据存在危险，然而我们还在继续这样做。在各种形式的证据中，统计文本最缺少说服力，其次是抽象（概括性）文本。具体（特定的、有针对性的、示范性的）文本比较具有说服力，如图像或视频这样直观的证据最具有说服力。当然，直观性对于分析人员是有用的。他可以利用某种证据的说服力更加有效地展示其结论。

直观证据可以产生强大冲击力，这方面有一个案例，就是 2002 年 2 月《华尔街日报》记者丹尼尔·珀尔（Daniel Pearl）在巴基斯坦被谋杀一案。珀尔被谋杀和斩首的录像带引发了公众强烈的反应。有时，直观证据会对决策者产生过度的影响。

2. 依赖来源 分析人员最难以避免的陷阱之一是根据来源评估证据。人力情报的特工们一再重视通过秘密来源（杰出间谍）获得的信息，而不重视从难民、移民和叛逃者那里获取的信息。通过昂贵的置入式电话窃听装置获得的通信情报，比从高频无线电通信中（几乎任何人都可以监听）搜集的情报更受重视（并被加上密级）。然而，最常见的陷阱是低估公开来源材料

[1] Michael Herman, *Intelligence Power in Peace and War* (Cambridge: Cambridge University Press, 1996), 96.

的重要性。由于随时都可以得到，因此公开来源的材料被认为价值最小。很好地使用公开来源对分析技能提出极高的要求，但它能够给那些有耐心掌握它的人带来高额回报。搜集人员可能会犯将来源与重要性等同起来这样的错误。在花费大笔预算搜集到一批材料后，他们可能认为所搜集材料的价值可以用搜集成本来衡量。称职的分析人员不应该犯这种错误。

3. 喜新厌旧 分析人员往往最看重最近获得的证据。我们前面讨论热力学第二定律在情报工作中的应用时，已经说明了这样做的危险性。正如图 7–1 描述的那样，信息的价值或一份报告赋予信息的权重，往往随着时间的推移而下降。最新的情报往往清新、明了并为分析人员所关注。它经常比那些只能通过远程电话传递的模糊、易忘却可能更加重要的信息更受重视。分析人员须牢记这种倾向性并对其加以弥补。有时，回顾原始（旧的）情报、重新阅读，使其保持新鲜感，对分析工作很有益处。

4. 偏爱或轻视未知 当没有什么信息或根本就没有任何信息可用于支持或反对每一种答案时，大多数分析人员发现很难决定给这些答案多大的重视。在缺少证据时，有些分析人员对某个答案过于重视，而有些则过于轻视。中情局前分析专家小理查兹 · J. 霍耶尔（Richards J. Heuer, Jr.）在两组汽车机械师的例子中谈到了这个“缺少证据”问题。这些机械师都发有一张选项表，列举了汽车发动不起来的原因，最后一项选择是“其他原因”。机械师们被告知要对每条导致失败的原因评估出百分比，但其中一组机械师的选项表上一些选项被删去。机械师们倾向于对表上列出的原因进行评估，而对“其他原因”类则重视不够。[1]

5. 采信传闻 人力情报的主要问题是，它属于传闻证据。如前所述，法庭早已对传闻证据不予采信，其理由很充分，其中就包括“证据来源和证据搜集人员可能具有偏见”。证据来源可能有意歪曲事实或错报，因为他们希望对政策产生影响或提高他们在搜集人员心目中的价值。另外，分析人员不掌握来源和搜集人之间对话的非语言细节——环境、背景、面部

---

[1] Richards J. Heuer, Jr., *Psychology of Intelligence Analysis* (Washington, D.C.: Center for the Study of Intelligence, Central Intelligence Agency, 1999), 119.

表情和肢体动作，这不利于其判断真假。本章前面讲到的“曲棍球”一案中，传闻证据的问题导致了严重的后果。如果美国分析人员之前能够在审讯中亲眼看看“曲棍球”的举止，相信他们会对他的报告持完全不同的态度。

像人力情报一样，通信情报也是传闻证据，其原因有二：第一，通信情报报告中包含大量翻译，而对谈话内容进行笔头或口头翻译的通信情报分析人员也许不能客观地做到这一点。与人力情报来源一样，通信情报分析人员知道，令人兴奋或刺激性的报告比平庸的报告更有可能被发表。第二，有些通信情报目标知道他们已被监听，因而故意利用情报搜集人员作为传递信息的一种渠道。情报分析人员不得不使用传闻证据，但必须对其进行相应的评估。

6. 迷信专家　专家意见经常被当作分析数据进行判断的工具。任何国家的情报界都必须经常依靠本国主要的科学家、经济学家、政治学家和社会学家深入研究国外的发展情况。这些专家能够、也的确做出了宝贵的贡献，人们也曾呼吁美国情报界更多援引外部专家的意见。[1] 但这些专家经常不能完全保持客观。从专家那里，分析人员不仅仅得到他们的专业知识，伴随而来的还有他们的偏见——专家们所具有的钻研精神和自负，使得分析人员相信解决问题只有一种正确方法（即专家的方法）。英国反情报官员彼得 · 赖特（Peter Wright）曾经评论道：“在重大问题上，专家们很少是正确的。”[2] 专家的不可靠性在许多案例中都有体现。他们在指出逻辑缺陷方面是能够发挥作用的，他们对外国政治、社会和经济形势的理解通常也优于情报人员。但研究表明，专家在预测方面甚至不如一个简单的统计模型。[3]

分析人员和人力情报搜集人员都有与专家尤其科学家打交道的长期经历。这些专家为了进一步开展自己的研究，在有关国外发展情况的报告中

---

[1] William J. Lahneman, *The Future of Intelligence Analysis*, Center for International and Security Studies at Maryland, vol. I (March 10, 2006): iii.

[2] Peter Wright, *Spycatcher* (New York: Viking Penguin, 1987), 12.

[3] Rob Johnson, *Analytic Culture in the U.S. Intelligence Community* (Washington, D.C.: Center for the Study of Intelligence, Central Intelligence Agency, 2005), 64.

经常言过其实。在情报机构咨询过的专家中，不少人都对曾经夸大报告感到内疚。当专家作为评估人员时，就会出现同样的问题。分析人员应该把专家的意见当作人力情报来处理，当专家发表极其积极的评论（“国外的这种发展真是天才之作！”）或极其消极的评论（“根本就做不到！”）时，应当小心。

消极评论往往源于“无能原则”，这是我们在第 6 章介绍过的英国情报官员 R. V. 琼斯所说的。专家判定做某事不可能，要比判定做某事可能更加自信。做出这样的判断后，出于“一旦得出结论就难以做出改变”这一原因，专家总是极力为此辩，这与分析人员如出一辙（分析原则 7–3）。

分析原则 7–3

无能原则

物理学中有一个常用概念，即众所周知的“基本极限”：人既无法以高于光速的速度运动，也无法将物体的温度降至绝对零度。R. V. 琼斯将这一基本原理形容为“无能原则”，并指出它们对科学专家构成了特别的威胁。在尝试过某项试验或研制失败后，专家强烈地希望采用无能原则，并说：“根本就做不到！”

琼斯在任职期间，遇到过好几起体现“无能原则”的例子，如“不可能制造出防弹燃料箱”“不可能在厘米波段（3, 000 MHz 以上）上生成无线电波”“光导材料不能用于探测两微米以上的波长”等。[1] 所有这些“不可能”后来均变成了现实。

1943 年至 1944 年间，从对佩内明德的德国火箭试验中心拍摄的航空照片中，人们发现一枚长约 45 英尺、直径 6 英尺的火箭。与二战中许多其他有趣的分析问题一样，这个问题由琼斯负责解决。

[1] R. V. Jones, “Scientific Intelligence,” *Research* 9 (September 1956): 350.

当时的英国专家只熟悉那种在一个钢制容器内燃烧无烟火药的火箭。简单的计算表明，一枚具有那种尺寸、燃烧无烟火药的火箭要重达 80 吨，须携带数十吨重的弹头才合算。对于英国内阁来说，像火车头一样重的火箭，携带着数十吨高爆炸药，落到伦敦市内，这种景象骇人听闻（他们认为根本不可能）。

1944 年 6 月，一枚 V–2 火箭坠落在瑞典，英国情报官趁机对其碎片进行了分析。分析报告称，这种火箭以两种液体作为燃料，其中一种是液态氧。根据这一证据，琼斯对大量有关德国火箭的相互冲突的人力情报报告进行了筛选，选出提到液态氧的五份报告。这五份报告均认为火箭可以不那么重，原因是箭体和弹头的重量都很轻。随后，在英国火箭专家的反对声中，琼斯向英国战争内阁提交了正确的报告：V–2 火箭重 12 吨，携带一枚 1 吨重的弹头。[1]

尽管专家们经常让我们陷入迷茫，但从总体上看他们的贡献是积极的。有人说，专家不容易受骗。一位作者说过："一位专家很难长时间地欺骗另一位专家。"[2] 按这种观点，有了专家的帮助，骗局更容易被戳穿。这也许是真的。也有人说，就像情报官一样，专家尤其是科学家，没有在思想上做好应对欺骗的准备。有些专家十分"幼稚"，更容易受骗上当。还有一个问题，正如我们在"无能原则"中讲到的，在没有得到对手任何帮助的情况下，专家经常容易自己欺骗自己。

改变使用专家意见的方法，就是一种尝试避免上述问题的方式。利用专家组进行分析判断，是致力于达成结论或对复杂的跨学科数据进行梳理的一种常见的办法。然而，这种专家组取得的结果最多是喜忧参半。中情局某办公室前主任曾评论说："由著名科学家组成的专家组通常毫无用处。专家组成员很少愿意花时间研究大有用途的数据。"[3] 专家组得出结论的质

[1] R. V. Jones, "Scientific Intelligence," *Research* 9 (September 1956): 350.

[2] Roy Godson, *Intelligence Requirements for the 1990s* (Lanham, Md.: Lexington Books, 1989), 17.

[3] David S. Brandwein, "Maxims for Analysts," *Studies in Intelligence* 22 (Winter 1978): 31–35.

量取决于各种可变因素，如：

- 专家组的专长。
- 专家组生产高质量产品的动机。
- 专家组对问题所涉领域的了解。
- 专家组的团队工作效率。

以目标为中心的方法所具有的一个重大优势是，它使得获取专家意见的过程正式化。它还让自己随时采用像德尔菲法（Delphi Method）这样的方法，以避免小组出现消极动力。德尔菲法是一种旨在消除传统专家组的某些不足，帮助专家组形成一致意见的系统性方法。它采用匿名输入，以便从专家最初分歧颇大的意见中获得一种客观的一致意见。德尔菲法的一个目标是鼓励而不是压制各种冲突的或分歧的观点——具体地说，制定各种备选目标模型。参与者解释他们的观点，而其他人则在不考虑参与者个性、地位和辩论技巧（对会议具有影响的）的情况下，对他们的解释进行审查。通过将以下两个独立版块（任何评估都会涉及这两个版块）汇集在一起，德尔菲法可促使专家达成一致意见：

- 专家提供的信息或情况。
- 合理的判断、分析和推理。

尽管使用德尔菲法的某位参与者最初可能对某个特定问题了解不多，但他仍然可以就其他人提出的信息和论点做出判断、分析和推理。

当采用专家组时，为了使情况输入更加有效，也可使用其他方法。总之，每当进行协同性分析时，这些方法都可运用，这与采用以目标为中心的方法一样。

如果是集体进行分析，而且是定性分析，那么必须事先确定一种方法，将各种意见结合在一起，这种方法必须得到参与者的赞许。分析可能像列出一份所有参与者的意见清单那样简单，也可能复杂到缩小各种意见分歧并形成一种综合意见的程度。如果是进行定量分析，那么必须确定是取所有参与者表决意见的平均值，还是要求集体达成一致意见。

在参与分析的人员中，经常包括来自不同组织的人员，他们的观点和专业水平各不相同。因此，在确定表决方式时，必须考虑到每位表决者的专业水平。但是，给予那些比较了解情况的表决者更大的表决权，这在政治上很少能行得通。寻求表决者的一致意见则确实可行。当众公布投票情况，然后根据投票情况确定一个中间数或方式。如果表决看起来很分散，调解人可进行干预，要求支持或反对意见的表决者们相互解释自己的立场。在许多情况下，造成意见两极分化的原因是知识的差异。

7. 过早下结论和哲学倾向性 在引言中，我们讨论了过早下结论造成的各种不当。过早下结论违背了合理的解题程序的若干原则，尤其是在还没有获得所有相关数据之前就做出评估与判断的原则。单一渠道和全源分析人员都可能掉入过早下结论的陷阱。电子情报分析人员、通信情报分析人员和图像情报分析人员也经常因过于关注对某次截取效果、某幅图像或某个测量与指征情报的解释，而排除其他一切。

过早下结论被描述为“肯定性结论”(affirming conclusion)。这种描述基于以下判断：与修改或推翻现有信念相比，人们更倾向于坚持它或证实它。过早下结论还被描述为“一旦情报界对其既定框架充满信心，那么这种框架下形成的结论注定是被不加批判地认做‘已证实’”。[1] 这一结论已在实践中被反复论证。

过早下结论，其主要危险并不在于人们会因为证据不全而做出错误的评估，而是当形势在迅速变化，或当一次重大的前所未有的事件发生时，分析人员受困于已经做出的判断，这才是更大的危险。他或她更可能错过各种变化的征兆，更难修正最初的判断，就像古巴导弹危机中的情报分析人员一样。

情报成功的事例很少成为头条新闻，而情报失误倒会上头条。古巴导弹危机是个例外。在这次危机中，美国情报部门获得信息，并做出了有助于决策者及时采取行动的判断，从而使情况大不一样。若不是结论形成后难以改变，以及经常忽视高喊“狼来了”的古巴难民，这些评估本可以在

[1] Matthew Herbert, “The Intelligence Analyst as Epistemologist,” *International Journal of Intelligence and Counterintelligence*, 19 (June 2006): 678.

更早些时候做出。

在 1962 年之前的一段时间里，古巴难民涌进西方情报组织、大使馆和报社，他们提供了各种有关古巴藏有导弹的报告。情报分析人员听到的误报太多了，以至于 1962 年当有关苏联在古巴部署中程弹道导弹的难民报告开始涌入中情局和国防情报局时，情报人员对其置之不理。只有在从几个独立来源获得的证据（包括照片证据和船运模式的证据）分量开始增加时，情报界的这种集体心态才有可能改变。[1]

古巴导弹危机展开的方式说明了一个问题：预期的情况不适用于事实。普林斯顿大学教授克劳斯 · 诺尔（Klaus Knorr）将其描述为“哲学倾向性”（philosophical predisposition）问题。[2]1962 年以前，苏联人从未在其直接控制区域以外部署过核武器，因而美国分析人员认为他们不会在古巴部署装有核弹头的导弹。与这种看法相矛盾的信息一概遭到忽视。正是由于这种“不支持现有看法的证据一概忽略”的倾向，欺骗的各种反情报伎俩任意肆虐（我们将在第 9 章讨论这一话题）。此外，一旦情报机构做出肯定的判断，它在未来的判断中就会有一种嗜好，即忽略或搪塞那些与这种判断相冲突的信息。如果相互对立的一方能够使另一方做出错误的初始判断，拒止与欺骗就成功了。

“伊拉克大规模杀伤性武器委员会”的报告提到了堪称过早下结论的“教科书式案例”。伊拉克当时努力获得供其“美杜莎（Medusa）火箭使用的铝管，而一位中情局官员建议设法了解这种火箭的精确尺寸，以便判断这些铝管是否真的用于火箭。但分析人员早已经断定伊拉克是在为气体离心机（gas centrifuge）获取铝管，以支持其核武器计划，中情局因而拒绝了这一要求。[3]

---

[1] John Prados, *The Soviet Estimate* (Princeton:Princeton University Press, 1987), 133.

[2] Klaus Knorr, "Failures in National Intelligence Estimates: The Case of the Cuban Missiles," *World Politics* 16 (April 1964): 455–467.

[3] *Report of the Commission on the Intelligence Capabilities of the United States Regarding Weapons of Mass Destruction,* March 31, 2005, www.wmd.gov/report/wmd_report.pdf, 68.

幸运的是，我们有若干种方法帮助防止过早下结论，并克服在审查数据时出现哲学倾向性偏见问题。我们将在本章后面部分讨论备选模型时专门讨论这个问题。了解将不同类别的证据综合在一起的方法是有帮助的。

二、综合证据

为了从证据中得出结论，分析人员必须对证据进行某种评估，对证据支持什么样的结论和支持到何种程度做出判断。大多数情况下，对大部分分析人员来说，这是一种定性判断，需要综合各种不同类别的证据。

趋同证据与趋异证据

如果一项证据支持一种结论，而另一项证据支持另一种不同的结论，那么这两项证据就是冲突的，它们是趋异证据。如果两项证据支持同一结论，它们就是趋同证据。

例如，人力情报来源通过电报报告说，中国货船“江湾”（Kiang Kwan）号已经离开上海驶向印度洋。有关无线电通信情报报告称，该船的目的地是哥伦比亚。船只很少从上海经印度洋驶往哥伦比亚，因此这两份报告指向了两个不同的结论：它们是趋异的。请注意，这两项趋异证据可能都是真实的（例如，该船可能在印度洋一个港口进行中途停靠），它们只是简单地导致不同的结论。前面提到过的伊拉克采购与其“美杜莎”火箭尺寸相符的铝管的证据，与铝管将被用于制造气体离心机的结论是不同的，但这两种结论都可能是真的。伊拉克人可能同时为这两种用途采购铝管。

对比之下，如果两项证据在逻辑上是对立的，那么它们是**矛盾的**。一份通信情报报告称“江湾”号于昨天18时离开上海；而一份人力情报报告说该船今天上午在新加坡。考虑到港口之间的距离和商船的最大速度，其中只有一份报告是真实的。

冗余证据

趋同证据也可以是冗余的。理解证据冗余的概念，有助于理解它在通信理论中的重要性。信息通过若干个不同渠道传递到分析人员手中。它经常是不完整的，有时是以混乱不清的形式抵达的。正如分析原则 7–2 所阐述的那样，熵在任何信息渠道上都会不断累加。在通信理论中，考察冗余性是提高信息准确传递能力的一种方法。

冗余证据（或是重复证据）分为确证性冗余（corroborative redundancy）和累积性冗余（cumulative redundancy）。在这两类证据中，证据通过分量的累积，加强了某一给定的结论。我们以一个简单的例子来说明两者的不同。

确证性冗余 一位跟踪武器交易网络的分析人员接到两份报告。一份通信情报表明，一艘载有一批武器的中国货船将于 6 月 13 日抵达南纬 5 度 48 分、东经 39 度 52 分，将武器转交给另一艘小船。一份独立的人力情报报告称，中国货船“江湾”号将于 6 月 13 日在奔巴岛以南进行武器交付。两份报告都讲了同一件事情。快速查找地图后发现，这个坐标位于坦桑尼亚沿海的奔巴岛附近。因此，第二份报告没有任何新信息(除了船名之外)。第二份报告的价值在于确认了目的，并帮助验证这两个信息来源的可靠。

在通信理论中，一个类似的情形可能会发生在嘈杂的电传渠道。当人们处理的仅仅是文本时，电文差错并不令人担心，因为文本本身具有冗余性。如果发出的电文是“中国货船将前往会合”，而接受方收到的电文错了其中的一个字，那么这条电文尽管有错，但或许还能理解。然而，会合的地点坐标本身就没有什么冗余性了。某些冗余性的确在地理坐标中存在——一条包含有“南纬 5 度 88 分”的电文显然存在着错误，因为在经纬度中从来不会超过 59 分。然而，正确的纬度应该是多少，这一点仍不清楚。在这种电文中，如果存在一个混乱的可能性，那么通常的做法是以字母形式将数字拼写出来或重复数字，或者甚至重复整条电文。也就是说，电文发送方通过确证性冗余，确保电文接收方收到的是正确的坐标数字。

累积性冗余　现在，假设在上例中报告的是人力情报，称一艘中国货船于 5 月 21 日装载着运往坦桑尼亚的 AK–47 步枪和弹药离开上海港。该报告没有重复那份通信情报报告中包含的信息，但它增加了两份报告的可信性。而且，它可导致就有关武器交易性质做出更详细的结论。

在本例中，第二份报告为第一份报告增加了累积性冗余。结果是，两份报告的价值均得以提升，做出的评估也比只收到一份报告更加完善。

三、结构性论证

前面一节讨论了进行证据综合的定性和直观的方法。进行证据综合，显示基于证据并通过仔细论证得出结论的逻辑过程十分重要。[1] 进行这种论证的正式过程被称为**结构性论证**（structured argumentation）。

通过各种正式图表或数字应用进行证据综合，是耗费时间的过程，在情报分析中运用得并不广泛，通常只有在用户要求的情况下，才采用此类方法。用户要求使用它们，可能是因为该问题特别重要，或因为用户希望对推理过程加以分析，或因为与每个备选方案有关的确切可能性对用户十分重要。威格摩尔图示法（Wigmore's Charting Method）和贝叶斯分析法（Bayesian Analysis）是两种常见的结构性论证方法。

威格摩尔图示法

约翰 · 亨利 · 威格摩尔（John Henry Wigmore，1863—1943）曾任美国西北大学法学院院长，《威格摩尔论证据》（*Wigmore on Evidence*）十卷论

[1] David A. Schum, *The Evidential Foundations of Probabilistic Reasoning* (Evanston: Northwestern University Press, 1994), 161.

文集的作者。在该论文集中，他定义了一些对有争议的事实进行理性调查的原则，并界定了一些方法，以根据那些事实进行严格分析，对推论进行可能排序。[1]

威格摩尔提出，结构性论证可使论证中的重要步骤公开和透明，因此也使人们更易于判断其合理性和佐证价值。[2] 我们的论证可能带有偏见，有时也不符合逻辑，要让我们意识到这种内在的倾向，一个最好的方法，就是使用威格摩尔方法对大量的证据进行分析。

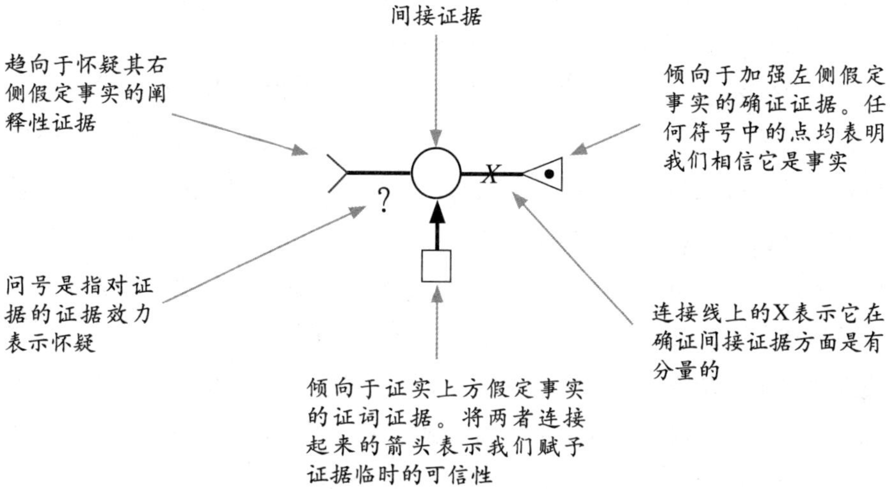

图7–2　威格摩尔图示法示例

该方法相当复杂，因而不在此详述。然而，它是对各种备选模型或假设进行比较的一种非常强大的工具。它要求制作各种精细的图表，而这些图表包括所有重要的证据，并具备下述主要特征（其中一些如图 7–2 所示）：

- 使用不同的符号来表示不同种类的证据——阐释（explanatory）证

[1] Terence Anderson and William Twining, *Analysis of Evidence* (Evanston: Northwestern University Press, 1991), xxiv.

[2] Terence Anderson and William Twining, *Analysis of Evidence* (Evanston: Northwestern University Press, 1991), 119.

据、证词（testimonial）证据、间接（circumstantial）证据、确证（corroborative）证据、不可辩驳的事实（undisputed fact）和综合（combination）证据等。

- 以符号的相对位置来表示符号之间（即单项证据之间）的关系（即用于证明一个事实的证据放在该事实符号下面）。
- 符号间的连接表明它们之间关系的证据效力（probative effect）与关系的不确定程度。例如，连接线上的双箭头表示关系十分可信，连接线旁边的问号表明对连接的证据效力存在疑问，连接线上的数字零则表示负面影响。[1]

威格摩尔希望出庭律师们采用他的方法，但出庭律师基本上忽略了他，因为他的图表太难以准备。[2] 该方法不受情报分析人员欢迎，就连支持者也承认它在实际应用中过于耗时。特别是在情报分析中，分析人员通常无法承担这种时间上的耗费。

威格摩尔认识到这一缺陷，提出一种叙述形式，将证据列举出来，而不是用图表画出来，以简化该过程并使其更易于被新手使用。[3] 但是，在处理通常是复杂问题的大量数据时，即使叙述性的方法也会遇到麻烦。近年来，人们努力将结构性论证过程编成软件，以辅助情报分析人员。这些努力表明，结构性论证大有希望成为一个有用的分析工具，甚至可以用来处理复杂的情报问题。[4] 将威格摩尔的方法或与之类似的方法广泛用于情报分析，将是一项重大贡献。这个方法可以使评估任何结论的公正性变得更加容易。

---

[1] Terence Anderson and William Twining, *Analysis of Evidence* (Evanston: Northwestern University Press, 1991), 112.

[2] William Twining, *Theories of Evidence: Bentham and Wigmore* (Stanford: Stanford University Press, 1985), 164–166.

[3] Terence Anderson and William Twining, *Analysis of Evidence* (Evanston: Northwestern University Press, 1991), 156.

[4] 例如，关于结构化的证据论证系统（Structured Evidential Argumentation System，简称SEAS），见 www.ai.sri.com/project/GENOA。

综合证据的贝叶斯分析法

18 世纪早期，数学家解决了“正向概率”（forward probability）的问题：当给定事实的各方面情况都已知，这个事实发生的概率是多少？例如，如果你知道一个袋子里的黑色球和白色球的数量，你就很容易确定从袋子里抓出一个黑球的概率。18 世纪中叶，一个名叫托马斯·贝叶斯（Thomas Bayes）的英国数学家兼长老会牧师提出了“逆向概率”（inverse problem）问题：假设事件发生了，那么我们能对导致事件发生的各方面情况做出什么判断呢？仍以袋子里的球为例，如果你从袋子中抽取四次，抓了三个黑球和一个白球，那么你能推断出袋子里白球和黑球的相对数吗？如果你再抓一次结果是个白球，你的推断会发生什么改变？情报分析人员发现“逆向概率”问题比“正向概率”问题要有趣得多，因为他们往往需要通过观察与形势相关的事件来判断形势。贝叶斯发明了以他的名字命名的公式：贝叶斯法则（Bayes's Rule），这一法则很好地回答了“逆向概率”问题。

贝叶斯分析法是利用数值过程进行分析的最著名的方法。它使用新数据修正先前的可能性评估，从而可用来缩小评估和预测的误差。对每一条新信息都可予以评估，并可与先前对某个事件发生的概率所作的各种历史的或主观的评估综合在一起，以判断该事件现在发生的可能性是大了还是小了，改变了多少。贝叶斯分析法还可用于计算所观察到的数据归因于某些特别原因的可能性。贝叶斯分析法的一个优势是，它能够将专家们对概率的主观判断同历史频率和最新的抽样证据融合在一起。

为了解释贝叶斯法则，让我们假定我们知道某个特定事件一般间隔多长时间发生。我们可为该事件指定一个概率 P（事件）。还假设我们以前曾做过情报结论，并赋予它发生的可能性或概率为 P（结论）。然后，我们确信，如果我们的结论成立，它可改变概率 P（事件）。这也有个概率，我们称它为已变概率 P（事件 | 结论），即“如果给定结论正确，该事件发生的概率”。

假设事件真的发生了，我们所作结论中的概率将变成一个新的概率 P

（结论 | 事件），即“如果事件已经发生，我们结论正确的概率”。新概率是按贝叶斯法则计算的，公式如下：

$$P（结论 \mid 事件）=\frac{P（事件 \mid 结论）P（结论）}{P（事件）}$$

一点简单的说明就可使得贝叶斯法则清晰明了。假设一位分析人员以前根据现有的证据做过一个判断，即某家银行正在进行毒品资金的洗钱活动，并给出一个概率 P（结论）$= 0.4$ 个百分点的判断。分析人员知道，如果类似的银行合法运营，其利润率超过 12%，概率为 0.2 个百分点。然而，遭到怀疑的银行最近取得了 20% 的利润，这当然可疑。分析人员得出结论，如果这家银行卷入洗钱活动，那么它获得收益的可能性是 30%（0.3 个百分点）。这家银行洗钱的概率增加：

$$P（结论 \mid 事件）=\frac{0.3\times 0.4}{0.2}=0.6$$

贝叶斯分析法有一个问题，即它无法处理好毫不知情的情况。也就是说，如果分析人员根据非常少的情况指定结论或事件的概率，就会出现各种矛盾。解决这一问题的办法，是采用一种更加正式的方法，即被称为登普斯特—谢弗分析法（Dempster-Shafer Approach）去综合证据。这一方法在数学上十分复杂，因此在这里不进行详述。[1]

贝叶斯法则和登普斯特—谢弗法都依靠在各种证据上指定一个数值加权（numerical weight）。有三种数值加权的方法：顺序量表加权、等距量表加权和比率量表加权。顺序量表仅表明位置或排序，但无法进行数学运算。等距量表在各个数字之间的间隔相等，但缺少绝对的零参考值，不允许进行乘除。温度测量中，华氏和摄氏温标都是等距量表加权，因为它们都有任意的零参考值。只有比率量表有绝对的零参考值，允许进行贝叶斯或登

[1] Glenn Shafer, *A Mathematical Theory of Evidence* (Princeton: Princeton University Press, 1976), 3–34.

普斯特—谢弗分析法所需的乘除。开尔文温标（Kelvin Temperature）属于比率量表加权，它有一个绝对的零参考值（原子、粒子停止运动的温度）。

四、备选目标模型

备选模型是综合过程不可缺少的部分。在对过往评估的分析缺陷进行的研究中，一个最普遍的缺陷就是不能考虑各种备选的情景想定、假设或模型。[1] 分析人员似乎更着迷于对单一结果的情景想定。一位国家情报官员曾经这样评论说："分析人员……很少对备选假设进行系统测试。"[2]"伊拉克大规模杀伤性武器委员会"的报告指出："严格使用备选假设，可以帮助抵制'把新信息强行填入现有样式之中'的自然认知倾向。"[3] 在情报分析的初始阶段，或者当新证据不断涌现，表明应该建立不同模型时，分析人员却不使用备选模型，这有许多原因：

- 分析人员通常面临紧迫的时间限期，容易采用最符合证据的模型，而不考虑备选模型。
- 当向用户提供两个或两个以上的目标模型时，用户总是选择他们最喜欢的一个，这个被选中的模型可能是最适合的模型，但也可能不是。分析人员心知肚明。
- 维护集体判断是情报界普遍存在但又不明说的准则。[4] 用户往往认为

[1] Willis C. Armstrong, William Leonhart, William J. McCaffrey, and Herbert C. Rothenberg, "The Hazards of Single-Outcome Forecasting," in *Inside CIA's Private World*, ed. H. Bradford Westerfield (New Haven: Yale University Press, 1995), 241–242.

[2] *Report of the Commission on the Intelligence Capabilities of the United States Regarding Weapons of Mass Destruction,* March 31, 2005, www.wmd.gov/report/wmd_report.pdf, 507.

[3] *Report of the Commission on the Intelligence Capabilities of the United States Regarding Weapons of Mass Destruction,* March 31, 2005, www.wmd.gov/report/wmd_report.pdf, chap.1.

[4] Rob Johnson, *Analytic Culture in U.S. Intelligence Community*(washington, D.C.: Center for the Study of Intelligence, Central Intelligence Agency, 2005), 23.

判断的改变就表明最初的判断错误，而不是新证据导致了这种改变。

- 人们注意到，任何情报组织都希望被看作是果断的而不是书生气或自相矛盾的[1]，而这种信息可迅速扎根于任何分析文化中。很久以前，司法系统采用遵循先例的原则就是基于类似的动机，这个原则是：只要可能，就让以前的决定有效。分析人员和法官都面临同样的压力：你是想要保持前后一致呢，还是想要提出新的正确答案?

问题有时如此严重，以至于美国情报界奉命授权独立团体提供各种备选模型。1976 年，美国总统国外情报咨询委员会（President's Foreign Intelligence Advisory Board）和中央情报主任[2]乔治·布什（George H. W. Bush）创建了一个名为 B 队（Team B）的独立分析班子，就苏联的战略目标与能力提供一份备选《国家情报评估》。[3] 此举在起草《国家情报评估》的 A 队分析人员中间引起相当大的怨恨。

建立备选择模型需要时间。分析人员总是很忙，不想这样做。此外，正如前国家情报总监（DNI）麦康奈尔所评论的，分析人员天生不喜欢可替换的、有异议的或有竞争性的意见。[4] 但是，分析人员心中必须装有一个以上的可能目标模型，这十分重要，在搜集到相互冲突的或矛盾的情报信息时，更要如此。

有时，决策者会提供一个备选目标模型。例如，1982 年美国向黎巴嫩派出美国海军陆战队，雄心勃勃地想迫使占领黎巴嫩的以色列军队和叙利亚军队撤出黎巴嫩，结束内战，并建立一个稳定政府。18 个月后，美国政府从黎巴嫩撤军，其政策失去可信性，声望受到损害，有超过 250 人阵亡

---

[1] Rob Johnson, *Analytic Culture in U.S. Intelligence Community*(washington, D.C.: Center for the Study of Intelligence, Central Intelligence Agency, 2005), 23–24.

[2] Director of Central Intelligence(DCI)，亦有译作"中央情报总监"（当时还兼任中情局局长），在 2005 年 4 月前是情报界的总管，此后被国家情报总监（DNI）取代。——编注

[3] Douglas H. Dearth and R. Thomas Goodden, *Strategic Intelligence: Theory and Application,* 2nd ed. (Washington, D.C.: U.S. Army War College and Defense Intelligence Agency, 1995), 305.

[4] William J. Lahneman, *The Future of Intelligence Analysis,* E-6.

（其中多数是在一次恐怖主义爆炸中死亡的美国海军陆战队员）。美国情报界曾对黎巴嫩形势做过一个判断，而华盛顿决策部门则做出一个完全不同的评估，并设想以此将黎巴嫩打造成为未来中东各国政府的行为样板。[1]表 7–1 是黎巴嫩形势的两种备选模型的对照表。

注意，这远远不是黎巴嫩的完整情况。在今天，如同在 1982 年一样，黎巴嫩具备在第 2 章所定义的复杂问题的所有要素。该表也不仅仅是一个目标模型，它包含许多从两个竞争的目标模型中提取的分析判断或假设。

表7–1 1982年黎巴嫩局势的备选模型

决策者	分析人员
我们可以通过谈判加速以色列和叙利亚从黎巴嫩撤军	阿萨德总统不会撤回叙利亚军队，除非他确信自己将受到军事攻击
黎巴嫩可以在一个稳定的政府领导下团结起来	黎巴嫩实际上没有边界，而且你无法说清公民的定义是什么
杰马耶勒总统可以对发生在黎巴嫩的事件施加影响	杰马耶勒总统对贝鲁特大部分地区没有控制权，甚至连基督教徒也不支持他
我们需要对付5个军事派别，即信奉基督教的黎巴嫩社会民主党、穆斯林民兵、叙利亚军队、巴勒斯坦解放组织和以色列部队	仅在西贝鲁特就有40个武装组织在活动
海军陆战队是维和部队	海军陆战队成为目标

在定义备选模型时，尤其是当涉及像第 8 章讨论的情报谜团（intelligence enigma）这样的主题时，最好要具有包容性。20 世纪 70 年代和 80 年代初，美国怀疑苏联研制出了一种能够摧毁飞行中的弹道导弹的粒子束武器，为此他们做了大量的情报和科研努力。这种怀疑源于多个对苏联位于巴拉丁斯克（Semi-Palatinsk）核试验场附近的不明设施进行评估的竞争性模型中的一个。美国空军将这些设施称为“可能存在的地下核试验设施”

[1] Kennedy School of Government, Harvard University, Case Program, “Lebanon and the Intelligence Community,” C15-88-859.0, 1988.

(PNUT)，中情局则称其为“不明研究开发设施 3 号”(URDF–3)。一些空军军官认为该设施是一个粒子束武器测试基地，其立场得到研究人员的支持，而这些人具有期望政府增加粒子束武器研究经费投入的既得利益。[1]

真正的解释应当是：这是一个核火箭测试项目。然而，尽管就 PNUT 和 URDF–3 做出了许多备选假设，真正的解释显然没有得到认真考虑。这一过失的主要原因似乎是美国没有将“核火箭测试项目”这一假设纳入分析，因为先前美国放弃了其自己的核火箭项目。[2] 根据“奥卡姆剃刀原理”，如果分析人员没有忽略核火箭假设模型，已有的证据足以令其分析出这些设施的真实目的。

五、小结

一旦为目标选中了模型模板，就必须把上一章讨论的从各种来源搜集的相关信息填入模板。这需要一个分三步走的过程：

- 通过确定下列事项来评估来源：(A) 来源是否称职，也就是说，是否了解所提供的信息；(B) 来源是否具备获得信息所需的途径；(C) 来源是否对所提供的信息具有既得利益或偏见。
- 评估传递信息的通信渠道。通过许多中间节点传递的信息会变得扭曲。对所搜集的信息进行处理的人员也会有既得利益或偏见，认识到这一点是十分重要的。
- 评估证据本身的可信性。这涉及评估：(A) 证据的可信性，部分根据以前完成的来源与通信渠道评估；(B) 证据的可靠性；(C) 证据的相关性。相关性是一个特别重要的评估步骤。很容易将证据填入

[1] John Pike, “The Death Beam Gap: Putting Keegan’s Follies in Perspective,” e-Print, October 1992, www.fas.org/spp/eprint/keegan.htm.

[2] John Pike, “The Death Beam Gap: Putting Keegan’s Follies in Perspective,” e-Print, October 1992, www.fas.org/spp/eprint/keegan.htm.

错误的目标模型。

证据经过评估后，必须对其进行综合并填入目标模型。许多条证据可能是趋同的（支持同一结论），也可能是趋异的（支持不同结论，指向各种备选目标模型）。趋同的证据也可以是冗余的，以加强某一结论。

结构性论证是以图形或数字方式将证据综合起来的一个正式过程。它可使这个重要的论证步骤公开化、明确化，从而更容易评估结论的公正性。但结构性论证耗时费力，因此经常被偏爱非正式的证据综合法的人忽视。威格摩尔证据图示法和贝叶斯分析法是两个最著名的结构性论证方法。

备选目标模型是这个过程不可缺少的一部分。如果使用得当，它们可帮助分析人员应对拒止与欺骗，并避免陷入分析偏见。但是，备选模型需要花费时间建立，分析人员不愿改变或挑战现有的判断，而且备选模型能够使只想为其先入之见提供支持的决策者受益。

在进行以目标为中心的分析时，既有信息被纳入目标模型后，整体情况总是不完善的。这意味着情报的空白总是存在，必须继续搜集信息以填补这些空白。

[第 8 章]

搜集策略

尽管信息是按来源进入情报机器的，但也必须按主题离开情报机器；正是在机器内部的这种转换造成了所有的困难。

——R. V. 琼斯

二战英国皇家空军情报处助理处长

在对问题进行分解、建立目标模型之后，情报分析人员转而查找在明确了目标模型后存在的空白。在明确存在哪些情报空白后，分析人员准备把注意力转向第 6 章介绍的情报搜集来源，以填补这些空白。

如同在许多其他领域一样，情报搜集人员成功的关键在于**提出正确的问题**。[1] 但是，作为分析人员，你怎样知道什么是正确的问题呢？你不具备搜集人员所掌握的情况。他或她总是可以做到你想象不到的事情。因此，搜集人员必须了解你真正想得到什么（因此，他或她与你之间的关系就像你与用户之间的关系一样）。解决办法就是不仅要分享你需要什么，而且要分享你为什么需要。分享问题与目标模型，是做到这一点的最好办法。搜集策略从以下开始，即创立一个相当成熟的目标模型，**分解问题**，理解两者之间的关系，并与搜集人员分享这两点。分解问题有助于你提出正确的问题，而现有

[1] Steven D. Leavitt and Stephen J. Dubner, *Freakonomics* (NewYork: HarperCollins, 2005), 89.

的目标模型则可提供背景。拥有了这两点，加上对其搜集资源能力的独特了解，搜集人员接下来就可以向其搜集资源提出正确的问题。

为了介绍搜集策略，值得回顾一下女王伊丽莎白一世的特务头子弗朗西斯·沃尔辛厄姆（Francis Walsingham）爵士是如何制订情报搜集计划的。他针对无敌舰队（Spanish Armada）制订的“西班牙境外的情报计划”这样写道：

1. 斯塔福德爵士（Ed. Stafford）负责从威尼斯大使那里获取所能够获取的情报。
2. 获取 Fr. K. 特工在西班牙的部分函件。
3. 安排部分人员在鲁昂经常刊登广告。例如有人从西班牙抵达南特、纽黑文（即勒阿弗尔）和迪埃普（法国）等。
4. 选择两类特殊人员（法国人、佛拉芒人或意大利人），沿海岸查看那里正在进行哪些准备，并为他们提供信用证。
5. 在西班牙宫廷安插两名情报人员——一名费纳勒人（Finale），另一名为热那亚人。在布鲁塞尔、莱顿和巴尔开展情报活动。[1]

很显然，沃尔辛厄姆有一个目标模型，这个模型关注的重点是英国最重要的战略目标——西班牙及其攻击英国的计划。他还有一个从战略到任务的问题分解。他知道在情况掌握上存在什么空白以及有哪些搜集资源可资利用，因此他对如何填补这些空白给出了非常具体的指导，接下来的事情就简单多了。（沃尔辛厄姆的问题不在于搜集，而是使他的领导人相信他的情报，这是第 15 章所要讨论的主题。）

一、美国的情报搜集管理问题

将沃尔辛厄姆的计划与像美国情报机构这样的庞大情报部门所面临的搜

[1] Stephen Budiansky, *Her Majesty's Spymaster* (New York: Viking Penguin, 2005), 199.

集挑战进行对照，我们可以发现，美国拥有许多搜集资源和目标。对信息获取的管理是庞大情报机构的一项主要工作，这些机构的大量情报搜集基于对需求、需要和信息空白进行界定的正式过程。几十年来，美国情报界一直致力于创建组织结构以处理各种情报需求。结果，美国情报界拥有了 13 个独立进行情报搜集活动的过程和系统（只计算主要的，不包括特殊途径计划）。

情报搜集需求形成了一种等级结构。第 2 章对从战略到任务的问题分解中产生部分需求的等级结构进行了说明。等级结构中较低部分是更具体的部分，而且在一个设计精细的需求结构中，它们通过某些措施与较高部分联系在一起，而这些措施表明它们在整个事情的计划中所具有的相对价值。在以商业公司为目标时，具体较低等级的目标数量将有数十个；在以小国家或国际财团为目标时，其数量也有数百个；在以像国际毒品走私这样的非法网络为目标时，其数量有数千个。在较低等级上，一般需求可能是这样："确定战场地域内的所有装甲车的位置"，"为了明天的贸易谈判，获取史密斯大使的谈判笔记的副本"，或"确定古巴领导人（产生）进行海上移民的意图"。

搜集需求问题部分地源于美国在搜集资源方面所取得的成功。情报类的作品经常重点批评美国的情报搜集能力笨拙而低效。[1] 诚然，一些小国情报机构（如以色列的摩萨德）和许多跨国公司，都可以在他们具有情报专长的领域内取得成功。他们也具有组织严密的小机构自然具备的所有优势。然而，美国政府的搜集能力无疑是世界上最强的。美国情报界拥有最多的资源，并可制订最好的系统计划。它不断创新，并且尝试其他情报机构很少愿意尝试的事情。在情报覆盖的广度和深度方面，美国一直保持最佳地位，因此也存在它的问题。由于美国情报机构有如此能耐，要求它做的事情也就太多。有些它使用廉价情报搜集资源也许就能完成的任务，它却常常使用昂贵的搜集资源去完成。

结果是，美国的情报需求结构受到相当多的批评，而且几十年来反复对这样的结构进行界定的努力表明，概念上可能存在某些根本性的错误。

---

[1] Roy Godson, *Intelligence Requirements for the 1990s* (Lanham, Md.: Lexington Books, 1989).

一位批评家在谈到近些年来一直应用的需求过程时说：

> 分析人员自己经常认为，仅仅为了产生“情报需求”，雇用了太多的人手，采取了太多的活动；其实凭借少数经验丰富的人员，对可用数据加以处理，了解还缺失哪些情况，很可能就把这项工作做得更好。相反，情报需求被当作反复研究与进行重组努力的目标。[1]

分析人员认为，现有的需求过程是一种官僚体制的怪兽，它耗费资源，但增值很少。尽管有这种观点，在处理大容量卫星图像情报和通信情报以及公开来源的材料时，正式的需求结构仍是必要的，因为存在许多潜在的目标，而且提出竞争性优先顺序的大批用户想要的情报搜集，比动用整个国家预算来完成的还要多。然而，这一需求结构也存在若干不当之处。

第一，正如一位资深的美国情报官员指出的那样，每个人都给该系统下达任务，但没有人为其确定优先顺序。[2] 没有人愿意反对特殊利益，没有人愿意说“我们并不急需这个，不想在上面投入资源”。相比之下，企业往往密切关注他们的管理成本，愿意砍掉回报低的活动。第二，如果信息可以从非保密渠道获取，就不应动用情报搜集资源去获取它，除非遇到这样的情况，必须进行反复核实，以对付可疑的欺骗。像商用成像卫星这样的商用来源，可以越来越多地开展过去需要国家情报资源才能开展的情报搜集，而且成本更加低廉。第三，正式的需求结构往往将焦点集中于毫无价值的数据统计中。关键的衡量指标是内容，而不是数量，而且正式的需求结构并不能很好地处理对内容的评估。只有分析人员和用户才能对内容进行评估，并因此确定搜集的价值。另外，一个复杂的需求体系往往趋于烦琐和迟钝，是回顾而不是前瞻。迈克尔 · 赫尔曼评论道：“一个需求体

[1] John Prados, *The Soviet Estimate* (Princeton: Princeton University Press,1987), 181.

[2] Roy Godson, *Intelligence Requirements for the 1990S* (Lanham,Md: Lexington Books,1989), 68.

系必然落后于现实，而紧随其后的就是成功难以确保。”[1]

如果这些问题没有得到解决，那么通过各种情报手段搜集到的原始数据，大部分就与需求无关。例如，大多数新的空中（基于飞机或卫星的）图像包含了已经掌握的信息；一年当中，自然地形特征和固定结构的变化很小，如果说有变化的话。包括个人电话通话和无法使用的（加密）通信在内的大部分通信情报的通信量，必须作为无关信息舍弃。大多数公开来源的信息最终被扔进废纸篓。

然而，所有搜集的数据必须进行某种程度的处理，而且处理如此大量的无关数据，会使处理与利用系统堵塞，也经常使分析人员苦闷。问题源于情报分析机构试图强制实行的情报分析过程，此过程以情报周期理论为依据，而不是我们在第 1 章中介绍的共享目标过程。为使以目标为中心的图景更有效，我们必须使等级需求结构具备高效率和快速反应能力，这是美国情报界面临的一项持久挑战。

即使像美国情报界那样庞大的官僚搜集网络，也可以具有快速反应能力，但情报分析人员必须为此发挥更加重要的作用。“大规模杀伤性武器委员会”对情报界制定搜集策略的有效性提出了严厉批评。[2] 具体地说，它指出了以下问题：

> 你不能分析你没有掌握的情报……情报界没有制定长期、协调的搜集策略，而这样的策略对于识破今天的情报目标是必需的。（报告第 12 页）
>
> [情报界]很少为了渗入最优先目标而采用一体化的策略。（报告第 17 页）

[1] Michael Herman, *Intelligence Power in Peace and War* (Cambridge: Cambridge University Press, 1996), 292.

[2] *Report of the Commission on the Intelligence Capabilities of the United States Regarding Weapons of Mass Destruction*, March 31, 2005, www.wmd.gov/report/wmd_report.pdf.

但“大规模杀伤性武器委员会”也指出，分析人员可以发挥重要作用：

> 分析人员必须自愿承认他们所不知道的东西，以便关注未来的搜集行动。（报告第 12 页）
>
> 分析人员错过了推动目标搜集或提供搜集目标的机会。（报告的综述部分）

帮助搜集人员确定搜集目标，可加大分析人员的实际负担，却也能带来高额回报。有一种方法可以缓解这种负担。如在前几章中所述，作为一名分析人员，你必须创建问题分解和目标模型。与搜集人员分享这些模型，使他们能够明确存在哪些情报空白，这样，你就对他们进行了更好的武装。对搜集需求状态进行跟踪，找出还有谁在寻求同样的信息（这是利益共同体的一部分）以及获得接触其他机构研究成果的途径，都可以由一个共同的系统来促成。

搜集者倾向于抵制分析者介入搜集系统研发和制定搜集策略的过程。他们念叨着“告诉我你们需要什么，我将负责进行搜集”。但是，对整个情报工作流程有着全面理解的情报机构高级领导人，如前国家情报总监麦康奈尔，得出了如下结论：

> 在对搜集者提供建议时，不仅在搜集目标方面，而且在设计未来搜集系统及其能力提升方面，分析者都发挥了重要作用。分析者要能圆满完成这些关键任务，对搜集机构功能有着深刻理解至关重要。[1]

为完成这种附加的责任，分析者首先必须明确，在此项情报任务中，哪些是已知的，哪些是未知的，其次要确定当前搜集和分析工作的进展情况，再次要决定如何提高搜集与分析的效果。这一过程中搜集策略部分经

---

[1] Lahneman,William J., *The Future of Intelligence Analysis*, University of Maryland, Center for International and Security Studies at Maryland, final report, vol. I, March 10, 2006, E-8.

历了四个步骤：

- 研究问题分解与目标模型之间的关系。
- 明确分析者对目标的认识存在哪些空白——这是分析人员的职责，也是搜集人员可以出力的地方。
- 界定使用现有资源填补情况空白的情报搜集策略——这是与搜集人员共同承担的职责。
- 为未来的搜集系统研发制订计划，包括对付拒止与欺骗的计划——这是搜集人员的职责，但分析人员可以提供宝贵的帮助。

采用结构性办法处理问题（从战略到任务）分解和目标模型的理由，是为了便于管理复杂问题中的情报搜集。让我们依次考虑每个步骤。

二、问题分解和目标模型的关系

到目前为止，我们已经阐述了目标模型和用户问题分解（这是一个等级结构模型）的概念。这两者有时看起来几乎完全相同，但一般情况下，**目标模型和问题分解是分开的**，而且最好就让其分开。尽管它们经常看起来相似，但分清二者并且使用它们十分重要。

- 仅仅使用目标模型，会给用户带来不必要的信息，迫使他们从大量细节中选择相关信息。例如，一位战术指挥官对目标国家的战斗部队情况模型非常感兴趣，但他一般并不想钻研该国的政治和经济情况模型。
- 相反，仅仅采用问题分解模型，也会导致关注的焦点过于狭窄，分析人员往往形成井蛙之见，并错过用户在重要的相关问题上需要了解的事项。例如，战术指挥官可能对靠近敌军位置的宗教寺庙或在该地域内活动的非政府组织相当感兴趣——而这些事情很可能在问题分解中被错过。

了解问题分解与目标模型之间的关系，使得分析人员能够处理本章开头引用的 R. V. 琼斯那段话中提到的困难。因此，我们在这里将注意力集中于利用两者间的相互关系制定搜集策略，或者正如琼斯所说，“使信息按来源进入机器”。在第 15 章，我们将回过头来讨论这个过程，并探讨它在准备情报成品中的用途，或者“使材料按主题离开机器”。现在，我们暂且讨论琼斯提到的那种艰难转变。

尽管目标模型和问题分解是不同的概念，但它们彼此密切相关。让我们用一个简单的例子说明这种关系。以洗钱——非法收益混入主流贸易交易和其他资金交易，目的是隐藏资金的来源、持有人或用途——为例。犯罪集团、恐怖组织和无赖国家利用洗钱来逃避国际制裁。洗钱可以被认为是一个具有三个明显步骤的过程——首先是放置（placement），接下来是离析（layering），然后是归并（integration），如图 8–1 的简单过程模型所示。[1]

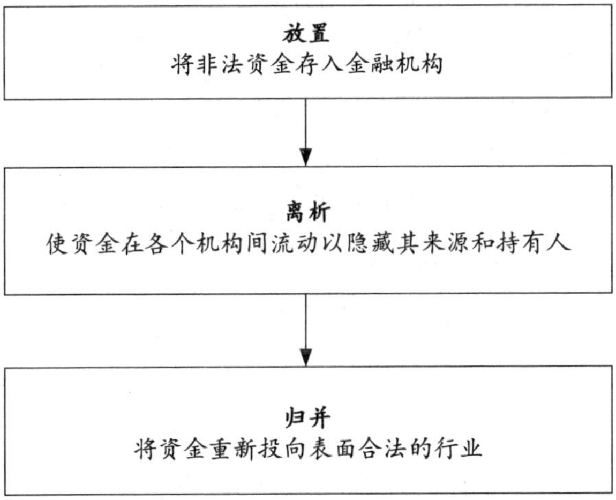

图8–1 洗钱过程模型

遏制洗钱的问题自然地分解为对这三个阶段的处理，而这三个阶段构成了问题分解的第一个层次。但是，不同的情报用户将对不同的阶段产生兴趣。

[1] Joseph M. Myers, “International Strategies to Combat Money Laundering,” speech to the International Symposium on the Prevention and Control of Financial Fraud, Beijing, October 19–22, 1998.

事实证明，反制措施在放置阶段最有效。在这第一阶段，更容易发现洗钱活动，而且大部分执法和监管工作已经集中在发现非法资金的放置上。[1] 因此，像国际刑警组织或美国金融犯罪执法网络（U. S. Financial Crimes Enforcement Network）这样的执法机构，可能将关注的焦点放在放置阶段上，尽管他们希望从所有三个阶段都获得情报。金融监管用户如英国金融服务局（Financial Services Authority），既关注放置阶段，又关注离析阶段。企业监管用户如美国证券交易委员会或各州监管机构，可能集中关注归并阶段。如图 8–2 所示，这些客户中的每一个客户都对整个问题中的特定部分感兴趣。

分析人员采取的第一个步骤是将用户的问题模型与目标模型相互联系起来，以便进行信息搜集和分析。经验丰富的分析人员将会很自然地这么做，很少明显地确立相互联系。对于简单问题，进行明确的界定可能没有必要。然而，当我们处理复杂（非线性）问题时，应该使目标模型或情景想定变得清晰。即使在处理简单问题时，离开了明确的相互关系图表，分析人员也容易遗漏要点或无法充分利用各种信息来源，除非他们拥有具体的相互关系的图标。根据本章中所举的例子，明确叙述相互关系，对经验丰富的分析人员大有用处，而对新手来说则是必不可少的。

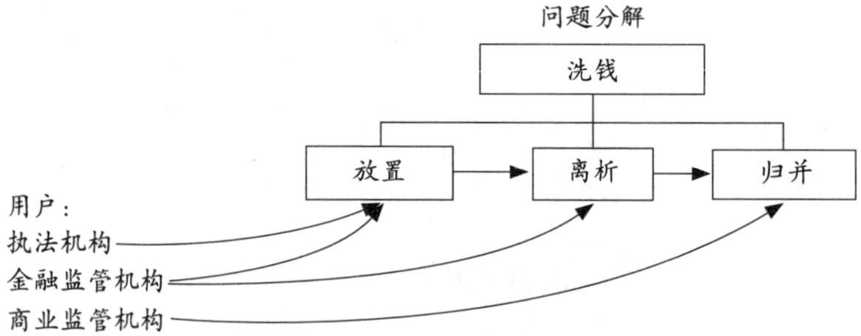

图8–2　用户与问题分解的联系

[1] Joseph M. Myers, "International Strategies to Combat Money Laundering," speech to the International Symposium on the Prevention and Control of Financial Fraud, Beijing, October 19–22, 1998.

图 8–2 是一个典型的关于洗钱的类属高级问题分解，但洗钱问题有许多相关的目标模型。全球有许多独立的网络参与洗钱。考虑一下我们在第 3 章中讨论的目标：阿巴查家族将偷窃的尼日利亚政府资金通过洗钱使之合法化。阿巴查家族将钱存入伦敦花旗银行的一个账号；通过将资金在伦敦花旗银行及纽约花旗银行的不同账号之间转移（见图 5–9），以及通过法兰克福花旗银行和瑞士银行进行转移，对资金进行“离析”；利用个人和外壳（假的）公司（摩根采购和西尔康航空公司）对资金进行“归并”[1]。这样，阿巴查洗钱案的目标模型看起来可能像图 8–3（它只显示了阿巴查网络的一部分）中所示的模型那样，处在高层次问题分解上。

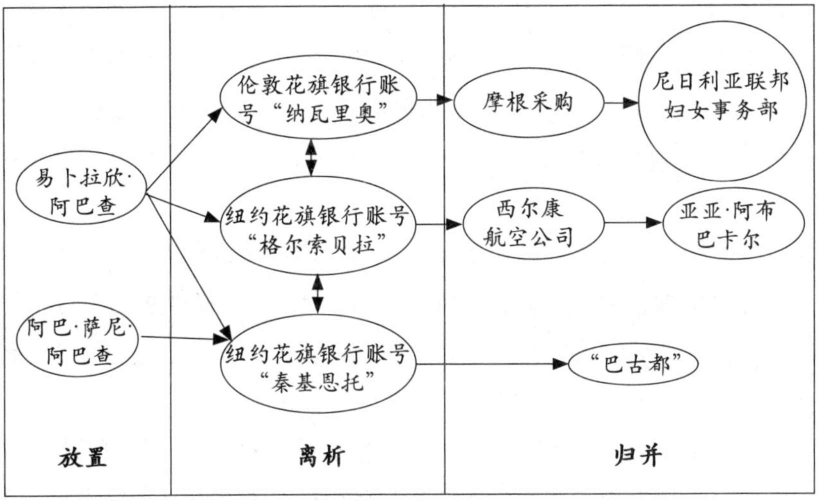

图8–3 阿巴查洗钱的目标模型

如果我们不采取更多的措施，搜集人员可能以此作为进行情报搜集的起点。针对放置和归并阶段，人力情报搜集可能是最有用的，因为安插

---

[1] “Minority Staff Report for Permanent Subcommittee on Investigations—Hearing on Private Banking and Money Laundering: A Case Study of Opportunities and Vulnerabilities,” November 9, 1999, www.senate.gov/~govt-aff/110999_report.htm.

好的线人可监督和报告反常的交易。部署合理的通信情报搜集，可以帮助跟踪与离析相关的金融交易，因为这种交易通常是通过国际数据传输实现的。在对涉及归并的商业活动进行分析时，公开来源的情报可能十分有用。但是，我们可以采取更多措施来帮助搜集人员。

三、查明情报空白

正如第 2 章所述，当分析人员已经界定某个问题时，他或她必须提出这样的问题：我如何从目标模型中提取信息来解决我面临的问题？当前的目标模型能否提供我回答用户问题时所需要的一切？如果不能，在对目标的情况掌握方面还存在哪些空白？我如何填补那些空白？本节介绍分析人员在考虑那些问题时可能经历的一种正式过程。经验丰富的情报分析人员的确遵循这里描述的过程，尽管他们是凭着直觉去做，而且很少如此正式。

对于有些搜集人员（例如公开来源和图像情报搜集人员）而言，分析人员需要找出情报空白并就搜集行动下达具体指令。有些搜集人员（通常是人力情报和通信情报搜集人员）一旦明白了空白所在，就可以更好地寻找搜集的机会，因为他们对自己的资源非常了解。

目标模型从来不会完善到足以满足情报用户的需求。在问题等级结构得到确定，并像上面所述的那样将其与目标模型相互联系起来之后，有关目标的情报空白就变得显而易见了。那些空白必须清晰明了，而情报搜集必须提供模型中缺失的情况，以回答用户的问题。

正如第 7 章所说，在对现有数据进行审查并将其填充到目标模型后，接下来的步骤就是鉴别数据、信息或情报空白。一个空白就是某个情况缺失的要素，如果找到，就可以使人们在挑选各种备选方案时信心大增。这些空白在情报行业中总是存在的。我们组织思想和归纳证据的技能，将会对我们产生新的思想、发现新的证据产生影响。

分析人员有一种自然倾向，即根据既有信息得出结论，而不是先判定需要回答的政策问题的性质，然后去寻找所需信息。面对一个新项目，懒惰的分析人员仅仅筛选其仔细保管的各种文件，增加少量容易得到的内容，并写出一份报告。他们从不就情报空白进行分析。与此相反但同样拙劣的做法是，不断寻找能够使其他点滴信息切实可用的最后那点信息。然而，分析人员几乎绝不可能得到这个难题的最后一点信息。因此，必须进行情报空白分析（并填补空白），但不能过度。分析人员需要懂得适可而止。

鉴别数据空白是一个连续和反复的过程——随着新数据的到来和被填入模型，就会发现新的情报空白。空白分析的过程是：

- 根据基本需求的重要性和情报空白的大小，寻找空白并确定其优先次序。
- 根据空白的性质对空白进行分类：它们出现在搜集阶段、处理阶段、分析阶段还是分发阶段?
- 将空白划分为短期或长期的，短期空白用于“调整”当前的搜集系统，长期空白用于开发新能力。

考虑一下在战术背景下进行空白分析的一些例子。在阿富汗 BMP 战车（见第 3 章）那个例子中，要解决的问题是判断 BMP 将在何时抵达“无国界医生”正在工作的那个村庄。如果情报官不知道 BMP 战车在路上的行驶速度，他或她就遇到一个需要填补的情报搜集空白。在第 4 章的赛门铁克作战室例子中，分析人员可能必须处置若干个空白。他可能遇到一个熟悉的病毒，而这个病毒可以轻松地被处理掉，但他有必要知道它是从哪里暴发的，自己应与哪个因特网服务供应商（ISP）联系——这就是一个情报搜集空白。在查杀病毒的过程中，分析人员会认识到有必要改进情报搜集系统，以便更加快速地识别因特网服务供应商——这是一个长期的空白。分析人员也可能遇到一种新型病毒，而这种病毒根据他或她现有知识是无法进行有效检测的——这是一个分析空白。

图 8–3 的目标模型在开发过程中有某些点可能存在空白，图 8–4 对此进行了显示。分析人员可能断定，洗钱资金从伦敦花旗银行的“纳瓦里奥”账号被转到了尼日利亚联邦妇女事务部，但不清楚中间的归并实体是谁。或者分析人员可能知道资金正在被转到“巴古都”账号上，但不知道是从花旗银行的哪个账号转出的。

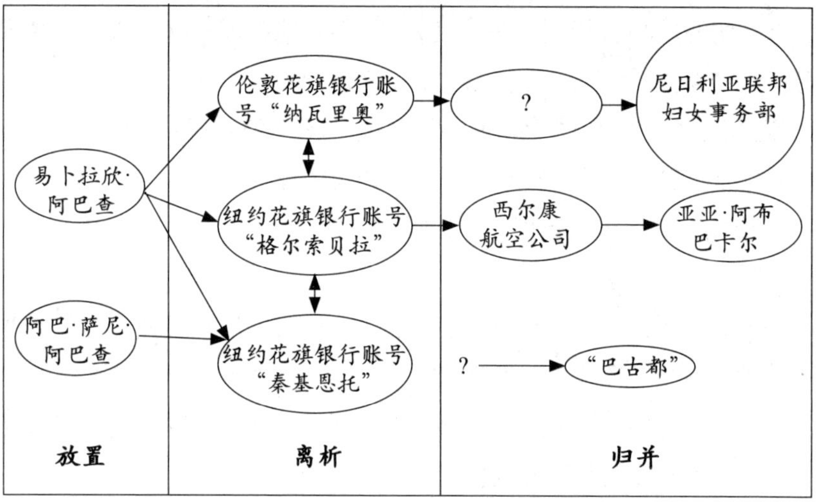

图8–4　阿巴查洗钱网中的情报空白

四、制定情报搜集策略

此时，在分析过程中，问题已被界定，有关目标信息中存在的空白也已被确定。对分析人员来说，现在是到了为填补空白而制订搜集计划的时候了，紧接着将是向搜集来源和机构发出搜集指令。正如第 6 章中所述，有丰富的情报手段可以利用，以帮助分析人员获取信息。

在设计一种填补情报空白的搜集策略之前，了解空白的性质十分重要。有些情报空白的存在，不是因为缺少搜集行动，而是因为没有对问题进行分析，或分析得不够。对其他的空白需要进行研究，以确定搜集行动在填补空白方面可以发挥怎样的作用。分析人员不应当把所有的空白作为搜集空白对待。在没有解决问题的情况下，搜集人员继续进行搜集，增加了更多需要分析的无关紧要的数据，在某些情况下使问题复杂化。

利用现有搜集资源

获取填补空白的新数据，是一件有关充分利用现有搜集资源的事情。这些资源包括已经就位的谍报人员（agents already in place）、已经收到并正在翻译的公开文献、正在飞行的搜集卫星或飞机等等。为填补情报空白而要求使用这些资源的过程，就被称为“下达任务”（tasking）的过程。

分析人员依靠自己的判断，整合出最佳的搜集策略，为填补空白下达任务。从传统上说，分析人员启动任务下达，必须对所收到的信息加以整理，以形成一个条理清晰的图景。在第 1 章所构想的合作环境中，搜集策略的形成属于团队工作，由搜集人员和处理人员提供输入。下面介绍它将如何展开。

基本搜集策略的制定　多数搜集策略是根据过去的经验制定的。利用现有的方法是节省精力、时间与成本的一种好方式。换句话说，大多数搜集问题都是老问题，只有具体需要回答的问题才是新问题。需要十分谨慎的是避免重新创立过去至少试过一次的解决方法。要从研究过去成功的做法开始。

首先，回顾以前对类似目标所采用的搜集策略，并研究所获得的结果。每一个情报专业化重大领域都有自己的搜集方法，这些方法多年来已经经过检验。传统上，政治情报依靠开源情报手段与人力情报手段的结合，再加上一些通信情报手段。军事情报则十分依赖通信情报手段和图像情报手段，再加上一些专业化的技术情报。在第 14 章将要叙述的武器系统情报，可使用所有的来源，但主要依靠专业化技术搜集、图像情报和开源情报。分析过去的策略及其结果，可显示未来策略的前景。

然而，分析人员不能仅仅依靠过去的策略。第 9 章将要指出，一个能被对手预测到的搜集策略也会失败。在通常情况下，简单地将任务下达从一个目标转移到另一个目标，会造成其他领域的空白。[1] 如果可能，使用现有的资源发现创新的方法。必须鼓励搜集人员不要重复那些不包含所需信息的搜集行动，而要尝试新点子。在经济或政治情报问题中奏效的方法也可用来解决其他领域的问题，如军事或科技情报。

确定搜集策略，一定要将搜集人员当前的贡献及其潜在的贡献区分开来。在有些情况下，可以通过运用搜集资源，在他们现在贡献很少的地方来缩小空白。一个可报告政治事务的人力情报来源，也可能具有获取经济信息的能力。提供战斗序列信息的通信情报来源也可能对敌方战地指挥官的个性具有深入的了解。[2] 然而，对搜集资源进行重大调整，经常需要进行大量的计划，而且可能必须考虑一个长期方案。

对于简单直接的情报搜集问题，可以利用图 8–5 中总结的方法快速、高效地制订搜集计划。图 8–5 继续以阿巴查案例模型为例。从特定的目标模型和详细的问题分解出发，分析人员和搜集人员就可明确关于目标的情况空白，这些空白必须予以填补才可满足用户需要。在对搜集资源和能力进行审查之后，他们确定一个搜集策略，并要求特定的情报手段对目标的特定要素进行搜集，以填补空白。

对于比较复杂的搜集问题，一般是采取相同的办法，但可能需要一个正式的过程，制定和比较一揽子可供选择的搜集策略。这是个资源分配的步骤——通过确定可能的搜集机制并选定最有希望的搜集资源组合来填补短期空白（紧急需要）的一种行动。

---

[1] 为应对“9·11”恐怖袭击，美国将很大一部分的情报搜集与分析能力转移到恐怖主义目标上，由此在其他问题上形成的情报空白将需要数年时间去填补。遗憾的是，转移的资源不能被有效使用，第 13 章论及的巴鲁克曲线（Brooks curves）可以解释这一问题。

[2] 美国国防部将战斗序列定义为“任何军事力量的人员、单位和装备的确认、力量、指挥结构以及安排”。参见：*DOD Dictionary of Military Terms*, amended October 17, 2008, www.dtic.mil/doctrine/jel/doddict。

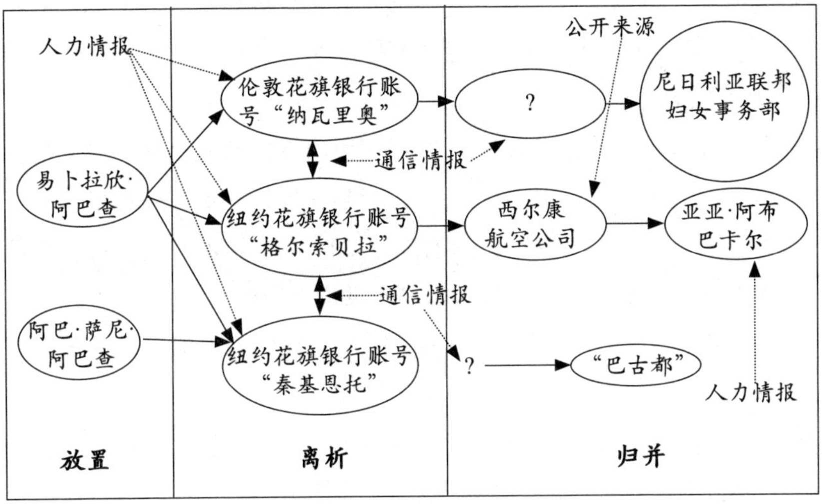

图8–5 阿巴查洗钱目标模型的情报搜集计划

注：实线表示联系关系；虚线表示情报搜集目标。

例如，图 8–5 中所示的搜集计划，代表了一种可能的搜集资源的结合或策略，以填补图 8–4 中明确的空白并获取更多信息。让我们仔细看看它是如何制定的，这是一个假设的示例。

- 首先，详细的问题分解可能已经表明需要更多有关所涉及银行的信息。与卷入阿巴查案的任何一家银行有联系的人力情报来源，可能已经查明了可疑的交易，而这些交易显示了放置与归并的端倪。事实上，银行人员意识到并关注下述情况，即一笔超过 2,000 万美元的资金突然流入纽约账号，一笔 500 万美元被转入陌生人员的账号上，并发现阿巴查的儿子们正在利比亚做生意，而这些与各个账号中资金的所谓来源没有明显联系。这些交易与账号记载不相符。
- 根据以往搜集经验，分析人员知道通信情报能够发现作为离析活动征兆的银行间资金流动模式，也能够填补图 8–5 中用问号表明的情况空白。因此，分析人员将把该图表随同搜集请求一起提交给通信情报搜集人员。

- 美国交通运输部的档案和类似的公开来源资料是第一个理想的着手点，可以用来查找有关利用西尔康航空公司作为资金归并阶段的外壳公司的详细情况。
- 根据以往人力情报有关亚亚·阿布巴卡尔的报告，分析人员知道有一个人力情报来源可以接近阿布巴卡尔。分析人员会顺理成章地首先转向人力情报，以获取更多情报，如图 8–5 所示，要求对阿布巴卡尔的资金渠道及其所获资金数量提供详细情况。

在制定搜集策略时，要安排好搜集时机，以便在最有可能获得所需内容时展开搜集行动。例如：

- 进行导弹射程测试，需要连贯的样式。当飞行器某种部署模式表明即将进行导弹测试时，那正是给搜集资源下达任务的恰当时机。
- 人们总是在一天中的某些时候大量使用电话。让通信情报在那些时刻进行搜集。
- 在专业会议上对技术人员提问，由此获得的信息比在其他时间向他们提问所得到的更为有用。

另外，按照情报的不同来源对搜集时机进行巧妙安排，分析人员可获得协同增效的好处。不同的情报手段同时展开协调一致的搜集，所产生的效果是单独使用那些情报手段所不能产生的。在进行导弹射程测试的例子中，对处于发射台上的导弹进行图像情报搜集，应该恰好在发射阶段对导弹进行遥测技术搜集之前进行，而对飞行和再进入阶段的导弹进行专业化技术搜集（如雷达情报）的时间，则应安排在发射阶段之后。对所有这些搜集活动进行综合利用，可提供的有关导弹性能的信息，比单独使用其中任何一种都要多。

任何搜集策略成功的关键在于与搜集人员保持密切和持久的联系。简单地写出搜集需求，然后“将它们扔到墙外”，是行不通的做法。如果搜集人员能够接近并掌握目标模型和问题分解，他们就能比没有掌握这些情况时更加有效地做出回应。这通常需要与搜集人员建立并保持个人联系。从事商业情报、执法情报和战术军事情报的分析人员与他们的情报提供人员越接近，就越能提供详细和明确的搜集指导。在国家层面上，对于像美国情报界那样的庞大情报机构，这是难以做到的。但是，在解决最优先的问题上，这是可以做到的，并且正在越来越多地这样做。

高级搜集策略的制定：成本—效益分析　到目前为止，所讨论的行动结果应该是一种一揽子策略——为填补空白而对各种策略进行的一种综合。在进行非常大的和最优先的活动时，可以对各种可选策略进行比较，并选择最适合的策略。实际上很少这样做，因为它需要制订很多计划，并深入了解各种可利用的来源。例如，像确定机动弹道导弹位置或评估大规模杀伤性武器是十分重要的主题，足以值得制定和比较各种可选策略。最直接和最可接受的比较方法是成本—效益分析或成本—效用分析：

- 评估每一种策略（选择）和各种选择结合的效益或效用。
- 评估每一个策略或各种选择结合的成本或风险。
- 选定一个具有最高比例的效益（或效用）—成本（或风险）的一揽子选择。

第一步是评估每个搜集选择的效益或效用。在此，我们已经确定需求的重要性以及空白填补后所产生的价值。现在，让我们关注取得成功的概率。哪种资源最有机会获得所需的信息？确定可提供的信息价值，还要对提高成功的概率进行分析，并使已搜集的信息价值最大化。如果合适的话，为每一种搜集策略或各种来源的综合，确立成功的概率。要考虑到对手针对任何搜集行动而采取拒止或欺骗手段的可能因素。

区分紧急搜集与有把握的搜集。对机动导弹发射场进行的大范围搜索如果取得成功，将得到很高的回报，但成功具有随机性（受概率控制），而且概率不高。对于图像情报搜集来说，固定的洲际弹道导弹发射场是一个几乎有把握的成功搜集（假设上空没有云），因为其位置是公开的，但这样搜集到的情报，其价值可能不高。评估应当包括获取所需内容（一个相关性的问题）的概率和战胜敌拒止与欺骗的能力。

总之，缩小对最优先目标的短期空白，根据下列要求对现有搜集资源进行有效分配：

- 需求或具体任务的重要性。
- 如果成功的话，所搜集到的信息价值。
- 搜集活动成功的概率。

接下来，对各种选择的资源成本或风险进行确定。进行确定的一种办法是制定一份资源成本估算，该估算明确与使用所提议的搜集资源有关的机会成本。机会成本的意思是，当一种搜集资源用来搜集一个目标时，它一般不可用来搜集其他目标。实际的搜集成本可能很难估算，因为搜集机构极力地保护此类信息。

作为衡量效益的一个因素，风险可能比成本更为重要。当艾森豪威尔政府在 20 世纪 50 年代决定对苏联进行空中侦察时，U–2 项目的成本是其决策过程中一个相对次要的因素。一个更重要的因素是飞机被击落的风险，以及因此给美国的形象和美苏关系造成的损害。一架 U–2 型飞机真的被击落下来，尔后的政治后果可能表明，风险实际上比项目成本更好衡量，尽管 U–2 型飞机侦察项目取得的效益十分巨大，足以证明空中侦察决策的正确性。[1]

衡量正确的东西 知道衡量什么和如何进行衡量。在进行搜集之后，可以对用户的满意度进行衡量，以评估情报流程是否满足情报需求，是否缩小情报空白。换句话说，衡量是对某个特定的需求或条件予以满足的程度的量化。对用户满意度的重要衡量标准可包括这样的问题，例如：在伊朗所有的移动式导弹中，已确定位置的导弹占多大比例？石油工业计划的勘探区在哪里？2002 年，巴基斯坦、老挝、墨西哥、泰国、阿富汗和缅甸的鸦片种植面积预计是多少？这些国家的鸦片加工中心在哪里？它们的加工能力有多大？叙利亚的大规模杀伤性武器生产中心隐藏在哪里？所有这些问题都需要分析结论，但所有这些都导致对用户满意度衡量进行更加具体的界定。举一个衡量用户满意度的不恰当示例：在图像侦察中，目标区域有多大面积是按给定的分辨率进行搜索的？对目标区域进行百分之百

[1] John Prados, *The Soviet Estimate* (Princeton: Princeton University Press, 1987), 96–102.

的搜索，也可能不会得出任何有用的情报。搜集人员喜欢使用这种定量的衡量，因为它们提供了一种稳固且技术上可行的计算办法。

像美国和俄罗斯那样的情报机构，不具备将搜集人员与分析人员联结起来的有效反馈回路，部分原因是因为它们十分庞大。相反，这些机构是作为非闭合回路系统（open-loop systems）运行的，意思是它们没有反馈。特别是美国情报部门，过于关注数字——无论是在搜集质量上，还是在搜集数量上——对内容则关注不够。例如：

- 如果通信情报搜集人员能够对一个最优先的通信渠道进行 6 个小时的连续复制，那么他们很可能会受到嘉奖，即使该渠道在那个时段内没有任何实质性的谈话或整个渠道已被加密。
- 如果图像情报搜集人员对某处关键设施拍摄了 100 幅照片，在他们的搜集业绩评估中，每幅照片都会为他们赢得荣誉，即使最后 99 幅照片不包含任何新内容。
- 人力情报搜集人员的业绩通常是按照他们提交的报告数量进行评定，从而鼓励他们提交许多简短报告而不是许多完整报告。

对情报流程而言，以目标为中心的方法迫使搜集业绩把关注的重点放在内容上，而不是放在数量上。如果所搜集的材料不适用于任何目标模型——也就是说，它没有任何情报价值——它很快就会被所有相关者所了解，而且搜集人员很可能会采取行动，使未来的情报搜集与目标贴近。

处理令人困惑的问题

在鉴别目标模型中有情况空白时，分析人员偶尔会遇到一种在所有情报界都常见的空白：属性不明的实体（unidentified entity）或令人困惑的问题。

令人困惑的问题是一种与其说是搜集人员，不如说是分析人员面临的不同类型的事物。对于分析人员来说，令人困惑的问题就是知道它的存在，但不掌握任何实质性的证据。这方面的实例包括：毒品供应商与销售商之间必须存在沟通联系；如果手机生产出来，那么某个地方就一定存在造假设施；或者一个不知名的恐怖组织必须对最近发生的暴力行动负责。空白可能就在于查明通信联系、找出造假设施存在的证据或指出恐怖组织的名称并确认其领导人。

对于搜集人员，令人困惑的问题是一个无法纳入现有模型的有形客体。在图像情报搜集人员当中，它是图像中所看到而又无法断定其用途的神秘设施。在电子情报搜集人员当中，它是奇怪的新雷达信号。在通信情报搜集人员当中，它是两个身份不明的机构之间进行的加密通信联系。这里的空白可能就在于查明雷达的功能或确定那些组织的身份。

当前，比较有名的令人困惑的问题之一是——俄罗斯正在乌拉尔地区的亚曼托山区建设一个大型地下设施。过去 30 年来，该设施一直在施工进程中，已经成为美国国会和媒体关注和猜测的主题，但其用途仍然是一个谜。[1]

处理令人困惑的问题，需要分析人员和搜集人员在使用目标模型方面采取团体行动。在分析人员看来，目标模型必须查明各种存在的实体。搜集人员对模型的输入必须表明可能相关的、尚未查明的设施、信号和通信联系，而分析人员必须做出的回应是帮助搜集人员——通常是找出一个可将搜集人员尚未查明的实体纳入其中的模型。

五、计划未来的搜集行动：填补长期空白

当不需要向现有的搜集人员下达搜集任务，但又需要填补现有搜集人员不能填补的空白时，就会出现一个完全不同的问题。那么，需要的是要么开发新能力——招募具有必要途径的新特工，获取新的公开出版物，研制新的信号情报或图像情报搜集系统，等等——要么找到使用现有系统的

[1] U. S. Congress, *Congressional Record,* June19, 1997, H3943.

新方法。

制订这种计划，一般是搜集人员的责任。开发新能力是一个长期过程。开发新的人力情报来源需要 1 至 5 年或 5 年以上的提前量。在和平时期，新的卫星信号情报或图像情报搜集系统需要 10 年时间的开发和部署，尽管经验表明它们在危机或战争期间可以进行更快的部署。因此，分析人员必须依靠搜集人员制订长期计划。

对于长期空白问题，分析人员通常的贡献是界定长期需求，然后将剩余的工作留给搜集人员。填补长期空白的一个问题是正式的需求系统往往关注今天的需要与空白。但是，如大规模杀伤性武器扩散、恐怖主义和跨国犯罪活动这样重大的情报问题，往往是长期存在的。而它们的相对重要性会发生变化，而且也会出现新的问题。在 2008 年底和 2009 年初，世界性的经济危机突然就变成了大多数政府最为重要的情报任务。到 2020 年时，新的环境问题如流行性疾病、大规模移民和基本资源（食品和水）短缺可能比今天的问题显得更加重要。美国现有的搜集需求结构并不十分适合应对未来，而且也难以对付拒止和欺骗。第 10 章到第 12 章将对这个预测性问题进行总的论述。下一章会讨论拒止和欺骗问题。

六、小结

像美国情报界那样的庞大情报机构在计划和管理情报搜集中经历了相当大的困难。尽管分析不足造成大部分失误，但分析人员分析不了他们所不掌握的情报也是其中的原因。一个庞大的情报机构需要对最优先的目标制定一套谨慎计划的搜集策略。分析人员必须帮助搜集过程进行有效运转，他们可以通过大量地参与制定搜集策略来做到这一点。

制定搜集策略，通常采取四个步骤：第 2 章的用户问题分解和第 7 章的目标模型可在一起使用，首先查明情况空白，然后生成完整情报。步骤一是将目标模型与搜集来源相互联系起来，以便你能够利用最好的可用来源，计划搜集行动，填补情况掌握上的空白。

步骤二是查明你对目标的情况掌握方面存在的空白。比较一下目标模型和问题分解，各种空白通常会变得相当明显，对这些空白必须予以明确。如果搜集人员能够了解目标模型和问题分解，他们就可以在这个步骤以及随后的步骤中提供帮助。

步骤三是确定搜集策略，包括使用现有资源处理空白。以往搜集类似目标的经验可在这一步骤中提供帮助。研究一下用来填充现有目标模型的各种来源，可有助于确定那些最适于填补空白的来源。利用对目标的充分了解来确定搜集时机，可增加获取有用信息的机会。搜集策略的最大的成功在于与搜集者保持密切关系。在对最优先的目标进行大规模的搜集行动时，利用成本—效益分析制定和比较多种可选策略，或许是值得的。

步骤四是计划未来搜集系统的开发，这主要是搜集人员的责任。它涉及对现有的和未来可能的需求与空白进行评估，包括计划对付敌方的拒止和欺骗。

这些步骤形成一个循环往复的过程。为了便于了解，可把它们按顺序列举出来，但在实践上，它们往往以不同的顺序进行工作，而且随着时间推移，这个过程将出现若干次重复。

[第 9 章]

拒止、欺骗与信号传送

兵者，诡道也。

——孙子

在评估证据和建立目标模型时，分析人员必须不断地思考：证据是否可能是对手蓄意制造的。也就是说，分析人员看到的（或看不到的）是对手希望他看到的（或看不到的）。这通常意味着要考虑拒止与欺骗（denial and deception，简称 D&D）的可能性。拒止与欺骗是一个国家或一个组织的反情报武库中的主要武器。它们可能是许多国家对抗高度先进的技术情报（特别是图像情报和信号情报）可用的唯一武器。

这个问题的另一面是，对手可能会通过传递信息或发出信号，以塑造分析人员（希望）看到的情况。识别各种信号并了解它们的含义十分重要。

一、拒止与欺骗

拒止与欺骗具有多种形式。拒止相对比较直接：

- 通过间歇运行或者以地面线路代替无线电的操作方法——通常被称为辐射控制方法（emissions control，简称 EMCON）——来防止对手的信号情报手段获得我方的通信与雷达信号。技术上更加先进的对手可采用加密或统称为低截取概率技术（low-probability-of-intercept technique）的一系列技术方法，还可以采用一种更具侵犯性的干扰战术，即发送干扰信号，使对方的信号情报系统拥塞，以防止信号被截取。

- 对图像情报的拒止可采取伪装网形式、模糊或遮蔽技术，或将敏感的行动安排在地下设施内进行（同时防止其遭受攻击）；使用激光致盲传感器；在黑暗或有云层遮蔽的条件下实施行动，以隐蔽部队机动或非法活动；频繁进行部队调动，以避免成为对手的目标。
- 对高光谱图像情报搜集行动的拒止可包括分离气体排放（对化学物质进行净化，防止泄露）和处理废水，以隐藏工厂生产过程的性质。

欺骗方法的唯一限制是我们的想象力。被动欺骗（passive deception）可包括使用诱饵或使情报目标模仿一种不具有情报意义的活动——例如使化学战工厂看起来像是一个药品生产设施。战争中广泛使用的诱饵包括设立假的船只、导弹和坦克。

主动欺骗（active deception）包括提供错误信息（虚假的通信流量、信号、情节和文档）、各种误导性活动、双重间谍（被发现并“逆用”反对前雇主的间谍），以及其他活动。

类似恐怖组织这样的非法组织所实施的大部分欺骗活动，是情报机构必须予以处置的活动。为逃避国际限制，非法的武器走私分子（称为“灰色”武器走私者）和毒品走私者已经形成了一套完整的欺骗技能。他们利用中间人隐藏金融交易。他们在途中改变船只名称或飞机呼号，以误导执法官员。某航空公司在其名声与非法活动有了牵连之后，可在一夜之间改变其企业结构与名称。[1] 灰色武器走私者采用挂名公司和虚假的终端用户许可证。[2] 下面列举非法的武器运输飞机采用的一些标准的欺骗

[1] Brian Wood and Johan Peleman, *The Arms Fixers* (Oslo: International Peace Research Institute [PRIO], 1999), www.nisat.org/publications/armsfixers, chap. 5.

[2] 围绕致命武器的运输，国际协定要求船主有终端用户使用许可，买家要声明武器是自用，并且不会转让。

手法：

- 在一个国家注册飞机，然后将其包租给在另一个国家注册的公司，机组人员则从其他国家雇用，而飞机停在别的地方。
- 采用另一架飞机的呼号。
- 以一个注册号码飞入一个机场，然后以一个不同的注册号码飞出。
- 在飞往经批准的目的地途中进行计划外着陆，并卸载非法货物。
- 途中进行计划外着陆，并装载非法货物，然后在合法货物的掩护下运送额外货物。

在另一个真实的例子中，一位飞行员被告知其飞机的目的地是乍得（Chad）的恩贾梅纳（N'Djamena），但当他飞抵开罗时，他被告知制订一份新的飞行计划，目的地为阿曼（Oman）的马斯喀特（Muscat）。一旦飞机在飞往阿曼途中，机组被告知改飞南也门瑞安（Riyan）附近的木卡拉（Mukalla）机场，然后在沙特阿拉伯空域飞一个特定的迂回航线。[1]

各商业实体也采用欺骗手段来误导竞争对手，但公司在进行此类欺骗时通常都必须小心翼翼。目标是在误导竞争对手而不是大众（这在像美国这样的国家会导致诉讼）并且不能有任何非法行为。然而，在许多领域，如安排合同竞标和进行购并时，欺骗是常见的事情，而且是游戏中可接受的。

防止拒止与欺骗，首先从己方的拒止努力开始。也就是说，保护搜集与分析情报的各种来源和方法。

二、防范拒止与欺骗：保护情报来源与方法

在情报领域不言自明的是，如果你需要信息，就会有人设法不让你得到信息。我们已经反复指出，如果对手能够建立某个系统的模型，他就能

[1] Brian Wood and Johan Peleman, *The Arms Fixers* (Oslo: International Peace Research Institute [PRIO], 1999), www.nisat.org/publications/armsfixers, chap. 5.

够击败这个系统。因此，你最好的防御就是不让你的对手了解你的情报能力。不了解你的情报能力，对手就不能有效地实施拒止与欺骗。

对于小国政府而言，以及在商业情报领域，保护情报来源与方法，相对简单直接。对情报信息进行有选择的分发和严密控制就可以了。但是，一个大国政府具有太多的情报用户，没有理由实行这样严格的限制。因此，那些官僚机构已经精心建立了某种系统，以同时保护和分发情报信息。这种保护系统被笼统地称为**部门隔离**（compartmentation），因为它将信息放置在各个部门，并限制对这些部门的接触。

对情报信息进行保护，分两个层次。这两个层次就是区分情报**产品**和情报的**来源与方法**，而在通常情况下，对产品的保护少于对来源与方法的保护。为什么？如果产品丢失了，泄露出去的只是产品本身，并非是产品获取的来源。对于产品的密级，一般都定为“机密”或机密以下，尽管“绝密”也被用来保护特别敏感的信息[1]。对于可能泄露线人（间谍）身份的信息，可予以最高级别的保护。此类信息的泄露通常会导致有人坐牢或被杀头，线人会永久丧失，而其他潜在来源也会失去奋勇当先的勇气。

在美国情报界，情报产品、来源和方法是受到部门间隔离的敏感信息（sensitive compartmented information，简称 SCI）系统的保护。部门间隔离的敏感信息系统采用一套广泛的代号来保护线人和方法。通常情况下，只有搜集人员和处理人员能够接触代号材料。大多数情况下，对这类产品的保护只是以像“机密”和“绝密”这样的标准标记来进行，并允许一系列广泛的人员接触。

根据部门间隔离的敏感信息系统，对两类通信情报的来源和方法的保护级别极高。秘密的通信情报——一般通过对电信系统的窃听获得——受到严格保护，因为建立和提供高质量情报的代价不菲，它的丧失会造成严重的而且经常是永久性的影响。第二类受到高度保护的通信情报是建立在

[1] 世界各国的秘密分级各不相同，美国现在从高到低分别为 Top Secret、Secret 和 Confidential 等三级，中文一般分别译作“绝密”、“机密”和“秘密”。——编注

破译密码基础上的通信情报。密码破译的各种成功是在部门间实行严格隔离的，因为对手可以随时更改密码，而破译新密码则十分艰辛。

另一方面，大部分图像情报则没有什么特别的控制，因为这样的信息需要快速地提供给战地指挥官使用。无论怎样，需要对其来源和方法进行保护的地方非常少，因为当侦察机从头顶飞过时，敌人显然知道你正在拍摄。大部分航空照片已被定为“机密”或机密以下，而大量的卫星照片现在还没有确定密级。对于不寻常的图像情报，则需要进行高度的安全保护——不能让敌人知道己方的独特能力。

公开来源的情报几乎没有或根本没有任何保护，因为材料来源无须保密。然而，利用公开来源的材料的方法，以及情报机构对特别材料的兴趣，都反映了情报机构的目标，可以向对手透露许多信息。基于此种原因，翻译公开来源材料的情报机构，可经常限制其翻译材料的散发，使用如“仅供官方使用”（Official Use Only）等标记。使用限制性标记，还可使政府在有限使用这些材料的同时回避版权法。基于同样原因，对于翻译或复制供内部使用的材料，企业可利用在材料上类似的限制性标记，隐藏他们的兴趣，避免出现版权问题。

保护公开来源方法的一个更严肃的理由是：如果对手知道情报目标材料是什么，他就会更容易采取欺骗性的反措施。例如，美国早就知道许多情报机构翻译并热心地阅读《航空周刊与航天技术》杂志。当国防部希望误导对手对美国航空航天能力与意图的判断，这本杂志就顺理成章地成为刊登误导性文章的地方。

对专业化技术搜集手段的保护，在所涉及的许多情报领域差别极大。电子情报被定为“机密”或机密以下。当对手使用雷达时，他一定会假定有人会对其进行截听，而拒止是非常难以实施的。相比之下，外国仪器信号情报的价值取决于是否能够隐藏每一次成功的判读，这一判读针对的是搜集到的每一个遥感勘测信道。因此，外国仪器信号情报与通信情报相似——对情报处理部分予以严格的部门隔离保护。出于类似的原因，信息作战应当给予高度的保护。如果对手了解到信息作战的成功之处，信息作战就会轻而易举地被击败。

三、更高水平的拒止与欺骗

前面一节对一些简单直接的拒止与欺骗的示例进行了说明。欺骗必须遵循一条谨慎的途径，它必须难以发现（过于明显的线索可能导致欺骗的失败），但又不能过于难以发现，以至于你的对手会错过它。它通常在人力情报上使用，但在现代世界中，为了产生效果，它经常不得不采用多种情报手段，或称为“蜂群”式攻击。不同的国家正越来越多地使用多种情报手段，精心计划，周密部署，进行拒止与欺骗。这些行动甚至被赋予一个不同的名称——**知觉管理**（perception management）——其重点关注的是行动试图取得的结果。

对付因狂妄傲慢或官僚政治原因而不愿意改变有关某一主题最初结论的情报机构，知觉管理是非常有效的。如果敌对的情报机构做出错误的初始判断，长期欺骗就比较容易实现。如果拒止与欺骗获得成功，敌对机构就面临一个**消除影响**的过程：其倾向性和已经得出的结论不得不摈弃和更换。适应性强的机构具有消除影响的能力，因而不那么容易受到拒止与欺骗。庞大的官僚机构将发现消除影响是非常困难的。

最好的知觉管理是由选择性强的目标生成，旨在将特定的信息传递给特定的人员或机构。这就需要了解这个人或机构在情报方面的偏好。所有这些使得知觉管理难以做好，不过一旦成功，知觉管理得到的回报非常高。它会使敌对的情报机构做出误判，或建立起一种错误的安全感。如果你拥有关于外国情报战略的三个元素（目标、行动及联系，在第 3 章已有描述）的成熟模型，那么，你就可以采取知觉管理或隐蔽行动（covert action）[1] 的方式发起有效的反情报反击，如下面的例子所示。

[1] 西方情报机构一种重要的活动。主要通过颠覆、破坏、暗杀和宣传等手段秘密推行国家的外交政策，影响对象国的认知。——译注

根本不存在的人

第二次世界大战期间，英国针对德国情报工作建立起一个非常好的模型，深刻了解德国在西班牙的作战行动，以及德国与西班牙情报部门之间的紧密联系。由于掌握了这些情况，英国人得以在西班牙海岸上放置一具看起来像是英国参谋军官的尸体，他携带的文件表明盟军下一个攻击行动的目标。这次欺骗取得了成功，因为英国人拥有一个对德国和西班牙情报部门如何在一起合作的最佳模型，而且他们知道德国人最可能相信哪种形式的信息。假的作战计划可能会引起德国人的怀疑。然而，那份关键文件是一份精妙的杰作，它却采用了私人信件的形式，暗示下次进攻将攻打撒丁岛和希腊，而对西西里（实际的入侵目标）展开的则是一次佯攻。德国人被彻底欺骗了。这个欺骗故事已被收录到一本书和一部动画片中，名字都叫《根本不存在的人》[1]。

古巴导弹危机

1962 年初，苏联人决定将装有核弹头的 SS–4 和 SS–5 型弹道导弹部署在古巴，以反击美国在瞄向苏联的弹道导弹上不断增长的优势。这次部署采取了一个周密实施的拒止与欺骗计划，将人力情报、图像情报、开源情报和外交欺骗综合到一起，以避开美国情报机构。

- 执行这次古巴任务的苏联部队被告知，他们将前往一个寒冷地区。他们配备了滑雪橇、毡靴、羊毛大衣和其他的冬季装备。
- 军官和导弹专家以机床操作手、灌溉专家和农业专家的身份前往古巴。
- 导弹从八个苏联港口启运，以掩盖行动的规模；导弹在夜色掩护下进行装载。
- 导弹箱和发射装置被盖上了金属护罩，以防止红外摄像。

[1] Ewen Montagu, *The Man Who Never Was* (Annapolis: Naval Institute Press, 1953).

- 普通汽车、拖拉机和收割机被装在顶层甲板上，以造成那些船只仅仅运输农业设备的假象。
- 船只在离开黑海和博斯普鲁斯海峡时进行了虚假的申报。他们更改了货物记录，申报的吨位远远低于实际的装载量。他们经常将几内亚首都科纳克里（Conakry）作为他们的目的地。
- 在古巴，任何类似农业设备的东西都在白天卸载。武器只在夜间卸载，并在夜间沿着偏僻的道路，直接运往导弹基地。
- 莫斯科广播电台例行报道苏联在向古巴提供"机床、小麦和农业机械……与化肥"。
- 在一项被证明是绝妙的举措中，苏联人为掩盖该行动而泄露了在古巴部署导弹的准确信息。他们通过在美国的古巴反革命组织泄露了准确的细节。由于认为该组织不可信，美国中情局没把这个信息当成一回事，并且也不受理后来从古巴人、游客和在古巴的外交官那里获得的大量报告，认为其仅仅是更多的同类信息而已，但事实上其中有些信息是真实的。
- 9 月间，苏联外交官反复向美国高级官员保证，他们没有将进攻性武器部署在古巴的意图。[1]

这次欺骗不很完美，存在一些失误：

- 苏联人利用"波尔塔瓦"号货船运输导弹。有些美国专家推测出该船运载的是弹道导弹，因为苏联人运送导弹时采用的就是像"波尔塔瓦"号这样的大舱口船。
- 如果船只中途遇到机械故障，船长被告知，向提供援助的船只解释说他们正在出口汽车。假如真的发生这种情况，这将是对分析人员的一种提示，说明有些情况被忽视了，因为苏联当时不是汽车出口国。
- 部署完成后，部队对空中侦察没有进行很好的隐蔽。苏联人没有改变他们所特有的图像特征，而这导致美国人于 10 月发现了圣克里

---

[1] James H. Hansen, "Soviet Deception in the Cuban Missile Crisis," Central Intelligence Agency: Studies in Intelligence 46, no.1 (2002), www.cia.gov/csi/studies/vol46no1/article06.html.

斯托巴尔（San Cristobal）导弹发射场，从而揭开了古巴导弹危机的序幕。[1]

总之，苏联的欺骗行动显然是精心策划的。由于苏联人非常了解美国的情报能力，多种情报手段的拒止与欺骗行动在长时间内取得了成功。

“永别”档案

详细了解对手是反情报取得成功的关键，就像“永别”行动（Farewell Operation）所展示的那样。1980 年，法国国内安全部门领土监护局（Direction de la Surveillance du Territoire，简称 DST）招募了苏联克格勃中校弗拉基米尔·维特洛夫（Vladimir I. Vetrov），代号为“永别”（Farewell）。维特洛夫向法国人提供了大约四千份文件，详细阐述了克格勃从西方（主要是美国）秘密获取技术知识的广泛行动。1981 年，法国总统弗朗索瓦·密特朗（François Mitterrand）与美国总统罗纳德·里根（Ronald Reagon）分享了这个情报来源和那些文件（领土监护局将其命名为“永别档案”，Farewell Dossier）。

这些文件披露了一次影响深远的情报行动，通过该行动，克格勃成功地获取了关于雷达、计算机、机床、核武器及其制造技术等高度敏感的军事技术。但是，这份清单上的具体目标却也为美国情报机构进行有效反击提供了指导。

1982 年初，美国国防部、联邦调查局和中情局开始谋划反击行动。美国这个联合工作小组不是简单地提高针对克格勃行动的防御能力，而是利用克格勃的采购清单，通过在中情局控制下的渠道，向苏联人提供清单上的物品，并对物品做了一些“改进”，旨在通过验收测试，但在实际使用中却会随机发生故障。存在缺陷的芯片、涡轮和工厂建设方案进入了苏联军事和民用工厂与设备，有关美国隐形技术和太空防御的误导性信息流入

[1] James H. Hansen, “Soviet Deception in the Cuban Missile Crisis,” Central Intelligence Agency: Studies in Intelligence 46, no.1 (2002), www.cia.gov/csi/studies/vol46no1/article06.html.

苏联的情报报告。由此导致的各种故障给苏联的主要工业领域带来严重的挫折。最戏剧性的一次事件是由美国提供的天然气管道管理软件造成的，该软件安装在苏联跨西伯利亚天然气管道上。它有一个特点，即在某一时刻使管道内的压力远远超过管道的耐受力。结果，天然气管道于 1982 年发生爆炸，而这次爆炸被描述为“从太空都能看到的最巨大的非核爆炸与火灾”[1]。

开展欺骗活动经常需要付出广泛的努力，但有时所得到的回报值得这样付出。“永别”欺骗行动付出了高昂成本，但产生了许多收益，它也许加速了冷战的结束。

在许多方面，“永别”欺骗行动是完美的反情报反应，即使它后来的曝光也没有减少这次欺骗行动的效果，因为这次曝光使得克格勃成功获取的技术受到质疑，并使其技术搜集行动在苏联国内声名狼藉。[2] 如果不详细了解维特洛夫中校提供的详细情况，就不可能开展这次欺骗行动，而这使得美国能够对克格勃的目标、克格勃行动的性质和各种联系——在技术搜集行动中利用华沙条约组织成员国的情报机构——创建各种详尽的模型。

印度核试验

其他的情报机构经常通过决策者的行动，了解美国的情报搜集能力。以情报结果为基础的新的政策方针[3]和公开声明，不可避免地会泄露情报能力的某些信息。为了掩盖 1998 年 5 月 11 日进行的核装置试验，印度根据它了解的情况，制订了战略欺骗计划。那一天，印度人在位于该国西北

[1] Thomas C. Reed, *At the Abyss: An Insider's History of the Cold War* (Novato, Calif.: Presidio Press, 2004).

[2] Gus W. Weiss, “The Farewell Dossier,” Central Intelligence Agency: *Studies in Intelligence* 39, no. 5 (September /October 1996), www.cia. gov/csi/studies/96unclass.

[3] 政策方针（demarche）是一种政治或外交步骤，如向某外国政府提出外交抗议或派出外交代表。

部沙漠中的博克兰（Pokharan）核试验场进行了三次地下核试验。试验完全出乎美国的意料。

欺骗之所以取得成功，是因为印度政府非常了解美国图像分析人员用于探测试验准备的关键要素。美国政府曾经成功地阻止过印度早先制定的核试验计划。1995 年 12 月，美国侦察卫星观察到博克兰试验场的试验准备情况，包括车辆移动和试验装备的部署。美国驻印度大使在一次堪称成功的外交照会中将那些图像展示给印度高官，试着说服他们不要进行核试验。[1]

利用从那次活动中所得到的情况，为了掩盖为 1998 年的试验所进行的准备，印度人谋划了一次巧妙的拒止与欺骗行动。除其他事情外，拒止行动包括掩埋通往试验井的电缆和电线。[2] 欺骗行动至少包括两个主要元素 :

- 在试验前夕，印度政府发表了许多公开声明，旨在向华盛顿保证，印度不想进行任何核试验，并将美国的注意力吸引到可能的弹道导弹试验上。
- 与此同时，他们开始在距离博克兰试验场 1, 000 多英里的昌迪普尔（Chandipur）导弹试验场进行导弹试验准备。印度人实际上试射了一枚地对空导弹，但他们将更多的设备运进试验场，以便使这次试验看起来是一次中程弹道导弹试验。[3]

结果，美国侦察卫星据说聚焦昌迪普尔导弹试验场，在进行核试验时，只有很少的一部分覆盖核试验场。[4] 这次欺骗的成功也与美国政府的

[1] Tim Weiner and James Risen, "Policy Makers, Diplomats, Intelligence Officers All Missed India's Intentions," *New York Times*, May 25, 1998.

[2] Tim Weiner and James Risen, "Policy Makers, Diplomats, Intelligence Officers All Missed India's Intentions," *New York Times*, May 25, 1998.

[3] "Strategic Deception at Pokharan Reported," *Delhi Indian Express in English*, May 15, 1998, 1.

[4] Tim Weiner and James Risen, "Policy Makers, Diplomats, Intelligence Officers All Missed India's Intentions," *New York Times*, May 25, 1998.

思维定式有关，他们认为印度希望改善与美国的贸易关系，不会通过核武器试验而引发危机。[1]

四、反击拒止与欺骗

许多抗击拒止与欺骗的标准办法，早在第二次世界大战期间就已形成，在增加了新的手段与技术后，它们仍然在发挥作用。然而，当搜集行动变得过于可预测时——就像在庞大的情报机构中可能发生的那样——各种抗击拒止与欺骗的战术就不再奏效。如果对手能够对搜集过程建立模型，他们就能够击败它。美国情报机构在经历了一些痛苦的失败后，从对大量的苏联目标进行人力情报搜集中吸取了这一教训。有一种倾向认为，空中（卫星）图像情报和信号情报不那么容易遭受反制措施的袭击。然而，批评人士已经指出，如果对手对搜集系统有足够的了解，那么对图像情报和信号情报不仅可以实施拒止，而且也可以进行有效的欺骗。[2] 敌方进行拒止与欺骗的效力，直接反映了搜集行动的可预测能力。

对所有的利益相关方而言，击败拒止与欺骗的最好方式是用以目标为中心的方法进行密切协作。情报搜集的两条根本准则形成了一个互补的组合：一条准则旨在为搜集人员击败拒止与欺骗提供激励措施；另一条准则提出击败拒止与欺骗的各种方式。

第一条准则是建立一种有效的反馈机制。产品是否与情报问题**相关**，是对搜集效果的正确衡量，而分析人员和情报用户（而不是搜集人员）决定了这种相关性。该系统必须执行一种以内容为导向的产品评估，因为内容可衡量相关性。这意味着在分析人员与搜集人员之间存在一个强大的反馈系统，而且一般来说，搜集人员已经与分析人员建立了密切的联系。联

[1] Tim Weiner and James Risen, "Policy Makers, Diplomats, Intelligence Officers All Missed India's Intentions," *New York Times*, May 25, 1998.

[2] Angelo Codevilla, *Informing Statecraft* (New York: Free Press, 1992), 159–165.

系必须是双向的，搜集人员需要清晰地了解他们的产品是如何用来修正目标模型的。

在历史上的某个时期，各国情报机构在抗击拒止与欺骗方面做得非常好。第二次世界大战期间，英国和德国都具有高效的系统，用于识别各种拒止与欺骗手段，并对它们进行反击。（盟军用来掩盖 1944 年诺曼底登陆的成功欺骗是一次显著的例外。）几乎没有什么拒止与欺骗策略能够长时间奏效。英国和德国均将其在第二次世界大战中的成功，归功于他们的情报过程具备严密的反馈回路。情报分析人员经常与图像情报和信号情报搜集人员进行互动，以制定“反反制措施”（counter-countermeasure），结果就产生了一个持续的行动与反行动过程，就像过去 60 年间电子战与雷达通信领域发生的那样。

第二条准则是为了使搜集行动更加巧妙和不可预测。不要为了数量和质量而充分利用系统，要为内容而充分利用系统。例如，人们可以将基于卫星的搜集设备送到不那么理想的轨道上，以便使对手感到意外或惊慌失措。在复杂性的另一个极端，就是在搜集对方废弃的文件（通过垃圾搜集对方情报，TRASHINT）时，不要每天在同一时间进行。

以新的方式使用传感器。分析团队通常在其职责范围内考虑传感器的使用方式。另外，为了某个问题（例如反毒品）而制定的击败拒止与欺骗的方法，可能也适用于其他的问题（如武器扩散）。

考虑采用各种挑衅方法对付拒止与欺骗目标。在美国空军从 20 世纪 50 年代开始的空中侦察计划中，挑衅方法被有效地用于克服苏联的辐射控制做法。在辐射控制中，人们不把所有的非必需的信号发射到空中，直到信号情报搜集者离开该区域。美国对此的反应是派出一架飞机，做出突破苏联边界的飞行架势，直到苏联人打开其整个防空网络应对这种威胁的最后一分钟才改变航向。试探对手的系统并观察其反应，是更多地了解该系统的一种有效策略。即便如此，试探也可能产生不理想的后果：苏联人会偶尔追逐并击落侦察机，以阻止这种试探做法。

找到附带目标或推理目标。如果对手对某一特定设施实施拒止与欺骗，那么也许可以对辅助设施进行推断，从而使其欺骗行动被暴露。围绕某处设施采取的安全措施及其附近的通信、电力或运输设施的性质与状态，可以提供一张比较完整的画面。第 6 章介绍的英国突击队在布鲁纳瓦尔成功袭击雷达站所造成的一个后果是，德国人用铁丝网把海岸附近的乌尔兹堡雷达保护起来。铁丝网在航空照片上可清晰地辨认出来，使得英国的照片分析人员能够相对容易地确定德国人到目前为止成功隐藏起来的雷达位置。

最后，利用欺骗保护搜集能力。军事战术家声称，对付坦克的最好武器是另一辆坦克，而对付潜艇的最好武器是另一艘潜艇。同样，对付拒止与欺骗的最好武器是误导或搞乱对手的情报能力，破坏他们的预警计划，并使其情报机构丧失信誉。第 6 章讨论了“詹尼弗项目”，即美国利用“格洛玛探测者”号打捞一艘沉没的苏联潜艇。“詹尼弗项目”得到一个巧妙的欺骗计划的保护，其用意是让苏联情报部门相信，“格洛玛探测者”号的目的是深海采矿，并对该船的作业进行了仔细计划，以支持这一印象。欺骗显然取得了成功，部分原因是美国情报部门知道莫斯科几乎不会关注一艘仅有商业目的的船只。

在情报分析中，对付拒止与欺骗的第一道防线就是保持备选的目标模型，如第 7 章所述。另一个重要步骤是不断发展新技巧，进行传感装置的融合或情报数据的综合。只要将几种情报手段（如人力情报手段，通信情报手段）组合起来，同时使用或连续使用，就可击败拒止与欺骗。击败一个传感器或搜集渠道是相对容易的，击败所有种类的情报搜集手段则比较困难。例如，超频谱成像是对付图像情报欺骗的一件利器，因为它可用来衡量一个目标的众多不同方面（特征）。可以预计，对手会越来越多地采用蜂群式的拒止与欺骗行动，对若干个情报领域发起协调一致的攻击，就像苏联人在古巴导弹危机中的协调行动那样。然而，正如那个例子所示，这种复杂的行动不可避免地存在弱点，分析人员必须找出这些弱点。

五、信号传送

信号传送恰好与拒止和欺骗相反。它是一个蓄意发出信息的过程，通常是发给敌对的情报机构。我们在这里讨论它，是因为它与拒止和欺骗一样，对它的使用取决于充分掌握敌对情报机构是如何获取和分析情况的。识别并判读对手的信号，是分析人员必须面对的困难之一。根据局势，信号可以通过行动或陈列进行非书面传送，或者依据信号内容的不同，按照其细微的差别进行传送。

谈判时，信号既可以是言辞性的，也可以是非言辞性的。真正的信号经常被用来代替公开声明，在保持拒止的同时提供信息。虚假信号被用来误导对手，通常是为了获得谈判优势。

随着卫星图像的增加而更多采用的某种信号，是为了展示成像地区可发出信号的各种物体。作为一种恐吓战术而在前线集结部队，就是信号传送的一个示例。它是尽人皆知的一种策略，萨达姆 · 侯赛因（Saddam Hussein）于 1990 年 7 月在科威特边境实施部队集结，被解读为向科威特施压以达成其经济特许协议的一种信号。

在商业上，信号经常是通过行动而不是言辞来传递的。竞争对手的产品价格上升或下降、某次收购、某条新的生产线或某次重大改组，以及其他行动，都可以是其在未来市场意图的一种信号。

对信号进行分析需要研究信号的内容、背景、时机和来源。向媒体发表的声明与通过外交渠道发表的声明相当不同——后者通常更为重要。举一个背景环境的示例，埃及大使在使馆举行的一次活动上向美国武官发表谈话，很容易被当作一个信号，而大使知道他是在同一位情报官谈话。

同一文化成员之间发出的信号可能相当细微，但成功理解这种信号的概率很高。两家美国企业的经理可以自信地互发信号，他们都了解各种规则。一位美国经理与一位印度尼西亚经理误解彼此信号的风险就高得多。

信号传送的文化差异可能很大。为了传递信息，不同的文化对言辞和非言辞信号的依赖性不同。依赖非言辞信号和背景的人越多，复杂性就越大。例如，日本人十分依赖非言辞信号，而信号背景却具有十分重要的意义。如图 9–1 所示，瑞士人处于另一个极端，他们的信息是言辞性的、明确的和独立于背景的。

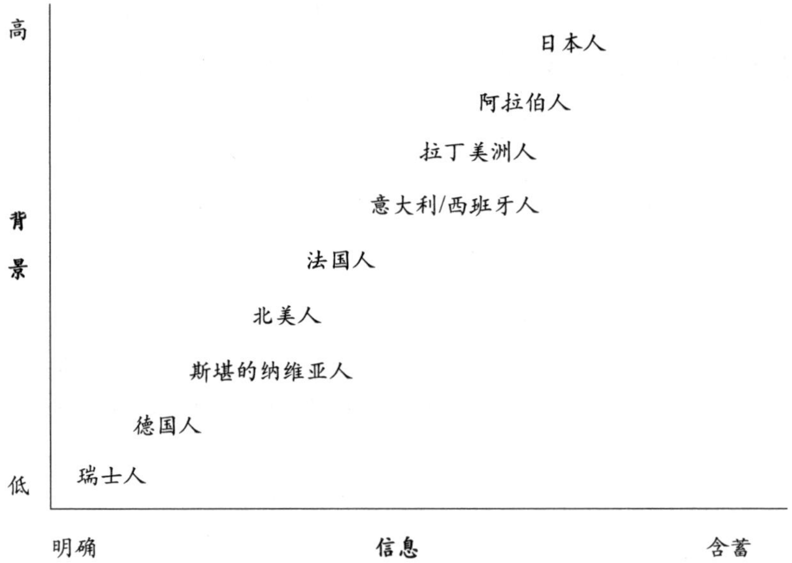

图9–1　信号传送中的文化差异

来源：Edward T. Hall, *Beyond Culture* (Garden City, N.Y.: Anchor Press, 1976).

信号传送是一门艺术，而解读信号也是一门艺术。不能了解信号，就可能造成严重后果。

> 朝鲜战争期间，当美国和联合国军向北纬 38 度线以北推进时，中国判定朝鲜战败是不可接受的。中国领导人在若干方面采取了行动，发出“如果继续这种推进，中国准备采取军事行动”的信号。外交照会、新闻发布会和公开的部队调动均被用来发出这种信号。美国决策者和军队领导人既不认真考虑这些信号，也

没有理解这些信号，结果中国人的介入令他们措手不及。[1]

1990 年 7 月，美国国务院无意间发出若干个信号，而萨达姆 · 侯赛因显然将其解读为美国对伊拉克攻打科威特开了绿灯。国务院发言人玛格丽特 · 塔特怀勒（Margaret Tutwiler）说 ：“我们与科威特没有任何防务条约……”第二天，埃普丽尔 · 格拉斯比（April Glaspie）大使告诉萨达姆 · 侯赛因 ：“像贵国与科威特之间的边境纠纷这样的阿拉伯国家内部冲突，我们不发表任何意见。”伊拉克入侵科威特的前两天，助理国务卿约翰 · 凯利（John Kelly）在众议院外交事务委员会作证时说，如果科威特受到攻击，我们没有义务对其进行防御。[2]

科威特的例子说明了信号的另一面，即情报分析人员需要为用户提供支持。很显然，能够告诉决策者对手的信号是什么并且对其加以解读，是十分重要的。但同样重要的是，要使决策者知道，对手将如何解读我方的信号，不管这种信号是有意发出还是无意发出的。

六、在拒止与欺骗世界中的分析术

分析人员往往将情报分析视为一门技艺或技术，而不将其看成一套具有经过检测和验证方法的正式学科。[3] 事实上，专业情报人员将各种分析方法称为**“技巧”**（tradecraft）。有一种观点认为，情报分析应该成为一门专业——这就意味着它应是一个可重复、标准化、有着既定惯例的过程。

---

[1] P. K. Rose, “Two Strategic Intelligence Mistakes in Korea, 1950,” *Central Intelligence Agency: Studies in Intelligence* (Fall/Winter 2001), www.cis.gov/csi/studies/fall_winter_2001/article06.Html.

[2] Jude Wanniski, “Where Did Saddam Hussein Come From?” *Wall Street Journal*, February 19, 1998.

[3] Rob Johnson, *Analytic Culture in the U.S. Intelligence Community* (Washington, D.C.: Center for the Study of Intelligence, Central Intelligence Agency, 2005), 20.

作家们经常把情报分析与医疗职业进行类比。[1] 分析人员和医生都重视证据，并在很大程度上以同样的方式得出结论。事实上，像医学一样，情报分析是技艺、技巧和科学的结合。[2] 不同的医生可从同样的证据中得出不同的结论，不同的分析人员也一样。

情报分析人员面临的问题种类与医生不同。科研人员和医学专业人员通常不处置拒止与欺骗，一般也不会遇到试图阻止他们获取情况的对手。在医学上，一旦医生掌握了治疗某种病状的过程，该过程就总是有效的。人体不会对治疗产生对抗措施。[3] 但在情报工作中，对手可能能够识别出分析过程并对该过程进行抗击。如果分析变得标准化，那么对手可以预测你将如何分析可用的情报，实施拒止与欺骗就容易许多。举个例子，思考一下本书前面讨论过的古巴导弹危机中苏联“泄露”相关情报的后果。从其本质属性来看，情报搜集和分析必须有所发展。人们不能建立一个流程，然后轻率地将其无限期地保持下去。

情报分析事实上类似于扑克游戏，尤其像七张梭哈扑克游戏[4]（Seven Card Stud）或德州扑克玩法[5]（Texas Hold ’Em）。你有一个对手，对手的

---

[1] Steven Marin, “Intelligence Analysis: Turning a Craft into a Profession,” May 2, 2005, http://analysis.mitre.org/proceedings/ Final_Papers_Files/97_Camera_Ready_Paper.pdf.

[2] Rob Johnson, *Analytic Culture in the U.S. Intelligence Community* (Washington, D.C.: Center for the Study of Intelligence, Central Intelligence Agency, 2005), 43.

[3] 当然，这种类比有其局限。通常情况下，医生必须与隐瞒了尴尬病史的病人打交道，但病人很少会故意引导医生做出一个错误的诊断。并且，随着时间的推移，细菌确实会对抗生素产生抗药性。

[4] 梭哈扑克游戏中最受欢迎的一种，牌手在 2 到 8 人之间。每个牌手总共都会被发给 7 张牌，3 张面向下，4 张面向上。游戏目的从你手中的 7 张牌中组合出最好的 5 张牌套牌。因为每个玩家有 4 张明牌，因此记住每个玩家放弃的牌是什么非常重要。玩牌过程中需要玩家精力集中，记忆力好，这样在每一轮下注过程中，你便可以判断对手可能成什么牌，不可能成什么牌，从而决定自己如何下注。——译注

[5] 一种玩家对玩家的公共牌类游戏。一张台面上少则 2 人，多则可以容纳 22 人，而一般是由 2 到 10 人参加。德州扑克一共有 52 张扑克牌，没有王牌。每个玩家先分两张牌作为“底牌”，另有 5 张由荷官（发牌员）陆续朝上发出的公共牌。在牌局开始的时候，每个玩家要在 7 张牌中选取 5 张组成最大的牌型。在经过所有的押注圈以后，

有些牌是明牌，有些则是看不到的。你必须观察对手的动作（赌注、时机与面部表情，而这些都包含技艺和技巧），并使用统计学和其他科学工具进行模式分析。回顾一下本章开篇所引用的孙子的论述，打扑克就像打仗一样，是以欺骗为基础的；而像打扑克一样，情报是有关战争的。有许多种玩扑克的“方法”，就像有许多种情报方法一样。没有哪一种方法是普遍适用的，而一旦这些方法被了解了，所有的方法都可以被战胜。

对于扑克游戏和情报分析来说，有些根本原则是共同的。在扑克游戏中，你根据对对手过去行为的观察，为其创建一个模型；然后，你根据对对手的模型、他现在玩牌时的行为证据以及所观察到情况（例如亮明的牌）的统计分析，为当前的这副牌建立一个模型。你对那些模型进行分析并做出判断。在情报分析中，你的做法也同样如此。

七、小结

在对原始情报进行评估时，分析人员必须不断地意识到这样一种可能性，即他们正在阅看的材料可能就是敌方蓄意提供的。情报活动的大多数目标都会实施某种形式的拒止。欺骗——提供虚假信息——不那么常见，因为它需要更多的精力，而且还可能适得其反。

防范拒止与欺骗，从你自己拒绝敌方了解你的情报能力开始。有些搜集来源与方法必须予以严格保护，否则它们就易于受到拒止与欺骗。人力情报来源的名称、通信情报或专业化技术搜集的性质和对加密信息的解密

游戏则会进入“摊牌”阶段，也就是让所剩的玩家亮出各自的底牌以较高下，持大牌者获胜。德州扑克是一种知识性非常强的扑克游戏，有一定的运气成分，但玩家之间主要还是要靠斗智力、耍手腕、动脑筋。其规则非常简单，比较容易掌握，但是要达到精通的境界却有一定的难度。想要成为一个成功的德州扑克玩家，不仅要掌握基本的攻守策略，还要能认清对手的各种玩牌伎俩，根据不同的对手，采取不同的策略，只有知己知彼，才能百战百胜。长远来讲，玩德州扑克就像进行一场马拉松比赛，谁有耐心有耐力水平高谁就会赢，不像赌场其他赢钱主要是靠运气的游戏。——译注

等，均属此类。相比之下，对情报来源提供的信息的保护，却不如对该来源细节的保护，因为所提供的信息需要送给许多情报用户。图像情报和开源情报受到的保护，通常低于人力情报、通信情报或专业化技术搜集手段所受到的保护。

当一个情报机构充分掌握另一个情报机构的信息来源与方法时，很可能发生更为大胆和巧妙的拒止与欺骗。这些经常被称为**知觉管理**的拒止与欺骗，涉及制定多种情报手段的协调行动，让敌方情报机构做出错误的初始判断。达成这些以后，敌方情报机构面临一个可能非常困难的消除影响的过程。高水平的情况掌握还可使得秘密行动能够干扰敌方情报机构，并使其失去可信性。

通过将用户、搜集人员和分析人员的不同观点汇总在一起，一个合作的、以目标为中心的过程可帮助阻碍敌方的拒止与欺骗。在分析人员的帮助下，搜集人员在拒止与欺骗环境中可以更加有效。作为一个团队，搜集人员可以更多地使用欺骗的、不可预测的和挑衅性的搜集方法，而这些方法已经证明在击败拒止与欺骗中是有效的。

与拒止与欺骗相反却又密切相关的做法是信号传送，即蓄意向敌对情报机构发出信息。与拒止和欺骗一样，其成功取决于对接收信号的对手是否有透彻的理解。信号可以用言辞表达，也可以用行动来展示。分析人员必须注意各种信号的出现，并且熟练地解读它们的含义。当信号必须在不同文化之间进行传送时，它们经常被忽略或误判。

情报分析是技艺、技巧和科学的结合。究其原因，在很大程度上是因为分析人员必须不断地对付敌方的拒止与欺骗，并且，从根本上来看，对付拒止与欺骗还是一个艺术地应用技巧的事情。

第三部分

预测性分析

[第 10 章]

预 测

你的问题在于，你在事情发生之前不能预见到它们。

——沃坦对弗丽卡的台词，理查德·瓦格纳（Richard Wagner）的歌剧《英魂传唤使》（*Die Walküre*）

叙述过去的事件，不是情报分析，那是历史。最高级形式的情报分析是对可能发生的情况进行预测的结构性思考（structured thinking）。真正的情报分析总是预测性的。

然而，做出决策的用户往往对预测性分析（predictive analysis）持怀疑态度，除非他们亲自做这种分析。他们认为自己对未来的判断起码与专业分析人员一样好。因此，如果分析人员提出某种预测，却又没有过硬的证据支持，那么，他对该预测遭到决策者忽视不应感到意外。

另一方面，如果预测性情报推理缜密，而且决策者与行政管理人员能够理解分析人员的逻辑，那么他们将接受并采用这种预测性情报。前国家安全顾问布伦特·斯考克罗夫特（Brent Scowcroft）评论说："对决策者而言，情报判断应该提醒他有哪些力量在起作用，趋势是什么，以及他必须考虑哪些可能性。"[1] 达到这些要求的预测性评估（predictive intelligence

[1] Quoted in Woodrow J. Kuhns, "Intelligence Failures: Forecasting and the Lessons of Epistemology," in *Paradoxes of Strategic Intelligence: Essays in Honor of Michael Handel*, ed. Richard K. Betts and Thomas G. Mahnken (London: Frank Cass Publishers, 2003), 96.

assessment）将易于被接受。本章和接下来两章将讨论如何准备这种评估。

一、对预测的介绍

情报可以处理各种常规发展的预测。不变力预测法(趋势外推法，extrapolation)——完全根据过去的观察进行预测——可以相当准确地预测短期既定趋势和组织行动，满足我们的需要。

长期预测具有相当强的挑战性，因为它受热力学第二定律的限制，正如在第 7 章中所介绍的那样，熵（混沌、随机性）总是随时间增长。当你抵达拐点即某种重大的转折时，预测就变得极其不确定。我们不能随时抓住根本的改变，对那些宣称已经做到的人我们也表示怀疑。除了对预测进行叙述之外，分析人员还必须能够对此问题进行跨学科的了解，采用一套已被证实的预测方法。了解一项特定的技术专长，可能对建立简单的目标模型十分有用，但超出这个范围，它就显得力不从心。

另外，情报预测可影响其预测的未来走向。决策者经常根据预测采取行动——有时敌我双方都会这样做。国会和卡特（Jimmy Carter）总统向媒体散发的中情局的报告警告说，苏联石油产量可能在 20 世纪 80 年代初达到平稳，然后开始下降，最后成为石油净进口国。苏联的石油生产事实上在下降，但苏联人——也许是因为美国中情局的公开预警——将投资转向了能源领域，并改变了他们的提炼和勘探政策，以避免发生最糟糕的情况。[1] 另一个例子是，1990 年，有关南斯拉夫情况的《国家情报评估》的发表（见附录）加速了它所预测的南斯拉夫的解体。

进行预测的第一步，是考虑所涉及的各种现象，以判断预测是否可行。

---

[1] Center for the Study of Intelligence, Central Intelligence Agency, "Watching the Bear: Essays on CIA's Analysis of the Soviet Union," conference, Princeton University, March 2001, www.cia.gov/cis/books/watchingthebear/article08.html, 6.

二、趋同与趋异现象

在第 7 章，我们讨论了趋同与趋异证据。如果各种证据趋向于加强同一结论，它们就是趋同证据；如果它们指向不同的结论，它们就是趋异证据。在出于预测目的考虑各种趋势与事件时，我们使用相同的术语：趋同现象使预测成为可能，而趋异现象则使预测受阻。

预测开始前，我们需要提出一个基本问题：因果法则适用吗？也就是说，我们必须分析并进行预测的现象受因果关系规律制约吗？经典物理学的一条基本原理就是因果法则。任何系统的行为均可以从其组成部分的平均行为预测出来。科学家欧文·朗缪尔（Irving Langmuir）将这种行为定义为**趋同现象**。

导致第一次世界大战的各种事件都有一种必然特性，符合趋同现象，对此，芭芭拉·图克曼（Barbara Tuchman）在《八月炮火》（*The Guns of August*）中对此做了极好的介绍。[1] 第一次世界大战是可预测的——事实上，它已经被当时许多敏锐的观察家预测到了。没有哪一个人或哪一个事件实际上“引发”了第一次世界大战；弗朗西斯·费迪南大公（Archduke Francis Ferdinand）和他的妻子索菲（Sophie）在萨拉热窝的遇刺，只是引发了一个过程，而这个过程的基础已经打了许多年。同样，美国与日本之间的战争在 1941 年的大部分时间里都是可预测的（而且双方都预测到了这一点）。日本入侵印度尼西亚、美国随后对日本实施石油禁运、双方冻结资金、美日关系在 1941 年秋季持续恶化——所有事件都趋向战争。[2] 还有，“基地”组织（al Qaeda）对美国全球利益持续攻击的样式也是可预测的，而且在 2001 年 9 月 11 日恐怖分子驾驶飞机撞向五角大楼和世贸中心之前就已经被预测到。在 20 世纪 40 年代和 50 年代，当乔治·凯南（George Kennan）大使在定义美国对苏联要采取的“遏制”政策时，他发现了也许是 20 世纪最重要的趋

[1] Barbara W. Tuchman, *The Guns of August* (New York: Random House, 1962).

[2] Roberta Wholstetter, *Pearl Harbor: Warning and Decision* (Stanford: Stanford University Press, 1962).

同现象。他指出，如果苏联受到遏制，它最终就会崩溃，因为它的军事发展过度，而经济系统发展不足。

相反，许多现象是不受因果法则制约的。量子物理研究的是单个原子或基本粒子，它们的行为像抛硬币一样不可预测，只能用概率法则（laws of probability）来解释。[1] 这种行为可以从一个小的开端产生越来越大的效果——例如核链式反应。朗缪尔将那些现象描述为**趋异现象**。以混沌理论的说法，这种现象是**“奇怪吸引子”**[2]（strange attractor）的产物，这些吸引子以一种不可预测的模式创造了那些目的明确的行为者的行为。[3] 在处理趋异现象时，我们预测时遇到的困难几乎无法克服。

为了将这两种现象的预测性进行比较，考虑一下美国中情局做过的三次预测：在 1998 年 8 月卢布贬值之前的两个月，中情局分析人员就俄罗斯隐约出现的经济危机向决策者发出了预警。随后，他们还预见到俄罗斯的经济反弹，时间比商业专家和学术专家要早。[4] 这两起事件均涉及趋同现象，而且都是可预测的。相比之下，中情局没能预测到弗拉基米尔 · 普京升任俄罗斯总统，直到他对车臣战争的处理大大提升了他的名

---

[1] Irving Langmuir, "Science, Common Sense, and Decency," *Science* 97 (January 1943): 1–7.

[2] 奇怪吸引子又称为混沌吸引子，具有复杂的拉伸、扭曲的结构。由法国物理学家 D. 吕埃尔和 F. 泰肯在 1970 年左右引入。所有的运动系统，不管是混沌的还是非混沌的，都以吸引子为基础，它因具有倾向于把一个系统或一个方程吸引到某一个终态或终态的某种模式而得名。吸引子可以区分为平庸吸引子和奇怪吸引子两类。平庸吸引子具有不动点、极限环和整数维的环面三种模式，分别对应于非混沌系统中的平衡、周期运动和概周期运动三种有序稳态运动形态。一切不属于平庸的吸引子都称为奇怪吸引子，对应于混沌系统中非周期的、貌似无规律的无序稳态运动形态。奇怪吸引子是反映混沌系统运动特征的产物，也是一种混沌系统中无序稳态的运动形态。目前奇怪吸引子仅仅是一个抽象数学概念，还没发展出完善的理论模型。科学家对于奇怪吸引子的研究才刚刚起步，而研究奇怪吸引子有助于科学家了解混沌系统中存在形态的规律问题。——译注

[3] Jamshid Gharajedaghi, *Systems Thinking: Managing Chaos and Complexity* (Boston: Butterworth-Heinemann, 1999), 52.

[4] Center for the Study of Intelligence, Central Intelligence Agency, "Watching the Bear: Essays on CIA's Analysis of the Soviet Union," conference, Princeton University, March 2001, www.cia.gov/cis/books/watchingthebear/article08.html, 11.

望。但在 1999 年初，普京自己可能也未预料到自己会当总统。[1] 这是一种趋异现象。

政变是情报工作中趋异现象的一个很好的示例。决策者经常抱怨情报机构没能预测到政变，但政变事件具有密谋性质，仅限于一小撮人知道，依靠保密才能取得成功。如果一个外国情报机构了解到政变事件，就会损害秘密性，政变几乎肯定要失败——该国安全部门很可能赶在政变之前采取行动。我们可以评估引发政变的环境，我们可以利用概率论评估其成功的可能性，但政变的时机及其成功的可能性不是“可预测的”。

例如，1944 年刺杀希特勒行动的失败包括了较多的“如果……会怎样”（“what if?”）这种假设，这正是趋异现象的特征。像 1995 年对以色列总理伊扎克 · 拉宾（Yitzhak Rabin）的暗杀，根本就是不可预测的。诸如 2001 年 9 月 11 日发生的恐怖行动，其细节同样也是不可预测的，尽管对某种恐怖主义的企图既可进行预测，也能预测到。从萨拉热窝刺杀到世贸中心被炸，对所有这些趋异案例进行一些战术预警或许是可行的。塞尔维亚恐怖组织“黑手党”（Black Hand）的一名特工本可以对萨拉热窝刺杀计划提出警告。安插在“基地”组织内部的特工本可以就袭击世贸中心的计划提供预警。但是，战术预警与预测不是一回事。所有这些具体事件都可以用概率来描述，但不可以用预测重大事件——第一次世界大战、纳粹德国垮台，以及美国与“基地”组织之间冲突加剧等——的方式来进行预测，虽然它们是这些重大事件的组成部分。

个人计算机发展史上有一个重要转折时刻显然属于趋异现象。1980 年，IBM 公司正在为其计划的个人计算机（PC）寻找运行软件，并且瞄准了位于华盛顿州贝尔维尤（Bellevue）一家名为“微软公司”的小型创业公司。微软可以提供编程语言，供程序员为个人电脑编写软件，但 IBM 需要的不止这些，它需要一套操作系统。微软公司当时没有操作系统，也不准备编写

[1] Center for the Study of Intelligence, Central Intelligence Agency, “Watching the Bear: Essays on CIA’s Analysis of the Soviet Union,” conference, Princeton University, March 2001, www.cia.gov/cis/books/watchingthebear/article08.html, 11.

一个操作系统。因此，微软公司总裁比尔·盖茨将IBM介绍给DRI（星际数字研究）公司。

在1980年评估个人计算机前景的情报分析人员，会把赌注押在DRI公司身上。当时，DRI公司开发了CP/M操作系统，它采用英特尔处理器，是最流行的操作系统。它具备IBM公司需要的基本功能。盖茨在加利福尼亚州的太平洋丛林镇为IBM公司团队和DRI公司总裁加里·基尔代尔（Gary Kildall）安排了一次约会。

然而，基尔代尔并没有会见IBM的团队，而是坐进他的新飞机旅行去了。IBM的团队非常生气，告诉盖茨去寻找或亲自编写一个操作系统。盖茨从西雅图地区的一家小软件公司找到一款操作系统，并将其称作磁盘操作系统（DOS）。它后来成为使用最广泛的个人计算机操作系统，并且为微软在个人计算机行业的主导地位做出了重大贡献。一次个别事件，即一个人做出的失约决定，改变了全世界个人计算机计算的未来。[1]

总之，因果原理很适用于趋同现象，预测是可能的。诸如个人行动这样的趋异现象不是真正可预测的，它必须通过不同的技巧来处理，如概率论。在可以进行预测的地方，分析人员通常采用力量合成/分析（force synthesis/analysis）。我们将在本章对此加以讨论。

三、预测方法

以目标为中心的预测分析方法遵循一种在科学界、组织计划和系统综合/分析中早已存在的模式。在情报分析中，我们关心的是描述目标过去和当前的状态，以预测其未来状态。

预测与工程一样古老。没有哪个大型项目——庙宇、沟渠、金字塔——的建立没有经历某种预测过程。在过去五个世纪以来，许多预测方

[1] Paul Carroll, *Big Blues* (New York: Crown, 1993), 18.

法已经随着数学和科学的发展而得到发展。[1] 它们经常以新的名称再现，尽管其基本原理已经有几个世纪的历史了。

本章和下一章讨论的预测性综合 / 分析流程（predictive synthesis/analysis process），来自一种已经在若干个专业学科中被正式确立的预测方法。在管理理论中，该方法有多个名字：其中一个是“凯普纳 · 特雷高理性管理流程”（Kempner Tregoe Rational Management Process）[2]；在工程领域，它的正式名称是“卡尔曼滤波”（Kalman Filter）；在社会科学领域，它被称作“博克斯—詹金斯法”[3]（Box-Jenkins Method）。尽管它们之间存在差异，但都是综合复杂数据和纳入新数据的方法，以便对某个实体的当前状态进行评估，或预测其未来状态。

预测方法就是一种综合数据和评估作用力的方法。综合数据是为了对某个实体的当前状态进行判断，评估作用于某个实体的力量是为了预测其未来状态。明确作用于实体的力量，找出可能的未来力量，预测新旧力量随时间推移可能发生的变化，加上判断中的某种信心指标，这些概念是进行成功预测的关键。它考虑到冗余的数据和冲突的数据，以及分析人员对那些数据的相信程度。如果时间允许并且对数据的信心可以量化，它可以采取定量的形式。但是，通过对作用于实体的力量进行主观评估，可以对概念进行定性应用。图 10–1 显示的是这套预测方法的概要。关键是从当前的目标模型开始（最好是与过去的目标模型一起），并根据所涉及的力量分析，转到一个未来模型上来。有关预测分析的其他教科书将这

[1] George Likourezos, “Prologue to Image Enhanced Estimation Methods,” *Proceedings of the Institute of Electrical and Electronics Engineers* 18 (June 1993): 796.

[2] Thomas Kempner and B. B. Tregoe, *The New Rational Manager* (Princeton: Princeton Research Press, 1981).

[3] 一种针对剧烈震荡的平稳随机时间序列进行短期预测的有效预测方法。该方法假定时间序列的变化与自身过去的历史数据有关，建立自相关的回归模型以及它的变形：移动平均模型，将模型外推做出预测。由于真实的时间序列不一定是平稳的，可能是有线性增加趋势或是循环变化，可以对原始的时间序列进行差分来解决趋势与循环变化问题对建模的干扰。——译注

些力量描述为问题（issues）、趋势（trends）、因素（factors）或驱动力（drivers）。[1] 所有这些术语的意思相同：它们是塑造未来的实体。[2] 在大多数情况下，未来目标模型将采取情景想定的形式，如图 10–1 所示。

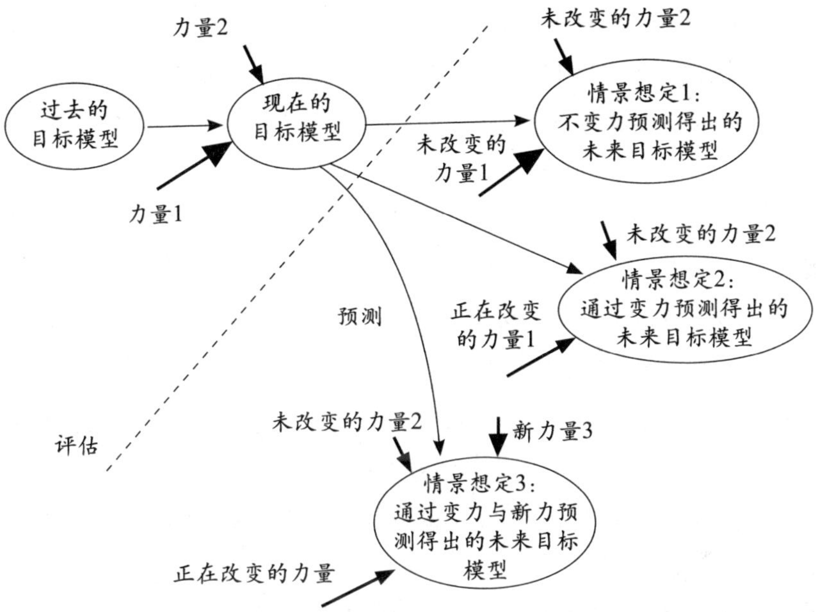

图10–1　作用力评估预测未来的方法概图

注：箭头的粗细表明各个力量的强弱。粗箭头表示更强大的力量，细箭头表示更弱小的力量。

这套方法利用三种预测机制，即不变力预测法（extrapolation）、变力预测法（projection）和变力与新力预测法（forecasting）。第 11 章将详细讨论这三种机制。这三种预测机制均遵循这样一种方法，即对作用于某个

[1] M. S. Loescher, C. Schroeder, and C. W. Thomas, *Proteus: Insights from 2020* (Utrecht, the Netherlands: Copernicus Institute Press, 2000), A-iv.

[2] Andrew Sleigh, ed., *Project Insight* (Farnborough, U.K.: Centre for Defence Analysis, Defence Evaluation and Research Agency, 1996), 17.

实体的各种力量进行评估。**不变力预测法**认为，那些力量在当前与未来状态之间不会发生变化；**变力预测法**认为，它们一定会出现变化；而**变力与新力预测法**认为，它们会发生变化，而且会注入新的力量。这套方法遵循以下步骤：

- 首先，至少对实体的过去状态和当前状态进行评估。在情报工作中，这个实体就是目标模型，而且它可以是几乎任何事物的模型——一个恐怖组织、一个国家、一个秘密贸易网络、一个行业、一种技术或一枚弹道导弹。
- 确定作用于该实体的力量，使其出现在当前状态之中。在图 10–1 中，这些力量（力量 1 和力量 2）用图解方式表示，箭头的粗细表示力量的强弱。同样这些力量，在不发生变化的情况下，将导致不变力预测法（情景想定 1）所显示的那种未来状态。
- 在运用变力预测法时，对现有力量中可能出现的变化进行判定。在图 10–1 的显示中，一种现有力量（力量 1）的下降导致了一个变力预测得出的未来状态（情景想定 2），而这个状态不同于不变力预测法预测的状态。
- 变力与新力预测要从变力预测法开始，然后找出可能作用于该实体的新力量，并将它们的影响一起纳入考虑。在图 10–1 中，一种新力量即将发挥作用，从而导致通过变力与新力预测法得出的未来状态（情景想定 3），而这个状态不同于通过变力预测得出的状态。
- 根据对各种力量的评估，确定实体的可能未来状态。在进行这种预测时，强大且确切的力量最受重视。软弱的力量和分析人员对其缺乏信心的力量（该力量的性质或效果的不确定性很高）最不受重视。

图 10–2 显示的是图 10–1 中介绍的过程是如何实际运行的。它是迭代性的（iterative）。在本图中，我们关心的是某个随时间而变化的目标（技术、系统、人、组织、行业、国家、形势或它们的某种组合）。我们希望描述这种实体在未来某个时刻的状态和特征。我们也想确定一架飞机或一枚导弹未来的性能、一个国家经济未来的状态、一个恐怖组织未来的士气

与战斗力，或者一个行业未来的经济活力。各个模型是在一个迭代过程中建立的，每个模型都是以前面的模型为基础的。在图中越靠近上面的位置，模型越难以建立。

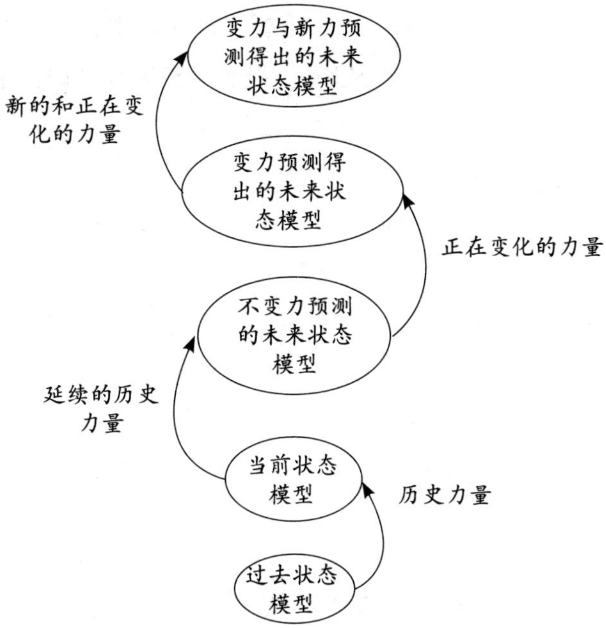

图10–2　预测中的迭代法应用

设计出理想的预测情景想定，需要一个如图 10–2 所示的迭代过程。迭代（iteration）是处理复杂样式和复杂模型的关键。[1] 基本的分析范式是建立目标过去和当前状态的模型，然后建立关于其未来可能状态的模型，通常是以情景想定的形式创建。下面介绍其在实际应用中的两个例子。

1987 年末，美国中情局苏联分析办公室（Office of Soviet Analysis）预测，莫斯科如果有效地反击美国战略防御倡议 [2]，将对其经济造成严重压

---

[1] Jamshid Gharajedaghi, *Systems Thinking: Managing Chaos and Complexity* (Boston: Butterworth-Heinemann, 1999), 51.

[2] Strategic Defense Initiative (SDI)，亦称星球大战计划（Star Wars Program），它是美国在 20 世纪 80 年代研议的一个军事战略计划，以便遏制苏联的核攻击力量，保持自身的战略优势，也借此拖垮苏联经济。——编注

力，从而否定了莫斯科宣称它可以快速廉价地做到这一点的说法。预测是这样完成的：首先通过简单、直接的不变力预测法，假设苏联不尝试反击战略防御倡议，预测其在此情况下的经济状态，然后加入新的力量——反击战略防御倡议给经济造成的压力。分析人员正确地预测到另一种备选结果：莫斯科转而推动军备控制措施，以求得美国在战略防御问题上的让步。[1]

对米哈伊尔·戈尔巴乔夫在 1985 年至 1987 年间实施的经济改革，中情局正确地预测到，他提出的改革承受着“发生混乱、经济崩溃和工人不满”的风险，而这些风险包括会刺激其潜在对手挑战其地位。[2] 这种变力预测是以苏联社会中的变革力量和阻挡变革的历史力量为基础的。

对力量综合 / 分析的介绍

力量综合 / 分析（force synthesis/analysis）有许多名称——**力场分析**（force field analysis）和**系统动态分析**（system dynamics）就是其中的两个。[3] 它是一种预测方法，涉及找出现有力量是什么、它们在如何变化、向哪个方向变化和变化速度有多快（见分析原则 10–1）等。为了进行变力与新力预测，分析人员必须找出可能起作用的新力量。后续章节的大部分将集中于找出那些力量，并对其加以衡量。最重要的力量之一来自反馈机制，我们将在第 12 章对其加以讨论。分析人员会集中在某些力量上，忽

[1] Center for the Study of Intelligence, Central Intelligence Agency, “Watching the Bear: Essays on CIA’s Analysis of the Soviet Union,” conference, Princeton University, March 2001, www.cia.gov/cis/books/watchingthebear/article08.html, 4.

[2] Center for the Study of Intelligence, Central Intelligence Agency, “Watching the Bear: Essays on CIA’s Analysis of the Soviet Union,” conference, Princeton University, March 2001, www.cia.gov/cis/books/watchingthebear/article08.html, 5.

[3] Jamshid Gharajedaghi, *Systems Thinking: Managing Chaos and Complexity* (Boston: Butterworth-Heinemann, 1999), 122.

视或低估其他力量的重要性，从而得出（错误）结果。

分析原则 10–1

孙子的力量分析

因素或力量综合 / 分析是一种古老的预测方法。数千年来，成功的将军们已经将它用于战争，而已知其最早的倡导者之一是一位名叫孙子的中国将军。他认为兵法受五种因素控制。在预测交战结果时，必须将这五种因素考虑在内。他称这五种因素为道、天、地、法和将。以现代说法，这五种因素应被称为社会因素、环境因素、地理空间因素、组织因素和领导因素。

四种因素或国家力量工具通常被称为决策者在国际关系中可以使用的“杠杆”。其中三种是早已存在的，即政治（或外交）工具、经济工具和军事工具。第四种曾经被称为**心理社会工具**（psychosocial instrument），但更多地称为**社会工具**（social instrument）。有些作者将**社会工具**分成心理工具和信息工具。[1] 另外一些作者为了反映当前对信息的重视，将这四种工具称为外交工具、经济工具、军事工具和信息工具。在商业界，它们几乎是相同的：政治工具、经济工具、环境工具与社会工具。有一种观点认为，技术是国家力量或商业力量的第五个主要工具，与其他四种工具处于同样的位置。技术当然是情报评估中的一个因素（并且经常是关键因素）。

请注意，国家力量或工业力量的这些因素可以是外部力量、内部力量或反馈力量。例如，在第 12 章中讨论的监管力量（regulatory force）就是一种政治反馈力量——也就是说，它们来自对某个经济体或某个行业的状态的监督，并采取行动，改变这种状态。也在第 12 章中还将讨论，污染是一种内部力量，它可以是社会力量，环境力量，或两者兼而有之。

[1] David Jablonsky, “National Power,” *Parameters*, Spring 1997, 34–54.

定性力量综合 / 分析

定性力量综合 / 分析（qualitative force synthesis/analysis）是最简单的变力预测和变力与新力预测的方法，也是最容易做到的。它通常由精通该主题领域的分析人员，通过回答下述问题完成：

1. 在过去几年里，哪些力量影响这一实体（组织、形势、行业、技术领域）？[1]
2. 过去哪五种或六种力量比其他力量具有更大的影响力？
3. 未来数年内，哪些力量预计将对这一实体产生影响？
4. 未来哪五种或六种力量很可能比其他力量更具影响力？
5. 问题 2 与问题 4 的答案之间有哪些根本差别？
6. 这些差别对分析该实体有哪些意义？

这些答案可揭示图 10–1 所显示的变力预测方向上的变化。在进行定性综合 / 分析更加复杂的层面上，分析人员对适应性力量（反馈力量）及其随时间而发生的变化加以分析。

本节介绍了一些相当先进的预测概念。一个例子或许有助于说明预测方法在实际中是如何发挥作用的。

预测组织行为与未来

为了说明对组织进行预测的过程，让我们尝试一下对“基地”恐怖主义组织进行一次预测性评估，从该组织的历史状态开始，然后按时间顺序确定多个备选的预测状态。这是个高度简化的例子。为了说明问题，它只考虑了其中涉及的少数几种力量，不代表所有可能的未来情景想定。图 10–3 显示了“基地”组织的兴起和未来可能的发展方向；向上的箭头表明“基地”组织实现其目标的力量和能力在增强；向下的箭头表明相反的情况。

---

[1] 大部分长期预测的时间跨度以年为单位。在局势迅速发展的情况下，力量分析的合适的时间跨度可能是数月、数天，而非数年。

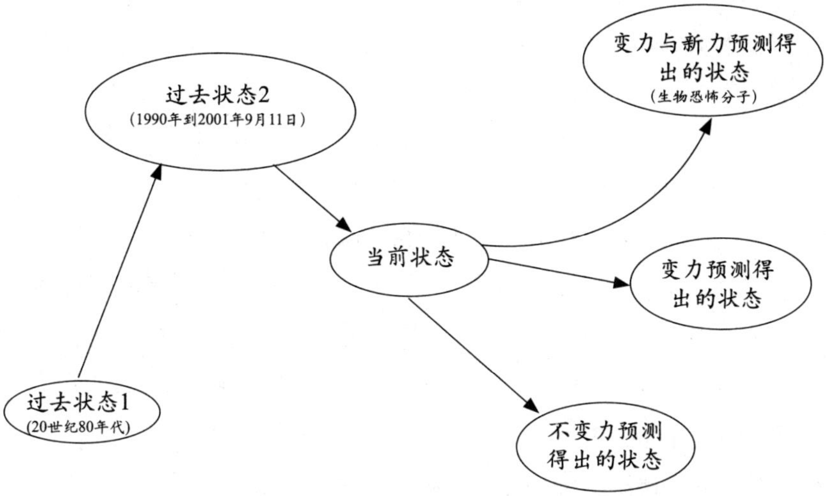

图10–3 “基地”组织未来可能状态的预测模型

注：节点位置越高表明越强大，位置越低表明越弱小。

图 10–3 展示了“基地”组织的两种过去状态。“过去状态 1”是其中更早的。在 20 世纪 80 年代中期，奥萨马 · 本 · 拉登和巴勒斯坦穆斯林兄弟会领导人阿布达拉 · 阿萨姆（Abdallah Azzam）共同建立了征兵服务处（MAK），以抗击苏联占领阿富汗，为作战筹集资金和招募士兵（军事与经济力量）。在 20 世纪 80 年代末，本 · 拉登从征兵服务处分离出来，组建了“基地”组织，他的组织将关注的焦点从阿富汗转向了在全球推进宗教激进主义。

“过去状态 2”包括这样一个时期，即由于持续积极的经济、军事和社会力量，该组织变得日渐强大。伊斯兰世界的主要国家为其提供资金；更多的恐怖“细胞”组织（cell）[1] 被建立起来；军事训练被扩大和改进；所招募的人员受到本 · 拉登越来越极端的宗教激进主义教义的吸引。随着中东各国政府和联合国的施压，本 · 拉登被赶出了沙特阿拉伯，他来到苏丹，后来又到了阿富汗。政治力量限制了该组织的发展。政治压力与敌对的军

[1] 原指大型组织中的基层小组织。此处是指“基地”组织中更小单位的恐怖组织。这些细小的组织通过分工和合作共同组成了基地这个庞大的恐怖组织。——编注

事力量（美国在海湾地区持续的军事存在和在阿富汗袭击本·拉登的企图）促使“基地”组织采取更具挑衅性的恐怖主义袭击，最终导致2001年9月11日对美国发动袭击。

图10–3接下来展示“基地”组织的当前状态，我们将其确定为自2001年9月11日以来的状态。随着全球强大的新的军事、政治和经济力量的结合，通过关闭“细胞”组织、追捕其领导人、切断“基地”组织经费来源等，削弱了该组织的能力，“基地”组织开始出现糟糕的转机。结果是，它组织混乱，与“9·11”之前的强大地位相比更加脆弱。它在军事、经济和政治领域均遭受压力，没有哪一个国家政府愿意被视为“基地”组织的安全港。社会力量既有正面的，也有负面的，“基地”组织继续在伊斯兰世界保持强大的公众支持，因为它继续对美国作战。但是，在世界其他地区以及部分阿拉伯世界，人们对它持负面看法。

根据当前状态，分析人员通过不变力预测、变力预测和变力与新力预测，制定出三种未来状态。根据不变力预测法，在军事、经济和政治压力保持不变的情况下，“基地”组织将继续衰落。残余“细胞”遭到通缉，但招募工作仍在继续（社会力量继续保持不变）。随着各国政府继续切断其资金来源，该组织获得的资金在减少，而且该组织最终无法为实施重大恐怖活动而训练或装备其基层单位。

根据变力预测法，政治与经济力量发生了变化，“基地”组织得以阻止其衰势。大多数国家政府转向了其他需要关注的问题如经济危机问题，或认为他们在应对恐怖主义威胁方面已经做得足够了，“基地”组织的资金链与人员招募因而又得到了恢复。由于美国和英国的努力，“基地”组织继续失去其“细胞”组织，但新的“细胞”组织又创建起来，因为新的追随者被它所主张的事业所吸引，欣赏“基地”组织愿意与美国作战，从而加入它（一种促进增长的社会力量）。

根据变力与新力预测得出的状态与根据变力预测得出的状态基本相同，但目标模型中增加了新的技术力量，其结果对其他力量产生了影响。具体地说，随着“基地”组织利用其新获得的资金来开发基因工程，新的恐怖主义方法正被开发出来并加以运用。利用这一能力，它可制造一系列有毒的和致命的生物有机体，并使用它们攻击美国及其盟国。随着美国国内以及其他地方的公众情绪从希望打击“基地”组织转向同恐怖组织达成和解，以终结生物恐怖攻击，针对“基地”组织的政治与军事力量正在减弱。由此导致与“基地”组织的谈判，增强了它作为反对全球异教徒的伊斯兰世界捍卫者的地位。

请注意，这三种结果——通过不变力预测得出的结果、通过变力预测得出的结果和通过变力与新力预测得出的结果——代表了备选的情景想定，而且变力与新力预测得出的状态包括了新的和不断变化的力量，这一事实使得它没有成为最有可能出现的结果。这三种情景想定，没有哪一种会发生，也不会出现这三种想定轮流发生的情况。因为大多数情报预测与本例一样，采用了情景想定的形式，所以下一节将讨论如何构建情景想定。

四、情景想定

情报情景想定（scenario）是以情节的形式对未来的目标模型进行描述。情景想定主要用于制订计划和做出决策。情景想定计划一般被用来在既定的假设条件下探索可能的未来环境。每个情景想定代表未来某一段时期清晰的、似乎合理的（plausible）图景。

因为不可能准确地掌握未来，所以解决方法就是建立若干个情景想定。这些情景想定实际上是对未来的情节进行特别的构想，每个情景想定模拟一种清晰的、似乎合理的结果。情景想定规定了不确定性的界限，以及似乎合理的未来的限制。

为什么采用情景想定

情景想定计划的目的是彰显塑造未来的主要力量。情景想定计划使得那些力量变得可见，而且如果它们真的出现，情报官将至少能够识别它们。[1] 情景想定计划可帮助情报官和用户预见未来，并对各种事件做出更好的响应。

情景想定具有一种强大力量，可以传达对某种局势的感觉或感受。这种局势虽然暂时并不存在，或可能决不会存在。这种力量既是一种资源，也是一种危险。情景想定使用户感受到，如果他们在一种不能量化的复杂形势中采取某种行动方案，可能会发生怎样的情况。举个例子：根据对核电厂监管的特定假设，可用一种情景想定描述未来可能的日常生活模式。根据情景想定计划人员的观点，情景想定可用来支持或反对加强监管。加强监管的支持者可能会制定一系列情景想定，以说明缺乏监管的危害，如包括三里岛（Three Mile Island）事故[2]、切尔诺贝利事故[3]。反对加强监管的人则更有可能设计出这样的情景想定：电力成本高昂、电厂烟囱造成大气污染、由于能源监控成本增加而造成经济衰退。情报分析人员必须保持客观性，力图避免制定这种带有倾向性的情景想定。

在商业上，情景想定被用来制订战略计划，例如用于分析备选的合并对象或考虑新的产品线。这些经常是全球性的情景想定。情景想定也用于战术或战役计划制订——例如，阻断像毒品这样的非法交易。在阻断毒品交易中，情景想定将可能包括对毒品种植与加工区域和毒品转运路线的地

[1] T. F. Mandel, "Futures Scenarios and Their Use in Corporate Strategy," in *The Strategic Management Handbook*, ed. K. J. Albert (New York: McGraw-Hill, 1983), 10–21.

[2] 1979 年 3 月 28 日凌晨 4 时，美国宾夕法尼亚州的三里岛核电站第 2 组反应堆的操作室里，红灯闪亮，汽笛报警，涡轮机停转，堆芯压力和温度骤然升高，2 小时后，大量放射性物质溢出。6 天以后，堆芯温度才开始下降，蒸气泡消失。100 吨铀燃料虽然没有熔化，但有 60% 的铀棒受到损坏，反应堆最终陷于瘫痪。此事故为核事故的第五级（核事故共 7 个级别，级别越高，危害越大）。——译注

[3] 1986 年 4 月 26 日，苏联乌克兰境内的切尔诺贝利核电站的第 4 号核反应堆在进行半烘烤实验中突然发生失火，引起爆炸。据估算，核泄漏事故后产生的放射污染相当于日本广岛原子弹爆炸产生的放射污染的 100 倍。爆炸使机组被完全损坏，8 吨多强辐射物质泄露，尘埃随风飘散，致使俄罗斯、白俄罗斯和乌克兰许多地区遭到核辐射的污染。——译注

理空间目标模型，很可能还附带展示何时进行转运的时间线模型。情景想定还将包括展示洗钱模式的关系模型（用联线或网络图形表示）。对于制订行动计划来说，接下来就是对情景想定进行修正，以展示具体的毒品阻断行动的效果——例如，向加勒比地区部署雷达监视飞机，向农民支付赔偿，使其停止种植毒品。鉴于分析人员对目标的了解，他或她是将此类效果纳入情景想定的关键参与者。

一旦情景想定建立起来，情报分析人员的任务是跟踪指向其中某个特定情景想定的指标（例如，客户对新产品线路的积极反应或经过某个特定地点的毒品流量的增加）。关于分析人员如何完成这项工作，我们将在以后讨论。

在使用情景想定描绘的未来发展趋势（alternative future）中，决策者可以确定各种力量之间的关系、那些力量对组织或局势可能产生的影响、采取行动的关键决策点和决策基础与战略等。通过提供一系列逼真的可能性，整套备选的情景想定可帮助决策者确定，无论发生哪种备选的情景想定，可能出现的对组织产生影响的共同特征。

详细预测未来不比详细预测天气更容易。细节往往是由像萨拉热窝刺杀这样的趋异现象控制的，但主导力量与趋势往往是趋同的现象，能够创建几个"最可能"的情景想定，并给出指标，显示哪一种情景想定更有可能。情景想定综合 / 分析可用来创建这些情景想定。

情景想定的类型

分析人员采用四种基本类型的情景想定。[1] 论证性情景想定（demonstration scenario）、驱动力情景想定（driving-force scenario）和系统变化情景想定（system-change scenario）是以时间为主线，以便用户能够理解导致情景想定最终"场景"的力量和决策点。时间片段情景想定

---

[1] W. I. Boucher, "Scenario and Scenario Writing," in *Nonextrapolative Methods in Business Forecasting*, ed. J. S. Mendell (Westport, Conn.: Quorum Books, 1985), 47–60.

（slice-of-time scenario）是一幅快照，它仔细研究最终场景。科幻作家（他们终究要撰写有关未来发展趋势的各种情景想定）使用所有这四种情景想定。有些科幻作家直接将最终场景展现给读者，另外一些作家则对导致最终场景的历史与发展过程加以解释。

论证性情景想定 论证性情景想定在系统分析初期，由兰德公司的赫尔曼·卡恩（Herman Kahn）、哈维·德威尔德（Harvey Deveerd）等人首先提出。在这种情景想定中，作家首先想象出未来一个特定的最终状态，然后为可能导致该状态的各种事件描述出一条似乎合理的路径。这种情景想定的**分枝点**（branch point）形式会查明该路径上的决定性事件（代表各种决策点的事件，在这些决策点上做出的关键选择会决定最终结果）。分枝点成为表明某个特定情景想定正在发生的指标。这一想法是将注意力集中在分枝点上，而不是最终结果上。正如卡恩和美国著名智库哈德逊研究所（Hudson Institute）的安东尼·维纳（Anthony Wiener）所指出，这种情景想定回答了两个问题：1. 有些假定的形势是如何一步一步出现的？ 2. 在预防、改变或促进该过程的每个步骤上，有哪些备选方案？[1] 论证性情景想定的主要弱点是，它依赖于情景想定制定者的特质和经验。

驱动力情景想定 这种情景想定是政府与商业计划中最常用的一种，也是预测性情报（predictive intelligence）中最有用的。它基本上是使用力量综合 / 分析法：分析作用于目标的主要力量，判断它们如何变化，哪些新力量预期将会发挥作用，评估目标随着时间推移而产生的状态。

在建立多驱动力情景想定时，一种方法是确定一套关键因素或力量，详细说明每个因素或力量至少两个截然不同的层次，并制定一个将每个层次上的各个因素相互联系在一起的矩阵。例如，经济情景想定一般采用的两个驱动力是国民生产总值的增长和人口增长。如果每个因素设定为“高”、“中”和“低”，那么就有九种可能的组合，而每种组合界定一种可能的未来背景。情景想定计划人员的任务是，在假定驱动力保持不变的前

[1] Herman Kahn and Anthony Wiener, *The Year 2000* (New York: Macmillan, 1967).

提下，对这些未来情景进行描述。另一种备选方法是为每个情景想定选定不同的主导力量，这种方法出自美国国家侦察办公室出版的可能的未来情景想定手册——《普罗特斯》(*Proteus*)。在《普罗特斯》中，"亚马逊瘟疫"(Amazon. plague) 这一想定有一个唯一的主导力量：一系列可席卷全球的高度传染的致命病毒。[1]

驱动力情景想定的目的是，通过将同一情景想定空间中的各种未来发展情景想定与其他的情景想定加以比较，以澄清未来的性质。也许某些政策在大部分未来状态中执行良好，或者某些未来状态会给该组织带来问题。在后一种情况下，决策者将知道他们的监控该指向哪里。

驱动力情景想定有一个缺点：它们假定各种力量一旦被指定，就被固定了。做出这种假设是为了简化问题，但它忽视了将对各种力量的强弱产生影响或引进新力量的潜在事件。

系统变化情景想定 系统变化情景想定可解决驱动力情景想定中存在的缺点。它旨在系统地、全面地和一贯地探索一组趋势和事件预测的相互联系及含义，包括重要的社会、技术、经济和政治力量。因此，这种情景想定的类型既不同于论证性情景想定（它导致一种唯一的结果，并忽视可导致其他结果的多数或全部力量），也不同于驱动力情景想定（它考虑未来发展的全范围，但假定驱动力不发生变化）。通常情况下，没有任何一个唯一的事件能完成系统变化情景想定，而且也不存在任何主导性的驱动力量。

系统变化情景想定取决于交互影响分析（在本章后面部分讨论），以确认事件或形势发展之间的相互作用，并根据这些相互作用制定备选的未来概要。这是想定包括了不断变化的力量及其相互关系，因而难度很大。

时间片段情景想定 时间片段情景想定跳跃到某一个未来时期，其中有一组可对环境加以塑造的确定或假定的力量组合，然后描述所涉及的人在那种环境中如何思考、感受和表现。乔治·奥韦尔（George Orwell）所

[1] M. S. Loescher, C. Schroeder, and C. W. Thomas, *Proteus: Insights from 2020* (Utrecht, the Netherlands: Copernicus Institute Press, 2000), *Proteus.*

著的《一九八四》以及奥尔德斯·赫胥黎（Aldous Huxley）所著的《美丽新世界》(*Brave New World*) 建立了类似情景想定。这一目标试图显示，未来可能比现在普遍认为的更（或更不）理想、更可怕或更易实现(attainable)。时间片段情景想定与许多商业计划中出现的环境假设是相同的。环境假设描述了一个特定的未来环境—— 一个低关税或高失业率和通货膨胀相结合的世界——但不解释该环境是如何形成的。时间片段情景想定一般在情报工作中没有用处，它们对导致情景想定的驱动力量漠不关心。因此，它们几乎没有为情报分析人员或用户提供可监督的指标。

情景想定的各种视角

情景想定是模型，而且与第 2 章中讨论的模型一样，它们可以是描述性的，也可以是规范性的。描述性的情景想定通常被描述为**探究式**(exploratory) 的。采用探究式视角的情景想定计划人员采取一种中立的立场看待未来，努力做到客观、科学和不偏不倚。该情景想定通常从当前开始，然后展开到未来某个时刻。一个简单的探究式情景想定是直线式不变力预测（straight-line extrapolation)。它假定只有当前的力量和政策选择才可在未来感觉到（例如不允许出现技术发明或革命)。这些不变力预测情景想定是“动力”情景想定（momentum scenario）——它们受惯性主导，而且不会出现对抗性的力量来减缓所观察到的趋势。[1] 惯性是各种组织和其他实体坚持到底和抵制变化的倾向。有关中国的大多数情景想定往往是基于该国最近取得的惊人增长而做出的动力情景想定。它们不会考虑一个由财阀或军阀统治的中国，尽管有苏联的先例和中国的历史为鉴。20 世纪 80 年代初建立的关于日本的情景想定，具有类似的动力模式，并被证明是不准确的。因为动力情景想定是直线式不变力预测，所以审慎的做法是不用它们进行长期评估。分析人员可以从不变力预测法开始，但然后应该研

[1] 惯性与反作用力会在第 12 章详细讨论。

究那些新的和不断变化的力量，创建变力预测情景想定和变力与新力预测情景想定。

采用**规范性**视角的情景想定计划人员应关注这样一个问题：我们可能拥有什么样的未来？正如使用规范性模型（normative model）一样，目的是显示出首选的行动方案。因此，情景想定计划人员描述了一个“有利的和可实现的”最终状态以及可以达成的事件次序，如稳定的国际政治环境。另一种备选的规范性方法就是界定一个“令人担忧但可能出现的”最终状态（例如国际恐怖主义的日益增长和政府的不稳定），并展现可能导致这种最终状态的事件次序。

如何构建情景想定

情景想定计划是众所周知的建模、模拟和博弈方法的一种真正的变体。它是一门技艺，而不是一套标准化或系统化的方法。情景想定所依据的假设必须明确，因为它极可能被误用。

在撰写情景想定时，可采用的方法很多——从单一个人对未来形势进行描述，到交互式计算机模型的使用。一种常用的办法是创建三个情景：“最可能的”未来情景（探究式的，驱动力情景想定）、“最糟糕的”未来情景（规范性的令人担忧但可能出现的，驱动力情景想定）和“最佳的”未来情景（规范性的理想的和可实现的，驱动力情景想定）。

荷兰皇家壳牌公司负责全球计划的前领导人彼得 · 施瓦兹描述了一个分四步走的情景想定构建过程：界定问题、明确对问题产生影响的因素、确定可能的解决办法、找到最佳（最可能）的解决方案。[1]

界定问题 情景想定计划从明确焦点问题或决策开始，不要试图探讨整个未来。要问问自己，我在试图回答什么问题？关于未来，我们有无数的情节可以讲，但我们的目的是讲述那些要紧的情节，那些导致更好决策

[1] Peter Schwartz, *The Art of the Long View* (New York: Currency Doubleday, 1996).

的情节。因此，我们首先要就我们想要解决的问题达成一致。问题有时是宽泛的（中东的前景如何？），有时又是具体的（美国铁路行业明年可能遭到恐怖袭击吗？）。无论怎样，当我们在制定情景想定时，关键是就需要解决的问题达成一致，以测试其相关性。[1]

明确对问题产生影响的因素 我们在前面章节讨论过"从战略到任务"的问题分解方法，这一步基本上是这些方法的扩展。这一步，分析人员要找出局部环境中的关键因素。因为情景想定是理解塑造未来的各种动力的一种方式，我们尝试找出当前阶段起作用的主要驱动力量。这些力量大致分成四类[2]：

- **社会动力**（social dynamics）：定量的人口统计学问题（2015 年某国的种族比例将是多少？移民将是增加还是减少？）；有关价值观、生活方式、需求或政治能动性等比较软性的问题（如果美国建立导弹防御屏障，西欧可能怎样看待美国？大规模的退休人口具有怎样的政治和经济影响？）。
- **经济问题**：影响整个经济的宏观经济趋势与力量（国际贸易壁垒与汇率对原材料成本有哪些影响？经济制裁可能对我们的市场产生哪些影响？）；微观经济（行业竞争者会采取什么措施？国防工业的根本结构会发生哪些变化？）；对一个组织或在该组织内部发挥作用的力量（该组织的债务总量是多少？其潜在合作伙伴的债务总量是多少？该组织是否面临着熟练雇员的流失？它是否拥有一个最新式的计算机网络？）。
- **政治问题**：选举问题（首相是否会重新当选？）；立法问题（是否会针对手枪采取进一步的安全限制措施？）；监管问题（美国海关将如何解读新移民法？）以及可诉讼问题（法庭是否将接受关于恐怖犯

---

[1] Lawrence Wilkinson, "How to Build Scenarios," February 12, 2002, www.wired.com/wired/scenarios/build.html.

[2] Lawrence Wilkinson, "How to Build Scenarios," February 12, 2002, www.wired.com/wired/scenarios/build.html.

罪的新理论？）。

- **技术问题**：直接问题（基因组图将如何影响现有的DNA鉴定？）；赋能问题（enabling，生物芯片能使新式手机成为一场革命吗？）；间接问题（新的万维网技术将扩大对安全顾问的需求吗？）。

接下来，分析人员将对驱动力进行分离。哪些驱动力对于这个结果至关重要？某些驱动力会以同样的方式影响每个结果。例如，大部分公司是受削减成本和采用新技术的需要所驱动的。但是，除非目标组织中有一家在这些方面明显比其他人做得更好或更糟，否则这些差别不会影响到最终结果。重要的是找出可能存在的任何非对称的力量。

然后，分析人员应该根据重要性和不确定性排列驱动力的位置。有些力量比其他力量更重要。一个市场是否发展，可能没有是否有新的参与者进入市场那样重要。有些力量远比其他力量更加确定。本地的住房与人口模式变化通常较慢。美国人口的老龄化在未来几十年内是相对可预测的，而且在任何情景想定中都有类似的影响。另一方面，其他问题是十分的不确定。最关键的驱动力是那些非常重要且极不确定的力量。[1]

确定可能的解决办法 这可能是最重要的一步。首先，分析人员应确定需要考虑的情景想定类型。通常有三种不同的情景想定类型：**新兴**的情景想定（emergent scenario，从对手当前的战略中演化而成），**无限制假设**的情景想定（unconstrained what-if scenario，来自对全新战略无限制的提问）和**有限制假设**的情景想定（constrained what-if，询问在不同的环境或力量下，对手会采取什么行动）。[2]

接下来，分析人员着手处理、重新塑造和重新设计问题，并提取出问题中不那么明显的元素，直到人们一致认定哪两个或三个基本问题在决策中是最紧要的。这一步包括区分情景想定、找出不一致的地方、发现根本的相似点、排除冗余的或不合情理的情景想定。

现在，分析人员回到在第二和第三步中考虑的所有驱动力量与趋势

[1] Liam Fahey, *Competitors* (New York: John Wiley and Sons, 1999), 452.

[2] Liam Fahey, *Competitors* (New York: John Wiley and Sons, 1999), 453.

上，并利用那些对情景想定加以充实。例如，风险程度、资本获取途径、控制成本、提高质量或扩展功能等，在某些情景想定中可能是至关重要的，但在其他情景想定中则可能不那么重要。

建立情景想定，有三种常用方法。**案例式模型**（case-based model）是基于案例推理（case-based reasoning）的分析方法的基础。这可视为按类推法或历史进行推理。

基于案例的推理是指利用过去的经验理解和解决新问题。分析人员牢记与当前情况类似的过去情况，并利用它解决新问题。它可能意味着使老的解决办法适应新的需求，使用老办法解释新情况，运用过去的事例评论新方法，或者根据先例中的推理判读新形势（很像律师的做法）或为新问题建立一种合理的解决方案（很像劳工调解员的做法）。[1] 分析人员直接根据以前的案例进行推理，而不是采用更传统的使用一般常识的方法。他通过记住以前的类似情况（一个类似的模型），重新使用该情况的信息和对该情况的了解（复制该模型）解决新问题。

我们可以用一些具有情报意义的典型情况来说明案例式推理：

- 1984 年，有报告表明为了将抵抗力量的支持者赶出农村，苏联人正在系统地破坏阿富汗的灌溉系统。同样，苏联军队在 20 世纪 20 年代对巴斯马奇（Basmachi）反叛分子发动战争时，也对中亚的灌溉系统进行了破坏。[2]
- 一位对两家防务公司可能的合并行动进行监视的国防工业分析人员，可能想起制药行业两家相互竞争的公司最近的合并。她回忆说这两家合并的公司遇到了问题，因为它们的营销方法迥异，与她正在监视的那场合并中的形势类似。她委托就制药业合并案进行一次专题研究，以便就潜在的问题获得详细情况，并判断这些细节怎样运用于她正在研究的形势。

[1] Janet L. Kolodner, "An Introduction to Case-Based Reasoning," *Artificial Intelligence Review* 6 (1992): 3–34.

[2] Angelo Codevilla, *Informing Statecraft* (New York: Free Press, 1992), 217.

- 一位金融顾问受雇于那位国防工业分析人员，对同一合并案的金融方面进行研究。他想起在从前的一次合并中出现一组金融指标，这些指标导致被合并的公司陷入严重的金融困境。他利用过去的案例，找出了当前合并中可能出现的困难。
- 一位负责侦察卫星运行的工程师经历了两次卫星失控的情况。当一组关键测量指标与过去系统发生故障时的测量指标相符时，他迅速想到过去的情况。他还记得他在那两次故障中犯过的错误，因此避免了再犯同样的错误。

建立情景想定的第二种常用方法是**前后关系映射**（contextual mapping）。这种方法可用于找出在给定领域内似乎合理的发展序列，并将那些序列与一个不同领域内的潜在发展联系起来。该方法至少对强制采用新鲜视角是有用的，就像它对预测实际发展一样有用。使用这种方法，需要的是既熟悉该方法又熟悉所探究问题的经验丰富的专家。

前后关系映射主要用于技术预测。例如，人们可以指出微型芯片未来的预期发展，并预测出未来的传感器和高带宽射频发射器技术的结合，从而确定一种未来独特的小型廉价视频监视设备。这种未来发展当然被视为一种外部力量，可改变系统（如一个犯罪威慑系统）未来可能状态。输出通常是一个带有时间线的图形，显示可导致预期发展的各种相互联结的路径。

第三种常用方法是**交叉影响分析**（cross-impact analysis），它支持系统变化情景想定。通常情况下，它显示的是各种事件或发展之间的相互作用，详细指明某一事件将如何影响在一个不同却相关的领域内的另一事件发生的可能、时间以及冲击方式。举个简单的示例：全球定位系统 (GPS) 的发展使得相对廉价和高度精确的弹药（炸弹与导弹）成为可能。这些发展转而需要更加强调向军方提供非常精确、实时的地理空间情报，推动由无人驾驶航空器（UAVs）对战场进行持续侦察的需求。所有这些发展结合在一起，就迫使敌方军事组织建立高度机动部队，为避免遭到打击，这些部队在战斗中不断运动。它还提高了拒止与欺骗的价值。

交叉影响模型背后的实质想法是，在一组通过变力与新力预测得出的趋势中，对所有成对联系进行研究。具体地说，分析人员可能会提问，以前发生的某个事件将如何影响同组中的其他事件或趋势。当那些关系已经得到明确阐述时，分析人员可建立一个模型，让各种事件“发生”——要么根据其估计的概率随机地，要么按某种预先安排的方式——并对每一种发展如何影响序列中的其他发展进行评估。用不同的事件次序重复这一过程，可建立起相互对照的情景想定。

交叉影响分析已被大量用于建立模型，以模拟未来事件与趋势的相互作用。20 世纪 70 年代，未来集团（Futures Group）开发了一种**趋势影响分析法**（trend impact analysis），该方法得到公认，并且仍然在使用。[1] 第 13 章将要介绍的网络分析方法，自然可以支持交叉影响分析。

找到最佳（最可能）的解决方案 在建立起潜在的未来情景想定后，根据原始问题对它们加以分析研究。通过向农民支付补偿以阻止其种植古柯作物的想法，在所有的反毒品情景想定中都能取得理想的效果吗？也许，在各种情景想定中通常会出现的一个结果是——新的一批农民开始种植古柯作物以便获得补偿资格，或毒品集团与政府间展开了某种叫板。情报用户，即那些从情景想定中获得信息的行动人员，有必要理解这些可能的结果，并相应地准备他们的选择方案。

最终的情景想定需要对客体或实体（军事情景想定中的坦克、导弹、飞机和部队；防扩散情景想定中的公司、政府、技术和武器系统；反毒品情景想定中的政府、农民、毒品集团、银行以及吸毒者）之间的关系进行描述。在动态情景想定中，客体必须在空间和时间上根据已知的规则（商业竞争式样、军事情景想定中的军事理论、在防扩散情景想定中秘密贸易和系统发展的以往模式）发生变化。一个可以用现有的情景想定定义工具进行很好诠释的军事情景想定，与防扩散情景想定或反毒品情景想定是相当不同的。它在格式、内容、事态描述或被操纵客体的类别上都不一样，然而，其基本要素是相同的。例如，关系分析在所有的

[1] T. J. Gordon, “The Nature of Unforeseen Developments,” in *The Study of the Future*, ed. W. I. Boucher (Washington, D.C.: U. S. Government Printing Office, 1977), 42–43.

情景想定中都基本相同。

五、指标与情报的作用

在完成情景想定之后，就可以开始彼得·施瓦兹过程的最后一步。情报官的工作变成了一种监控。分析人员必须鉴别出起主导作用的各种指标，而这些指标可以告诉你，哪些情景想定（或情景想定的组合）正在实际发生。正如巴布森学院（Bobson College）的利亚姆·费伊（Liam Fahey）教授指出的，指标也可以告诉你，哪些情景想定**不会发生**。[1]

监控工作可包括观察各种趋势。一个情报分析人员可能会对人口与经济趋势、传染病的扩散、污染程度的变化或恐怖主义基层组织的扩散等进行监控。一个政治或经济分析人员可能会考虑对手提出的问题或他们在贸易谈判中的立场。一个军事情报分析人员可能会监控部队的运动和无线电信号的流量，以便判定哪种情景想定在发展。

这些指标可以揭示指向一个特定情景想定的运动。[2] 它们提供一种手段，用以决定哪些选项应该成为用户决策的焦点。具体地说，很可能通过运用某些国家力量的工具，它们有助于确定应该为哪些结果做准备，哪些潜在的结果可以忽略不计。

像目标模型一样，情景想定为不同的参与者实现不同的用途。对行政管理人员和情报用户来说，情景想定的目的是为决策提供信息。对于情报分析人员而言，情景想定可以帮助确定需求，也就是说，为情报搜集提供支持。

在情景想定中，情报的作用可以是两种之一。如果一个组织建立了情景想定计划组，那么情报官应参与情景想定的制定过程。这样，情报的

[1] Liam Fahey, *Competitors* (New York:John Wiley and Sons, 1999), 415.

[2] Andrew Sleigh, ed., *Project Insight* (Farnborough, U.K.: Centre for Defence Analysis, Defence Evaluation and Research Agency, 1996), 13.

作用就是从各种力量中提取指标，并告诉计划人员或决策者，情景想定是如何依据那些指标运行的。我们想知道哪些力量与指标需要进行监控，以便就即将发生的变化发出早期信号，指出更可能出现的结果。在许多组织中，其制订计划的文化仍然严重偏向于单点的变力与新力预测。在这种情况下，情报用户可能会说——告诉我未来是什么情况，以便我能够做出决策。用户很可能抱怨，使用数个“变力与新力预测”得出的结论，比单点的预测得出的结论更令人迷惑，更一无是处。

如果不设情景想定计划组，那么情报官必须亲自研制情景想定，以回答决策者提出的问题。在这种情况下，情报综合 / 分析一般将关注的焦点放在情景想定上，这些想定比计划人员所使用的更加狭隘，且可能是战术性的，而非战略性的。例如，一个由情报生成的战场情景想定很可能仅仅考虑敌方的兵力，预测他们的行动会是什么，而忽略了盟友部队可能采取的行动。

六、小结

为了实用，情报分析必须具有预测性。有些事件或目标的未来状态是可预测的，因为它们受趋同现象驱动。有些是不可预测的，因为它们受趋异现象驱动。

分析涉及预测目标的未来状态，可使用三种手段中的一种——不变力预测法（力量不发生变化）、变力预测法（力量发生变化）和变力与新力预测法（力量变化外加新力量）。任务是根据情报目标的当前状态，评估目标发展到未来状态的过渡过程，以及塑造该过程的力量。第 11 章将更加详细地讨论在情报工作中如何进行不变力预测、变力预测和变力与新力预测。

大多数预测性分析都会形成某种形式的情景想定——对目标的未来状态进行描述。通常情况下，分析人员会根据对所涉及的力量，进行不同假设，创建若干可替代的情景想定。情报工作中使用最多的两种情景想定是驱动力情景想定（变力预测）和系统变化情景想定（变力与新力预测）。第 12 至第 14 章将介绍在创建驱动力情景想定中需要考虑的一些力量。系统变化情景想定对创建的要求非常高，它们需要进行交叉影响分析，即考虑一个领域内的事件或发展将会如何影响另一个不同领域内的事件或发展。

创建情景想定有四个步骤，这与传统的解决问题的流程很相像。第一步是界定（定义）问题，这里的关键是创建一个对情报用户有用的想定。第二步是明确对问题产生影响的因素或驱动力量。这些因素或驱动力量也是想定的一部分，它们包括社会动力、经济力量、政治力量和技术力量。这些因素和力量必须根据他们在想定中的重要性进行排列。最后一步是找到可能的想定结果，选择那些最可能的想定，呈递给情报用户。

一旦完成情景想定，情报分析人员必须对收到的情报实施监控。这些新收集到的情报可提供各种指标，帮助分析人员判定哪种想定正在形成。

[第 11 章]

预测方法

难以做出预测，特别是对未来的预测。

——洋基 · 贝拉（Yogi Berra）、尼尔斯 · 玻尔（Neils Bohr）等

预测的价值在于对塑造未来事件和目标模型状态的各种力量进行评估。如果分析人员对那些力量进行了准确的评估，他就已经为情报用户提供了很好的服务，即使分析人员从这种评估中得出的预测是错误的。无论怎样，一个称职的用户可能会做出自己的预测，但随着新事件的展开，力量评估有助于做出更有理由的预测并进行细化。在最好的情况下，分析人员的预测将不会成真，因为用户将根据情报采取行动，使预见到的结果向有利的方式发展。

在本章中，我们将详细研究在第 10 章中介绍的三种用于预测目标未来状态的方法——不变力预测、变力预测和变力与新力预测。不同的作者使用不同叫法。巴布森学院的利亚姆 · 费伊教授称不变力预测为**简单预测**（simple projection），而称变力预测和变力与新力预测均为**复杂预测**（complex projection）。[1] 我将变力预测和变力与新力预测分开，是为了强调它们所涉及的力量的差别。不变力预测法假定影响目标的当前力量不会

[1] Liam Fahey, *Competitors* (New York: John Wiley and Sons, 1999), 448.

发生变化。变力预测法假定那些力量将会发生变化，而变力与新力预测法则做同样的假设，但沿途一直有新的力量加入。

预测性分析中存在两种偏见：模式偏见（pattern bias）或证实偏见(confirmation bias)——寻找那些支持而不是排斥某一种假设的证据；启发式偏见（heuristic bias）——利用不适当的指导方针或规则进行预测。[1] 在本章中，我们将阐述如何处理这两种偏见。对第一个偏见，我们将对结果提出各种备选模型；对第二个偏见，我们将界定一套用于预测的适当指导方针，这在后续章节中将做进一步阐述。

在讨论开始时，有两点值得指出：

- 对于合成模型过程中采用的工具，人们必须小心使用，因为有些工具对预测不起作用。例如，专家的观点经常被用来创建目标模型，但专家们的偏见、自负和狭隘的焦点往往使他们的主观预测成为谬误。(对怀疑者而言，有用的做法是查看一下 10 多年前商业新闻或技术期刊上做出的预测，而那些预测最终被证明是大错特错——股市预测和大众科学杂志对汽车设计的预测尤其有趣。)
- 时间限制因素使分析人员不能始终如一地运用最精巧的预测技巧。老练的分析人员往往采用相对快速和直观的分析技巧。他们认为情景想定设想、红队演练（red team，在计划或评估中采取对手视角的队伍)、竞争性假设（competing hypothesis）和替代分析（alternative analysis）等都太消耗时间。[2] 不变力预测使用得最频繁，因为它最容易。但是，在运用许多预测技巧时，走捷径也是可能的。本章和下一章将包含一部分走捷径的示例。

[1] Rob Johnson, *Analytic Culture in the U.S. Intelligence Community* (Washington, D.C.: Center for the Study of Intelligence, Central Intelligence Agency, 2005), 66.

[2] Rob Johnson, *Analytic Culture in the U.S. Intelligence Community* (Washington, D.C.: Center for the Study of Intelligence, Central Intelligence Agency, 2005), 15.

一、不变力预测法

不变力预测法是仅仅根据过去的观察，对预期发生的事情进行陈述。不变力预测法是最保守的预测方法。在其最简单的形式中，不变力预测法往往在一张图上根据历史表现，对一条线性曲线加以扩展。当对于目标模型的当前状态几乎没有什么不确定时，以及当分析人员确信他或她知道哪些力量正在对目标起作用时，预测就从当前状态开始，然后沿一个不变的系统方向扩展（直线不变力预测）。在这种不确定性程度低、情报分析人员高度自信的情况下，新信息相对不受重视。但是，如果模型状态具有较高的不确定性，新信息在预测中就较受重视。当作用于目标的力量不确定性程度较高时，预测的不确定性也较高。

假定有一个准确出发点，对运动方向有相当准确的了解，那么通常在短期预测上使用的不变力预测法是准确的。所做的假设是作用于目标的力量不发生变化。惯性（即维持原有轨道、拒绝发生变化的倾向，我们将在第 12 章予以讨论）是直线不变力预测法得以奏效的原因。在惯性效果弱的地方，不变力预测法精确性就较差。在惯性效果强的地方，不变力预测法可以随着时间给出正确的结果。

不变力预测的技巧

图 11–1 显示的是最简单的一种不变力预测法。这是使用趋势外推，对飞机工业从 DC–3 型飞机向 C–17 型飞机的发展趋势做出预测。该图显示，从 20 世纪 30 年代至 70 年代，飞机性能（以一段时间的飞机载货量乘以飞行距离来衡量）稳定提高，当时技术从活塞式发动机改变为喷气式发动机，电子操作则取代了手工操作。[1] 然而，该图也显示出直线趋势不变力预测法的一个

[1] Joseph P. Martino, “Trend Extrapolation,” in *A Practical Guide to Technological Forecasting,* ed. James R. Bright and Milton E. F. Schoeman (Englewood Cliffs, N.J.: Prentice-Hall, 1973), 108.

缺陷。S 型曲线中的直线部分看起来像一条直线。在这种情形下，该曲线将不会继续无限上升，而是呈水平走向，就像本例中显示的那样。最新生产的 C–17 型飞机性能赶不上老式的 C–5A 型和 747F 型飞机。第 14 章中有一节内容讨论 S 曲线，对帮助选定不变力预测的正确类型做出了一些提示。

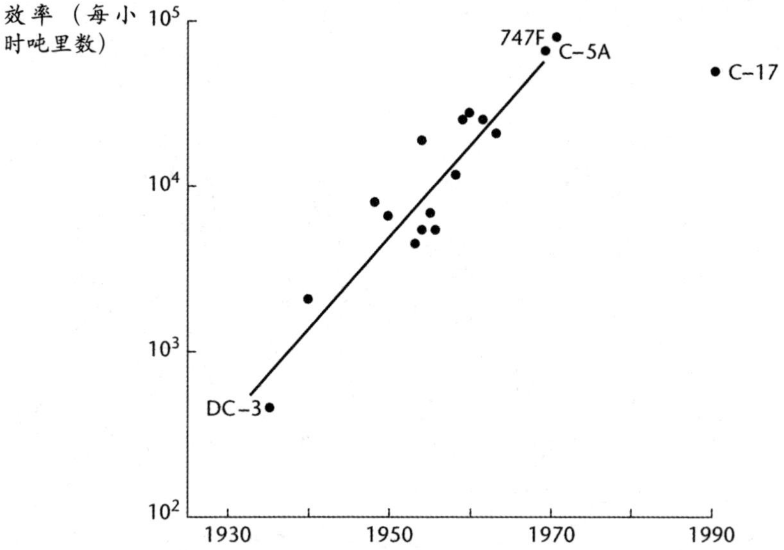

图11–1 民用和军用运输机效率趋势不变力预测

注：每个点代表一种不同类型的飞机。每小时吨里数（ton-miles per hour）等于载货量乘以一定时间内航行的距离。

图 11–2 显示的是一种可用于预测周期性（重复的）现象的不变力预测法，所采用的这种技巧被称为**自关联**（autocorrelation），在处理像波动作用这样的周期性（正弦曲线）行为时效果良好。对太阳黑子数（如图 11–2 所示，所观察到的太阳上的“斑点”或暗区的数量）、经济周期和汽车、割草机销量等进行的预测就是这方面的示例。

适应性技法根据观察到的新结果进行预测，是一种更先进的方法。博克斯—詹金斯法就是这样一种方法。博克斯—詹金斯法对于快速发现目标模型中的变化力量是有用的。它利用一个变量的过去行为，如图 11–2 所示的太阳黑子的发生，从一类通用模型中选定最佳预测模型。博克斯—詹金斯法可提供一些最精确的短期预测。然而，它需要大量数据，而且其运用复杂，耗时费力。

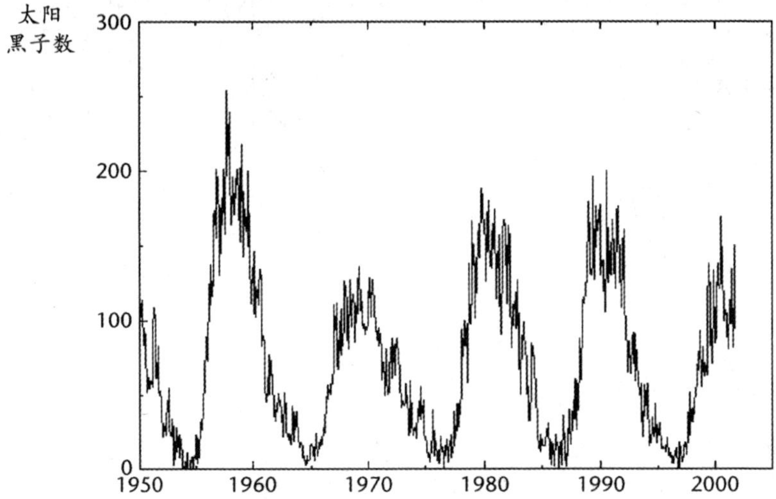

图11–2　反复现象的趋势不变力预测：太阳黑子周期

注：太阳黑子数指在太阳上所观察到的“斑点”或黑暗区的数量。

关联分析与回归分析

相关关联（correlation）是对两组或两组以上数据之间的联系程度的一种衡量，或者是对两个变量相关程度的一种衡量。回归（regression），是指只依据其他变量当前值的信息对未知变量的值进行预测的一种方法。回归既可利用变量间的相关程度，又可利用数学函数，后者可对变量间关系进行最佳描述。如果仅利用一个自变量（independent variable）的值来预测另一个因变量（dependent variable）的值，那么该过程就被称作双变量回归（bivariate regression）。多变量回归（multivariate regression）涉及使用一个以上自变量的值来预测一个因变量的值。

图 11–3 是一个关联分析（correlation analysis）案例，使用关联分析预

测一些国家的固定电话机数量。如该图所示，由于电话机数量与国民生产总值具有很直接的关联，因此借助预测某个国家电话数量的变化，直线式不变力预测法就可以用来预测该国国民生产总值（gross national product，简称 GNP）的变化。

该图仅可用于直线不变力预测，它与图 11–1 中的直线不变力预测法十分相似，除了时间不是变量外。但不变力预测法很可能不能解决重大的技术变化，如移动电话系统后来在图中所列国家中的扩散。为解决复杂的技术问题，我们必须放弃这种关联分析图表，采用更加复杂的变力预测或变力与新力预测分析工具。

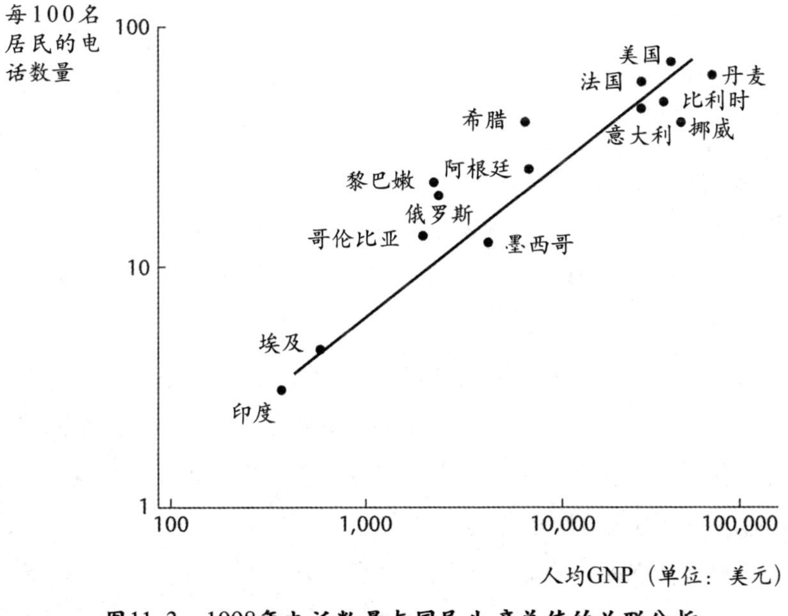

图11–3 1998年电话数量与国民生产总值的关联分析

不变力预测法的局限性

不变力预测法有两个主要缺点。第一，从长期看，它是不准确的，因为它的着眼点狭窄，而且认为作用于模型之上的静态力量将持续不变，也不会增加新力量。正如早先指出的那样，这种方法取决于惯性。第二，如果原始目标模型不准确，那么不变力预测也不会准确。如果不变力预测法从错误的起点开始，那么随着它向前发展，它最终几乎肯定会错得更远。从 1974 年至 1986 年，在每一期预测苏联军事力量未来发展的《国家情报评估》中都存在这两个问题。它们均过高估计了莫斯科实现其战略力量现代化的速度。[1] 所有这些评估都依靠不变力预测法，没有充分考虑限制性力量，而且所使用的出发点充其量也是不可靠的。

二、变力预测法

在讨论变力预测法和变力与新力预测法之前，我们需要将它们与不变力预测加以区分。不变力预测法简单地判定未来的想定将是怎样的。相比之下，变力预测法或变力与新力预测法是关于某个未来想定的**概率**陈述。这种陈述的基本形式是：如果 A 发生了，再考虑到未知的或不可知的因素，我们就可以预料 B 或与 B 非常类似的情况会发生，或者至少 B 发生的可能性很大。

变力预测法比不变力预测法可靠。变力预测法假设过去起作用的力量将会发生变化，从而就未来的可能做出一系列预测，而不变力预测法则假定那些力量不发生变化。变化的力量导致不变力预测曲线的改变，正如图 11–1 中的 C–17 型飞机所示。

变力预测法和变力与新力预测法利用两种主要分析技法。一种技法是**力量综合／分析**，我们在第 10 章中讨论过。在完成定性的力量综合 / 分析后，变力预测法和变力与新力预测法的下一步是对其应用概率进行推理。另一种技法是**概率推理**，它是一种系统尝试，旨在使概率的主观评估

[1] Center for the Study of Intelligence, Central Intelligence Agency, “Watching the Bear: Essays on CIA’s Analysis of the Soviet Union,” conference, Princeton University, March 2001, www.cia.gov/cis/books/watchingthebear/article08.html, 5.

更加明了，更为一致。它适用于各种难易不一的问题（复杂等级每增加一级，新的能力与完整性都会随之增加）。但是，即使是最简单的层次，生成各种备选方案，也有助于防止过早下结论，并为复杂问题理清头绪。

生成备选方案

进行概率推理的第一步并不比正式阐明“可能的结果不止一个”复杂多少。列出问题的所有可能结果，就可以生成各种备选结果。正如第 10 章所讨论的那样，可能的结果就被界定为备选情景想定（alternative scenario）。

理想情况下，备选结果应该是相互排斥的（只能发生一种，而不是两种或两种以上同时发生），而且是排除其他全部选择的（不可能发生其他情况，所列举的备选方案中必有一个发生）。[1] 例如，假设一名分析人员正在跟踪对手在革命性的新技术上的研发活动，他仅能列举两种结果：

- 该技术被用来生产一种产品（或武器系统）。
- 该技术未被使用。

这个列表是完全排他的，而且各个备选方案是相互排斥的。如果增加第三种选择，即“该技术将在两年内得到采用”，那么就违反了相互排斥原则（除非将第一个结果重新表述为“该技术将在两年后得到采用”）。

这个简单的结果列表也许非常有用，也许没用，因为只有两个备选结果。如果分析人员对更多的细节感兴趣，那么结果可以（并且应该）被进一步分解。一个包括四项备选结果的重新列表可能是这样的：

- 技术被采用：
  ——成功地被采用。
  ——但得到的是一个有缺陷的产品。
- 技术未被采用：
  ——在此过程中未引入任何新技术。

[1] 这使我们可以拓展到更复杂的分析，如第 7 章中讨论过的贝叶斯分析法。

——但一种技术变体或替代技术被采用。

这个列表说明了这样一种状况，即详细说明所有可能（和相关）的结果可以扩展人们的视野。扩展的可能性经常能够对问题产生有用的认识。例如，采用一种不同的技术代替所讨论的技术这一备选方案，表明情报分析的焦点应集中在目标组织是否正在进行替代性研发上。

关键是列出全部有意义的结果，将多种结果结合在一起，比猜测未被列出的新事物，或考虑将某个组合事件结果分离成子元素，要容易得多。列表既可以提醒有可能出现多种结果，也可以作为一个清单，用于判断任何一条新情报如何影响所列多种结果发生的相对可能性。仅生成一个完整且详细的列表行动，经常可以提供一种观察问题的有益视角。

在生成一组结果时，我们要当心类属性的术语（如“其他”）的使用。正如第 7 章中汽车机械师那个例子所描绘的那样，对于一个表面看起来简单的标签背后隐藏的大量事物，我们不容易回想起来。只有在无法首先生成所有备选方案的完整清单时，才能使用统称性的结果标签。在情报工作中，很少能够将所有可能的未来状态包罗进来。另外，不要忽视这样一种可能性，即什么都不会发生。例如，一名分析人员正在列举法国政府在关税问题上可能采取的全部措施，那么该清单应包括这样一项，即“法国政府根本不采取任何措施”。

影响树形图或图表

生成备选结果清单，是变力预测法的第一步。简单的变力预测法也就到此为止。但对于更加正式或严格的分析来说，下一步通常是找出影响可能结果的事物，表明各种影响之间的相互关系。这经常通过影响树形图（influence tree）来实现。影响树形图和影响图表[1]是力量分析的一种系统

[1] 影响图表是项目管理中风险识别所用到的工具，显示因果影响、按时间顺序排列的事件以及变量与结果间其他关系的图解表示法。——译注

方法，这在第 10 章中做过介绍。

例如，假设一位分析人员想要评估一场发生在非洲的叛乱的结果。有三种明显的可能结果：叛乱将被镇压，叛乱将取得成功，或将陷入持续的僵局。也可能出现其他备选结果，但我们可以假定它们发生的可能性很小，不值得一提。这样，影响图表中就是这三种结果：

- 政府当局取得胜利。
- 叛乱分子取得胜利。
- 出现僵局。

现在，分析人员要描述那些力量，它们影响了分析人员对每种结果相对可能性的评估。例如，叛乱的成功可能取决于明年的经济条件是否改善、是保持不变还是会恶化。它还可能取决于政府新的扶贫计划能否成功。这些“驱动力”事件的假设在美国情报实践中被称为**关键前提**（linchpin premise），而且这些假设需要予以明确。[1]

在列出所有具有影响力的事件或驱动力事件后，分析人员接下来要关注两个问题：

- 那些具有影响力的事件会相互影响吗?
- 有无可能直接评估那些有影响力的事件的各种结果的相对可能性，或者，那些事件的结果相应地取决于其他有影响力的事件（和结果）吗?

如果第一个问题的答案是肯定的，那么分析人员必须界定影响的方向。在眼前这个例子中，我们有两个具有影响力的事件——经济条件和扶贫计划。人们可以认为，这两者中有一个会对另一个产生某种程度的影响，但似乎更有理由的是，扶贫计划对经济条件的影响大于经济条件对扶贫计划的影响，因此我们得出了以下的关系：

扶贫计划影响经济条件，而这影响叛乱的结果。

[1] Jack Davis, *Intelligence Changes in Analytic Tradecraft in CIA's Directorate of Intelligence* (Washington, D.C.: Central Intelligence Agency, 1995), 8.

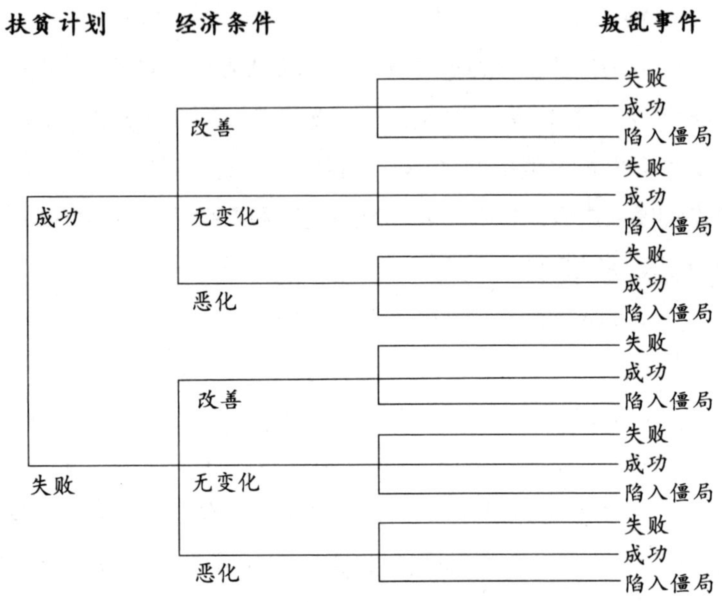

图11–4　某叛乱事件的影响树形图

在明确影响结果的不确定事件后，分析人员开始进入影响树形图的第一阶段，见图 11–4。这个树形图简单地显示依赖关系结构中的各种不同结果。

列举驱动事件及其结果时所产生的思维过程有多方面作用。有些因素可用于判断某种备选结果是否可能发生，这一思维过程就有助于找出并记录这些因素。分析人员可能需要记录他得出影响树形图的过程（建立一条“检查跟踪系统”，audit trail)，以向同事展示自己的思维过程。尤其是，如果他希望有人用自己可能忽视的事情帮助自己升级图表，那么这一系统就更为有用。建立影响树形图的软件包可包括创建检查跟踪系统的注解。

在产生备选事件清单的过程中，分析人员必须解决这样一个问题，即所列入的事件（或结果）是否影响对所列入的事件结果的相对可能性的评估。例如，在经济学的例子中，如果分析人员知道经济形势改善或保持不变对于叛乱取得成功没有任何影响，那么他就没有必要将其区分为两种不同的结果。他反而应当简化该图表。

第二个问题与图表上没有显示的其他影响力有关，它使得分析人员能够把对影响力的这种形象表示，扩展到他认为必须的任何一种详细程度。然而，请注意，分析人员应该避免增加不必要的细节层次。使事情过于详细，超出必须的程度，不仅不会提高反而会降低这种图表方法的实用性。

思维过程还有助于查明那些不包含不确定性的事件。例如，向政府军和叛乱分子提供武器，将对结果产生强烈影响。在此问题上，我们假定这些并非是不确定性事件，因为情报官对其有关未来武器供应的评估十分自信。它们并不是影响这个问题的关键因素。分析人员无疑将在分析中考虑这些影响事件。事实上，在评估主要事件（叛乱）结果的相对可能性时，分析人员会利用这一信息，而这是下一步要做的事情。但是，他不需要将此纳入其不确定事件图表。

概率推理是用于评估结果情景想定的。在图 11–4 的树形图中，每一种可能的结果都必须被赋予一定的相对可能性。假定树形图的那个分支中所有结果都已发生，我们从左侧开始这么做，并评估结果的可能性。这是一个主观的过程。我们可以使用第 7 章中讨论的评估方法，评估支持和反对每种结果的证据。结果如图 11–5 所示。请注意，树形图中每个分支点可能性的总和相当于 1.00，而且一个特定结果（最右侧）的累积可能性是抵达该点的各个分支概率的乘积。（例如，扶贫计划成功、经济条件改善以及叛乱行动失败的结果概率是 $0.224=0.7\times0.4\times0.8$。）

评估的最后一步是将图 11–5 中右侧的每个结果——“失败”“成功”“陷入僵局”——的概率加起来，从而得出以下概率：

叛乱失败	0.631
叛乱成功	0.144
陷入僵局	0.225

对用户而言，这种评估可能结果的影响树形图的方法，比没有证据支持的叛乱前景分析更具说服力。当人类以主观的、完全无助的方式处理这样的复杂问题时，也就是说，当分析人员不能以一种结构化的方式，只是

在心里将各种力量评估结合起来时，他们对此类问题的评估往往做得很糟糕。另一方面，像影响树形图这样的数量方法也有天生的缺陷，它可能给出错误的精确度（仅仅因为采用了数字）。数字的含义是准确的、毫不含糊的，但它们没有其代表的主观感觉准确。

概率计算与树形图结构方法要求不能存在任何反馈回路，或存在可以忽略不计的很小的反馈回路。例如，如果经济环境极大地影响扶贫计划，或持续的叛乱僵局影响经济条件，那么就存在反馈回路。如果反馈回路出现并且在影响图表中需要标出，那么分析人员就有必要建立仿真模型，以处理动态反馈回路。

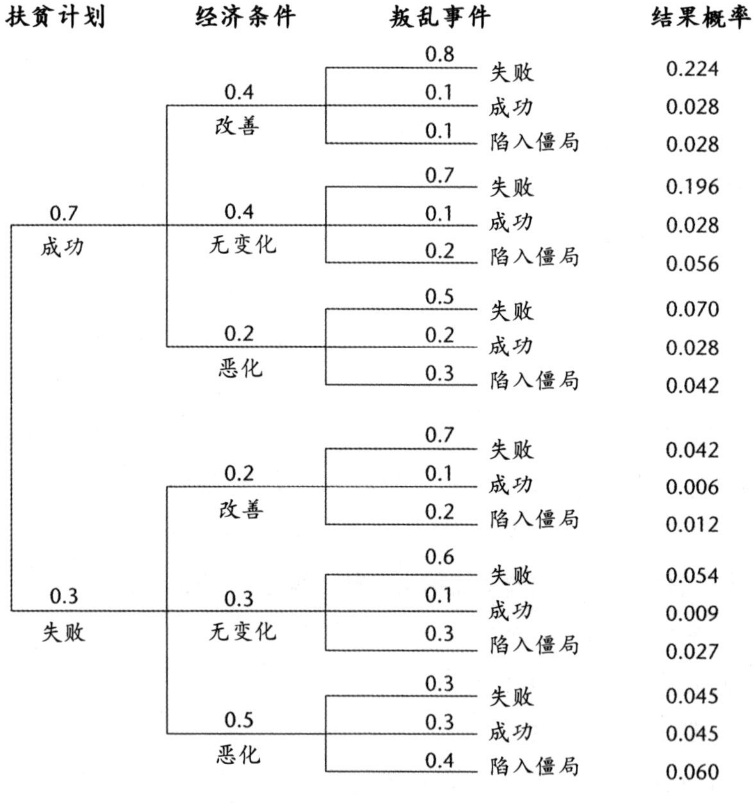

图11–5 带概率的影响树形图

影响网络

影响网络（influence net）模型是影响树形图的另一种形式。它是一个强大工具，可以对各种复杂的目标模型进行变力预测和变力与新力预测。在这些目标模型中，影响树形图将显得过于笨拙。影响网络模型是决策分析中两种已经得到认可的方法的组合。这两种方法分别是：最早为数学界所采用的贝叶斯推理网络分析法（Bayesian Inference Net Analysis）[1]，以及最早为运筹学研究人员所采用的影响图表法（influence diagramming technique），如叛乱的例子。影响网络模型是一种直观的图表表示法。

为了创建一个影响网络，分析人员要界定各种**影响节点**（influence node），而这些节点描述了构成目标模型内的因果关系组成部分的各种事件。他们还在原因和结果之间创建了“影响联系”（influence link），以图表说明一对相关事件之间的因果关系。影响既可以是正面的（支持某种决策），也可以是负面的（降低了决策的可能性），这一点用“终止符”表示。终止符要么是箭头（正面影响），要么是一个实心圆（负面影响）。这样得出的图示被称为**“影响网络拓扑结构”**（influence net topology）。图 11–6 是一个拓扑结构示例，用以标明那些影响萨达姆 · 侯赛因 1990 年做出是否从科威特撤军决策的因素，结果认为萨达姆 · 侯赛因决定从科威特和平地撤出。箭头来自支持该决策的方框；实心圆点来自反对该决策的方框，即不撤军。

概率评估

对于那些依赖时间随机过程而发生的事件，概率变力预测（probabilistic projection）和概率变力与新力预测（probabilistic forecasting）

---

[1] 它是贝叶斯分析法中的一种。贝叶斯分析法是一种计算假设概率的方法，它是基于假设的先验概率、给定假设下观察到不同数据的概率以及观察到的数据本身而得出的。其方法为，将关于未知参数的先验信息与样本信息综合，再根据贝叶斯法则，得出后验信息，然后根据后验信息去推断未知参数。具体可见本书第 7 章。——译注

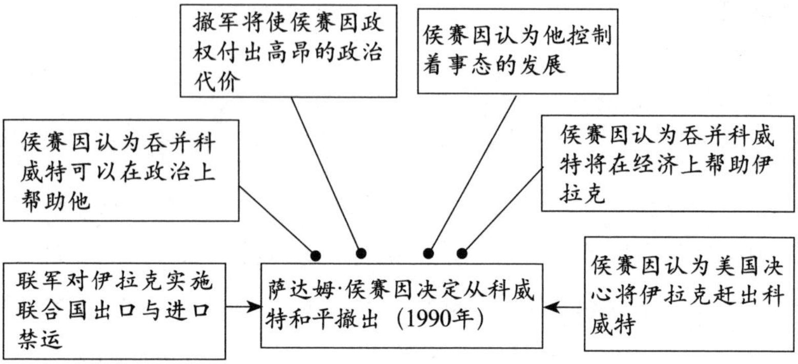

图 11–6　影响网络模型示例

注：箭头来自支持萨达姆·侯赛因从科威特和平撤军决策的方框。实心圆点来自不支持该决策的方框。

来源：Julie A. Rosen and Wayne L. Smith, "Influencing Global Situations: A Collaborative Approach," *Air Chronicles*, Summer 1966.

可以用来预测它们发生的可能性，如日本经济的稳定状况。这种概率方法已在工业上用于进行变力预测和变力与新力预测。我们在情报分析中使用的两种概率评估方法如下：

- **点与间距评估法**（point and interval estimation）。这种方法试图描述单一事件发生的各种结果概率（probability of outcome）。以一个国家的经济增长率为例，有利害关系的事件可能就是经济萧条（增长率下降到一定水平之下的那个时间点）。
- **蒙特卡洛模拟法**（Monte Carlo Simulation）。这种方法对一个过程进行全部或部分模拟，是通过利用多个值的随机组合来反复运行一个序列事件，直到积累足够多的统计材料，以便判断结果的概率分布。例如在电子情报搜集（ELINT）中，可以使用蒙特卡洛模拟法评估微弱雷达信号的截收概率。

一般情况下，这些方法和其他类属方法需要建立事件模型，并对概率函数进行评估。

我们在情报工作中处理大多数预测性问题，都采用主观概率评估。如蒙特卡洛模拟法这样正式的概率评估并不常用，其原因要么是因为我们没有足够的数据，要么是因为正式过程所具有的价值不值得耗费时间。在快速的决策中，以及在不可能进行客观评估的宏观问题上，我们通常采用主观概率评估。例如，对下周在英国某地发生大规模恐怖袭击的概率评估不可避免是主观的，因为没有足够的确凿数据进行正式的定量评估。对中国经济明年的增长将超过 5% 的概率评估，可以采用正式的定量方法进行，因为我们可以获得定量数据。

即使采用了正式的概率评估，它也总是具有强烈的主观色彩。在对未来概率进行的每一次评估中，都包括主观成分；它是衡量各个结果的基础，而这些结果是无法以所赋予的数值来衡量的。

敏感性分析

当用变力预测法或变力与新力预测法进行概率评估时，通常应对结果进行敏感性分析。例如，一个安全系统中出现错误警报情况，就可作为一个概率过程予以评估。通过采用敏感性分析手段，引进警报维持程序的效果就可包括在评估当中。

如果为具有影响力的事件结果赋予一个值，那么敏感性分析的目的就是在赋予具有影响力事件结果的重要性方面，评估这些重要性发生变化的相对重要性或影响。可以系统地改变对评估的输入，以评估它们对可能的结果产生的影响。这一过程使得分析人员能够找出各种变量，即它们的改变对可能的结果没有影响或影响很小。

有许多工具和方法可用于敏感性分析，其中多数可用图形的方式得到最好的显示和分析。图 11–7 显示了对一名制造商成功制造新的生物战病毒的可能性进行分析的结果。假定存在三种可能性：该过程将制造出新病毒；该过程将会失败；该制造商将在项目完成之前放弃该项目。在图 11–7 所示的图形中，在任何一点上，这三种可能性加起来等于概率 1.0。在对所涉及的各种因素进行分析时，其中一种因素具有这样的可能性，即一种新的基因工程技术将出现，从而帮助对那种生物战病毒（图中的横轴线）的研制。敏感性分析表明，成功制造病毒对基因工程技术是相对敏感的（随着这种技术奏效的概率增加，成功线急剧上升）。如果这种新技术的成功概率超过0.55，那么这个过程就更有成功的可能（成功制造出新病毒的可能性在纵轴线上超过0.5）；如果新技术的成功概率低于0.55，那么该过程就更有可能失败。该图还表明，那个制造商放弃该项目的可能决策对于技术的成功相对而言并不敏感，因为放弃项目的可能性不会随着技术成功概率的提高而发生很大变化。例如，这样的决策可能是出于政治或经济原因，而不是技术原因。当然，该图是简化的。实际上，那些直线通常是曲线，并在某些地方出现锐利的“拐点”，而概率就在这些拐点上开始以不同的速度发生变化。

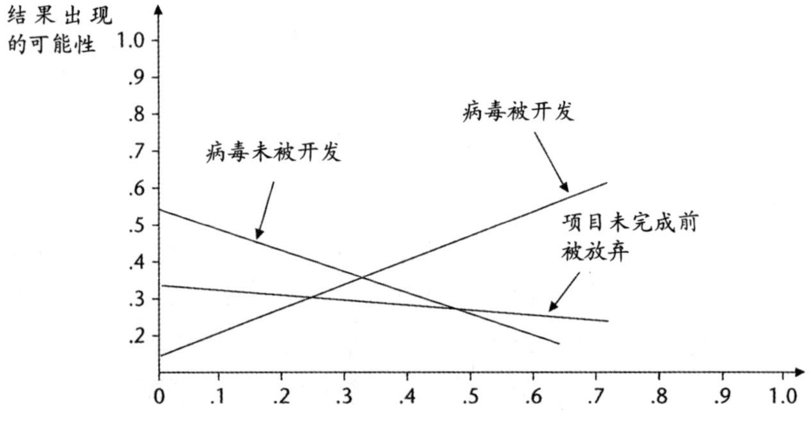

图11–7　生物战病毒预测的敏感性分析

注：新的技术被开发出来以帮助制造病毒的概率。

三、变力与新力预测法

在中短期上，变力预测通常比不变力预测效果更好。但在若干年后与现实相比，即使是准备最充分的变力预测，也经常看起来非常保守。新的政治、经济、社会、技术或军事发展将创造出一些结果，即便是从事变力预测的专家也无法预见。一般情况下，这些新发展被描述为颠覆性技术（disruptive technology）或颠覆性事件。为了将这些颠覆性动向纳入考虑范围，我们不得不采用变力与新力预测法。

在情报工作中，进行变力与新力预测的一个主要目标是界定目标模型的各种未来发展趋势，而不仅仅是最可能的未来。这些未来趋势通常是各种想定，正如上一章中所讨论的那样。讨论未来发展趋势是进行有效战略决策必不可少的。由于不存在任何单一的可预测的未来，用户有必要根据目标的未来发展趋势的来龙去脉制定战略。为了实现这一目标，必须开发一个模型，以便可以系统地展示预测得出的各种趋势和事件之间的相互关系。变力与新力预测法试图发现影响目标的新力量——考虑疏远领域新的动向可能具有的影响，如塑料领域中的新技术，或污染造成的社会影响所构成的新的制约因素，或通过基因工程创造出的新的生命形式，并且作为可能性全部呈献给用户。在变力与新力预测中，人们还必须研究如增效、反馈、惯性、污染和对抗力量等力量，所有这些将在第 12 章进行讨论。

一般情况下，用户更喜欢得到可能性最大的预测分析，以使他们能够对其充满信心。对有些用户来说，“信心”可能意味着所获得的分析是根据某种被认可的方法（最好是定量方法）做出的。对其他用户而言，信心可能意味着信任进行分析的人。

变力与新力预测法不是一种未来蓝图，它通常从不变力预测或变力预测开始，然后，变力与新力预测人员必须扩展他们的范围，以吸纳和权衡许多新的力量或因素。他们必须审视那些离题虽远但必然影响预测主题的关键技术与动向。

非线性的预测方法

变力与新力预测法需要各种分析工具或原理，需要分析人员对许多技术与学科有相当的了解，并且具有以非线性（nonlinear）方式思考问题的能力。与第 1 章中讨论的情报流程一样，分析人员不能以线性（linear）方式——搜集数据、分析数据并形成解决方案——有效地进行预测。这种线性的和机械的宇宙观从未使我们做好预测，而且它不适合处理各种复杂的目标。关于未来的自然思维模式表面上看来是混乱的，但它是一种有目的的混乱。进行未来主义的思考需要审查更深层的力量，这些跨学科的深层次力量本身有着自己的秩序和模式。在预测性分析中，我们可能看起来徘徊不前，在找出解决方案方面进展缓慢。然而这种非线性的过程并非缺陷，相反，它是个人处理复杂问题和非线性问题时一种自然学习过程的特征。

能够进行多学科分析的这类人员——分析未来将发生什么情况——对各种物理现象、化学反应或社会反应得以发生的原理具有广泛的了解。多学科人员可以将来自多个技术领域的各种概念汇集在一起，并对政治、经济和社会因素以及技术因素进行评估。这种了解的广度认可了这些原理的相似性以及使它们发挥作用的根本力量。它也可以被称为“应用常识”，但不幸的是它并非很常见。相反，分析人员倾向于进行专门研究，因为情报管理组织和情报用户都十分看重有深度的专业研究。例如，中情局曾经雇用过一名苏联罐装食品分析师和一名苏联木材分析师。[1]

各种预测方法与分析工具

变力预测法和变力与新力预测法均采用本章和下面几章中介绍的工具。在第 2 章，我们介绍过概念模型的思想。变力预测法和变力与新力预测法都依据这种概念模型，对作用于被研究的实体的各种动态力量进行评估。变力与新力预测法是以大量的假设为基础，其中包括：

- 未来是不可预测的，但在明确考虑不确定性后，它可以用概率的方

[1] Center for the Study of Intelligence, Central Intelligence Agency, “Watching the Bear: Essays on CIA’s Analysis of the Soviet Union,” conference, Princeton University, March 2001, www.cia.gov/cis/books/watchingthebear/article08.html, 7.

式进行预测。

- 如果变力与新力预测法不广泛地考虑到人口、价值观与生活方式、技术、经济、法律法规和制度变化等对未来的可能发展产生影响的因素，那么它就是在误导。
- 对各种未来发展趋势的界定，包括对“最可能的”未来的界定，主要是根据人的判断力、创造力和想象力来进行的。[1]

对行政管理人员和决策者而言，对未来发展趋势进行界定，其目的是尝试判断如何改变目前事态，创造一个更美好的未来。在情报工作中，这种目的则是预测对手的各种行动，以便制定应对之策。

进行变力与新力预测，从我们的经验开始，或者从研究不断变化的政治、军事、经济和社会环境开始。我们找出各种可能需要予以关注的问题或事物，然后根据其组成力量对它们进行定义，预测这些力量（大多数是以趋势和事件的形式）的变化，尔后采用交叉影响分析这样的方法将它们联系起来。变力与新力预测得出的“最可能的”未来以情景想定的形式撰写；对这一未来的替代方案的概述，是通过综合 / 分析而生成的。预测复杂的问题，有的时候需要用到第 10 章所讨论的交叉影响模型。

如果变力与新力预测做得好，那么这些想定就可以激励情报用户——管理者——做出适合于每种想定的决策。我们可以对这些决策加以分析，以判断它们在整个情景想定范围中的稳健性（robustness），从而得出一组决策，有效地解决在该流程初始阶段所确认的问题与顾虑，并在行动计划中落实这些决策。[2]

[1] James L. Morrison and Thomas V. Mecca, “Managing Uncertainty: Environmental Analysis/Forecasting in Academic Planning,” January 12, 2003, http://horizon.unc.edu/courses/papers/Mang.asp.

[2] James L. Morrison and Thomas V. Mecca, “Managing Uncertainty: Environmental Analysis/Forecasting in Academic Planning,” January 12, 2003, http://horizon.unc.edu/courses/papers/Mang.asp.

评估预测

根据下述标准对变力与新力预测进行判断：

- **清晰性**（clarity）：预测的对象和预测本身明白易懂吗？是否足够清楚，以至于可以付诸实施？用户可能未能精确地定义“国民生产总值”或“战略核平衡”这两个词，但他们也许能够处理与这些主题相关的预测。另一方面，他们可能对“住户”与“家庭”之间的区别毫无所知，因此会对该领域内的问题感到困惑。大多数用户难以解读预测中使用的统计数字（例如中位数值域和四分位数值域）。
- **内在的可信度**（intrinsic credibility）：预测的结果在多大程度上对用户有意义？根据常识，这些结果符合逻辑吗？
- **似乎合理性**（plausibility）：预测的结果在多大程度上与用户对想定以外的世界的了解相一致，用户是否了解这个世界现在如何**真正地**运行？未来可能如何运行？
- **相关性**（relevance）：如果变力与新力预测被认为是合理的，那么它们将在多大程度上影响用户的使命或任务的达成？
- **紧迫性**（urgency）：预测在多大程度上表明，如果需要采取行动，那么在制定和实施必要的调整时，时间是否至关重要？
- **相对优势**（comparative advantage）：与决策者**今天**所掌握的其他资源相比，预测结果在多大程度上为调查决策选择提供了更好的基础？在多大程度上，这些预测结果为未来的预测与政策计划努力提供了更好的基础？
- **技术质量**（technical quality）：产生变力与新力预测的过程在技术上可行吗？基本的变力与新力预测在多大程度上彼此一致？[1]

这些标准应当被看作是过滤器。如果要否定某项预测，就需要证明该

---

[1] W. I. Boucher, *Technical Advisors' Final Report: Chapters Prepared by Benton International, Inc.*, prepared for the Futures Team of the Professional Development of Officers Study, Office of U.S. Army Chief of Staff (Torrance, Calif.: Benton International, 1984).

想定无法通过所有或大部分的过滤器。“好”的预测经得起这种筛选，而“差”的预测则不能。重要的是向用户传达这样的信息——预测是暂时性的，需要不断调整，才能有益于思想指导和行动指导。用户对预测提出批评并非罕见，常见的抱怨是：预测的内容显而易见，没有新意；预测过于乐观、悲观或天真；预测不可信，因为有明显的趋势、事件、原因或结果被忽视了。这种反对意见非但不会削弱结果，反而有利于进行战略思维。对它们的回应很简单：如果有重要的事情被漏掉了，补上它；如果包含了不重要的东西，删除它；如果重要的东西被包括在内，但预测结果似乎显而易见或是高度反直觉的，那么查究其基本逻辑；如果结果成立，就采用它们；如果结果不成立，就抛弃或修改它们。

四、小结

预测可能不会真的实现，但是，对情报用户而言，一个好的预测如果对作用于目标模型的力量和对那些力量的假设进行了准确描述，它就具有持久的价值。随着形势的发展，如果情报分析人员可以准确分析各种力量，用户可以修正预测。有三种预测方法可用于情报工作。

不变力预测法（趋势外推法）是三种方法中最容易的一种，因为它简单地假定现有的力量不会改变。使用不变力预测法进行短期预测通常是可靠的，但在中长期预测方面，它很少能做出准确的描述，因为各种力量的确会发生变化。不变力预测法可用于预测直线性趋势和周期性趋势。关联分析与回归分析是两种常用的不变力预测法。

变力预测法假定了一个力量变化的概率，并使用若干种方法评估这些变化的概率及影响。这种概率推理依靠影响树形图和影响网络这样的方法。敏感性分析可帮助用户确定变力预测法中概率变化的重要性。

变力与新力预测法是最难掌握的预测方法。它必须包括变化中的力量的概率，就像进行变力预测法一样。它还必须明确在整个政治、经济、社会和技术等领域范围内可能出现的新力量，并对它们可能产生的影响进行评估。鉴于因此而产生的复杂性，大多数变力与新力预测依靠情景想定。如变力预测法一样，进行变力与新力预测也要考虑各种塑造性力量的影响，而这将在下一章予以讨论。

[第 12 章]

具备塑造性的力量

我们砌墙太多，而架桥不够。

——艾萨克 · 牛顿（Isaac Newton）

我们在第 10 章介绍了力量综合 / 分析的思想。每一个情报问题必须考虑的力量——经济的、政治的、社会的、环境的和军事的——都不一样。我不想在本书中将它们一一列出——实在是太多。然而，有些基础广泛的力量可用于大多数预测性分析。它们大都是社会性的或环境性的力量，往往可以塑造和调节各种事件和其他力量。在开始预测时，分析人员就应当提出，这些力量中哪些与所考虑的问题有关。

一、惯性

一种具有广泛影响的力量是惯性，这是一种坚持既定路径，抵制任何变化的倾向。牛顿第一定律（分析原则 12–1）说静止状态中的物体倾向于保持静止状态，运动状态中的物体倾向于保持运动状态。

分析原则 12–1

惯性

牛顿第一定律（字面翻译）称：

1. 静止状态中的物体倾向于保持静止状态。
2. 运动状态中的物体倾向于保持运动状态。

除非你将它们置于存在阻力的现实世界，那么：

3. 运动状态中的物体倾向于停顿下来，然后又适用于第一条。

抗拒变化是各种组织逐步停滞下来的一种常见的原因。举例来说，对技术的反对总体上是一个惯性问题，它来自工人和管理人员希望保持社会现状——包括社会体制和传统——的意愿。我们可以用历史上美国贝赛麦炼钢法（Bessemer Steelmaking Process）这一案例来说明为保持惯性的代价。

贝赛麦炼钢法是由两个人几乎在同一时间（1856 年）分别发明的，他们是英国的亨利 · 贝赛麦（Henry Bessemer）和美国的威廉 · 凯利（William Kelly）。这种方法需要向熔炉底部加压吹气。在短短几年内，贝赛麦炼钢法几乎替代了传统的熔炉炼钢法。这种方法降低了产钢成本，成为现代钢铁产业的基础。它可谓是工业革命的基石之一。

从 1864 年至 1871 年，有 10 家美国公司开始采用贝赛麦法炼钢。在它们当中，除一家外，其余公司均引进了熟悉该方法的英国钢铁工人。到 1871 年，那家未引进英国工人的公司即坎布里亚公司主导了该行业。虽然坎布里亚开始处于劣势，但它的工人能够适应 1864 年至 1871 年期间炼钢过程中发生的各种改变和改进。其他公司的英国钢铁工人则为自己的传统手艺感到无忧无虑，讨厌并抵制所有的变革，因而他们的公司没有顺应形势。

惯性定律最常见的表现是“此处没有发明”（NIH）因素，意思是一个组织会反对来自外部的变革压力。这种现象在苏联的技术官僚阶层和美国国防工业中十分强大。由于集中制定经济计划，苏联体制形成了高度稳定性。但在一定程度上，所有的社会都是抵制变革的。只有那些既保留其有用或相关传统又能够适应新变化的社会，才能取得成功。

抵制创新的一个典型例子是美国海军与威廉·西姆斯上尉的故事。一个世纪前，标准的火炮射击方法是采用训练有素的炮手来操作沉重的传动装置，用以将海军的舰炮瞄准敌方船只。因为双方船只可能都在运动，炮台也会随船只的颠簸和摇摆而运动，所以海军的射击成了一门艺术，而且射击的精确性取决于职业水平和团队合作。

在 20 世纪初，一位年轻的美国海军军官威廉·西姆斯开发了一种利用船的运动惯性的新方法。他简化了瞄准传动装置，并将瞄准镜从舰炮的后座装置上挪去，这样操作手就能够把目光保持在瞄准镜上并同时操作传动齿轮。他的试验表明新方法将显著提高海军炮手射击的精度。

西姆斯试图引起美国海军总部的注意，但却被告知海军对此不感兴趣。然而，西姆斯没有放弃，而海军最终同意进行有条件的试验：西姆斯的瞄准装置必须被捆绑在华盛顿海军造船厂的一个坚固的石块上。离开了船只的惯性运动，这个瞄准装置失败了，从而向海军证明了连续瞄准射击是不可行的。

然而，西姆斯后来与西奥多·罗斯福（Theodore Roosevelt）总统取得了联系，总统与西姆斯一样执着和大胆，他强迫海军接受这个发明，并允许进行公平的试验。西姆斯发明的装置随后得到了采用，极大地提高了海军火炮的射击精度。[1]

西姆斯遇到的这种对变革进行组织上的抵制是常见的。美国海军是一个高度组织化的社会团体，而西姆斯的发明创新使一些技能变得不再至关重要，从而直接威胁到这个团体。海军抵制他的发明创新，以至于需要一个局外人——美国总统——来强制实施这一变革。美国海军舰船的全体水手是一个团体，各个组织也是一种社会团体。他们从根本上反感对各种威胁其体系结构的变革。大多数研究与开发团体都对其成员创新的自由加以限制：不符合该组织模式的观点是不受欢迎的。

---

[1] Elting Morrison, *Men, Machines, and Modern Times* (Cambridge: MIT Press, 1966).

从分析人员的观点看，惯性是预测中的一股重要力量。已经建立的工厂将继续生产过去的产品。在汽车行业，预测明年生产的汽车与今年生产的汽车很相似，这一点不会有什么挑战。即使一支庞大的海军不再有用，一个海军强国将继续在一段时间建造各种舰船。

二、对抗力量

所有的力量都可能具有必须予以考虑的对抗或抗拒的力量。牛顿的另一条物理学定律对这条原则做了很好的总结：对于每一个动作，都有一个同等的和相反的反作用力（分析原则 12–2）。

这条分析原则表明，没有哪个实体（国家、组织、计划或项目）可以不受阻碍地扩张。总会有对手兴起。哈佛大学的历史学家戴维 · 兰迪斯写道：所有的创新思维与实践，都会导致一种对立的或同等的反应。[1] 正如兰迪斯所假定的，如果最初的力量是不对等的，那么（物理学中）动量或（社会学中）形势就会发生变化，直到行动与反应达成平衡。

分析原则 12–2

牛顿第三定律（辩证法）

物理学中的牛顿第三定律说，每当一个物体对另一个物体施加一个力，第二个物体总是对第一个物体施加一个大小相等、方向相反的力。在社会学中，黑格尔的辩证法是牛顿第三定律在哲学上的对等体。黑格尔描述了一个“正题—反题—合题”（thesis-antithesis-synthesis）的三段式过程。根据该过程，一种观点会因其内部矛盾而导致对立观点成立。

这一被称作“牛顿第三定律”的原则在所有商业的、国家的和文明的

[1] David S. Landes, *The Wealth and Poverty of Nations* (New York: W. W. Norton and Company, 1998), 201.

组织与团体中都有应用。正如塞缪尔·亨廷顿（Samuel P. Huntington）指出的那样："经常只有当我们知道谁是我们的敌人的时候，我们才知道我们是谁……"[1] 日本小松公司（Komastsu Corporation）的战斗口号及其对自身的定位在其打出的标语中得到了总结："打败卡特彼勒！"——卡特彼勒是小松公司在全球的主要竞争对手。

在艾萨克·阿西莫夫（Isaac Asimov）的优秀短篇小说《最后审判日的号声》（*The Last Trump*）中，天使长加百列（Archangel Gabriel）吹响了最后的号声，于是最后审判日到来了（准确日期是 1957 年 1 月 1 日）。地球的居民（以及以其最后肉身复活的以前的居民）慢慢认识到，最后的地狱是无聊，而不是但丁（Dante）所著的《地狱》（*Inferno*）中描述的火与冰。同时，地球的护卫天使伊萨里尔（Etheriel）向天庭——上帝——请求事后撤销最后审判日的命令。最后，伊萨里尔意识到谁实际上已经为人类的灵魂赢得了最后的战斗，于是问："那么敌人也是您的仆人吗？"上帝引用牛顿第三定律回答他："如果没有他，我怎么会有其他仆人呢……除了与邪恶进行永恒的战斗，什么是善呢？"[2]

在找出和评估各种敌对力量之前，预测性分析总是不完整的。所有的力量最终都会遇到阻力。扩大自由贸易的努力必然引起保护主义的反应。一个国家军事实力的扩张总会引起其邻国某种形式的反应。如果法律禁止访问在线淫秽内容，那么你可能会通过离线观看的方式规避限制，并不断呼吁言论自由。

反作用力的性质不需要与作用力相同的性质。一个审慎的组织不可能迎合对手的力量。今天对美国国家安全的威胁是非对称的，几乎不存在敌方发动常规交战的威胁，但由组织松散的恐怖组织发起非常规却高度致命

---

[1] Samuel P. Huntington, *The Clash of Civilizations and the Remaking of World Order* (New York: Simon and Schuster, 1996), 21.

[2] Isaac Asimov, "The Last Trump," in *Isaac Asimov: The Complete Stories*, vol. 1 (New York: Doubleday, 1990), 106–119.

的攻击威胁却是存在的，就像2001年的“9 · 11事件”那样。[1] 非对称的反作用力在工业上也是常见的。各种工业组织为了努力实现成本非对称，采取可在本组织与对手之间产生巨大成本顺差的保护性策略。[2] 对决策者或战地指挥官所做的决策结果进行情报评估，都应该考虑各种对抗力量，因为对手将做出反应，并且很可能做出非对称反应。

三、污染

污染是任何政治、社会、经济或技术实体通过传染式的过程而发生的堕落（分析原则12–3）。腐败是一种社会污染，而洗钱则是一种经济污染。

> 分析原则12–3
>
> **格雷欣货币法则**
>
> 格雷欣货币法则（Gresham's Law of Currency）是以这样的理论为基础的：当带有不同金属含量但具有相同面值的货币同时流通时，人们将把更贵重的货币储藏起来或用到国外购物，只留下“不好的”钱在国内流通。该法则解释了双金属货币系统的主要缺陷。格雷欣法则通常被总结为“劣币驱逐良币”。

诺贝尔奖得主欧文 · 朗缪尔（Irving Langmuir）用一个甘油提炼厂的故事描述了这种污染现象：

> 通常情况下，众所周知甘油是一种黏性液体，即使在低温条件下也是如此。然而，如果它结成晶体，那么它只有在64华氏度的温度下才能融化。如果这种很微小的一点晶体被放入低于64

[1] 另一个对美国发动不对称攻击的深刻思考，体现在中国人民解放军上校乔良和王湘穗的《超限战》（北京：解放军文艺出版社，1999年2月版）一书中。

[2] Michael E. Porter, *Competitive Advantage* (New York: Free Press, 1985), 500.

华氏度温度的纯甘油中，那么所有的液体将逐渐固化。

一家甘油提炼厂已经在加拿大运营多年，对于甘油结晶没有任何经验。但突然在一个冬季，在气温不是特别低的情况下，从一台设备向另一台设备输送甘油的管道被冻住了。整个工厂甚至地面上的尘土都被染上晶核，尽管工厂的各个部分都可以通过 64 度以上的加温临时除去晶体，但只要温度降至 64 度以下，晶体将开始形成。整个工厂不得不关闭数月，直到室外温度升至 64 度以上。[1]

在各种组织以及在各种科技学科中，都可发现污染现象。一旦这种感染开始，几乎不可能将其根除。它不断地毒害其宿主，而且有太多的微量需要完全根除——就像固态甘油或癌症一样。例如，在美国电子行业，一家公司的微波管生产线突然出现故障。生产过程没有明显的变化，但微波管不再符合规范。不管怎样，生产线已经遭到污染。但是，找出或纠正问题的各种尝试都失败了，而唯一的解决方案就是关闭生产线并彻底重建。

污染现象在社会科学、组织理论和民间传说中有类似的说法。民间谚语告诉我们："一条鱼搅腥了一锅汤。"在组织的某些方面，污染可能如此彻底，以至于只有采取极端的措施才能奏效——如关闭甘油工厂或重建微波管工厂。预测性情报必须考虑组织中这种社会污染的程度，因为污染对组织应对变化的能力构成了强有力的制约。

污染现象在使用语言进行委婉表达方面具有类似的有趣说法。众所周知，如果一个词具有或形成了负面的联想，它就将被一系列委婉词汇所代替。这样的词汇有一个半衰期（half-life）或衰变速度（decay rate），但随着它变得更加负面，半衰期会变得更短暂。在比较老式的英语中，"臭味"（stink）这个词的意思是"嗅"。问题是我们从气味中得到的最强烈的印象是令人不快的东西，因此随着时间推移，有关嗅觉的每个词都被污染了，

[1] Irving Langmuir, "Science, Common Sense, and Decency," *Science* 97 (January 1943): 1–7.

必须予以取代。“嗅”这个词现在一般都具有不愉快的含义，而像“香味”、“芳香”和“酒香”这样的词汇正在取代它。类似的，那些指代社会上、心理上或实际上处于劣势的群体的词汇，随着时间的推移也在受到污染，如“聋”、“瞎”和“呆傻”这样的词汇被“残疾”代替，然后又被“心理 / 生理残障”所取代，反映出这些词汇随着污染的渗透具有了负面的联想与轻蔑。

语言中的污染现象对情报分析人员评估某些项目的效果特别有用，这些项目涉及社会、政治、技术乃至硬件方方面面。**我们不会对成功的东西重新命名。**自 1964 年以来，福特汽车公司一直保持其最心爱的汽车“野马”（Mustang）的命名，但绝不会有另一个埃德塞尔（Edsel）[1]。没有人会为自己的邮轮取名“泰坦尼克”。对某一程序或项目进行重命名是暗示该程序或项目陷入危机的很好的信号。虽然这种现象在美国非常突出，但其实这种现象是任何文化中都存在的通病。

四、协同

预测性情报分析几乎总是需要多学科的理解能力，因此必不可少的是，分析组织的专业开发计划培养出的专业人员，必须能够了解宽广概念，能够在多学科环境中行使职责。协同（synergy）是一个基本概念：因为物体的各部分之间存在相互作用，整体可以大于部分之和。因此，协同在某些方面与前面讨论过的反作用力对立。

协同实际上不是一种力量或因素，而更多的是一种思考各种力量或因

[1] “埃德塞尔”是美国福特公司生产的一辆中档汽车，它的名字 Edsel 听起来就像是 Hard sell（难卖）。Edsel 的发音还与一种止咳药的商标 Hardsel 相近，而这种药在当时的美国是属于强行推销的商品，消费者对其很反感。种种因素导致 Edsel 汽车销量非常可怜，两年内仅卖出了 11 万辆。最终，福特公司不得不停止了其生产，为此蒙受的损失高达 5 亿美元。——译注

素如何相互作用的思维方式。协同可以来自各组织之间的合作与联合（大规模协同）。协同是社会、经济、政治和技术力量大规模联合的结果，比如那些曾引发工业革命的协同因素。[1] 我们第 1 章中讨论的网络战就是对协同能力的应用。物质系统内部的相互作用同样可以导致协同，下面举个例子。

20 世纪 50 年代，美国开始部署“奈基—大力神”（Nike-Hercules）地对空导弹系统，在战斗训练演习中人们发现，其目标跟踪雷达很难被来袭的飞机摧毁。当时击毁此类雷达的三种标准方法是快速机动、设置雷达诱饵和使用噪声拥塞。这三种方法中，没有哪一种能够有效地对付“奈基—大力神”导弹的目标跟踪雷达：

- 机动没有效果。
- 无法通过释放雷达诱饵材料（使雷达信号看起来像飞机的薄铝条），使导弹雷达失去目标，因为导弹雷达测距速率跟踪系统可以区分缓慢运动的金属箔条和快速移动的飞机。
- 导弹雷达的抗干扰电路消除了常规的噪声拥塞。

美国战略空军司令部（SAC）将这个问题交给了其电子战计划人员，因为“奈基—大力神”所具备的能力预计将出现在各种未来的雷达上，而这是战略空军司令部 B–52 型飞机将要面临的。战略空军司令部的设计人员发现，把这三种方法结合起来——噪声拥塞加上 S 形机动，在机动期间，当飞机的航迹与雷达波束垂直时投下金属箔——能够挫败这种跟踪雷达。这个被称作“躲避”的战术之所以能取得成功，其秘密就在于协同。

现在已经众所周知，在电子战中，一个武器系统可能不会受到单一反制措施的影响，但各种反制措施结合起来，可使其性能降低。同一原则可应用于一系列的系统和技术开发：把各个部件结合起来，其效能可能比单个部件的效能累加起来要大得多。

大规模协同的一个例子是计算机与通信这两个领域之间的协同。这两

[1] David s. Landes, *The Wealth and Poverty of Nations* (New York: W. W. Norton and Company,1998) , chaps. 13 and 14.

个曾经泾渭分明的领域在过去几十年里一直在进行融合，我们使用一个技术领域去加强另一个技术领域。管理这两者的融合需要掌握这两个领域的技术知识，外加对政治问题（通信监管）和经济问题（集中计算与分布式计算之间的成本—绩效平衡）的了解。它还需要敏锐的市场意识，这种意识决定了为数众多的人员是否愿意利用这种融合，正如人们在使用因特网这样的网络时所做的那样。

协同是军队"蜂拥式"战法的基础，数百年来，军队采用这种方法，协调运用大规模兵力。在 1346 年的克雷西之战[1]中，英国集中使用长弓（longbow），结果比单独使用长弓更具杀伤力。在制定商业策略对付竞争威胁时，一个公司单独采取好几种行动，却没有成功，但当公司把这些行动结合在一起，却非常有效。举一个简单的例子，为了减少竞争对手的新产品的销售额，一家公司可能采取若干种策略：放出谣言，说本公司将推出改进型产品；发布消息，说竞争对手的产品存在缺陷或即将过时；提高从使用本公司产品转换到使用竞争对手产品的成本；通过排他性的合同将供货商与本公司捆绑在一起等。这些行动如果单独实施，每种行动都可能收效甚微，但如果协同使用——把行动综合起来以达到"蜂群"效应，却可能破坏竞争者的市场。

当情报分析人员向政策人员提供情报支持时，这些规则同样适用。各项政策行动综合起来，其效果可能比采取任何一项单独行动有效得多。决策者或管理者通常会找出各种可能的行动组合，并选择其中之一。通常，情报分析人员要评估某一特定的行动组合的可能效果，在某些情况下，他也可能为管理者制定可能的行动组合。

因为某种形式的协同，某些直线式不变力预测趋于过时，大多数重大创新与变革因而发生。协同是电视、民用波段广播以及个人计算机得以普及的一个主要因素。在评估可能对预测发挥影响的各种因素（变力与新力）时，分析人员应该将协同常记心头。

[1] The Battle of Crécy，发生于 1346 年 8 月 26 日，英军以英格兰长弓大破法军重甲骑士与十字弓兵。——译注

五、反馈

在分析复杂系统时，评估其反馈机制十分重要。反馈是一种机制，系统借此适应，亦即学习和改变自己。在第 10 章中，反馈是作为第三类力量（与内部力量和外部力量一道）加以介绍的。下面我们将更详细地阐述反馈是如何改变一个系统的。

许多预测方法取决于这样的假设，即可以使用系统理论，将被分析的过程作为一个封闭回路的系统来描述。按照这些系统的数学理论，反馈是一种控制力量，其中可将输出与目标或标准进行比较，而且对输入或过程进行必要的更正，以便使输出符合预期状态，如图 12–1 所示。可对各种结果（输出）进行评估，评估的结果作为输入，在图中所示的汇合点反馈给系统。因此，反馈功能决定了整个系统一段时间的行为。图中显示的只是一个反馈回路，但可以存在许多反馈回路，而且在复杂系统中通常如此。

图 12–1 显示的是一个广义化的模型，该模型在电子工程中被广泛用来描述机械和电子控制系统的运行。它还被用来表示许多社会过程，特别是各种组织的适应过程。虽然它的一般有效性尚未得到检验，但它在预测系统未来状态时具有一定的有效性因而被接受。

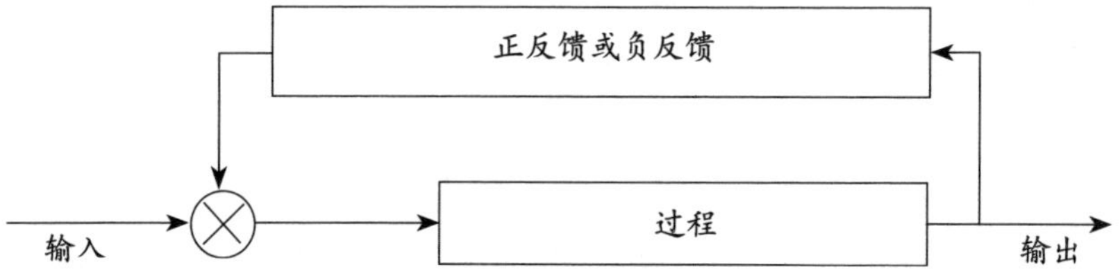

图12–1　反馈过程

注：内部带×型的圆圈表示输入与反馈的汇合点，它们在结合后进入过程。

在分析人员对反馈的潜在影响进行评估之前，他 / 她不应当认为某种预测是完整的。这种评估需要分析人员对反馈的性质与内容进行预测。反馈可能是正反馈，鼓励更多的输出；也可能是负反馈，鼓励更少的输出。反馈也可能是强反馈，对输出具有较大的影响；也可能是弱反馈，对输出影响甚微。最后，反馈可能是立即的，并因此能够立即在输出中反映出来，或其影响可能被延迟，以至于在未来某个时候它改变了输出。

强度

大多数系统具有适应性。反馈可引起输入发生变化，也应当造成一个过程的管理评估和创新部分发生变化。对这种适应能力的衡量就是反馈的强度。在大多数系统中，输出的变化（类型、数量等等）会因为评估过程而改变输入。在正反馈系统中收益大于成本，输出导致输入加强，因此输出的增长率往往部分地取决于正反馈量。在负反馈系统中成本大于收益，输出的反馈以减少输入的方式表现出来，而且输出往往会趋于稳定或减少。由于反馈造成的力量变化率，是权衡所观察到的某一情况的收益（正反馈）与成本（负反馈）而得出的。这就是评估或决策步骤。

各个组织往往以两种方式降低反馈强度。第一，很少有组织能轻易地处理源于自适应性的不确定性，所以组织均努力保持情况的连贯性以使自己能够应对，这种趋势是对反馈的一种强有力的限制因素。[1] 西姆斯在引入其射击发明时遇到的问题，就是此类问题的案例之一。

第二，反馈必须到达决策者或实施者手里才能有效。只有当它被组织中合适的人接受，它才能塑造各种未来行动。但是，组织本身——其管理层与工作人员——可模糊、减弱、误导和拖延反馈，有效地削弱其强度。一个庞大的官僚组织或一个中央集权的经济体，由于相对缺少灵活性并且有无数的管理层，会使反馈保持在微弱的水平上。拨款是通过政治程序规定的，而这些政治程序与以前产业的成功或失败只有间接的关系。在中央集权式的或指令式的经济体中，市场提供的反馈是微乎其微的。

[1] Donald A. Schon, *Organizational Learning* (Boston: Addison-Wesley, 1978).

时间延迟

所有的反馈回路，无论是技术方面还是社会系统方面，都具有内在的延迟。当延迟导致反馈发回错误信号时，时间间隔就造成了问题。有时具有正面效益的反馈比负反馈来得慢，因此，系统在早期阶段收到负反馈，尽管更多的正面信息要些时候才能到达。例如，解除管制或者进行自由贸易协定的收益，可能比成本更难发现，并且需要更长的时间才能观察到。

另一方面，相当常见的是，收益比成本更快地被人们看到。制药行业为我们提供了这种现象的示例，其中一个最具戏剧性的现象就发生在撒利多胺（thalidomide）这种药品上。撒利多胺最初于 1956 年作为一种镇静剂引入欧洲，用来治疗孕妇的呕吐。该药于 1961 年被清除出市场，但已经给成千上万名婴儿造成先天缺陷。[1]

环境污染的各种延迟效应已经提供了许多“虚假正反馈”（false positive feedback）示例，然而，核电厂的示例也许最为引人注目。在一段时间内，政府采取措施，推动核电技术进步，该行业从中获益良多，由此造成核电技术发展的步伐过快，无法充分缓解各种风险。[2] 结果，美国在 1979 年遭遇了三里岛核反应堆事故，放射性物质被释放到靠近宾夕法尼亚州哈里斯堡（Harrisburg）的大气中，造成很大恐慌；而苏联在 1986 年则遭受了切尔诺贝利灾难——一个反应堆彻底熔毁，污染了乌克兰的广大地区，造成若干人死亡。

正如这些示例所表明的，在技术快速进步的领域，负反馈的延迟这一问题持续存在。技术的快速进步依靠各种技术扩散机制。由于美国具有高效的通信网络和高度机动的工人，因而这些机制在美国运转得极好。

---

[1] Crohn’s and Colitis Foundation of America, “Thalidomide and IBD,” March 10, 2003, www.ccfa.org/weekly/wkly828.htm.

[2] Crohn’s and Colitis Foundation of America, “Thalidomide and IBD,” March 10, 2003, www.ccfa.org/weekly/wkly828.htm.

跨国公司也是一种强大的技术扩散机制。与技术评估过程相比，技术进步是快速的，造就了各种“技术驱动”系统的范例，其中的监管、人力资源、结构和管理因素等限制性影响过于缓慢，不能施加很大影响。数十年来，制药、通信和计算机行业已经显示了这种技术驱动作用。当前的基因工程也是一个技术驱动领域，在未来几十年，它可能给全球带来严重的问题。

六、监管

对一个行业或组织进行任何分析，都必须考虑政府监管力量的作用。此类力量有些是正面的，但更多的政府支持并不一定意味着成功。对受保护的行业加以分析，我们就可得出一些示例。

20 世纪 70 年代，欧洲国家加强了对企业的所有权和参与权，其驱动力量就是需要拯救欧洲企业，避免其遭受失败或被外国公司接管，尤其在 1973 年石油短缺之后。20 世纪 70 年代，计算机行业的霍尼韦尔—布尔（Honeywell-Bull）合并案正在法国谈判，法国政府同意合并，条件是不能有员工失业，不能有工厂关闭。合并预期会造成 15,000 名员工过剩，所以这些条件给新公司造成了沉重的负担。结果是工厂利用率低下，尽管法国政府控制的公司具有市场保证，但霍尼韦尔—布尔公司在法国还是缺乏竞争力。

霍尼韦尔—布尔公司这一案例说明，政府官僚机构学得太慢，而且对于已经得到的教训忘得太快。18 世纪时，法国想生产出质量可以与英国媲美的钢，为此法国政府资助了一批英国专家，组建了一家公司，同时要求公司使用法国的锻铁。由于使用了质次的原材料，这家公司从未生产出高质量的钢材。[1]

[1] David S. Landes, *The Wealth and Poverty of Nations* (New York: W. W. Norton and Company, 1998), 287.

20 世纪，世界各国政府加大了它们对工业决策的监管影响。在一些国家，政府干预主要是出于工人安全与健康、环境保护等原因。在另一些国家，政府干预主要是为了保护就业与提升经济。在部分国家，政府的意图一直是使政府领导层在财政上受益。

政府在这种干预中处于一种劣势：它们每次似乎是以一种相对简单的方式考虑问题的一个方面。部分原因是因为反馈过程比较缓慢和结构比较死板，政府的行动不像他们所要对付的公司那样迅速。而且在干预中，政府不断地遭遇非预期结果定律（Law of Unintended Consequences）。也就是说，为改变一个复杂系统而采取的行动将导致非预期的且通常是不利的结果（分析原则 12–4）。

分析原则 12–4

非预期结果定律

简单地说，非预期结果定律认为：

- 对一个（社会的或技术的）复杂系统有意地进行任何改变，都将造成非预期（和通常预见不到的）的结果；
- 而且这些结果一般是不合意的。

对非预期结果定律的经典说明，可以追溯到英格兰的都铎（Tudor）王朝。在 1535 年前的英格兰，父亲死后，地产按血统传给长子，在此转让过程中要向国王交税。多年来，封建律师们创造了一种被称为受益权（Use）的遗赠不动产的做法：允许多个受托者对土地的真正拥有者托管的土地享有合法权利，除非受托者同时死亡，否则土地可以反复从父亲转让给儿子而不需要交税。

传说国王亨利八世由于财政需求增加，“在查看他的国库状况时感到沮丧”。[1] 对王国资产的调查使亨利了解到英格兰的土地所有者们是怎样通

[1] John E. Cribbet, *Principles of the Law of Property* (New York: Foundation Press, 1975).

过受益权的遗嘱避免向他交税。1535 年，亨利成功地说服不情愿的国会通过了《受益权法》（*Statute of Uses*）。[1] 该法规简单直接：它授予土地的真正拥有者而不是受托者以合法权利，以便在真正拥有者死后收取税金。

这条法令之所以引人注目，原因有二：第一，它完全没有达到提高税收的目的。几年时间内，聪明程度绝不比今天的税务律师逊色的英国律师们已经在该法规上找到了足够的漏洞，使它无效。第二，这一征税法规的非预期结果是如此广泛，以至于被称为英美产权法中最重要的一条单一立法。具体地说，该法规导致了现代托管法和各种现代不动产转移办法的诞生。英国议会对《受益权法》的反应也导致了我们所称的《遗嘱法》（*Law of Wills*）的诞生。

非预期结果通常不受欢迎，但《受益权法》是已知的少有的几个例外。它对亨利八世无益，但对后人却产生了非常有益的结果。

非预期结果定律在数据处理领域也有类似情况。在现代分布式处理网络中，或在非常复杂的软件包中，人们无法预测变化产生的所有影响。但可以预测的是，大多数非预期结果——系统崩溃、停止工作等等——都将是不受欢迎的结果。

非预期结果定律可能只是墨菲定律（Murphy's Law，任何有可能出错的事情，最终总会出错）的文雅表达，或仅仅说明人类不能预知复杂的社会过程结果。该定律的一个方面被描述为“反直觉性”（counterintuitiveness）。福利系统的一个类属模型显示，在一个社区扩大福利系统以减少贫困家庭的数量，实际上（且反直觉地）增加了他们的数量。[2] 另一个模型表明，使毒品非法化是遏制滥用毒品和减少其他社会问题的一种方法，却具有相反的效果。[3] 另一个例子是，冷战期间苏联的保

[1] John E. Cribbet, *Principles of the Law of Property* (New York: Foundation Press, 1975).

[2] Jamshid Gharajedaghi, *Systems Thinking: Managing Chaos and Complexity* (Boston: Butterworth-Heinemann, 1999), 49.

[3] Jamshid Gharajedaghi, *Systems Thinking: Managing Chaos and Complexity* (Boston: Butterworth-Heinemann, 1999), 48.

密迫使美国国防策划人员假设了最糟糕的情况想定，从而引发了苏联不想看到的军备竞赛。

监管的效果是难以衡量的——不仅后果不可预料，而且经常难以追溯到造成结果的监管措施。一旦一个行业取消了监管（如美国放弃对电信行业的监管），衡量这些结果的标准就会产生。这在电信行业产生的效果是巨大的：各种新行业迅速涌现出来。由于受到竞争威胁的刺激，美国电话电报公司（AT&T）变得更具有革新精神，更加以市场为导向。各种新技术的应用——如数据通信中的数据包交换——得到了推动。

正如政府的支持并不意味着会自动取得成功，政府的反对也不意味着自动失败。从世界范围来说，尽管毒品行业在许多国家遭到强烈反对，但仍然在发展。在美国实行禁酒令的时代，酒精饮料行业却兴旺发达。

七、小结

预测性分析依靠对各种力量的影响进行评估，这些力量能够塑造各种组织、导致各种新发展，并激励人们：

- **惯性**，或抵制变化的阻力，在已建立的组织中司空见惯。组织自然谋求建立并保持一个稳定的状态。
- **反作用力**总是反对任何重要的力量，反作用力可能是非对称性。
- **污染**现象可冲淡国家或组织权力（政治的、经济的、社会的或技术的）工具的效力。
- **协同**是综合各种力量，以达成意想不到的结果。协同是许多社会和技术进步的后盾。协同决定了“蜂拥式”攻击的效果，组织为了赢得冲突，越来越多地使用这种攻击。
- **反馈**是一种适应性力量，它既可能有益，也可能有害，取决于反馈的强度与延迟。技术的快速进步，加上对技术的负反馈所具有的重大延迟，都会产生各种问题。

- 政府的各种**监管力量**经常限制技术进展或社会演变，并产生非预期的结果。

在对目标模型进行预测分析时，这些具备塑造性的力量应该是第一站。下面两章我们将举例说明它们在组织和系统分析中的应用。

[第 13 章]

组织分析

不是我在统治俄罗斯——是上万名官员在统治俄罗斯。

——沙皇尼古拉一世（Tsar Nicolas I）

人们可以采用许多分析方法，对塑造大多数实体的主要力量进行评估。我们运用这些方法来回答有关力量影响的问题，正如第 10 章中所讨论的那样，并且构造各种影响树形图。大多数力量可以成为分析目标，也可以成为另一次分析中的力量。例如，一个国家的信息技术可以成为技术评估的目标。此类评估的结果可能就是分析该国信息作战能力时必须予以考虑的一种力量，也可能是在组织评估中所要考虑的一种力量，如对位于该国境内的工业企业进行评估。对该国软件开发公司进行的组织评估，将是分析该国信息技术的一个重要的数据输入。在对许多目标进行预测性分析时，各种组织与技术力量十分重要，而这就是它们成为本章和下一章讨论主题的原因。

典型的组织是一个系统，正如第 1 章所指出的，我们可以从三个视角审视（和分析）这个系统，那就是：结构、功能和过程。**结构**指的是组织的组成部分，尤其是人员及其相互关系。**功能**是指所产生的成果或结果，其关注的往往是决策。**过程**则描述各种活动的次序和产生结果或成果所需要的专业技能。巴布森学院的利亚姆 · 费伊教授在其对组织基础设施的评估中描述了四种视角：结构、系统、人和决策过程。[1] 不管它们的名称是什么，所有三种视角（或按费伊的说法是四种）都需要予以考虑。

对分析人员来说，组织分析（organizational analysis）的一个目标是了解目标组织的长处与短处。另一个目标是进行预测性分析：由于力量的变化，对目标组织的结构、功能或过程发生的变化进行预警。以政策为导向的用户可以在制定战略时利用这种分析；作战部队可以利用这种分析对目标施加负面影响，很可能使用信息战。根据目标，分析人员可能需要对该组织的任务、力量分布、人力资源及其决策过程进行评估。分析人员可能会提出这样的问题：在哪里实施控制？哪些单位提供保障服务？它们的角色在发生改变吗？进行这类组织分析，各种网络分析工具十分宝贵，本章后面将要谈到。

分析人员要查明目标组织的各种薄弱点，以便情报用户——决策者——能够选定适当的目标采取行动，亦即查明知觉管理或强制办法最能奏效的地方。例如，用户可能需要知道何时和如何向对手传递这样的信息：如果它以某种方式行事，就会遭到强烈的报复行动。

一、结构

要分析一个组织的结构可以有许多方式，但有三种方式更为常见。第一种方式是分析该组织的规模、能力及其任务，其规模与能力能很好地适应其任务吗？第二种方式是评估结构本身的效力。对一个团体适用的结构如果应用到另一个团体，可能就是灾难。第三种方式是分析该组织层次体系中各个团体之间的关系。这三种方式可以相互补充，以给出一个更加完整的结构图景（structural picture）。

[1] Liam Fahey, *Competitors* (New York: John Wiley and Sons, 1999), 403.

组织的规模与能力

衡量一个组织的规模与能力是否有助于完成其任务，通常是将该组织与承担类似任务的其他组织加以比较，这个方法我们称之为“基准战点标定”（benchmarking）[1]。如果规模和能力妨碍而不是促进任务达成，那么该组织就将出现各种问题，正如经济界盛行的“拉弗曲线”（Laffer Curve）所表明的那样。[2] 图 13–1 中的拉弗曲线显示了许多国家对税收政策所做的一种观察。在低税率情况下，提高税率可增加整体收入。在某个点上，收入开始下降，而每次提高税率增加的新收入都比上一次少。如果税率增长越高，收入实际开始下降，因为征税驱使人们远离需要纳税的活动。

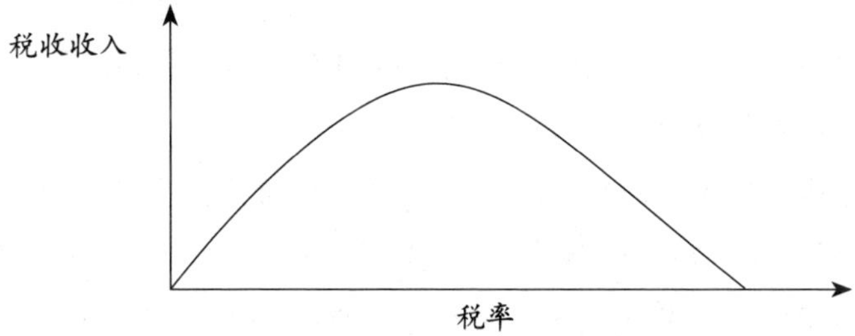

图13–1　有关税率的拉弗曲线

这一曲线可用于各种组织。对组织来说，纵轴代表任务效果，横轴则描述组织结构对其任务和环境的适应程度。该组织必须有一项它能够完成的任务，但对这项任务的界定又不能过于狭隘。如果该组织的规模、能力与其任务、环境不相匹配（图 13–1 中图形的左侧），它就会遭受挫折，失去重点。一个对组织规模和能力界定太狭窄的任务，会导致停滞和失去机

[1]　在商业管理中被称作基准化分析法、标准分析法，是一种通过与业内最大竞争对手进行比较从而提高自身业绩的方法，亦俗称“标标学习”。——编注

[2]　本曲线以拉弗（Art Laffer）教授的名字命名，拉弗在 20 世纪 80 年代当过里根总统的顾问。

遇，甚至更糟。

结构的种类

组织分析中最具挑战的领域之一是评估结构的有效性。需要提出的问题包括：力量在哪里？组织结构有利于达成和实施良好的决策吗？它与文化相适应吗？

但首先要问的问题是，目标组织在其环境中合情合理吗？任何形式的政府或经济结构——社会主义、资本主义、独裁、民主、神权政治——只要适合受其影响的人民，都可成功。民主体制是日本、西欧和英语国家所钟爱的一种结构，但在非洲或中东则不成，因为文化不适合。在商业领域，符合因特网创业文化、传统的房产公司、研发公司、微电子设备公司、食品公司或天然气管道公司的各种结构，都是不可互换的。事实上，不同类型的团体可能有着极其不同的结构。

分析组织结构的一种方式是考察该组织内部的发展趋势及其管理是分散（将权力与职责下放给尽可能低的层次）还是集中（将权力保持在最高层）。作为一种组织方法，权力分散不一定更好。在美国或欧洲的公司，权力分散可能是个伟大的举措，但在阿拉伯国家很可能失败，因为它不符合它们的文化。历史上各种成功和失败的例子有助于进行此类分析。历史上，如果权力分散是按照“殖民地”原则进行，即给“殖民地”首领最大的自治权，但确保他在教育、信仰和传统上忠于组织。[1] 罗马帝国和罗马天主教会都成功地运用殖民地原则分散了权力。

网络分析

网络分析有时被称为**关系分析**（relationship analysis），是一个已经非常成熟的进行组织结构分析的学科。对一个组织结构进行传统的层次体系

[1] Antony Jay, *Management and Machiavelli* (London: Bantam, 1967), 67.

描述，不能充分地表现各种实体及其关系。**社会网络分析**（social network analysis）在社会科学中被广泛采用，尤其在研究组织行为时更是如此。在社会网络分析中，所有的网络节点都是人。在情报工作中，我们更经常地使用**广义网络分析**。在广义网络分析中，节点可以是人、组织、地点或事物。第 5 章中阿巴查洗钱网络（见图 5–9）说明了将银行、航空公司和银行账号这样的实体纳入节点范围的必要性，然而，社会网络分析的基本方法也可运用于广义网络分析。

美国情报界运用网络分析跟踪恐怖组织和贩毒集团这样的目标已有多年，网络分析在商业情报工作中正变得越来越重要。正如费伊指出的那样，现在许多行业的竞争既是网络化企业（像思科和沃尔玛这样已经建立了商业协作网络的公司）之间的竞争，同样也是单个独立公司之间的竞争。[1] 我们在第 1 章中讨论过敌对网络之间的多维冲突网络战模型，现在这种模型越来越适用于所有的情报工作，而网络分析就是我们审视敌对网络的工具。

社会网络分析 社会网络指的是一组被某种形式的关系（图 13–2 中的连线）联系在一起的个人，他们被称为**行为者**（actor）（图 13–2 中图表显示的节点）。这种网络由或多或少的行为者以及成对的行为者之间的关系组成。为了正确理解社会网络，对社会关系模式进行完整而又精确的描述，是进行分析的一个必要的起点。理想的做法是，我们应该了解群体中每一对行为者之间的所有关系。组成这种网络的行为者，可多可少，各对行为者之间，存在许多种联系。

在社会网络分析中，我们更喜欢采用数学和图表方式对网络进行简洁而系统的描述。我们还能够利用计算机存储和操纵信息，比手工操作更快、更准确。假设我们掌握了某一年度 50 种不同商品（咖啡、糖、茶、铜、矾土等）在 170 个国家之间的流通信息。这 170 个国家可以被认为是节点，而每种商品从一个国家向其他 169 个国家的出口量，可以视为中心

[1] Liam Fahey, *Competitors* (New York: John Wiley and Sons, 1999), 237.

国与其他国家直接联系的紧密程度。一名情报分析人员可能对矿产贸易网络如何不同于蔬菜贸易网络感兴趣。为了回答这一相当简单（但重要）的问题，他进行大量的数据处理是十分必要的。凭手工作业，可能需要数年时间，而一台计算机只需在几分钟之内就可完成。

采用“正式”方法（数学和图形方法）描述社会网络数据的另一个原因是——图表法和数学规则本身可能揭示我们希望在数据中寻找的东西——如果我们用文字描述数据，我们可能无法发现这些东西。我们从图13–2 可以相当容易地发现，删除节点 A 将会对网络产生最大的影响。如果以文字描述所有的关系，这一点可能就不会如此明显了。

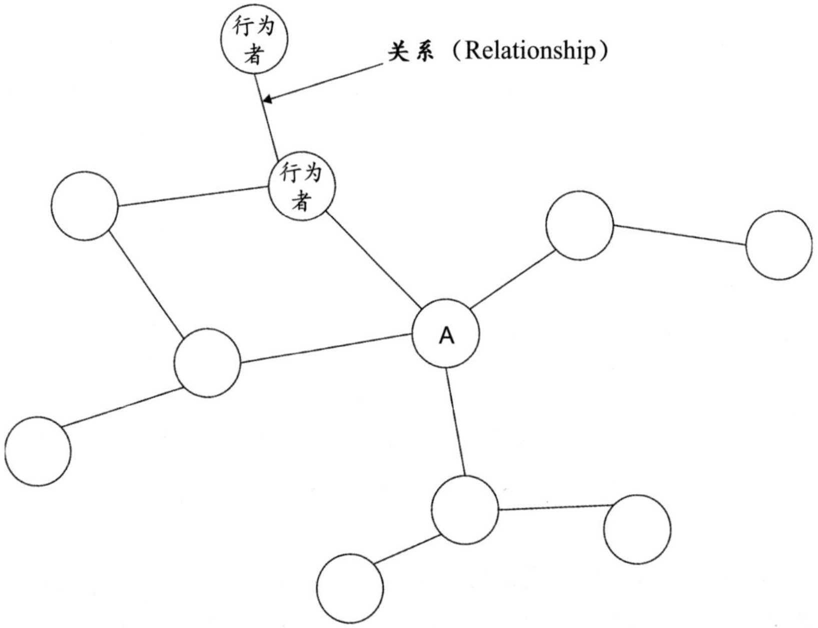

图13–2 社会网络分析图

注：字母A表明这样的节点如果从图中删除，将对网络产生最大的影响。

与社会网络分析一起出现的有若干个分析概念，而这些概念也适用于广义网络分析。最有用的概念是**集中性**（centrality）和**同等性**

(equivalence)。当今我们用集中性和同等性来分析与恐怖主义、军火网络和非法毒品组织相关的各种情报问题。

集中性指的是社会结构中的力量来源与分布。网络视角表明，单个行为者的力量来自他们与其他人的关系。因为行为者之间联系模式不同，整个社会结构可以被视为各种水平的力量展示。此外，一个组织内部或者各个组织之间的力量不平等程度或集中程度，也是可以评估的。

力量来自在社会网络中所占有的优势地位。行为者在网络中的地位可以告诉我们他所受限制的程度，或者他对其他人施加影响的程度。行为者在网络中接触他人的程度，对于描述行为者拥有的机遇可能十分有用。优势的三个基本来源是**高等地位**（high degree）、**高度密切**（high closeness）和**高度居中**（high betweenness）。

行为者与其他行为者的联系越多，他拥有的力量就越大（地位更高）。在图 13–3 中，行为者 A 的地位值为 5（与其他五名行为者有联系），所有其他行为者的地位值为 1（仅与一名其他行为者有联系）。行为者 A 的高等地位使其比网络中的其他人拥有更多的机遇和选择。如果行为者 D 决定不向 A 提供资源，A 可从其他地方得到资源。但是，如果 D 选择不与 A 交流，那么 D 就根本无法进行交流。拥有更多联系的行为者就拥有更多的机遇，因为他们具有各种选择。这种自主权降低了他们的依赖性，因此更加强大。

行为者 A 比图 13–3“星形网络”（star network）中的其他行为者更加强大的第二条原因是——他比其他的行为者拥有更多、更密切的联系（高度密切）。力量可以通过直接谈判和交流而发挥出来，但力量也可来自成为关注的中心，而中心的观点则被更多的行为者听到。如果行为者能够以更短的路径接触到其他行为者，或者能够被其他行为者以更短的路径更好地接触到，那么他就处于有利地位。这种结构性优势可以转化为力量。

行为者 A 处于优势的第三条原因是他处于所有其他成对的行为者中间（高度居中），而且没有其他行为者位于 A 和他们之间。如果 A 希望联系

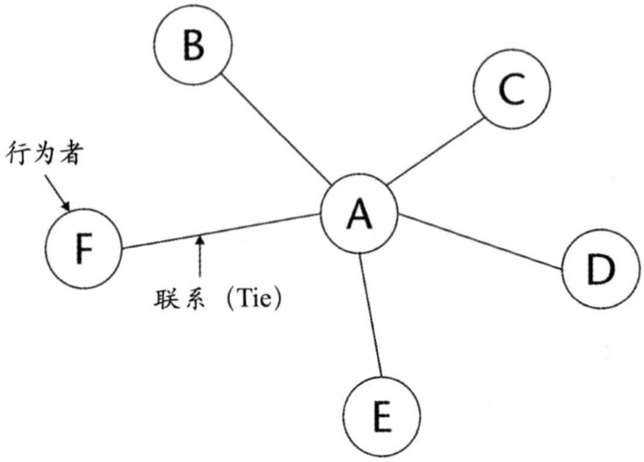

图13–3　社会网络分析：星形网络

F，他就可以直接这样做。如果F希望联系B，她必须经过A才能实现。这使A成为其他行为者之间的中间联络人——他可以收取“服务费”，并孤立其他行为者，防止其相互联系。

星形网络比较简单，各种优势往往都集中到一名行为者身上。在更复杂、更庞大的网络中，行为者可能在某些方面处于有利位置，但在另一方面处于不利位置。

为了说明集中性的概念，让我们研究一下恐怖主义网络。在设法瓦解恐怖分子时，一种明显的办法就是查明核心分子，然后针对他们进行评估、监视或将其铲除。被铲除人员的网络集中程度将确定他们的铲除使恐怖组织的持续行动受阻的程度。因此，在考虑确认网络薄弱环节时，集中性是一个重要的因素（但绝非唯一的因素）。

伴随社会网络分析的第二个分析概念是**同等性**。从网络中铲除一个人或一批人的破坏效果（例如，逮捕或雇用商业对手的某个关键行政管理人员），不仅取决于他们的集中性，还取决于对他们的独特性。也就是说，他们是否具有同等性。同等性这一概念在战略目标定位时十分有用，并且与集中性概念密切相连。如果社会网络中的各种节点都具有独特性（没有同等性），他们将难以被取代。最有价值的目标具有集中性，却没有同等性。同样以恐怖网络为例。恐怖网络的头子可能会有势均力敌者，他的强有力的下属可能接管他的权力。但是，一名具有专业知识和特长的会计，由于其集中性，以及缺乏同等性，却是网络中不可替代的一部分。

网络分析文献提出各种不同的同等概念，其中尤以三个概念相当明显，似乎抓住了有关这个主题的最重要的思想。这三个概念分别是**可替代性**（substitutability）、**随机同等性**（stochastic equivalence）和**角色同等性**（role equivalence）。每个概念在特定的分析与目标应用中都可能十分重要。

可替代性最容易理解：它可以被最贴切地描述为“可互换性”（interchangeability）。某一类中的两个客体或两个人如果与该类别中的其他对象有着相同的关系，他们就是可替代的。如果一个目标个体没有任何替代物，那么他被铲除给网络运行造成的损害大于他被替代的损害。如果另一个个体能够接替同样的角色，并已经拥有同样的联系，那么要破坏该网络，人们需要铲除或瘫痪的就不仅是目标个体本身，还包括所有其他的替代个体。没有任何替代物的个体，可成为更有价值的目标。

可替代性也可用于发现使用别名的罪犯。罪犯使用的别名可能以两个或更多个可替代个体的存在（他们实际上是采用别名的同一个人）显现在网络分析之中。节点的可互换性实际上表明名称的可互换性。

随机同等性是一个略微复杂的概念。如果两个网络节点联结到任何其他特定节点的概率相同，它们就是随机同等的。为一个销售组织工作的毒品经销商如果对本团体 70% 的情况有所了解，不与任何其他组织的经销商联系，并且都从同一个来源接收他们销售的毒品，作为一个团体，他们就可以被看作是随机同等的。

角色同等性是指两个人在不同的组织中发挥同样的作用，即使他们根本就没有共同的熟人。可替代性表明的是角色同等，而不是相反。例如，如果 A 公司与 B 公司充分相似，那么 A 公司的首席财务官（CFO）可以被安置到 B 公司首席财务官的位置上（两名财务官具有类似的作用与职责）。或者，如果恐怖组织 A 专门使用爆炸物攻击目标，而恐怖组织 B 精通生物恐怖手段的利用，那么在恐怖组织 A 中的爆炸专家可以被安置到恐怖组织 B 中，以取代恐怖组织 B 中的生物武器专家。在创建目标组织的类属模型和根据相似性确定目标的过程中，随机同等性与角色同等性十分有用——例如，在制订情报搜集计划、分析恐怖组织或对它们发动攻击时，爆炸专家就类似于生物武器专家。

广义网络分析（generalized network analysis） 如上所述，在情报工作中，我们通常对社会网络分析加以扩展，但保持其基本概念。虽然社会网络分析中的所有实体都是人，但在广义网络分析中的实体却可以是任何事物——例如组织、地点和物体。在为某个恐怖组织绘制广义网络图时，重要的是将相关的组织、武器、地点和实施恐怖活动的手段（车辆、爆炸物种类）包括在内。这种广义网络显示的目的通常是揭示出如行动模式、可能的未来目标和武器等这样的事情。因此，广义网络分析包括功能分析和过程分析的某些方面。

在情报工作中，广义网络分析关注的网络，其节点往往是组织，或者是组织中的人。费伊描述了若干此类网络，并界定了五种基本类型：

- **垂直网络**（vertical network）：一种横跨价值链而组织起来的网络。例如，3M 公司的活动包括了从开采原材料到提供成品。
- **技术网络**（technology network）：与各种技术来源结盟，使得某家公司保持技术优势，如思科系统网络。
- **开发网络**（development network）：集中开发各种新产品或过程的联盟，如多媒体娱乐企业梦工厂（Dreamworks SKG）。
- **所有权网络**(ownership network)：一家处于主导地位的公司对部分或全部供应商具有所有权，就像日本财阀所做的那样。
- **政治网络**（political network）：那些以其成员的政治收益或监管收益为焦点的网络，例如全国制造商协会 (National Association of Manufacturers)。[1]

[1] Liam Fahey, *Competitors* (New York: John Wiley and Sons, 1999), 238.

这五种网络的混合是可能存在的，而且在某些文化中，如中东和东亚文化，家庭可能成为某种混合商业网络的基础。

由于新的基于计算机的分析方法，广义网络分析可能成为处理复杂系统的主要工具之一，其发展前景包括可向分析人员学习并根据数据建立模型的未来系统。但是，任何声称要处理大量数据的系统，都会产生许多假警报。分析人员仍然必须进行认知关联分析，并对来源进行评估。[1]

正如在软件中实现的那样，广义网络分析工具必须向情报分析人员传递最有价值的动态信息。也就是说，各种联系应该可以出现或消失，规模可以扩大或缩小，改变强度，改变颜色……所有这些都是向用户传递新的信息。显示的节点应该上下移动、远近移动（或大小发生变化），以显示其重要性。

二、功能

对一个组织的功能分析往往集中在行为分析上，尤其在预测决策方面。行为分析的目的总是预测性的：目标对某一特定形势将如何做出反应？在所有的行为分析尤其是决策预测中，有三个方面的决策过程必须予以考虑——理性方面、文化方面和感情方面。[2]

理性方面

沃顿商学院的拉塞尔 · 艾可夫（Russell Ackoff）教授在他那本有趣的

[1] See Defense Advanced Research Projects Agency, "DARPA Evidence Extraction and Link Discovery Pamphlet," November 22, 2002, www.darpa.mil/iso2/EELD/BAA01-27PIP.htm.

[2] Jamshid Gharajedaghi, *Systems Thinking: Managing Chaos and Complexity* (Boston: Butterworth-Heinemann, 1999), 34.

著作《解决问题的艺术：艾可夫寓言》（*The Art of Problem Solving: Ackoff's Fables*）中，讲述了一位家用设备经理的故事。这位经理宣称用户经常是非理性的，并引用了一款改进型洗碗机的例子。这种洗碗机不受欢迎，但那些缺少新功能却更加昂贵的炉灶和烤箱却卖得非常火。艾可夫和那位经理同意进行一次试验——他们把不成功的产品放在房间的一侧，而把成功的产品放在另一侧，然后两个人一起用新眼光巡视房间。这位经理一进入房间，就收回了“用户非理性”的断言。他看到用户使用所有成功的产品都不需要弯腰或爬高，但使用所有不成功的产品时都需要弯腰或爬高。[1]

对手很少是非理性的，而且用户几乎从来都不是非理性的，但两者经常受到误解。人们普遍认为，在考虑难题时，理性的决策采用了合乎逻辑的、通常是定量的程序。规范地说，做出理性决策，要求对可能采取的行动方案所产生的成本或收益进行系统评估。它需要确定所涉及的选择，为可能的结果赋值（成本与收益），交代那些结果的概率。

预测性情报分析经常试图找出决策者在某种特定形势下最可能选择的方案。这种方式是基于这样一种假设，即所有的决策都是基于一种明确的或内含的成本—收益分析，这种分析也被称为“预期效用理论”（expected utility theory）。该理论起源于对经济决策与行为的研究，出自约翰·冯·诺伊曼（John von Neumann）和奥斯卡·摩根斯特恩（Oskar Morgenstern）的著作《博弈论与经济行为》。[2] 该理论将决策视为一种将效用最大化的行为。面临决策的个人将有意识或潜意识地查明各种可用的选择、与每项选择相关的可能结果、每项选择 / 结果组合的效用，以及每个选择 / 结果组合的概率等。然后，决策者将选择最可能产生最高整体效用的方案。

根据预期效用理论，理性决策预测是任何预测分析的出发点，而不是终点。在第 7 章中，我们介绍了 R. V. 琼斯的“无能原则”（principles of impotence）——错误地假定某个特定问题无法解决。无能原则已经被应用于

[1] Russell Ackoff, *The Art of Problem Solving* (New York: John Wiley and Sons, 1978), 62.

[2] Oskar Morgenstern and John von Neumann, *Theory of Games and Economic Behavior* (Princeton: Princeton University Press, 1980).

情报领域，不必要地限制了思维。不过，一些根本性的限制因素的确存在，而且在物理学和类似的行为分析领域中得到了应用。在物理学中，我们将其称为“海森堡不确定性原理”（Heisenberg's Uncertainty Principle），它声称不可能同时精确测量一个基本粒子的速度和位置，因此，无法准确预测单个粒子的运动。之所以出现这种局限性，是因为测量行动影响了被测量的客体。

这一原理可广泛应用于物理学和社会科学中。虽然物理学家可以预测大批粒子的平均行为，但正如海森堡所说，一个粒子的行为是不能确切预测的。与此相类似，我们可以预测一组人的行为（如政治民意测验专家非常了解的那样），但无法预测某个个体的行为。

海森堡不确定原理提出的第二个基本原则与反馈有关。在第 12 章中，我们将反馈作为一种基本的塑造性力量进行过讨论。反馈在决策预测中也是一个相当重要的因素。海森堡的不确定性原理说，测量过程会改变被测量的量。换句话说，你越想精确测量一种现象，你对测量结果的影响就越大。当民意测验专家采集公众意见样本时，他们提出的问题往往会改变被调查人群的观点。用于测量一个物体温度的温度计，会轻微改变所测量物体的温度。[1] 衡量一名雇员表现的各种尝试，会扭曲这名雇员的行为。问题在于无心反馈。在管理学理论中，这条原则或许最早被记载在“霍桑试验”（Hawthorne Experiment）中。

1927 年，西部电气公司就照明对工人生产率的影响问题展开调查，并选择其位于伊利诺伊州的霍桑工厂进行试验。试验包括改变工厂内的照明强度，并观察它对生产的影响。研究人员惊讶地发现，无论照明更亮、更暗或保持不变，生产都增加了。只有在研究人员将亮度降至接近黑暗的时候，才导致生产下降。

研究人员接下来对休息时间和工作日的长短进行了更加精心设计的研究。该研究从 1927 年到 1932 年共持续了五年。同样，被衡量的工作队的产量稳步提升，无论休息安排在什么时间，也无论工作日长短。另外，在

[1] M. R. Wehr and J. A. Richards, *Physics of the Atom* (Boston: Addison-Wesley, 1960), 199.

整个试验期间，人们发现不仅旷工现象减少了，而且工人的士气与健康状况也有很大的提高。[1]

由于霍桑试验得出了如何激励工人的深刻见解，它因此成为管理科学的经典。就我们的目的而言，重要一点是工人们知道正在对他们进行检测，因此改变了他们的行为，从而影响了测量结果。简言之，检测的意图改变了被检测人的行为。

不确定性原理在情报分析中有若干应用。在任何一种分析中，结果往往会影响被检测的实体。经济趋势预测的发表，会影响那些发展趋势。一个股票经纪人对某种股票“强力买入”的评级会导致人们购买该股票，导致股票价格上涨，使之成为一种自我实现的预测。如第 10 章所述，情报预测可以塑造未来，因为对立双方经常根据预测采取行动。

总之，效用理论（理性）的方法在决策预测中十分有用，但必须小心运用。原因有二：第一，在决策问题上，人们很少花气力去寻找最佳的行动方案。任何现实决策问题的复杂性都会劝阻他们那样做。相反，他们选定许多“足够好”的可能结果，然后选择能够达成这一结果的战略或行动。[2] 第二，不确定性原理在社会科学的运用，限制了我们基于理性原则对各种决策的制约。为了改进决策预测，我们不得不包括文化和感情因素。这些因素经常导致对手的决策被贴上“非理性”的标签。

文化方面

建立决策模型的一个关键组成部分是，在不确定性原理的限制之内预测单个人的行为。如果不把行为放到行为人的社会与文化背景中，我们预测行为时就不会有任何把握。分析人员需要理解文化中这样的成

[1] Ralph M. Barnes, *Motion and Time Study: Design and Measurement of Work* (New York: Wiley, 1968), 662–663.

[2] David W. Miller and Marin K. Starr, *Executive Decisions and Operations Research* (Englewood Cliffs, N.J.: Prentice Hall, 1961), 45–47.

分，如这种文化如何训练其年轻人承担成人的角色？它认为生命中什么最重要？在行为分析中，文化确定了一名决策人员所在集体的道德准则。文化支配价值观，并制约决策。[1] 一句话，文化是一种制约社会或环境的力量。不同的文化有不同的思维习惯、不同的价值观和不同的动机。不了解这一点就直接对决策过程建立模型，会导致分析人员陷入“非理性行为”的陷阱，正如 1941 年发生在美国和日本决策人员身上的事情那样。

在日本袭击珍珠港之前，美国和日本都对对方的决策做出了异常拙劣的预测。双方均沉溺于“镜像思维”——也就是说，无论我方采取什么行动，好像对方都会采用我方界定的“理性”来进行“理性”的决策过程。

美国决策人员推断，美国优势的军事、经济和工业实力将会慑止任何袭击；日本不会赢得对美国的战争，因此日本发动进攻的决策是非理性的。[2]

日本人也知道与美国进行长期战争是不可能取胜的，因为日美两国在工业能力上存在着差距。但是，日本领导人认为，在珍珠港发动一次摧毁性的打击，将会促使美国在太平洋和东亚寻求谈判解决问题。[3] 为了证明这一假设，日本人利用了他们过去的经验：1904 年，日本在亚瑟港[4] 对俄罗斯舰队发起的类似突袭，最终导致了对日方有利的谈判解决方案。日本人没有将美国人比照自己，而是将美国人比照 1904 和 1905 年间的俄罗斯人。日本认为美国政府将在很大程度像沙皇政府那样行事。

当分析人员不考虑文化因素时，在预测对手决策过程中出现这种错误是常见的。文化差异导致竞争者不会做出“明显的”决策。分析人员必须

---

[1] Jamshid Gharajedaghi, *Systems Thinking: Managing Chaos and Complexity* (Boston: Butterworth-Heinemann, 1999), 35.

[2] Harold P. Ford, *Estimative Intelligence* (Lanham, Md.: University Press of America, 1993), 17.

[3] Harold P. Ford, *Estimative Intelligence* (Lanham, Md.: University Press of America, 1993), 29.

[4] 即中国的旅顺口，西方旧时称旅顺口为亚瑟港。1904 年，日俄战争中双方曾在这里进行了一场海战。——译注

理解这些不同的动机，否则他们就会措手不及，就像 20 世纪 60 年代的美国电视制造商那样。当时，所有的电视制造商均预测市场上的电视机将出现饱和。美国制造商的反应是削减产量，并认为其他制造商也会跟进。日本制造商则根据不同的假设（优先占领市场份额，而不是保持短期利润）进行工作，保持产量的增加。随着市场份额下降，美国制造商发现自己的单位成本在上升，而日本制造商的单位成本通过规模节省却在下降。美国电视行业从此一蹶不振。

文化在组织和行为分析中也经常被忽视或被低估。但历史告诉我们，文化先衰落，国家才衰落。[1] 对情报分析而言，当下重要的是，**组织**衰落紧步文化衰落的后尘。文化已被描述为一个组织的中心和生命线。[2] 因此，文化分析应当总是成为组织分析和行为分析的一部分。

对大多数国家和种族而言，由于全球文化人类学家的努力，有相当数量的材料可用于文化分析。利亚姆 · 费伊在其《竞争者》一书中描述了一种文化分析的方法，这种方法强调组织文化的四种要素 ：价值观、信仰、准则和行为。费伊给出了在两种不同文化间四种要素对照的示例。一种文化是以产品或技术为导向，另一种文化是以用户或市场为导向 [3]。但假设一位分析人员对这个国家的文化毫无了解，而且需要快速学习，他应该如何开始呢？

快速掌握一种文化中某些要素的非正式的却有效的方法，就是考察这种文化的谚语或“口口相传的故事”（old wives’ tales）。分析人员应该分析它们与本文化的类似及差异之处。为了说明问题，让我们玩一个猜谜游戏。这是一些出自不同文化的谚语。试着猜猜它们出自哪种文化或哪个国家。

文化 1

没有了面包和葡萄酒，爱情也会憔悴。

[1] Jamshid Gharajedaghi, *Systems Thinking: Managing Chaos and Complexity* (Boston: Butterworth-Heinemann, 1999), 174.

[2] Liam Fahey, *Competitors* (New York: John Wiley and Sons, 1999), 444.

[3] Liam Fahey, *Competitors* (New York: John Wiley and Sons, 1999), 419.

丰盛的饭菜胜过漂亮的外套。

女主人端庄，葡萄酒也甘美。[1]

文化 2

研究别人的优势，它们就会成为你的优势。

我们从胜利中学不到什么，但从失败中学到很多。

丈夫不在家，不宜久留。

用你的行动证明你的先辈是谁。

女人应该与女人交往。

一支箭易折断，十支箭抱团。

两只食肉的鸟成不了伙伴。

出头的钉子才挨砸。[2]

文化 3

女人的武器是眼泪。

我的兄弟和我反对我的堂兄弟，我的堂兄弟和我反对陌生人。

事事相反，才能出名。

有了后代就会不死。

我们说“这是一头公牛”，而他说“给它挤奶”。[3]

文化 4

兵不厌诈。

坐山观虎斗。

宁为玉碎，不为瓦全。

杀鸡给猴看。

---

[1] 法国谚语。参见：Wolfgang Mieder, *Illuminating Wit, Inspiring Wisdom* (Englewood Cliffs, N.J.: Prentice Hall, 1998)。

[2] 日本谚语。参见：Guy A. Zona, *Even Withered Trees Give Prosperity to the Mountain* (New York: Touchstone, 1996)。

[3] 阿拉伯谚语，最后一句“我们说‘这是一头公牛’，而他说‘给它挤奶’”是换了一种方式来表达“不要让我混淆事实”。参见：Primrose Arnander and Ashkhain Skipwith, *The Son of a Duck Is a Floater* (London: Stacey International, 1985)。

打得赢就打，打不赢就走。[1]

文化 5

搭他的车，就必须唱他的歌。

……

活着就是要打架，要么被人打。[2]

各种组织也有各自的文化，这些文化与国家文化截然不同；但只有历史悠久的公司才可能具有相当于谚语的标准格言，而其中的许多格言已经不再有文化的定义——如果说它们曾经有过的话。找到评估一个组织的文化所需的信息，可能十分困难。线索有时可以从非官方网站（也就是说，不是公司主办的）获得，这些网站载有公司前雇员发表的评论。然而，使用那些网站必须谨慎，因为它们很少展示组织文化的积极方面。

评估组织文化的一部分工作，是评估该组织中的人——他们的态度或动机，他们的教育背景和他们对该组织的义务等。正是在这些特征方面，国家和组织的才显得和其同类如此不同。

评估组织内人员的动机的某些指导方针，是多年前由马斯洛教授定义的，并被广泛地称为马斯洛需求层次理论（Maslow Hierarchy of Needs）。根据该理论，人类有一组基本的优先需求，而随着每项需求依次得到满足时，下一项需求就成为突出的需求。按层次体系排列，这些需求如下：

- **生理需求**：食品、住所、生存必需品。
- **安全需求**：身体不遭受危险。

[1] 中国谚语。第二句“坐山观虎斗”的意思是“旁观两个敌手展开竞争并期望他们两败俱伤”。第四句“杀鸡给猴看”是指“借惩罚不那么重要的人来警示真正的肇事者”。参见：Theodora Lau, *Best Loved Chinese Proverbs* (New York: HarperCollins, 1995)。

[2] 俄罗斯谚语。出自：Wolfgang Mieder, *Illuminating Wit, Inspiring Wisdom* (Englewood Cliffs, N.J.: Prentice Hall, 1998), 32, 135。

- **归属性需求**：朋友和感情。
- **尊严需求**：自尊和尊重他人。
- **自我实现需求**："充分实现自我"。[1]

在发达国家，组织的有效性取决于它们满足层次体系中更高层次需求的能力。在欠发达国家，食品、住所和安全可能是员工期望的最高限度。创新尤其取决于满足创新者自我价值实现的需求。

最后，所有的组织与它们的成员都有一种所谓的**心理契约**（psychological contract）——就各方预期遵守的规则达成的一种不成文的协议。[2] 人们与组织签订契约，并形成组织应该如何对待自己的期待。雇员义务的力量和组织文化的力量，取决于该组织如何履行好契约中属于它那一半的义务。

评估员工的教育背景作为文化的一部分，涉及的不仅仅是该组织中大学学位的数量与等级。尤其在不同国家比较各种组织时，我们必须明白，知识的广度与专业深度之间存在一种折中（trade-off）。二者各有优势。在像日本和俄罗斯这样的国家，大学往往能够培养出各种专家，他们在当前工业所需要的某个领域中训练有素。例如，俄罗斯每年有大量的"工程师"毕业，但如果对这些专业人员的专业进行分解，就会发现其中许多人是焊接工程师或者来自类似的狭窄专业。事实上，大多数俄罗斯工程师往往在自己狭窄的专业领域表现非常出色，但对专业以外的知识没有特别兴趣，并且异常地固执。相反，美国大学往往培养通才——拥有广泛的专业领域，比较灵活，经常涉猎主要领域以外的学科。美国的雇用模式往往增强这种灵活性；白领工人具有很高的流动性，很容易地更换公司和领域。日本与俄罗斯的白领工人传统上倾向于长时间待在一家公司，尽管这种模式在这两国都在发生变化。

---

[1] A. H. Maslow, "A Theory of Human Motivation," in *Psychological Review* 50 (1943): 370–396.

[2] Harry Levinson, *Psychological Man* (Cambridge: Levinson Institute, 1976), 90.

感情方面

在进行行为分析时，决策过程要考虑的最后一个方面是感情方面。我们做许多事情，因为这些事情令人兴奋或具有挑战性。艾可夫讲述了一家手工工具制造商的故事。这个制造商的管理团队急于进入（当时）新发现的晶体管制造业——不是因为他们当时知道晶体管是什么，而是因为他们对原有的业务感到厌倦，需要一个新挑战。[1] 自负与报复也是动机。商业领导人、将军们乃至美国总统做出某些决定，也仅仅因为他们想回敬对手过去的冒犯。不能忽视行为预测中的感情方面，而建立人物传略则是掌握它的一种方法。

商业情报分析人员已经开发了一套为竞争对手建立人物传略的方法，而这套方法是以这样的经验教训为基础的，即个人特质与事先的倾向性对执行人员的决策所产生的影响，大于对资源与能力所进行的精细评估的影响。由此产生的传略就是一个模型，可用于对可能的决策进行评估。[2]

在评估管理人员很可能采取的决策时，运用第 5 章介绍的迈尔斯—布里格斯模型，可能会有所帮助。以某种迈尔斯—布里格斯模型做出的决策，肯定不同于以另一种迈尔斯—布里格斯模型做出的决策。一位曾经担任大学足球队后卫的管理人员的决策风格，很可能完全不同于一位曾经担任国际象棋俱乐部主席的管理人员的决策风格。[3]

集体决策

一项决策将由一个集体做出，而不是由某一个人做出，这种情景

---

[1] Russell Ackoff, *The Art of Problem Solving* (New York: John Wiley and Sons 1978), 22.

[2] Walter D. Barndt Jr., *User-Directed Competitive Intelligence* (Westport, Conn.: Quorum Books, 1984), 78, 93.

[3] Comment by Michael Pitcher, vice president of i2Go.com, in *Competitive Intelligence Magazine*, 3 (July–September 2000): 9.

太普遍。这种情况就需要一种集体决策预测方法（collective decision-prediction approach）。在一定程度上，预测集体决策比预测个人决策容易——而这并不是说这是件轻松的事情。在建立这种决策模型时，人们必须找出决策者——通常是这个过程中最艰难的一步——然后，判定出可能的决策。做出集体决策的组织与管理结构变化多样，因公司而异，因国家而异。

有些分析工具和方法可以对集体决策的可能结果进行预测。这些工具和方法是以 18 世纪的数学家孔多赛侯爵（Marquis de Condorcet）阐述的社会选择理论（theories of social choice）为基础的。他提出，最终胜出的选择应该是那个多数人都赞同的、在一系列耗尽精力的成对比较中胜出的选择。另一个方法是从画一幅影响图表开始，用以展示参与集体决策的人员。集体决策往往有更多的理性成分，感情因素较少。但是，除非决策行为者来自不同的文化，否则最终的决策还是脱离不了文化特性。

通常情况下，一个组织的集体决策可在其计划尤其是战略计划中形成。评估一个战略计划的最好办法，是查明目标组织制订战略计划的过程，然后尝试对它进行复制。如果分析人员与目标来自同一个文化，这样做可能相对容易一些。否则，可能有必要雇用来自这种文化的管理人员，并让他们尝试着进行复制。分析人员还可命令实施情报搜集行动，以判断目标方的决策者阅读过哪些战略规划书，喜欢哪种规划方法。

三、过程

一个组织的功能是通过过程实施的。不同类型的组织——文职政府与执法组织、军队与商业组织——具有显著不同的过程。甚至相似的组织也会有不同的过程，更不用说具有不同文化的组织了。如“基地”组织采用的过程，与斯里兰卡泰米尔猛虎组织（Tamil Tigers）采用的过程是不同的。相应的，过程分析具有大量的分析方法，其中许多是行业专用的。随着时间推移，分析人员往往研究出其责任区域所独有的各种过程方法。政治、军事、经济和武器系统分析人员均使用专门的过程分析方法（process analysis technique）。在这里，我们介绍几种广泛采用的方法：运筹学方法（operations research）、进度法（schedule）和成本法（cost）。第 14 章将讨论武器系统分析专用的一些过程分析方法。

运筹学方法

运筹学是一种特别类型的性能模拟，用于对达成某个目标、解决某个问题、选定某个最优手段进行客观比较。它被广泛用于设计各种复杂系统。运筹学方法产生于第二次世界大战中的军事科学。它最初用于对德国 U 型潜艇发起的反潜战。分析人员对飞机和水面舰艇的搜索效果、船队周围护卫舰只的部署以及攻击潜艇的方法进行了研究，随后制定出一个 U 型潜艇在北大西洋的行动模型。[1] 从那时起，运筹学就被用来预测轰炸效果、比较武器混合配置和评估军事战略等。[2] 在通信领域，运筹学方法已经帮助计划人员和决策者选定发射装置位置和卫星轨道，为效率和成本保持在目标范围内提供各种竞争性服务，并提高系统的整体可靠性。

线性规划（linear programming）和网络分析（network analysis）是两种广泛采用的运筹学方法。它们在网络规划、可靠性分析、容量规划、扩展能力判断和质量控制等领域得到运用。

简单地说，线性规划就是线性方程或不等式组成的系统，而这些方程

---

[1] Brian McCue, *U-Boats in the Bay of Biscay* (Washington, D.C.: National Defense University Press, 1990).

[2] Theodore J. Gordon and M. J. Raffensperger, "The Relevance Tree Method for Planning Basic Research," in *A Practical Guide to Technological Forecasting*, ed. James R. Bright and Milton E. F. Schoeman (Englewood Cliffs, N.J.: Prentice Hall, 1973), 129.

或不等式可以以一种产生最优值的方式求解——例如，配置有限资源的最佳方式。[1] 最优值是根据某个单一目标陈述（以所谓的**线性目标函数**的形式提供给程序）确定的。线性规划适用于一系列学科，但在情报工作中，它经常被用于评估生产率。

假设一名分析人员正在对一家坦克装配厂每天生产坦克的最大数量进行判断。情报表明，制约坦克产量的主要因素是经验丰富的焊接工可用数量和能够向该工厂提供的电量。这两项制约因素在线性规划中被称为“约束因素”。该工厂生产两种类型的坦克：

- T–76 型坦克需要 30 个小时的焊接时间，每辆坦克每小时耗电 20 千瓦。
- T–81 型坦克需要 40 个小时的焊接时间，每辆坦克每小时耗电 5 千瓦。

该工厂每天具有 100 千瓦的电量和 410 个小时的焊接时间。目标陈述或目标函数就是判断每天可能生产的最大坦克数量，即：

每日的坦克数量=（T–76型坦克数量）+（T–81型坦克数量）

其所受的两个约束因素可以借不等式来表示。生产一辆 T–76 型坦克的用电量是生产一辆 T–81 型坦克用电量的 4 倍。因此，与此相关的一个不等式是：

20（T–76型坦克数量）+5（T–81型坦克数量）≤100千瓦小时

而一辆 T–76 型坦克所需的焊接时间仅为一辆 T–81 型坦克的四分之三。因此，第二个不等式是：

30（T–76型坦克数量）+40（T–81型坦克数量）≤410小时焊接时间

[1] 一个等式的两边用“=”连接，一个不等式的两边用不等号连接，如“小于”(<)或者“小于等于”(≤)。

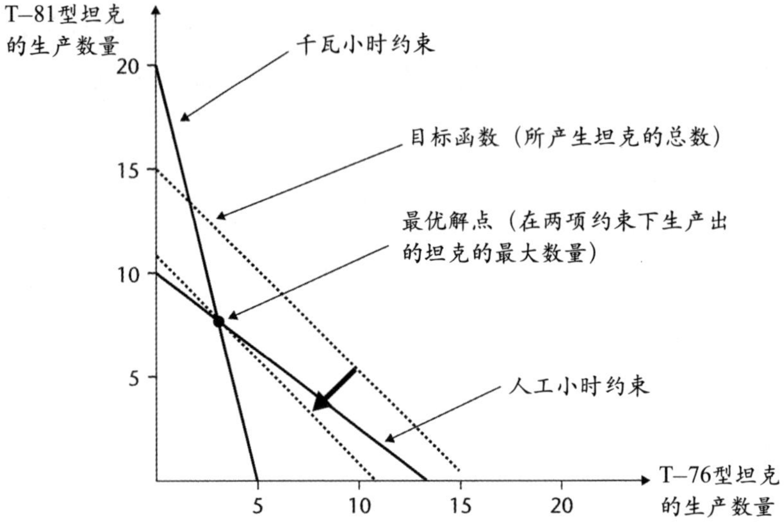

图13–4　坦克生产的线性规划解决方案

注：两条虚线间的大箭头表示目标函数向左下方移动，直到它与两项约束因素相交并得出最优解。

从图 13–4 我们可以很容易地看到线性规划的解。两个约束因素以实线显示，两者都是确定一种限制的不等式；可接受的解必须位于两条线的左下方，以满足两个不等式。根据这两条线，该工厂能够生产 10 辆 T–81 型坦克和 0 辆 T–76 型坦克，或 5 辆 T–76 型坦克和 0 辆 T–81 型坦克。目标函数或目标陈述用虚线表示，代表所生产的坦克总数。在虚线上的任何位置，所生产的坦克总数是个常量，而这个常量是随这条线向右上方移动或向左下方移动而改变的。我们将该线的初始位置设在总产 15 辆坦克上，然后将其向左下方移动，如大箭头所指的那样，直到它抵达一个与两个约束因素交汇的点。这个点——大约 8 辆 T–81 型坦克和 3 辆 T–76 型坦克，总共 11 辆坦克——代表该问题的最优解。

广泛用于情报工作的另一个运筹学方法就是网络分析。我们以前介绍过将网络分析概念应用于实体之间的关系。运筹学意义上的网络分析与此不同。而且，在这种背景下，网络是事物运动使用的互联路径。这些事物可以是汽车（在此情况下，我们研究的是路网）、石油（带有管道系统）、电力（带有线路或电路图）、信息信号（带有通信系统）或人员（使用电梯或走廊）。

在获取这些网络的情报时，我们经常关心这样的事情，如系统最大吞吐量、两个或两个以上位置之间最短（或最廉价）的路径或系统中的瓶颈。网络分析经常被用来找出复杂系统中的薄弱点，以便发起进攻或采取反制措施。

进度法

一个新系统——无论是银行系统、武器系统还是一款计算机软件——是通过一个通常被称作项目周期（program cycle）或系统生命周期（system life cycle）的过程发展并形成的。从系统需求开始，然后进展到生产、部署和运行，每个阶段都有进行搜集与综合 / 分析的各种独特指标和时机。情报用户需要了解一个主要系统在生命周期中位于什么位置。

一个国家、行业或公司都有项目周期的说法。图 13–5 显示的是一个通用项目周期的主要组成部分。不同类型的系统可以通过不同形式的周期展开，而产品开发则多少不同于系统开发。因此，十分重要的是，分析人员首先要确定目标国家、行业或公司的各个周期阶段的具体名称和职能，然后判定目标项目在这个周期中的确切位置。有了这一信息，分析方法就可用来预测该项目什么时候可能投入使用或开始产生输出。

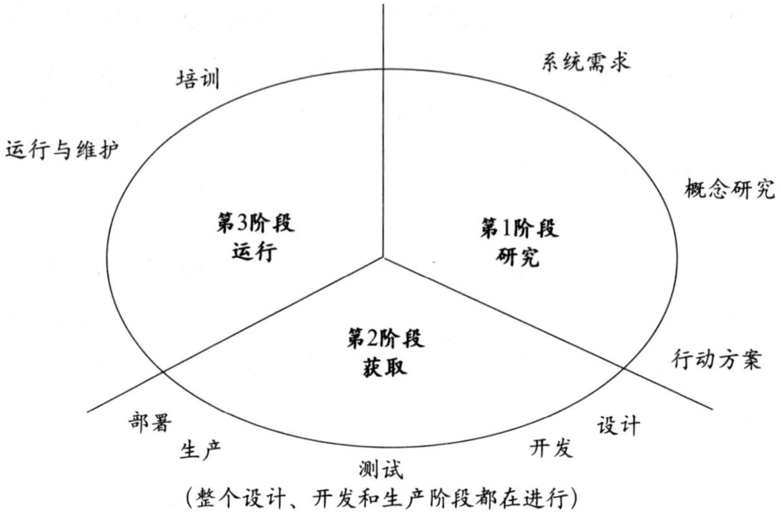

图13–5　类属项目周期

为做出准确预测，要弄清楚一个项目处于周期中的哪个阶段，这一点十分重要。在评估利比亚和伊拉克的大规模杀伤性武器（WMP）能力时，分析人员倾向于将采购行动看作是武器能力存在的证据——尽管两者发生在项目周期的不同阶段。出现这种倾向性的部分原因是因为分析人员收到大量与采购相关的情报，从而很可能导致分析人员高估了它的重要性。[1]

一条普遍的经验法则是，项目周期的阶段越多，这个过程所花的时间就越长，而所有其他事情都是同等的。通常情况下，不管它是什么过程，拥有稳定的大规模官僚组织的国家和组织有许多阶段，而这个过程所花的时间将更长。

项目或计划装载（project or program loading）　图 13–5 所示周期的任何阶段所持续的时间，是由所涉及的工作类型和所指派的工人专业技能决定的。作为计算机系统开发行业的主要人物之一，弗瑞德 · 布鲁克斯（Fred Brooks）在其著名的《人月神话》（*The Mythical Man-Month*）一书中

[1] *Report of the Commission on the Intelligence Capabilities of the United States Regarding Weapons of Mass Destruction*, March 31, 2005, www.wmd.gov/report/wmd_report.pdf, 261.

定义了四种类型的项目，每种项目在所需工人数量（项目装载）与完成项目所需的时间之间都有独特的关系。[1]

图 13–6 左上角的图表显示的是一项完全可以分开的任务的“时间—人力”剖面图（time-labor profile）——也就是说，增加双倍数量的工人可以用一半时间完成的任务。它被称作“采棉花曲线”（cotton-picking curve），即双倍数量的工人可以在一半的时间内摘完一块棉田。符合这一模式的项目不多，但这是一个在管理上常见的误解：在任何一个给定的项目上，人力与时间都可进行互换，如一项由 1 个人用 10 个月时间完成的项目也可以由 10 个人在 1 个月内完成。布鲁克斯指出，这是一种危险且具有欺骗性的神话，他的书就是以此为名的。

第二类项目涉及的是不可拆分的任务，图 13–6 的右上角显示了它的剖面图。该剖面图在这里被称作“婴儿出生曲线”（baby production curve），因为无论有多少妇女奉命完成这项任务，都需要 9 个月时间才能生出一个婴儿。

许多小项目适合位于该图左下角显示的那条曲线，它是前两条曲线的结合。在这种情况下，一个项目可以被拆分成子项目，但工作于不同子项目的人们相互之间沟通所需的时间，将最终抵消因增加人手而节约的时间，曲线会变平。

大项目往往受沟通制约。在某些点上——在图 13–6 中显示的右下角曲线的底点——增加更多的工人会开始延缓项目进程，因为所有的工人都必须花更多的时间进行沟通，结果得到的完全是我们熟悉的另一种“浴盆曲线”。不认识到这一模式，或不明白一个项目位于曲线的哪个位置，已成为许多大型项目失败的原因。正如布鲁克斯评论说，向一个已经被延误的项目增加人手，只会使该项目延误更多。[2]

风险分析　分析人员常常以为他们正在评估的计划和项目将按时完成，

[1] Frederick P. Brooks Jr., *The Mythical Man-Month* (Reading, Mass.: Addison-Wesley, 1975), 16–19.

[2] Frederick P. Brooks Jr., *The Mythical Man-Month* (Reading, Mass.: Addison-Wesley, 1975), 16–25.

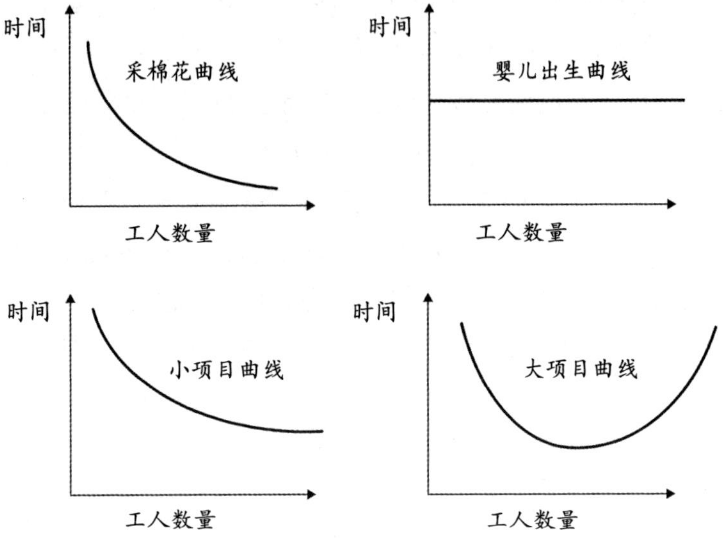

图13–6 布鲁克斯项目曲线

而且目标系统也将完美运行。在评估自己的项目或组织表现时，他们一般很少这样愚蠢。对目标计划进行的任何评估，都要进行风险分析。这通常难以做到，即便做到，也难以被用户接受。然而，这样做十分重要，因为情报用户像许多分析人员一样，也往往以为对手的计划将会完美地运行。

评估成功概率的一种相当简单却经常被忽视的方法，是分析类似的冒险行动的成功率。1980 年卡特政府策划从伊朗解救人质，本来可以分析一下那些从越南解救战俘的行动，那些行动的成功率只有 21%。然而，卡特的工作班子没有研究那些案例，认为它们是不相关的，即使伊朗任务更加复杂。[1] 在信息技术的世界里，类似的误判每天都在发生。大多数软件项目会失败，大型项目的失败率更高，尽管这些失败通常都被掩盖起来。

风险分析加上上述的项目装载（project-loading）检查，是预测各种计

[1] Hossein Askari, “It’s Time to Make Peace with Iran,” *Harvard Business Review*, September–October 1993, 13.

划成功可能性的一种常见工具。风险分析是一个反复的过程，其中分析人员要找出与计划相关的风险并确定其优先次序，评估风险所产生的影响，然后明确降低风险的备选行动方案。根据过去的经验以及与经历过类似项目的技术专家进行讨论，可以轻松地找出已知的风险领域。一项计划所具有的风险可分为四个主要领域——纲领性、技术性、生产性和工程性的领域。分析潜在问题，需要查明每一种领域中具体的潜在风险，诸如下列：

- **纲领性**领域：融资、进度、合同关系、政治问题。
- **技术性**领域：可行性、可生存性、系统性能。
- **生产性**领域：制造能力、交货周期、包装、装备。
- **工程性**领域：可靠性、可维护性、培训、使用。

风险评估是对各种风险进行定量评估并排出顺序，以确立那些最重要的风险。排序一般根据**风险因素**（risk factor）进行，而这是对失败概率和失败后果的一种数学组合。这样的评估需要专业技能和软件工具相结合，以结构化的、连贯的方法，确保所有的风险类别都被考虑到并都参加排序。

风险管理（risk management）是对各种备选行动方案进行界定，以便将风险降低到最低程度，并为启动或终止行动设定标准。它包括找出平息风险的各种选择、方案和方法。这方面的示例有启动并行开发（例如，虽然只需要一颗卫星，但同时向两家卫星制造商提供资金）、广泛进行研发测试、对检测性能的预测增加模拟、利用顾问进行设计审核，或将管理人员的注意力集中在计划的特别部分上。许多决策分析工具对于风险管理十分有用。最广泛使用的工具是项目评审方法曲线图（Program Evaluation and Review Technique Chart），它可展示在一条时间线上，项目的各种任务之间的相互关系和相互依赖性。

情报分析人员对风险管理的关切不如对风险评估的关切，但在评估一个项目失败的可能性时有这样一个因素，即目标组织对其项目风险的评估和管理达到何种程度。

成本法

通常情况下，评估一个系统的成本就是建立比较模型。建造某种东西将使你的组织或你的国家的某个行业付出某种成本，评估由此开始。你将这个数字乘上一个系数，说明目标组织成本不同（而且将永远不同），得到的结果是一个相当直接的成本评估，而这足可见出两家公司建立系统的方式存在的差异。这种理解有很多出错的空间，特别是当两家公司设在不同的国家时，更是如此。

另一种开始的方式是把第 2 章的问题分解法运用到这个系统中，将其分解成各个组成部分。接下来，对建造系统的每个组成部分和系统开发过程的每一阶段进行评估，如图 13–5 所示。这种方法有一种更复杂的版本，分析人员可以对每个组成部分的成本进行多次模拟，实际上是在计算机上反复“建造”该系统，以得出最可能的成本。美国情报界在许多大型硬件发展项目上，都使用了这一模拟过程。

当我们同时考虑数个系统模型时，进行成本—效用分析（cost-utility analysis）可能是必要的。成本—效用分析是决策预测的重要部分，许多决策过程特别是需要资源分配的过程，都采用这种分析。在评估外国军队是否会上马一种新式武器系统时，成本—效用分析是一个十分有用的出发点。但是，分析人员必须确保将“理性”考虑在内。如前文所述，什么是“理性的”，在不同的文化之间和不同的个人之间存在差异。对分析人员而言，重要的是明白决策者的逻辑，也就是说，对手的决策者如何思考如成本与效用这样的主题。我们可以通过成本—效用分析法分析他国开展载人航天计划的决策，但这样做也有缺陷。硬件与发射成本可以比较好地被评估出来，在某种程度上实用性（效用）也是可以衡量的——根据大多数标准，它是低的。为衡量他国航天技术在威望和进展方面所得到的收益，我们可能不得不予以主观量化，但在决策过程，这些因素却可能是主导因素。

在进行成本—效用分析时，分析人员必须使成本数字与进行效用评估的时间范围相匹配。如果时间范围相差许多年，那么进行成本—效用分析将是件十分困难的任务。对于新的系统，我们应当考虑生命周期成本（life-cycle costs），而大多数新系统的生命周期都是在数十年之内。

在对具有竞争性的备选方案进行成本—效用分析时，运用最广泛的方法可能是简单地建立一张图表，在这张图表中以成本和效用为两个轴。图 13–7 显示的就是此类图表。图中众多的 × 代表的是正在考虑的备选方案。每个备选方案都有一个效用值和一个成本值，它们决定了每一个方案在图表上的位置。左上方的备选方案（低成本、高效用）一般形成一个被称为"帕雷托边界"(Pareto Frontier) [1] 的曲线。最佳的选择是位于这条边界沿线上，虽然曲线趋平，但效用增加只在成本越来越高时才出现。

全套的选项通常组成一个大致的椭圆形，如图 13–7 所示。这个椭圆经常被称为成本—效用分析中的"橄榄球"。与位于帕雷托边界上的那些选项相比，所有位于该橄榄球内部的选项都是次优选择。

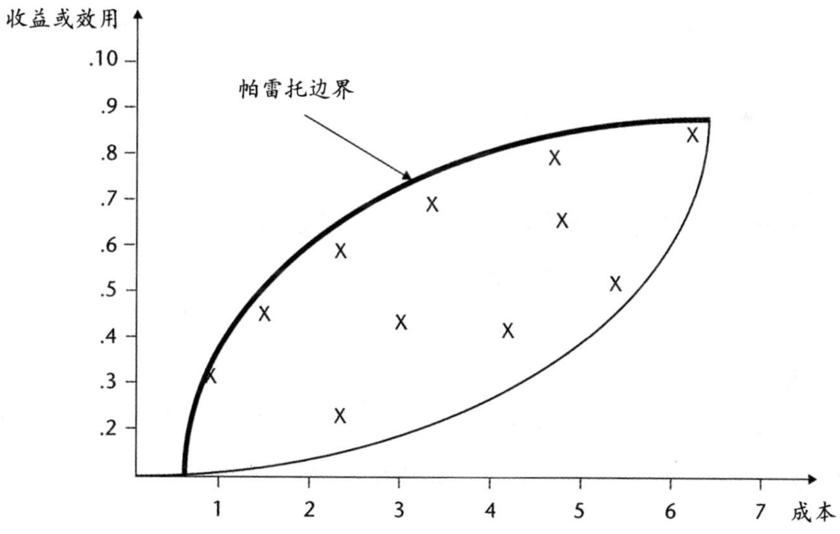

图 13–7 成本—效用图

注：× = 备选方案。

[1] 亦称帕雷托最优、帕雷托效率，是经济学中的重要概念。它是以提出这个概念的意大利经济学家弗雷多 · 帕雷托（Velfredo Pareto,1848—1923）的名字命名的。——编注

四、小结

分析一个组织，我们必须分析它的结构、功能和过程。所得出的结果应该是一系列的模型，通常以情景想定的形式，描述结构可能的未来状态、它将履行的功能，以及它将使用的过程。

在组织的结构中，关系分析对情报客户而言通常是最有意义的。结构上的位置可赋予力量。一个强大的个体具备高度的集中性，意味着具有高等地位（与其他成员有许多联系）、高度密切（与许多其他成员关系密切）和高度居中（是成员之间唯一的联系）。另一个衡量组织中个体的重要标准是他们的独特性，也就是说，他们是否有同等体。

功能分析往往聚焦行为，特别是决策过程。决策有三个方面——理性方面、感情方面和文化方面，而文化方面可能是主要的方面。

有许多的过程分析方法，它们因组织类型和文化的不同而不同。运筹学方法对许多过程分析十分有用。线性规划可用来确定一个过程的最佳值。网络分析可用于界定一个实际网络中的各种流程和薄弱点，如通信网络或运输网络。情报机构通常对衡量项目的成功概率感兴趣。比较分析与风险分析经常用于衡量这些概率。成本—效用分析经常被用于预测对手的项目决策。大多数领导人在做出重大决策时都要经过某种形式的成本—效用分析，窍门在于将适当的文化和个体偏差应用于成本和效用之中。根据分析人员自身的文化视角，某件事情看起来成本高昂，然而根据目标的文化视角，其成本却可能非常适中。

在预测某项技术的发展或应用时，组织分析几乎永远是一个需要考虑的重要力量，我们将在下一章继续讨论这个话题。

[第 14 章]

技术分析与系统分析

刀剑无情，唯命是用。

——中国古代谚语

计算机、电信、纳米工程和生物工程等技术所产生的影响已深入情报工作的大部分领域。与恐怖主义、核生化等大规模杀伤性武器相关的情报更是与高科技息息相关。技术评估与系统分析都依靠创建模型，是十分重要的专业化情报分析领域。系统分析使用的目标模型，特别是仿真模型，比其他任何情报分支学科使用的都多。通常情况下，技术评估与系统分析使用的都是第 6 章中所提到的情报来源。

技术情报门类经常被称为**科技情报**（scientific and technical intelligence，简称 S&T）。科学动态往往是公开出版的，很少会有太高的情报价值。然而，当你利用科学做些事情时，那就是技术，它就可能具有情报价值。只有当科学具有可应用的技术潜力时，它才具有情报价值。研究人员通常很想在某一领域实现科学突破，尽管这种突破几十年都不会形成系统或产品。

但是，只有当技术具有潜力，可以成为具有情报价值的**系统**的一部分，如可以应用到武器系统、商业情报和竞争产品上，它才具有情报价值。这一简单而有效的范式，却往往被科技情报分析人员和武器系统研究人员所忽略。

一、技术分析

技术评估大量采用公开来源的信息，其他来源提供的技术细节都不会比公开来源提供的多。因为无论一个外国项目如何高度保密，其中所涉及的技术早晚会出现在某个公开文献中。为了获取专业声望，科学家和技术人员都希望能公开发表他们的成果，即使是那些需要审查、严控发表的成果也不例外。技术人员只是需要知道到哪里去找。例如，一名情报搜集人员只要长期追踪《航空周刊与航天技术》（*Aviation Week and Space Technology*）等相关杂志，就可能获得美国最敏感的国防或情报动态。

技术情报使用公开来源材料的关键是识别并分析项目、人员、技术和组织之间的各种关系，主要是广泛运用各种关系分析或网络分析（见第 13 章）。

技术有助于塑造情报预测，并且也是预测的对象。以下为三种一般类型的技术预测：

- 预测某一技术的未来性能。
- 预测某一技术中的创新或可能性突破。
- 预测该技术的使用、转让或扩散情况。

未来性能

根据公开文献进行的技术评估广泛运用模式分析。从某一研究团体发表的文章中可以识别出从事这一特定技术研究的人员。专利更是有关技术发展趋势的一个重要信息来源。对专利趋势进行长期跟踪，可分析出研究人员对某项技术的热情是在增长还是减退、哪些公司正进入或离开某个领域，某项技术是否由少数公司控制，等等。[1] 按领域进行的专利统计，可用于建立技术指标，分析技术政策，评估企业、行业或国家的技术活动。

[1] Francis Narin, Mark P. Carpenter, and Patricia Woolf, "Technological Performance Assessments Based on Patents and Patent Citations," *IEEE Transactions on Engineering Management* 4 (November 1984): 172.

依据专利分析企业的技术概况，可用于战略目标选择、竞争对手分析和投资决策等。它们可通过建立引证网络图表（citation network diagram）（比对之前的相关研究数据），查明市场并预测技术。

另一种对出版物的模式分析工具是引证分析（citation analysis），这是对某一特定报告所引用数据的统计。报告被大量引用，是其具有影响或质量的标志。[1] 引证分析能揭示出报告、组织和研究人员之间的相关性和依赖性。它可以分析一个国家的研究是以国内为中心，还是以国外为中心；也可以判断基础研究和应用研究之间的关系。科技研发生产力实际上高度集中在少数关键人物手中 [2],通过各种引证便可找出他们。商业出版物已经开始日常跟踪引证数据，并公布引证分析结果。

一套技术评估方法必须正确地描绘出该技术性能的特征，也就是说，首先，它必须采用正确的性能衡量标准。例如，衡量高功率微波管技术性能的有效标准就是被称为平均功率的频率函数。其次，这套方法必须要能识别出各种关键性的支撑技术（力量），正是它们使目标的技术性能产生差别。再次，它要能与相同事物的发展动态进行比较。例如，不能拿特定的实验室设备性能与生产线组件或系统的性能相比较。最后，这套方法还要考虑时间因素——利益相关国家或组织技术发展的时间跨度（time frame），而非其他国家或组织的技术发展时间跨度——因为它还要对未来进行预测。

“五阶段类属目标模型”（five-stage generic target model）一直被用于描述某项技术或产品的发展。它通常被用于预测一种技术的未来情况。技术发展的这五个阶段通常用第 5 章中介绍的 S 形曲线来表示。任何技术都是起步缓慢，接着快速增长，然后发展成熟，之后新的性能提升便趋于微

[1] Francis Narin, Mark P. Carpenter, and Patricia Woolf, “Technological Performance Assessments Based on Patents and Patent Citations,” *IEEE Transactions on Engineering Management* 4 (November 1984): 172.

[2] Francis Narin, Mark P. Carpenter, and Patricia Woolf, “Technological Performance Assessments Based on Patents and Patent Citations,” *IEEE Transactions on Engineering Management* 4 (November 1984): 172.

小。[1] 曲线纵轴可以说明很多问题，包括符合某种标准的技术性能及其普及率或使用范围。

各个阶段之间很难区分过渡，因为它们存在自然的重叠与混合。五阶段类属目标模型通过某项研究技术公开发行的次数，就可推断出其发展的里程碑。

如图 14–1，纵轴代表某一技术专利或出版物的数量，从五阶段 S 形曲线就可以看出这一技术的发展过程。另一类 S 形曲线衡量技术发展中某一阶段的性能改善。虽然可以同时对所有的阶段进行衡量，但一般衡量的是第四（生产）阶段。这两种曲线的横轴均表示时间。当技术达到如图 14–1 所示 S 形曲线的最陡部分时，便可投入工业生产。也是在这一阶段，该技术成为“热门”话题，会被广泛宣扬。

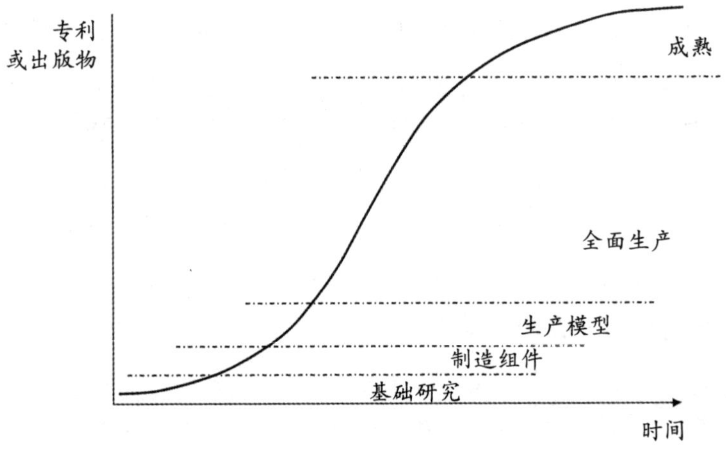

图 14–1　技术发展的 S 形曲线

S 形曲线日趋变平时，该技术便趋于成熟，此时只需要进行增值性能改进。一般情况下，此时这一技术已经达到了物理定律中的基本极限（fundamental limit）。可通过巧妙的设计、规模的扩大或材料的改进来增值

[1] Joseph P. Martino, “Trend Extrapolation,” in *A Practical Guide to Technological Forecasting,* ed. James R. Bright and Milton E. F. Schoeman (Englewood Cliffs, N.J.: Prentice Hall, 1973), 106.

性能，但这些变化只能给技术性能带来适度的改进。

S 形曲线是技术评估中广泛运用的基础工具。这种方法又名“基于 TRIZ 的技术情报”（TRIZ-based technology intelligence）。它可帮助分析人员识别竞争工业技术，预测其发展并评估其潜能（TRIZ 是俄语“发明问题解决理论”的首字母缩写，英文为 Theory of Inventive Problem Solving）。TRIZ 方法融合了大量的技巧，以查找某一技术在 S 形曲线中的位置，包括专利申请的日期、特点和性能改进的评估。[1] 但是，这些技巧只能识别该技术在 S 曲线中的当前位置，定性分析其技术局限。

创新

任何领域的技术进步都可以通过下列一般准则进行预测：该技术在当前领域的活动情况、需要解决某个特定的问题，此外，还要考虑是否不存在制约这种进步的规则。[2] 如果符合以上标准，分析人员就可利用本节介绍的方法寻找各种创新性发展。

创新是一种趋异现象，而不是趋同现象；不会有大量证据表明某个技术领域会必然创新。预测创新是一门艺术，而不是一门科学。如前所述，美国情报界不再预测政变之类的趋异行动，并给出了充分的理由。[3] 当我们试图预测创新时，实际上是在尝试预测一种突破，而它与政变的性质是相同的。表现在技术发展的 S 形曲线上，技术突破是一种中断。我们不能预测何时会出现创新，但正如政变一样，我们可以判断其条件是否成熟，也能辨别它是什么时候开始发展的。

由于技术发展都遵循 S 形曲线，因此我们还是有成功的可能。过去的

---

[1] Günther Schuh and Markus Grawatsch, “TRIZ-Based Technology Intelligence,” presentation at the European TRIZ association meeting, TRIZFutures 2003, May 15–16, 2003, www.trizjournal.com/archives/2004/04/05.pdf.

[2] Herbert C. Rothenberg, “Identifying the Future Threat,” *Studies in Intelligence* 12, no. 4 (1968): 13–21.

[3] John Prados, *The Soviet Estimate* (Princeton: Princeton University Press, 1987), 324.

创新经验有时可以帮助我们判断，谁可能做出创新。我们有时说，正如本章下面所讲的，是因为创新常常来自一个完全意外的来源。最后，各种标准的证据搜集与综合 / 分析方法有助于我们预测创新会是什么，但这只有在其发展过程的后期才能确定。

预测创新的时机 预测进行技术创新的正确时机，需要画出该技术的性能—时间（performance versus time）S 形曲线。曲线达到饱和水平并趋于平缓时，就是恰当的时机。替代性技术通常在这一点之后开始出现，并最终达到更高的性能水平。创新技术不必从太高的水平上开始。在给定的领域内，我们能在一幅图表上看到一系列的 S 形曲线，每一条曲线上的替代性技术都是从较低的性能水平上开始，但会迅速超过上一代技术。

预测创新的来源 创新一般来自个人或小型组织，因为他们往往受激励力量推动而不被约束力量限制。以杜邦公司在 1920 年至 1950 年期间的创新纪录为例：30 年间杜邦公司的 18 项重大的创新中只有 5 项——氯丁橡胶（neoprene）、尼龙（nylon）、特氟纶（teflon）、奥纶（orlon）和聚合物彩色胶片（polymeric color film）——起源于公司内部，其他均收购于小公司或个人发明者；许多创新都是根据技术交换协议从一家英国化学公司取得的。相比之下，杜邦公司在同一时期内的 7 项主要产品和工艺改进中，有 5 项都源自杜邦内部。杜邦只是许多案例中的一个。这些案例表明，创新往往不会来源于大型企业或组织，但产品和工艺改进却是由它们完成的。

值得提问的是，为什么杜邦公司选择收购那些外来的创新？在我们所研究的这个时间段内，杜邦公司拥有世界上最出色的商业情报团队。这些至今尚未完全公开的商业情报机构之所以能够成功，是因为他们通过可靠的搜集（公开文献检索、人力情报搜集、材料采购与测试）与出色的技术分析相结合的办法，找出有前景的目标，然后廉价而有效地获得所需的技术。

同样的结论也适用于苏联的计划经济：大多数创新均来自国外，而那些源自国内的创新也是由科学院实验室中的单个科学家或小团体开发的。苏联的国防与工业实验室在工程改进方面做得非常好，但几乎从不进行创新。同杜邦公司一样，苏联的商业间谍活动在获取技术方面相当出色，但它们在分析、评估和运用这些技术方面远不如杜邦公司。

这些例子，加上本章后面所讨论的，都说明一个共同的结论：需变革的项目如果被置于一个完全脱离进化发展的管理机制下，就有更多的机会取得成功。因此，分析人员如果要评估一个正在追求某项技术突破的组织，就应该先评估这个组织的结构。正如上一章中所提到的，要先了解该组织过去是如何处理新技术的，它们是像杜邦、3M、Biotech 和大多数因特网公司那样欢迎并积极寻求新技术，还是像前苏联的工业部门那样视新技术为障碍？

评估创新氛围 下面讨论的是自由和需求动机（demand-driven incentive）。这两个因素能促进创新，并且在任何一种动因分析（force analysis）中都需要考虑。

1891 年，一个名叫阿尔蒙 · B. 史端乔（Almon B. Strowger）的美国人取得了电信史上最重要的创新之一——自动电话交换，它使拨号电话成为可能。史端乔的创新是非凡的，因为他不是一名工程师，而是一名殡仪承办人。但是，史端乔有两个有利的条件，而这两个条件也是所有创新的核心：自由和动机。他拥有自由，因为没有人要求他开发通信设备；他也不必为当时处于垄断地位的贝尔电话公司工作。除此以外，他还有一个特别的动机：堪萨斯城只有两个人从事殡仪行业，而另一个从业者的妻子是电话总机接线员；史端乔认为她把所有寻求殡仪服务的电话都转给了自己家。经济利益驱使他发明了这种客观的电话接线机来代替人工。

我们从史端乔的例子可以看出，自由与动机这两个因素在历史上大多数重要的创新中都会出现。动机也不完全是经济方面的。事实上，我们可以依据动机的性质来分析科学家与工程师、技术人员之间的差异：科学主要受非经济利益驱动，而工程或技术却受到各种经济利益驱使。这个差异十分重要：它能解释为什么苏联有那么多实力雄厚的科学家和伟大的科学发现，但技术创新却少得可怜。苏联科学家与他们的美国同行一样，将知识、认可和荣誉作为他们的动机，但相比之下，工程人员看中的是物质奖励，这在苏联这样的计划经济国家是几乎不存在的。苏联的专利制度几乎就是充公，给有创新成果的工程师的经济回报比不上普通美国公司专利协议提供的。即使没有专利，研制出新成果的苏联工程师也很可能会看到自己的荣誉被上司拿走。

自由是创新这个方程式中一个更微妙的系数，它与动机同样重要。20世纪20年代，苏联和美国在遗传学研究方面都是世界领先。当时，俄罗斯遗传学家特洛菲姆·李森科（Trofim D. Lysenko）提出了一种理论，即一个生物体从环境中获得的特征是可遗传的。李森科拒绝接收染色体遗传理论并否认基因的存在。他被包括瓦维洛夫[1]（N. I. Vavilov）在内的俄罗斯一流科学家斥为江湖医生。但是，他有一条强大的论据：约瑟夫·斯大林喜欢他的理论——它们符合斯大林对世界的看法。如果人们能将他们在苏联社会学会的行为模式传递给他们的后代，那么斯大林寻求建立的国家将会成为永久性的。因此，在共产党的支持下，环境理论（environmental theory）在苏联成为唯一被接受的遗传理论。1940年8月，瓦维洛夫被逮捕，后来死于狱中。至少有其他六名顶级的俄罗斯遗传学家失踪。很多年以后，苏联终于承认“李森科主义”使他们在遗传学方面落后了大约12年。

情报分析人员有时将李森科事件看作是一次失常，事实上，它是对苏联的研究环境相当准确的写照。虽然没有再发生类似李森科这样的戏剧性事件，但李森科主义的影响却在20世纪30至40年代的苏联扩展到了许多其他科学领域。创新自由受到的限制，对苏联的经济衰退产生了巨大的推动作用。大部分限制来源于两种情况——庞大的既定组织中常见的风险规避和类似苏联的集中计划经济的限制。

苏联实行的是集中计划经济，而满足计划是最优先考虑的事项。这为苏联各产业继续其既定路线提供了强大动机，第12章所谈到的惯性力量在这里占据主导地位。如果当前的产量下降，工厂管理者将撤销研发部门以保持产量。另外，集中计划似乎不可避免地意味着供给不足。如果工厂管理者尝试创新，那么原本的供给会变得更加短缺，而创新所需的新供给更不可能具备。如某个苏联工厂需要一种特殊装置，例如某种特殊型号的测试装置，那么它必须先要花费高昂的代价自己建造。

[1] 苏联农业科学研究院前任院长。——译注

而且，苏联的管理方式至少理论上采用了马克思的劳动价值理论。根据这一理论，如果生产一件设备需要使用相当于生产另一件设备两倍的劳动力，那么它的价格也应当是另一件设备的两倍。这样的理论给创新和自动化造成了巨大的阻碍。

总之，如果项目失败，苏联的产业结构会做出严厉的惩罚；如果项目成功，它几乎不给予任何奖励；而且对于无所事事，它也没有特别的惩处。这样的压力经常使得苏联或东欧的工厂管理者这样应对一个新项目：因为成功不会受到奖励，而失败却要遭受严厉惩罚，所以管理者经常会选择可牺牲的、通常是那些即将退休的工人负责该项目。当项目失败时——形势总是对项目不利——工厂管理者会责备他精心选择的替罪羊，解雇他或者让他退休。

低劣的创新氛围偶尔也给美国公司造成不利的影响。通用电气公司（General Electric）在与贝尔实验室进行的晶体管发明竞赛中，由于惯性依赖熟悉技术而付出了高昂代价。正如莱斯特·梭罗（Lester Thurow）在“智囊与资本主义未来”（Brainpower and the Future of Capitalism）一文中所描述的，贝尔实验室比通用电气刚好早一天开发出晶体管。尽管通用电气在该领域占据巨大的领先优势，但贝尔实验室还是战胜了它。究其原因，是因为通用把测试晶体管的任务交给了真空管工程师，而这些人花了三年时间来证明晶体管是行不通的。相反，贝尔实验室把时间都花在证明晶体管是可行的。正如梭罗所讲的：“美国有五家制造真空管的公司，但是没有任何一家能制造出晶体管或半导体芯片，因为它们都不能适应新的形势。”假设通用电气当初建立一个新公司，专门研究晶体管的可行性，那么通用电气现在可能早就拥有了贝尔实验室所享有的专利权、诺贝尔奖以及从晶体管上得到的收益。更重要的是，通用电气还能从晶体管带来的微型化革命中受益，获得更具优势的地位。相反地，通用电气最终不得不从供应商那里购买晶体管和半导体。[1]

这些案例给分析人员的教训是：在评估一个组织或一个国家开发新技

---

[1] Lester Thurow, “Brainpower and the Future of Capitalism,” in *The Knowledge Advantage: Fourteen Visionaries Define Marketplace Success in the New Economy,* ed. Rudy Ruggles and Dan Holtshouse (New York: John Wiley/Capstone, 1999).

术的能力时，要考虑它的文化。它喜欢接受风险还是喜欢规避风险？它是否十分注重维护当前的生产线？它给技术发展施加了哪些政治、经济、组织或社会性的约束？

技术的运用、转让与扩散

运用 跟踪一项可能具备军事用途的技术时，分析人员会采用一种通用的目标模型，即**浴缸曲线**（bathtub curve）——一条类似浴缸形状的时间—可见度曲线。对某项技术的基础研究通常是可见的，因为科学家和工程师需要交流他们的发现。当这一研究被用于军事系统或转入生产时，就开始变成秘密，并从出版物上消失（到达“浴缸”的底端）。最后，当武器脱离研发阶段并开始测试时，该研究会再次露面。

对浴缸曲线上的技术进行跟踪，分析人员只有熟练地综合运用公开文献和机密资料，才能判断这一技术的性能、发展与创新时间，即使该项目正处在“浴缸”的底端。

专利是一个宝贵的来源，可以判断某项技术正在进行哪些方面的应用。使用专利需要以下几点指导原则：

- 获得该专利所有的合作者及分支机构的名称。在对大量专利进行筛选时，经验丰富的公开文献分析人员往往首先检索的是姓名或单位，这种初步筛选能够挑选出相关的工作。第二遍检索的是专利中的特定技术。
- 筛选和寻找有价值的专利时，接索摘要十分必要，但进行技术评估时全文必不可少。因为文中还可能蕴含很多指示性的内容，表明某一专利是对军队有意义，还是对特定的公司有意义。
- 有的专利文献记录的是已经被引入工业生产的专利设备。这样能够过滤出最令人感兴趣的专利——那些以行业应用为目的的技术。

分析人员在对某项技术的用途进行评估时，很容易对其性能和前景着迷。技术不是存在于真空中，它像其他资源一样，可以被运用得好，也可以被运用得差。重要的不仅仅是技术本身，而是使用它的组织会用它来做些什么。20 世纪 70 至 80 年代，施乐公司（Xerox Corporation）资助了一个名叫帕罗奥托研究中心（Palo Alto Research Center）的智囊团。这个研究中心可能聚集了有史以来最大规模的计算机人才。早在 IBM 推出个人计算机之前，帕罗奥托研究中心就开发出了台式计算机的概念。它建立了由图标和分层屏幕组成的图形用户界面雏形，后来发展成为微软的操作系统视窗。它还开发了大量的因特网基础技术。然而，尽管帕罗奥托研究中心做出了许多能够改变计算机行业的突破，但施乐公司却总是无法利用这些成就的经济潜力（虽然施乐公司单单从激光打印机上获得的投资回报就超过了其向帕罗奥托研究中心的投入）。帕罗奥托研究中心的文化十分适合开发新技术，但并不适合利用它们取得经济效益。

对创新的各种约束也会制约新技术的使用：技术本身可能带来责任或受到政府监管的风险；各种污染控制条例越来越多地影响着技术决策；可能的侵权责任或专利侵权诉讼也是造成新技术被拒绝的原因。

对监管力量的评估（第 12 章中讨论过）近些年已经成为创新的关键决策点。分析人员需要知道：在空气和水污染的环境约束下，能够生产出产品吗？它达到了政府的安全标准吗？它面临着其他国家的进口壁垒吗？在创新获得的专利或商业秘密的保护期内是否能够收回生产成本？

面对此类问题，大公司和小公司获取新技术的途径有着显著的不同。大公司对新技术的拒绝率非常高，不到 1% 的想法会被采纳；即使新技术被商业化，有三分之二的新产品也会失败。尽管大公司获取新技术的途径比小公司多得多，但其对变革制度的抵制极其常见，给各种新技术造成巨大的障碍。

在大公司中，一项新技术要想被接收，它的“倡导者”（champion）首先要脱颖而出。这样的“倡导者”也被称为“变革推动者”（change agent），是愿意为了争取不确定的成功前景而使自己和职业生涯承担风险的创新者。这些“倡导者”在大公司中不受欢迎是可以理解的，主要是因为：原本的生产线在新技术面前显示出脆弱性；对现有产品的生产线进行改造需要付出高昂的代价。这些因素在大型的综合行业中（比如汽车制造业）显得尤为重要。但在这些行业里，只有新技术具有增量或进化性（即逐步发展)，它才会受到欢迎。

结果是，革命性的创新经常在遭到相关行业领军企业的拒绝后，由外行人投入到市场。对比一下柯达公司对埃德温·兰德（Edwin H. Land）博士即时显影技术（instant photography process）的拒绝和宝丽来（Polaroid）公司后来对这项技术的成功开发，或者再看看若干大公司拒绝复印技术商业化之后施乐公司的诞生。

转让或扩散 评估技术转让或技术扩散的效果十分重要，尤其是在大规模杀伤性武器和武器扩散领域。评估技术扩散的效果时，分析人员需要考虑以下因素：

- 这一技术是否可用？如果可用，是以什么方式使用？例如，转让软件时，接收的组织利用源代码可以比利用编译代码多做很多事情。
- 接收的组织是积极寻求新技术，还是抵制对新技术的引进？对变革的抵制是技术扩散的一个很大障碍。对此众所周知，但情报分析人员却经常忽视它，轻率地认为存在立即扩散（instant diffusion），忘记了惯性力量和“此处没有发明”这两个因素（见第 12 章）。
- 采用什么机制进行转让？有些转让机制非常有效，另一些则不然。表 14–1 总结了各种转让机制的效果。

在开放的、政府干预相对较少和技术发达的国家，技术转让与扩散得以迅速发生。技术扩散在美国实行得极好，因为那里的工人和信息流动性很强。而日本工人流动性则较低，在一定程度上延缓了其扩散机制。但是由于日本独特的文化内涵，其在获取和吸收外国先进技术方面却相当出色。跨国公司之所以拥有强大的国际技术扩散机制，是因为它们采用了表 14–1 中所列举的最有效的机制——在子公司之间转让技术。

相反，苏联在技术扩散方面极其糟糕，因为那里有严密的部门隔离制度和苏联领导人坚持的保密制度，尤其是在国防工业中，同时带动着民用行业也如此；苏联工人的低流动性更加剧了这种状况，即使随着雇员迁移技术也不会被传播。如此导致的结果是，比如，已经在海军武器系统中运用的某项技术，在军队的其他部门和民用工业中却不为人知。

表14–1 技术转让机制效果对照

效果	转让机制
高	公司或子公司销售
	通过广泛的教学活动发放许可证
	合资企业
	不间断地进行技术交换
	高科技领域的培训项目
	技能人员在公司间流动
中	工业间谍活动
	工程文档和技术数据
	咨询
	许可证和专业技能
	备案标书
	销售不附带专业技能的处理设备
	商业访问
低	不附带专业技能的许可证
	产品的逆向工程[1]
	未备案标书
	公开的贸易文献和技术期刊
	贸易展览和会议

[1] 逆向工程（reverse engineering，又称反向工程），是一种技术过程，即对一项目标产品进行逆向分析及研究，从而演绎并得出该产品的处理流程、组织结构、功能规格等设计要素，以制作出性能相近，但又不完全一样的产品。逆向工程源于商业及军事领域中的硬件分析。其主要目的是，在不能轻易获得必要的生产信息下，直接从成品的分析，推导出产品的设计原理。——译注

技术转让还取决于接受方和转让方的动机，掌握最先进技术的组织可能不会有转让的动机。工业技术的转让是有选择且可估价的。转让工业技术的一方期待的是取得超过转让成本的收益，所以他们首先要相当客观地评估收益、成本和风险等信息反馈。转让过程中，大型公司往往比小公司在新技术应用方面更为谨慎。

一项技术被某家公司开发出来后，该公司就有了将此技术转让给他人的动机。开发出来的技术是会随时间而递减的资产，当转让给公司带来的收益大于失去其造成的损失时，转让就会发生。

公司在决定是否进行转让的过程中必须考虑许多因素，这些因素有的支持转让，有的反对转让。竞争技术的存在、技术同化与退化的速度、公司既有产品的脆弱性、公司内部发掘技术的能力、行业的竞争能力、维护该技术成为商业秘密和专利的能力——所有这些因素都在决策中发挥着正面或负面的作用。

有些因素坚决地反对转让。首先最重要的是技术释放的不可逆转性。即使公司对后续形势的分析证明转让是错误的，该技术也无法被“召回”。其次是领先时间的优势，该优势根据行业性质的不同而变化。

另一些因素则支持转让。第一，某些技术可能存在的泄露会给原公司造成利益损失，而交叉许可或协议技术交流则可以弥补这些损失。第二，一些技术出于相反的原因而被转让：它使接受方依赖转让方的研发，限制了接受方独立研发的能力。第三，行业间谍或人员争夺同样会造成技术流失。第四，对双方来说，技术授权比侵权对抗更容易。第五，得到本行业认可自己为行业领军角色也是促成技术转让发生的原因。此外，技术的尽早转让还可以让转让方用自己的标准制定行业规则，这在同行竞争中具有很大优势。

二、系统分析

正如前几章提到的，任何具有结构、功能和过程属性的实体均可以作为一个系统进行描述和分析。防空系统、运输网络、福利系统等都是系统分析的客体。系统分析的正式应用是从 20 世纪 60 年代的美国国防部开始的。

许多系统分析都是参数分析、敏感性分析或假设分析。也就是说，分析人员必须在两个变量（参数）之间建立起一种关系，通过计算机进行分析并检查结果，然后改变输入值并再次进行分析。系统分析必须是交互式的，分析人员要看到结果，并随着新思路的出现做出改变。

对任何复杂系统的分析都是必要的且跨学科的。系统分析在处理跨学科问题时困难重重，它们更适合专门处理技术方面，尤其是性能分析方面的问题。大规模杀伤性武器委员会曾这样评论美国《国家情报评估》(*National Intelligence Estimate*) 对伊拉克大规模杀伤性武器的分析："2002 年 10 月它们（对伊拉克大规模杀伤性武器）进行了大量的技术分析……却没有分析伊拉克的社会、政治局势及领导人的动机和企图……而事实证明，这些才能让情报界接近真相。" [1] 事实上，太多的技术分析是在真空中完成的，没有充分考虑政治和经济因素。以下列举的是还需要考虑的制约因素。

未来系统

分析未来系统（future system），尤其是未来武器系统，首先要确定正在开发的系统。演绎法和归纳法这两种推理方法可用于武器系统分析。

- **演绎法**（deductive approach）是先预测对手所期望的目标，确定其系统需求，然后开始搜集要达成这些目标所需的武器系统、子系统、组件、设备和基础研发的相关情报。
- **归纳法**（inductive approach）也叫合成法，同演绎法刚好相反。它是先寻找对方研发新技术的证据，再综合分析对方之后可能对系统、子系统和设备进行的改进。[2]

---

[1] *Report of the Commission on the Intelligence Capabilities of the United States Regarding Weapons of Mass Destruction,* March 31, 2005, www.wmd.gov/report/wmd_report.pdf, 13.

[2] Herbert C. Rothenberg, "Identifying the Future Threat, " *Studies in Intelligence* 12, no.4 (1968) : 13–21.

很多情报领域的作者认为，情报分析还可采用另外一种推理方法——**溯因法**（abduction），即依据给定的证据提出最合理的假设和推理。溯因法同归纳法有相似之处，但在推理过程中注重分析者自己的想法和直觉，因此它也被称为“本能的猜测”（an instinct for guessing right）。[1] 溯因法和归纳法同样充满了不确定性。正如罗杰·乔治（Roger George）和詹姆斯·布鲁斯（James Bruce）所说：“在同样的事实条件下，不同的分析家会得出不同的结论。”归纳法和溯因法天生就存在概率性。[2]

演绎（或溯因）的方法是先假设，然后寻找证据来证明这个假设；归纳的方法则是以证据为基础先进行推理，然后得出结论。[3] 以证据为基础的推理可以应用到很多行业。例如，在医学界结合理论和经验证据进行诊断，就是以证据为基础推理的实践。

这两种（或三种）方法有利有弊。实践中，在识别未来系统发展的过程中，演绎法优于归纳法或溯因法。如果只有一套武器系统正被对方研制，分析人员不难找出其相应的研发模式和指示信息，然后合成其系统发展状况。问题是如果对方同时在研制两套或更多的系统，每套系统都有单独的研发过程，分析人员就很难从大量原始情报中一一区分。有如医学专业的“并发症”（multiple pathologies）：如果一个病人同时有两个或多个病因，各种症状混合在一起，那么医生很难单独诊断。因此，在一般情况下，评估未来系统多项发展，经常使用演绎法。

预测武器系统开发的经验表明，不变力预测法（extrapolation）对预测 5 年或者更短时间的武器系统的细微改进情况有效。如果时间太长，这种方法就没有效果。变力预测法（projection）的有效时间跨度为 5 到 15

---

[1] Stéphane J. Lefebvre, “A Look at Intelligence Analysis,” Poster presentation TC99, International Studies Association Conference, Portland, Oregon, February 27, 2003, 25.

[2] Roger Z. George and James B. Bruce, *Analyzing Intelligence* (Washington, D.C.: Georgetown University Press, 2008), 175–176.

[3] Jeffrey R. Cooper, “Curing Analytical Pathologies” (Washington, D.C.: Center for the Study of Intelligence, Central Intelligence Agency, December 2005), www.fas.org/irp/cia/product/curing.pdf.

年。[1] 但是，无论采用哪种预测方法，分析人员都应该考虑到惯性力量（第 12 章中提到过），制度动力催生的武器系统多于新需求产生的武器系统。[2]

一旦确定某个系统正处于开发之中，分析工作就进入到第二步：回答用户提出的有关该系统的问题。在国家政策的最高层面上，有关某个未来武器系统如何运行的细节，不如该系统的总体特征、性能以及相当准确的时间进度那样重要。[3] 如果该系统接近完成，更多的用户希望知道：它针对的具体目标是什么？它将在什么情况下被使用？它会产生怎样的效果？以下因素尤其需要分析：

- 开发该系统的成本。
- 该系统开发的进度及相关风险。
- 该系统的性能，包括它对操作环境的适应能力或被设计完成何种任务。

成本和进度的问题我们已经在第 13 章中提到过，下面着重讨论性能。

性能分析

分析系统性能，有两种不同的方法——简单的和复杂的。对某单一系统的性能分析（performance analysis），如地对空导弹系统，是简单直接的。而对综合系统的性能评估，如防空系统或毒品销售系统，则面临着更多挑战。由于系统性能问题的复杂性，目前大多数此类分析都是通过模拟来完成的。这也是我们回头要讨论的话题。

---

[1] Jeffrey R. Cooper, "Curing Analytical Pathologies" (Washington, D.C.: Center for the Study of Intelligence, Central Intelligence Agency, December 2005), www.fas.org/irp/cia/product/curing.pdf.

[2] David S. Brandwein, "Maxims for Analysts," *Studies in Intelligence* 22, no. 4 (Winter 1978): 31–35.

[3] Herbert C. Rothenberg, "Identifying the Future Threat," *Studies in Intelligence* 12, no. 4 (1968): 13–21.

对于决策者和军队来说，大量的系统分析都集中在武器系统性能上。武器系统分析人员不同于政治、军事和经济分析人员——前者的结论通常不会受到挑战，甚至会被毫无疑问地接受。决策者和军事领导人很少具备诘问武器系统分析人员细节问题的专业技能。

性能分析中的陷阱 武器系统分析过程中存在的一个主要问题是，分析人员往往迷失在细节之中，看不见主要目标。找到一枚火箭的准确推力，或在雷达性能分析中将分贝数精确至小数点部分，这些都关系到分析人员的职业荣誉，但用户往往不在乎这些。当然，有时候这种差异也至关重要，如“逆火”轰炸机（Backfire bomber）就是这样。

在整个 20 世纪 60 年代，美国空军情报部门不断预测苏联会发展一种能够打击美国目标的新型重型轰炸机。1969 年，苏联喀山一家工厂的照片暴露了这种新型轰炸机的存在，这就是随后代号称为“逆火”的轰炸机。分析人员对“逆火”轰炸机任务的预测成为美国情报界争论的焦点：空军分析人员认为“逆火”轰炸机可能用于洲际攻击，而中情局的分析人员则认为该轰炸机的任务是进行外围攻击，即只攻击苏联本土周围的地面或海上目标。

在随后若干年的时间里，《国家情报评估》在这个问题上来回变换观点。评估标准的关键点就是该飞机的航程：5,500 英里或超过 5,500 英里的航程可以让“逆火”从苏联基地起飞，执行打击美国境内目标的单程飞行任务；如果航程少于 5,000 英里，它将无法实施此项任务，除非它进行空中加油。这个问题的答案对美国国防部尤其是空军至关重要，因为“逆火”对美国本土的威胁可以证明为对抗这种威胁而做出的国防预算是合理的。与国防经费毫无利害关系的中情局分析人员则强烈反对为了狭隘的空军利益而影响情报评估。

空军和国防情报局出示了麦道公司（McDonnell Douglas）工程师的评估数据，即“逆火”轰炸机的航程在 4,500 至 6,000 英里，而中情局则出示了麦道公司另一组工程师的评估数据，表明其航程在 3,500 至 5,000 英里之内。双方均指责对方歪曲证据。

由于这一疑问使美苏在限制战略武器会谈（Strategic Arms Limitation Talks）中陷入僵局，因此“逆火”轰炸机的航程问题变得更加重要。洲际轰炸机必须算在苏联的战略武器范围之内。作为第二轮会谈的一部分，苏联人最终同意每年生产的“逆火”轰炸机数量不超过 30 架，并且不为其配备空中加油设备；美国则同意不将“逆火”列为洲际轰炸机。后来的事实证明，“逆火”只是被过度设计的外围攻击轰炸机，从未企图用于执行洲际打击任务。

“逆火”轰炸机的例子刚好证明了之前提到的某些分析陷阱：分析人员由于之前对苏联即将研发新型洲际轰炸机的预测而过早做出结论；狭隘的利益观促使分析人员做出符合他们所在组织利益的判断。它还说明了在系统分析中进行跨学科分析的难度。如果能认真考虑苏联的系统设计需求及当时苏联所判断的威胁，就可能让分析人员更快地辨别出“逆火”执行的只是外围攻击任务。

这个例子还说明了系统分析中常见的“最坏估计”（worst-case estimate）问题：国家安全计划往往根据系统评估制定，因此最好将评估建立在尽可能合理的最糟糕情况之上。分析人员为了防止决策者自满而往往提出最糟糕的假设；急于得到认可也容易驱使分析人员做出令人更困扰的结论。例如，大规模杀伤性武器委员会指出：“情报界在伊拉克核武器问题上，依据少得可怜的证据得出了太多的推断性结论；他们甚至还推测伊拉克正在研制无人机作为生物战运载工具，并且很可能用来攻击美国。”[1] 这就是一个得出令人最不安结论的例子。

“逆火”轰炸机的例子说明了备选目标模型的重要性，也论证了两个用于性能分析的主要方法：比较性能分析法和模拟分析法。

比较性能分析法（comparative performance analysis） 比较性能分析法类似于前面提到的基准点测试，但它的焦点不同。它需要以对手为参照，对一组系统或产品的性能进行分析。这种方法有许多缺陷，例如，对手的

[1] *Report of the Commission on the Intelligence Capabilities of the United States Regarding Weapons of Mass Destruction,* March 31, 2005, www.wmd.gov/report/wmd_report.pdf, 143.

系统或产品（如飞机、导弹、坦克或超级计算机）可能用于不同的场合或为不同的市场服务，而不是仅用于正在比较的方面。美国空军分析人员在“逆火”轰炸机的例子中就倾向于拿它与美国当时正在研发的B–1A大型洲际轰炸机相比较。因此，与决策过程一样，比较性能分析法的风险之一就是“镜像思维”。由于“镜像思维”，冷战期间美国分析人员对苏联的军事发展状况出现了大量的误报。回顾一下我们在苏联的例子中所发现的主要差异是十分有益的：

1. 技术不对称（technological asymmetry）。技术并非在所有地方都以相同的方式使用。身处像美国这样技术发达的国家中的分析人员，往往想当然地认为某种装备——例如，测试装备——是现成可用的，并达到了一定的质量。但对于典型的国有经济国家来说，这是一种错误的假设。

分析人员需要花费大量时间才能判断出苏联工程师的生产力，这与他们的能力没有任何关系。苏联工程师往往不得不自己制造示波器（oscilloscope）和电量计（voltmeter），而在美国从附近的无线电用品商店（Radio Shack）就可找到。为测试他们要建造的雷达上的微波管，苏联工程师需要制作一个示波器，但制作这个示波器，他们需要一个电阻，为了等候这个电阻，他们可能在几周时间内无事可做。

因此，在利用国家技术优势互补方面，苏联的武器系统设计与美国大为不同。例如，美国和苏联在弹道导弹的研发中采取了明显不同的途径。美国导弹采用简单的固定推力火箭引擎，但配备精密的弹载计算机制导系统。苏联人能制造出优秀的火箭引擎，但不能给它配备制导系统，故采用了更为复杂的可变推力发动机，配备的是几乎没有任何弹载计算能力的简单制导系统。苏联的办法简单又快捷，达到了较高的满意度。[1]

2. 意想不到的简洁性（unexpected simplicity）。实际上，苏联人在其工业实践中采用了“奥卡姆剃刀原理”（选择符合当前事实的最简单解释）。由于他们对采用新技术持谨慎态度，因此他们倾向于让一切尽可能简单，

[1] David S. Brandwein, “Interaction in Weapons R&D,” *Studies in Intelligence* 12, no. 1 (Spring 1968) : 13–20.

喜欢直接的且已被证实的设计。当他们抄袭一个设计时，他们以明显的方式将其简化，去掉美国武器系统上的装饰。苏联人对装备的维护也尽可能简单，因为维护硬件的工作人员没有经过广泛的培训。

对比一下苏联和美国的小型喷气发动机技术：美国的标准发动机每磅负荷的材料成本是苏联的 2.5 倍；它比苏制发动机更小更轻，但其每飞行小时需要的维护时间却是苏联的 12 倍，而苏联发动机的全部维护成本仅为美国发动机的一半。[1] 能够保持事物的简洁性，是苏联在技术上强于美国的主要优势，尤其在军事技术上。一架大小和配置与“逆火”相当的美国轰炸机会轻松地具备洲际航程，这就是造成分析人员拿“逆火”轰炸机与美国轰炸机相比较的一个重大陷阱。

3. 定义狭窄的任务。苏联人建立的系统用于履行特定的、相对狭窄的（按照美国标准看）的职能。米格 –25 就是按这种方式制造的飞机——以美国的标准来看，它超重且低效，但对于其要完成的任务来说，它简单而有效。设计“逆火”的目的也十分单一，就是在北大西洋对抗美国海军。而美国则倾向于不断优化其武器系统，用于履行更为广泛的任务。

4. 满足于当第二的优势。在技术发展上不处于领导地位的国家或组织具有从领导者的错误中吸取教训的优势，这种优势有助于降低研发成本并避免走弯路。一个基本的工程规则是：你知道存在一个解决方案时，你的问题就解决了一半；如果你知道对手是如何解决这个问题的，那么你就完成了四分之三。苏联人开发原子弹和氢弹的时间比美国情报部门预测的要少得多，正是因为苏联人不会担心开发不成功，从而不会延缓开发的进度——他们知道这些炸弹肯定会成功。

5. 数量可以代替质量。美国分析人员经常低估苏联人的生产数量。为完成指定系统的某项任务，美国仅需要很少的数量，因为每个产品都具备比苏联同类产品更高的灵活性、质量和性能。美国忘记了它在二战中的经验——美国“谢尔曼式”坦克（Sherman tank）的战斗力比德国的“虎式”

---

[1] Arthur J. Alexander, “The Process of Soviet Weapons Design,” Technology Trends Colloquium, U.S. Naval Academy, Annapolis, Md., March 29–April 1, 1978.

坦克（Tiger tank）差很多，但美国部署了大量的“谢尔曼式”坦克，在数量上压倒了“虎式”坦克。

进行模式比对 模式比对，即把自己国家或组织的发展与对手的相比较。它包括四种不同的事实模式。每种模式都会给既得利益或偏见造成挑战。第一种可能的模式是，A 国发展了某种能力（例如一种武器、一种技术或一种制造流程），而敌对的 B 国也发展了这种能力。在这种情况下，A 国分析人员的任务是将 B 国的能力与本国的能力加以比较。其他三种可能的模式是：A 国已经发展了某种特别的能力，但 B 国没有；A 国没有发展某种特别的能力，但 B 国却已经发展了这种能力；或者两个国家都不具备这种能力。总之，这些可能性可以这样简述：

- 我们做到了——他们也做到了。
- 我们做到了——他们没有做到。
- 我们没做到——他们做到了。
- 我们没做到——他们也没做到。

有许多关于“我们做到了——他们也做到了”之类的情报问题案例，尤其是在竞争双方都研发相似产品的行业里。美国研制了洲际弹道导弹，俄国人也研制了洲际弹道导弹。双方都研发了反弹道导弹系统和导弹发射潜艇。许多国家都制造飞机、巡航导弹、坦克、电力分配系统、计算机等等。在这些领域，情报分析人员不会面临太多的困难，因为他可以向本国或本机构的专家咨询某一特定的系统或产品问题。

例如在二战中，英国和德国都开发并使用了雷达。1942 年，当英国侦察机在法国海岸附近拍摄到一个碗形天线时，英国情报部门在相关专家的帮助下判断出那是一部雷达。这部后来被称为“维尔茨堡”（Würzburg）的雷达对袭击德国的英国飞机构成了极大的威胁，因此英国采取了一些相当直接的手段来搜集更多相关信息，后来就发生了第 6 章中介绍的布鲁纳瓦尔突袭。

分析“维尔茨堡”雷达这一案例也能发现，一个国家在利用自己的专家时会存在一些缺陷。“维尔茨堡”雷达通常成对地进行部署，其中一个配备一到三只探照灯。英国雷达专家认为，第二部雷达是备用雷达，在第一部雷达不起作用时才投入使用，因为这是英国通常的做法。然而，英国情报官 R. V. 琼斯则认为配有探照灯的雷达旨在跟踪轰炸机，而第二部则是用于跟踪为轰炸机引航的战斗机。英国专家并不认同，因为这需要准确的坐标转换，这一技术在当时超出了德国人的能力。他们自然没有意识到德国雷达运作的精确性。结果证明琼斯是正确的，他更了解德国人建筑防御系统的方式。

在第二种情况下，即“我们做到了——他们没做到”，情报人员会遇到一个真正的难题：在情报工作中几乎不可能证明某件事情不可能。没有获得对方发展情况的情报，并不能说明不存在这种发展。

在英国人制造出磁控管（一种广泛用于雷达的微波发射管）并发现它对雷达系统具有神奇作用后，他们就一直担心德国人会有类似的发现，从而造成要面对与自己实力相当的敌方雷达。实际上，德国人在战争后期缴获一架被击落的英军飞机时，才对磁控管有所了解，但这种担忧从一开始就笼罩着英国情报部门。

第三种模式，即“我们没做到——他们做到了”，是我们遇到的最危险情况。此时，情报人员必须克服来自本国怀疑者的反对。当琼斯将一种被称为“克尼克拜因”（Knickebein）的德国新型飞行导航系统的工作原理拼凑在一起时，他就面临类似的情形。

克尼克拜因是一个无线电波束系统，德国人用它来引导轰炸机在夜间抵达投弹点（通常是伦敦）。当琼斯试图说服政府高层官员派出配备无线电的飞机从高空搜索克尼克拜因信号时，他受到了英国在无线电波传播方面的权威——马可尼公司的托马斯·埃克斯利（Thomas Eckersley）的反对。埃克斯利认为，在 30 兆赫的频率上，无线电波的传播不能在伦敦上空收到。对琼斯来说，幸运的是电子情报搜索飞机在其飞行任务被中止之前搜集到了克尼克拜因信号。

电影《猎杀红十月》的核心前提就是此类模式的另一个例子。在电影中，苏联为“红十月”潜艇开发了低噪声的履带推进器，使其在航行中几乎无法被侦测到。美国没有类似的技术，因此难以弄清该潜艇的静音性能。

“我们没做到——他们也没做到”，这看似是一种荒谬的模式：如果我们没有开发出一种新武器，他们也没有，那么究竟谁会在意呢？答案是，的确有人会在意，而且情报分析人员在此类问题上还花费了大量的时间。

再次追溯到第二次世界大战：英国情报机构接到报告，说德国境内一处秘密军事设施正在进行秘密试验。根据该报告，该军事设施附近的汽车会突然熄火，并且无法再次启动，直到一名德国哨兵从附近的树林中走出来允许司机通过，汽车才能再次正常启动并运行。

正如大家可以想象的，一件武器可以导致内燃机熄火，这使得英国情报机构十分忧虑，毕竟英国的坦克、卡车和飞机使用的都是这样的发动机。这种威胁一直让英国情报部门忧心忡忡，但直到战后他们才发现，该报告把事件的先后顺序颠倒了。实际情况是，德国人正在测试一种极其敏感的无线电设备，它会受到汽车打火噪声的影响。测试过程中，德国哨兵强迫工厂附近所有汽车停车并熄火，直到试验结束。

这种因果错位的报告在人力情报搜集过程中并不罕见。情报分析人员必须要避免落入看字面意思就采用情报来源的陷阱，这也是情报分析人员必须具备的技能。有时候，情报分析人员需要花费更多的时间，来分析甚至比德国“发动机杀手”更奇异、更不可能发生的问题。第7章我们提到的20世纪70年代的粒子束威胁，就是典型的“我们没做到——他们也没做到”。美国没有研制出粒子束武器，苏联也没有；事实上，没有人能做到。

三、系统模拟

我们在第5章曾提到过，模拟要用到概念模型（为区别其他模型，通常称之为“仿真模型”），系统模型要经常进行模拟。仿真模型在情报工作中也具有若干应用。

情报分析中运用的模拟

情报分析人员创建大量的仿真模型，用于评估国外的武器系统性能、军事实力和经济状况。这些模拟包含多个计算机程序，可解单个方程或方程组并用图形显示结果。它们是交互式的，分析人员看到结果并把它们转化为新的情报信息。

武器系统模拟 这是一个明确的问题，其复杂程度变化不定，从模拟一架飞机这样的单个实体的性能，到模拟防空系统这样一个复杂精细、相互联结的系统。有时模拟单件武器的性能也会是项复杂的任务。例如，设计核武器需要建立复杂的模型，并对武器的引爆过程进行模拟，还需要有高速计算机和复杂的模拟代码。支持己方核武器研发的模型还可用于评估他国的核武器性能。

许多武器系统的仿真模型已经存在。美国国防部及其合同商拥有大量成套的导弹、船只、潜艇、空中与导弹防御系统的性能模型，用于评估自己的武器系统。这些模型稍加修改之后就能评估外国武器系统的性能。对“逆火”轰炸机的评估过程涉及两个相互竞争的仿真模型，两者都来自美国飞机现有的模型。商业仿真模型也可用于模拟评估雷达和通信系统的性能，以及卫星轨道的运转情况。例如，美国及其他国家的情报机构均使用商业软件模拟卫星轨道，判定敌对卫星的侦察时间，然后采取拒止与欺骗活动。

军事模拟 军事模拟与武器系统模拟紧密相关，经常被归为一类。国防组织通过军事模拟进行系统采集规划、兵力混编及训练。军事模拟的部分示例包括：后勤模型、武器脆弱性及效果模型、系统可靠性模型以及模拟实战的兵力对抗模型等。同武器系统模拟一样，国防部及其合同商拥有并定期使用这些模型，调整它们并用于评估外国的军事系统。使用战斗仿真模型时，情报和军事部门需要通力合作：军事行动分析人员了解己方，情报分析人员则了解敌方，两部门信息的交流融合能使模拟更加有效。

经济模拟 我们已经在第 5 章介绍了计量经济学模型。它们可用于模拟一整个经济体或其中任一部分的表现，如某个指定的行业。情报分析人员经常使用计量经济学模型来保障贸易谈判。例如，一名分析人员可以创建他国经济模型，以表明本国提出的贸易提议也将使该国受益。获取并运行他国的计量经济学模型是一种十分有效的方法，因为这对于对方的谈判人员而言更为可信。

政治与社会模拟 政治和社会系统模拟已经被开发并应用于分析政党互动、文化冲突、人口迁移模式等多种主题。一种名为“模拟城市”（SimCity）的交互式仿真模拟还被开发为教育式计算机游戏。中情局通过一种名为“Policon”的政治进程仿真模型来评估下列问题：

- 埃及可能对以色列采取什么政策？
- 菲律宾可能对美国基地做些什么？
- 巴基斯坦对苏联占领阿富汗立场如何？
- 莫桑比克很可能在多大程度上接纳西方？
- 南也门可能在多大程度上支持北也门的叛乱？
- 韩国政府对大规模示威游行可能采取什么对策？
- 日本的外贸政策将会怎样？
- 墨西哥政府在官员腐败问题上将采取什么立场？[1]

然而在情报界，政治与社会模拟并不像军事和武器系统模拟那样得到广泛的认可，部分原因在于用户对政治分析的态度。我们将在第 15 章讨论这个问题。

创建和运行模拟

创建和运行模拟的过程同第 2 章、第 3 章介绍的分析过程相似。

阐明问题 首先从定义问题开始（第 2 章讨论过），找出整个问题中可以通过模拟回答的部分。在这个过程中，确定模拟输出期望的结果十分

[1] Bruce Bueno de Mesquita, “The Methodical Study of Politics,” New York University and Hoover Institution, October 30, 2002, www.yale.edu/probmeth/Bueno_De_Mesquita.doc.

必要。输出是对系统的收益、影响、效果或可承受能力等情况进行的衡量。这些分析性的措施通常被称作**“效力评估”**（measure of effectiveness），也被称为**“品质因数”**（figure of merit），用于量化一个系统对其目标的实现程度。在商业企业中，投资回报就是这样的一种评估；在飞机性能中，最高时速是对性能的评估；在防空系统中，杀伤概率（P_k）就是一种评估。效力评估在系统性能分析中广泛使用。

找出所需的输入信息 如果缺少输入数据，那么仿真模型就无法运行。你必须首先找到已有的信息，然后找出可能搜集到的信息，最后确定哪些无论如何都不可能找到的信息。这些有助于定义仿真模型。

选择模拟软件 依据不同的情况，仿真模型要么从商业渠道购买，要么从政府内部获得。通常它需要进行一些修改，才能充分适合模拟目标的系统。如果没有合适的模型，那就只能重新创建一个。幸运的是，大量的商业建模程序几乎能够构建所有复杂的模型。许多复杂的模型需要专业的建模人员，但越来越多的分析人员发现不经过专业培训他们就能操作建模程序。

建立有效可靠的模型 仿真模型一旦建立，就必须要有效。也就是说，你必须确保该模型能够准确地模拟它应该模拟的内容。已经被证实有效的模型更受欢迎，所以人们将模拟的结果与现实世界的结果反复进行对比。如果不能对比，还有许多其他检验模型的标准方法。但尖端模型非常复杂，独立的检查很难成功。要想看它们是否“感觉”正确，检验结果可能是最好的方法。

下面举例说明这一问题。众所周知，战斗模型往往过高估计对手的防御力量。越南战争中，相关部门在 B–52 型飞机轰炸河内之前所建立的攻防模型就是一个很好的例子。轰炸前的模型预测显示，敌方火力会给美军造成严重损失。但实际情况是，美军在初期的轰炸中没有遭受任何损失。在伊拉克的“沙漠风暴”（Desert Storm）行动中，评估盟军部队损失的模型也存在类似的差异。

以上例子表明，在冲突的初期阶段，模型往往倾向于防御一方。这是由于大多数此类模型假定的都是稳定状态。也就是说，它们假定攻守双方都对即将发生的情况有所了解。但在交战的初期阶段，攻方占有巨大的优势：它可以决定交战规则，知道怎样做并且具备突袭的优势。而防御方则需要自己评估，需要应对哪些威胁。而且，防御方必须要让每个环节都坚固；而进攻方只需找出系统的薄弱环节，就可以发起攻击。“基地”组织成员在 2001 年 9 月 11 日对世贸中心和五角大楼的袭击就显示了进攻的强大优势。伊斯兰武装分子 2005 年 7 月 7 日在英国再次显示了袭击者的优势。当时，在没有任何警告的情况下，他们制造的连环自杀爆炸杀害了 52 名乘坐公共汽车和地铁的乘客。模型很难考虑到这种初始的进攻优势和防御劣势。

运行模拟和解读结果　一旦模型被建立并通过了检验，分析人员就可进行模拟实验并分析结果。分析任何模型的模拟数据，人们都需要对模型结果进行“合理性检查”（sanity check）。在情报模拟中，由于输入数据经常存在相当的不确定性，因此多次输入不同的数据进行敏感性分析并比对各种结论是十分必要的。另一种类型的验证在此变得尤为重要。如果输入不正确，那么即使有效的模型也会给出无效的结果。例如，不同的输入可以让计量经济学模型生成任何期望的模拟结果。精明的情报用户都明白这一点，因此他不光想知道采用的是什么模型，还要了解输入了什么。

四、小结

在商业情报中，技术分析可为公司带来竞争优势；在军事情报中，技术分析在评估当前及未来武器系统的性能时很有价值。技术分析能够用于评估某项技术的未来性能、使用或转让情况，或者预测该技术的突破。最难的是评估某项技术会被如何应用，而且重要的不是技术本身，而是技术的使用。

技术性能分析的自然出发点是，在假设没有重大突破的前提下，预测技术会如何发展。找出推动这种发展的支撑或辅助技术十分必要。所有的技术都随着性能发展的 S 形曲线而发展，并最终在达到 S 形的顶部时成熟。当一项技术发展成熟后，分析人员要警惕替代性技术的出现。

下一步是找出 S 形曲线上代表突破的创新发展。这一步是一门艺术，而不是科学。方法就是找出新力量或新技术，或者整合当前的技术，并关注行业中其他的公司或组织。技术发展和改进往往出自大型组织，而创新则不然。第 12 章中讨论的塑造性力量——惯性、污染、协同增效和反馈——都可能推动或阻碍创新。组织的力量，特别是文化和决策过程，在决定某项技术是否会被研发或应用时往往至关重要。

大多数技术预测依靠的都是公开文献。出版物模式分析可判断某项技术位于 S 形曲线的哪个位置，并找出该技术创新的时机。

未来系统分析可采用归纳法、演绎法或溯因法，但演绎法在实践中效果更好。在预测某系统未来 5 年的发展情况时，不变力预测法十分有用；而在预测未来 5 至 15 年的发展时，变力预测法效果更胜一筹。预测一般需要分析一个系统的性能、成本和进度，比较性能分析法被广泛应用于这样的预测。对某个系统的性能进行更为复杂的预测则一般通过模拟。

模拟早已成为评估对手诸如飞机、坦克和海军舰船等军事硬件实力的工具。它们正越来越多地被应用到大型系统的性能评估中——例如，防空系统或整个经济体系。这样的复杂目标最好通过仿真模型进行分析。

大多数仿真模型都是由输入不同假设的方程组完成的。在处理仿真模型时，关键的问题是界定需要解决的问题，验证模型（确保它接近事实）并为输出结果选定适当的评估标准。

[第 15 章]

分析人员与用户

情报最好由能力最强、数量最少的那些人来完成。

——R. V. 琼斯

二战英国皇家空军情报处助理处长

情报被认为有三个阶段——信息获取（建立模型）、情报分析和用户认可。一位杰出的分析人员需要具备各种素质，以持续引导各个阶段的进展。他还需要很好地了解各类情报用户的特点，知道如何最好地提交情报成果，并获得他们的认可。

一、分析人员

在信息获取与分析阶段，保持客观性和广阔的视野对取得成功至关重要，同样重要的是团队领导力。本书的前提是，对一个相关且成功的情报界而言，合作是其唯一可行的未来，而分析人员则可发挥团队项目经理的作用。

客观性

保持客观性显然是一个可靠的分析人员的第一要务。分析人员知道，寻找证据来支持先入之见，在情报工作中不会占有一席之地。他知道不能因为所观察到的情况与其预期相反就将所看到一切丢弃。事实上，他知道他的目标就是发挥自然科学家那样的作用——在自然科学中，天文学家不会因为发现恒星遵循某种模式而在感情上受到影响，而且也不考虑这种模式是好或是坏，只要它是事实。

不幸的是，情报分析人员的立场通常更像社会学家。由于无法将自己的情感需求与被研究的问题分割开来，他们的思维会变得更复杂。简言之，他们**在意**的是分析结果。但是，如果分析人员想要评估外国事件，比方说，战争、贫穷、种族主义、警察暴行和政府腐败（仅列举几种难题），他就必须将自己的个人观点搁置一边。例如，在世界上的许多地区，“政治腐败”是一种常见的生活方式。它不存在绝对意义上的好与坏，而只是一种被人们认可的行为标准。一名受命对国际毒品贸易进行评估的分析人员，不能一开始就认为那些毒贩是机会主义的社会败类。相反，他必须采取移情（empathy）的做法，即设身处地，将自己放在分析对象的境遇中。移情是保持客观性的一种手法，它使得分析人员能够遏制自己的偏见。分析人员必须努力从毒贩的视角看问题——他们是一批小商人，面对政府的过度监管，努力维持经营自由。（说句题外话，对于一个技术全面的分析人员来说，如果他曾阅读过马基雅维利的作品，就会发现从对分析人员有利的角度去重新读一遍是有益的。马基雅维利作品的一个最伟大之处是，他能够评估行为，而不是评估价值观。）

如果情报用户来自商业界，对分析人员保持客观态度的挑战就达到了一个新的高度。在商业环境中，情报分析人员虽然无须明确告诉决策者需要做些什么，但必须经常提出建议。[1] 如果有人提议政府和军队中的情报

---

[1] John H. Hovis, “CI at Avnet: A Bottom-Line Impact,” *Competitive Intelligence Review* 11 (third quarter 2000): 11.

人员应当提出诸如“将军，您应该将坦克营移动到我指出的位置上”，或者“国务卿女士，如果我们驻博茨瓦纳的大使启动与反叛联盟的对话，那将是明智之举”之类的建议，那么他势必遭到这些情报人员的嘲笑。在政府中，情报人员通常没有制定政策或行动的经验，又不掌握提出这种建议所需的各种行动因素，斗胆作此提议可能会终结其职业生涯。相反，在许多公司中，商业情报分析人员既具备经营方面的专业技能，又具有提出经营建议的可信度。是否应该给予政府情报人员判断政策或行动问题的资格，就像商业情报分析人员那样，至今仍是情报界热议的话题。在一个包括用户在内的合作环境中，情报人员很可能会做出这种判断。但是，当分析人员提出建议时，他们发现很难继续保持客观性。

广阔的视野

对于那些看起来与其当前主题领域几乎没有或根本没有联系的主题和想法，成功的分析人员具有天生的好奇心和终生的兴趣。广泛涉猎外国文化、经济、军事传统、宗教和政治学说以及哲学之类的问题，可大大提高分析人员的能力，使其受益终身。

外国的文化、政府、行业、系统或技术都有悠久的历史，分析人员若要对其进行预测评估必须具备长期的历史性的视角。今天控制这些工业、军队和政府组织的决策者或行政官员，都是在一二十年前便跻身所属领域的老手，少有例外。这些核心人物的世界观影响着其主导的官僚组织的价值取向，而这些人物很可能保留着从其早期经验教训中便得出的偏见。无论这些组织是公立的还是私营的，对于分析人员而言，不了解组织内部的历史，不了解组织历史上曾经发生的事情，就不可能理解这个组织的当前状态，或者预测其可能的演变与行为。所以，根据对方所教的内容而不是你所学的内容了解一个国家的历史十分重要。[1]

[1] Martin Petersen, “The Challenge for the Political Analyst,” *Studies in Intelligence* 47, no. 1 (Winter 2003), www.csi.cia/studies/vol47no1/article05/html.

历史的视野需要的不仅仅是了解最近几十年的情况。人们对组织、管理和决策的研究已经有几百年的历史，而对这些问题最贴切的研究可以追溯到马基雅维利、孙子或柏拉图的思想。

分析人员应具备团队精神

以目标为中心的方法需要团队合作，而分析人员应该期望用户成为这个团队的一部分。考虑到许多人在如何回答情报问题上具有某些利害关系，获取答案的过程尤其是获取复杂情报问题答案的过程，本质上就是一个**社会性**的问题。大多数复杂问题涉及许多利益相关方：他们中有些人参与了定义情报问题，如分析人员的管理者；另一些人可能会给解决方案施加限制，如情报用户。致力于相关项目的团队尤其具有很大的利害关系，因为一个团队得出的答案就是下一个团队要解决的问题。例如，一位经济分析人员认定埃及的经济正在走向困境，而这个评估会给评估埃及未来政治走向的团队提出许多挑战。在这一过程中，团队的任何成员，无论是搜集人员、分析人员还是情报用户，不再局限于仅仅在某个领域或在某一个时段运用其专业技能。相反，随着各种专业技能与才干汇聚在一起，产生一个相关的焦点，即第 3 章中介绍的目标模型，就会出现各种协同的发现和机遇。

没有哪个团队领导的才华或经验达到足以独自开始并解决复杂问题的程度。他甚至都不可能将一批卓越的人员组成一个团队去解决问题，因为一旦他们开始解决问题，他们就使一些利益相关方落在后面，而这些利益相关方所提供的输入对解决问题是必不可少的。同样，通过在利益相关方之间共享信息与专业技能，以目标为中心的方法有助于解决这个问题。于是，这种方法可以打破搜集人员、分析人员和情报客户在解决情报问题时通常所造成的部门隔离。所有的利益相关方均对情报问题进行最初描述，从而对目标模型做出贡献。目标模型要对所有行为者开放，并且随着它的发展，接受他们的后续输入。因此，对于人际交流技能（包括清楚地表达和提出观点的能力），无论怎么强调都不过分。不可否认，情报分析人员虽然擅长逻辑思维和运用科学方法，但在软技能方面，并不总是“天才”。但是，他们掌握移情法、冲突解决法、协调技能，掌握何时与如何提出倡议的艺术，懂得把握何时应遵循何时应反对的火候等，这些特性对分析过程和最终产品至关重要。这些项目管理技能以及自我控制能力，是可以通过后天学习掌握的（尽管有时要经历痛苦的试验和错误）。《星际迷航》（*Star Trek*）中的斯波克（Spock）先生可谓是大众电视史上最讲究逻辑和客观性的人物，而即便是他，也首先是一个完美的倾听者、对话者，然后才在适当的时候跻身为倡议者。

专门论述团队合作艺术的书籍目前可能有数千本。如果说给团队合作取得成功概括出一个关键因素，那就是建立在互信上的高效合作。这种互信在庞大的情报组织中非常难以建立，却非常容易破坏。一个跨学科的团队若要有效运行，需要凝聚力、正式和非正式的沟通、合作、共同的思维模式、类似的知识结构等，否则将很快解体。[1]

具体说来，如果采用协调一致的团队做法并遵循下述要求，分析人员将能够始终如一地拟定出优质、可信的分析报告：

- 作为分析人员人际交流技能的一部分，他 / 她必须是一位有力的团队领导者，不但能够实施团队情报行动，而且了解复杂问题的**广泛**性质，并致力于解决这一问题。这个人必须能够鼓励用户群体积极参与，而这将提升情报问题综合与分析的质量，并改进对结果的论证。当用户被纳入研究过程，他们不仅可以对解决问题提供宝贵的协助，而且使得他们对产品充满信心，并乐于使用产品。一位称职的团队领导者还要认识到，让一位团队成员对抗或批评另一位团队成员是多么的困难，而且当一位初级分析人员必须反对一位资深分析人员时，阻力是多么的强大。[2]

---

[1] Rob Johnson, *Analytic Culture in the U.S.Intelligence Community* (Washington, D.C.: Center for the Study of Intelligence, Central Intelligence Agency, 2005), 70.

[2] Rob Johnson, *Analytic Culture in the U.S.Intelligence Community* (Washington, D.C.: Center for the Study of Intelligence, Central Intelligence Agency, 2005), xiv–xv.

- 在管理这一过程时，分析人员应当鼓励各种可能的交流：欢迎不同意见，将其作为利益相关方摆明意见的一种迹象，将会议作为学习和建立共同思维模型的时机。最后，分析人员应该采用各种做法，保障利益相关方之间的交流，提高获取和分享诸如观点、疑问、问题、反对意见、观念、假设和约束等软信息的价值。
- 分析人员应该记住，他 / 她正在管理一个**受机会驱动的**过程，并寻找突破、协同、联系和结盟的机会。一个熟练的团队管理者甚至会在团队做好准备之前就推动做出迅速决策，因为他知道各种决策和部分解决方案将激发出各种新贡献。这相当于软件开发中快速建立原型的概念。
- 也许最重要的是，团队领导者必须控制问题的范围：决定将哪些利益相关方纳入情报流程，以及如何纳入；选择哪些约束因素进行规范，对哪些做出让步，对哪些予以忽略。通过这种办法，分析人员可以就问题范围做出有意识的和负责任的选择。

美英两国情报界在达成上述顶级评估过程中做法迥异。在美国，这种顶级评估仅由专业的情报人员参加国家情报评估会议研究讨论。英国的做法与我们上面提到的有些相似，情报官员和政策制定者被看作一个团队，平等地共同参与评估。[1] 在国家情报评估会议上，即便决策者本人不能参加，其需求倾向也是摆在明面上的。杰克 · 戴维斯（Jack Davis）称这种现象为“房间里的大象”。[2] 与英国模式相比，美国模式下，决策者和分析人员之间的对话没有发生。因而，美国的情报分析人员更像盲人摸象，其对“大象”的感知因人而异，莫衷一是。

一旦查明事实与完成分析，分析人员就应抛开客观性，而采取相反的做法——说服的时候到了。在前两个阶段结束后，分析人员应该集中力

[1] Michael Herman, *Intelligence Power in Peace and War* (Cambridge: Cambridge University Press, 1996), 275.

[2] Roger Z. George and James B. Bruce, *Analyzing Intelligence* (Washington, D.C.: Georgetown University Press, 2008), 167.（中译本《分析情报：国家安全从业者视角》2019 年 6 月已由金城出版社出版。——编注）

量，让团队的成果被人们读到、听到并得到正确理解。这意味着他要以尽可能可信的方式向用户提交成果。然而，在提交之前，分析人员必须首先设法了解用户。

二、用户

过去一个世纪以来，情报用户的主体就在不断扩展，从军队和国家这两个传统的领导层扩展到各个用户阶层。自“9 · 11”事件以来，美国的执法组织和应急反应组织这样的团体也成为情报的固定用户。在法国等国，商业公司成为由政府提供的商业情报的主要用户，因为此类情报给他们带来了竞争优势。

决策者

政治、经济和科技领域内的决策者在与分析人员的互动方面迥然不同。政治领域的决策者很可能是最难打交道的情报用户。他们对政治的理解经常比分析人员更透彻，而且拥有独立于情报界的消息来源。他们之所以获得今天的位置，是因为他们具有出色的人际交往技能。他们认为自己能够很好地读懂他人，无论其文化背景如何。科技与武器领域的情报用户在技术能力方面无法与分析人员相比，因此会更加尊重分析人员的观点。经济情报用户往往处于这两个极端之间。

决策者的环境 政府高级行政人员通常在干扰性的环境中承受巨大的时间压力。美国前国防部长罗伯特 · 麦克纳马拉（Robert McNamara）是行政人员与决策者的典型代表。在评论他在越南战争中犯下的错误时，他说 :“我们没有采取有序、合理的方法的一个原因……是我们所面临的其他问题具有令人惊异的多样性和复杂性。简单地说，我们面临大量问题，每天只有 24 小时，我们经常没有时间进行有条理的思考。这种困境并非我所任职的那届美国政府所独有的，也不是美国所独有的。它始终存在，并且在大多数国家都存在。”[1] 这段话的含义是清晰的：政府行政人员需要良好的分析洞察力，以便在短时间内处理各种复杂问题。但结果是：

- 决策者几乎没有时间让自己的需求为人所知，或者与分析人员对话。
- 情报信息必须明确、毫不含糊，而且通常要简短，要包含在一页纸之内，甚至包含在文章标题之内。
- 决策者容易遗忘，他们需要有人提醒以往的文件材料——你可不能以为是过去的情况就不必提醒了——而且他们通常不保留以前的情报副本。
- 他们具有一种“今天的新闻”趋向，往往更喜欢动态情报，不重视深度分析。长期研究必须回答决策者认为重要的问题。

决策者的思维模式 决策者经常有一种思维模式（mindset），一旦形成就必须有压倒性的证据才会改变。他们对情报的接受能力因时而异。在新政府组建之初，情报分析人员的影响最大。随着政策观点开始成形，需要越来越多的证据才能改变一个人的观念。[2] 如果情报对决策者的决策日程产生负面影响，那么决策者会要求情报组织提供更多证据，而当情报能够完善他们的决策日程时，他们对证据的要求会低很多。

许多决策者希望看到原始情报材料，经常挑选支持其思维模式的内容。卡特总统的国家安全顾问兹比格涅夫·布热津斯基（Zbigniew Brzezinski）坚持阅看原始情报材料，声称情报界提供不了他所需要的对未来有广泛、全面和大胆认识的材料。[3] 自从有领导人以来，决策者或领导

---

[1] Robert S. McNamara, with Brian VanDeMark, *In Retrospect: The Tragedy and Lessons of Vietnam* (NewYork: Random House, 1995), xxi.

[2] Center for the Study of Intelligence, Central Intelligence Agency, “Watching the Bear: Essays On CIA’s Analysis of the Soviet Union,” conference, Princeton University, March 2001, www.cia.gov/cis/books/watchingthebear/article08.html, 18.

[3] Center for the Study of Intelligence, Central Intelligence Agency, “Watching the Bear: Essays On CIA’s Analysis of the Soviet Union,” conference, Princeton University, March 2001, www.cia.gov/cis/books/watchingthebear/article08.html, 19.

人的思维模式就已经存在：

- 以色列人对迦南地区进行侦察，可能是（《圣经》中）有记载的最早的关于思维模式的案例。以色列领导人的目标（和思维模式）是征服迦南地区。他派出的间谍带回了不受欢迎的消息，即“他们比我们强壮……我们在那里看到了巨人”。（旧约《民数记》第 13 章：31–33，这也是情报对威胁进行夸大的最早范例之一。）以色列人最终在荒野中度过了 40 多年。（我们不清楚探子们的命运。）令人意外的是，40 年后派出的另一批探子的报告中没有提到巨人。
- 16 世纪时，菲力普二世（Philip II）统治着西班牙帝国。菲力普是极其“事必躬亲”的那种行政管理人员，是前无古人、后无来者的领导者典范。对他的广泛的情报网络提供的情报，他的政策是，支持他的先入之见的信息就接受，与先入之见相抵触的任何信息均回避或忽视。[1] 同他以后的许多行政管理人员一样，菲力普二世倾向于进行一厢情愿的思考。
- 1950 年，美国中情局一位分析人员在研究中国人的行动时，认为中国人已经秘密地将其部队调入朝鲜。他向负责远东事务的助理国务卿迪安 · 腊斯克（Dean Rusk）汇报此事，后者后来在肯尼迪（JFK）和约翰逊（Lyndon B. Johnson）两任总统手下担任过国务卿。腊斯克礼貌地听着简报，并在简报结束时说：“年轻人，他们不会。”[2] 几周后，中国军队对驻朝鲜的“联合国军”采取了行动。
- 数任中央情报主任（DCI）都曾陷入思维模式这个陷阱。前中央情报主任斯坦菲尔德 · 特纳（Stansfield Turner）认为，霍梅尼（Ayatollah R. Khomeini）仅仅只是又一位伊朗政客。他罔顾分析人员的意见，

---

[1] Geoffrey Parker, *The Grand Strategy of Philip II* (New Haven:Yale University Press, 1998), 74.

[2] Center for the Study of Intelligence, Central Intelligence Agency, “Watching the Bear: Essays On CIA’s Analysis of the Soviet Union,” conference, Princeton University, March 2001, www.cia.gov/cis/books/watchingthebear/article08.html, 14.

向国家安全委员会介绍说：“伊朗国王倒台之后，伊朗的局势不会有太大变化。”[1]

商业领导人

出于许多同样的原因，商业情报用户与政治决策者非常相似。他们喜欢自己掌握控制权的感觉，并且认为他们比情报人员更了解竞争环境。他们抱有各种思维模式。他们面临着持续的时间压力，而且是以行动为导向。但由于他们要为情报付费，因而他们更倾向于对情报提供具体指导，比较愿意倾听，也更容易因糟糕的结果而责备分析人员。

军事领导人

军事用户通常清楚自己想要从情报中得到什么。情报是其工作的组成部分；他习惯于看到情报并了解情报的价值。与决策者一样，军事领导人在明确表达各种需要时变化很大。某种程度上，他们所有人都希望自己充当分析人员——尽管决策者很可能最愿意这样做。

包括决策者和军事领导人在内的大多数行政领导者，在决策中都受到一种**“前景理论”**（prospect theory）的指导。前景理论认为，与获得收益相比，人们更愿意为防止损失付出更大的代价，冒更大的风险。行政领导者，特别是庞大官僚组织中的行政领导者，倾向于保守和谨慎。因此，他们往往需要能预告损失的情报，而不那么关注能获得收益机会的情报。

然而，有一种获得收益的机会总会引起决策者或军事领导人的关注，那就是做出**非对称反应**（asymmetric response）的机会。虽然“非对称反应”是时下才流行的一个特定词语，但它在军事冲突中的应用由来已久。

---

[1] Center for the Study of Intelligence, Central Intelligence Agency, “Watching the Bear: Essays On CIA’s Analysis of the Soviet Union,” conference, Princeton University, March 2001, www.cia.gov/cis/books/watchingthebear/article08.html, 18.

公元1600年前后，荷兰人与西班牙人就打了一场非对称战争。荷兰人水上机动的速度比西班牙人要快。他们两天内能够到达的地点，西班牙人需要15天才能到达。[1] 围绕这一优势，荷兰人制定了成功的斗争策略。第9章讨论的“永别”档案案例就是美国情报组织针对苏联情报部门的一次非对称反应的绝佳之作，为这次行动提供情报支持的美国情报人员受到了表扬。查明时机做出非对称反应的情报总是受欢迎的，因此，在构建目标模型时，突出强调对手的弱点，发现它的薄弱环节，是有价值的。

军事行动人员

在军事战役和战术层次上，情报的作用在军事理论中得到详细阐述。部队指挥官熟悉情报的优势和局限。军事传统很好地解决了情报与作战之间的关系。然而，随着情报质量的提高，情报对于战斗人员变得更加重要。如前所述，精确打击需要精确的情报。情报在作战中的作用正在扩展，而且情报已被视为“军事革命”的核心组成部分。[2]

执法人员

执法官员介于决策者和军事行动用户之间。有些执法官员，如反毒品人员，具有处理情报的经验。地方警察传统上具有很少的情报经验，也几乎不了解情报。然而，执法部门越来越多地建立犯罪信息综合中心，以发现情报现象之间的关联性和进行情报分析，并将情报提供给警官。美国许多州建立了网络与电脑犯罪中心，用以整合从国家和地方来源获得的情报。情报分析的价值在美国执法界正得到越来越多的认可。

---

[1] Geoffrey Parker, *The Grand Strategy of Philip II* (New Haven:Yale University Press, 1998), 284.

[2] Anthony D. McIvor, ed., *Rethinking the Principles of War* (Annapolis, Md.: Naval Institute Press, 2005), part 5.

情报的密级分类对执法来说是一个存在已久的问题。从人力情报、图像情报或通信情报来源获得的原始报告，通常被定为机密或更高的密级，而地方执法官员一般没有权限查看机密。传统上，对这个问题的处理是分享没有来源细节的信息——“我不能告诉你为什么，但……”执法官员对此感到满意，他们习惯于接受未经核实的线索。情报官还常常采用各种虚构的来源，经常制造非常精细的报告，以隐蔽真正的情报来源，并以较低的保密等级发布材料。由于分析人员将根据情报来源对报告进行评估，所以你必须在保护情报来源和误导分析人员之间进行权衡。最理想的是，你使用一个虚构但具有同样可信度的来源。

三、分析人员与用户的互动

前一节介绍的所有类型的情报用户都有自己的思维模式。在使以目标为中心的方法奏效所必要的密切互动中，使分析符合政策的压力是微妙的。支持政策的情报容易被接受，分析人员可得到适当的回报，而与政策相矛盾的情报会被忽略。本节讨论处理此类压力的一些方法。

回顾一下第 1 章中对情报周期的讨论。情报周期中的“分发”环节往往使分析人员认为，当报告发出时，他们的任务就完成了，用户怎样处置情报是他们自己的事。但是，如果情报不是由合适的人及时阅读并据此采取行动，那么最优秀的情报分析也会被扔进废纸篓。要确保提出需求的人看到你的报告，或者收到你的简报——理想状况是，两者都做到——同时要抄送给其他可能对结果感兴趣的人。要尽可能从他们那里获得反馈。

作为分析人员，你必须以用户的层次与其进行互动——你会发现同总统的国家安全顾问、战斗指挥官和警长打交道是各不相同的，而互动是否有效关键看分析人员与用户之间建立的互信的层次。对决策者来说，相信分析人员之路更显漫长和艰难。由于面对共同的敌人，共同工作并期望达到一致的目标，军事指挥官与其情报官不用怀疑彼此会投奔敌人，因而他们之间通常容易建立高度互信。其他领域的决策者和情报分析人员之间既不存在共同目标又不存在共同敌人，因而这种互信难以建立。如在华盛顿特区，政策制定者的“敌人”通常在宪法大道（Constitution Avenue）[1]，决策者需时刻提防情报人员转而投奔其敌人，分析人员则时刻担心自己的分析成果因决策偏好而被扭曲或误解。

假设某种层次的互信建立起来，那么下一步分析人员必须做两件事：让用户理解并买账。也就是说，要使用户接受信息并据此采取行动。

使用户理解信息：分析人员充当通讯员

在 16 世纪的欧洲，情报工作面临的一个主要问题是：间谍可以轻易获得情报，而政府却不能理解情报的重要性并采取相应行动。[2] 如今，这一问题仍然困扰着分析人员，而且问题更加复杂。

如果一个人想成为高效的分析人员，他就必须学习有效沟通的各种技能，包括书面的，也包括口头的。撰写报告或进行口头汇报是有各种程序的，其中有些程序是放之四海而皆准的，而有些则是某些专业特有的。分析人员的责任就是了解所属情报组织的技术性质与风格需求，然后严格关注它们。要遵循本领域情报出版物的传统标准，同时采用用户能够理解的术语进行表达。总之，分析人员要以解决用户感兴趣的难题和问题为重心。其提供给用户的产品要做到以下几点：

- 具有前瞻性，包括对主题领域的未来发展或主要趋势进行详尽的预测，以及对推动那些趋势发展的因素进行描述。
- 清晰阐述得到彻底研究和技术论证的各种结论。
- 向预期用户清晰地指导或解释复杂的技术问题。

情报失误的一个重大原因是人们常说的“沟通病”（pathology of

[1] 宪法大道是美国首都华盛顿特区的一条东西向大道，近国会山，此处喻与美国行政机构对立的国会。——译注

[2] Geoffrey Parker, *The Grand Strategy of Philip II* (New Haven: Yale University Press, 1998), 213.

communication)。在涉及政策问题时，让用户彻底相信分析人员的判断并非易事。[1] 分析人员要向用户清晰地表明，他们掌握的情况存在哪些不确定性，有哪些空白。伊拉克大规模杀伤性武器委员会的报告曾指出 :“分析人员也有责任告诉用户情报界存在的重要分歧……除了将分歧意见传达给用户外，分析人员还必须设法向决策者解释他们工作中不确定性的程度。”[2] 既让用户了解情报的局限，还要让他们重视情报，这对分析人员来说是一项挑战。

这两个问题的答案就在第 2 章介绍的以目标为中心的过程之中——使用户成为情报流程的一部分。这对于忙碌的决策者来说并不容易做到。但是，一旦用户参与到这个过程之中，交流就会顺畅很多，用户就会更容易理解和使用情报。本章前面所讨论的英国模式显示，这种方法确实可行。

最后，在准备关于技术主题的情报时，总是存在更容易的、更清晰的、更准确的表达方法。不幸的是，这与我们倡导的方法正好相悖。几乎不言自明的是，如果一份报告是可读的和可理解的，那么它在技术上就是不准确的。只有大师级的分析人员才能在一份文件中做到既达到技术准确性，又使报告具有可读性。我们应该怎么做呢? 答案就是 : 不要过于强调技术准确性，使信息被他人理解更为重要。

这种“精确表达”的需求给科技情报出了难题，但这是所有情报领域共有的需求，它实实在在地存在着并且存在的理由充分。情报分析人员经常发现政策用户会自行解释（或曲解）分析人员的文字以迎合用户自己的政策喜好。情报分析人员对此的反应，是将“精确表达”看作一种被研究和实践的艺术形态，尤其在准备国家情报评估报告时。正如迈克尔 · 赫尔曼所指出，无论是在英国情报界还是在美国情报界，分析人员及其管理者都极其看重“精确表达”。[3]

[1] Douglas H. Dearth and R.Thomas Goodden, *Strategic Intelligence: Theory and Application*, 2nd ed. (Carlisle Barracks, Pa.: U.S. Army War College, and Washington, D.C.: Defense Intelligence Agency, 1995), 197.

[2] *Report of the Commission on the Intelligence Capabilities of the United States Regarding Weapons of Mass Destruction*, March 31, 2005, www.wmd.gov/report/wmd_report.pdf, 419.

[3] Michael Herman, *Intelligence Power in Peace and War* (Cambridge: Cambridge University Press, 1996), 105.

争取用户买账：分析人员充当辩护者

如果分析是以本书中讨论的方式进行，用户通常会接受并利用其分析成果。但是，如果用户不能作出积极回应，分析人员就必须从解释情报转向为分析辩护，充当分析结论的代言人。

我们在第 2 章中说过，决定需求和需要的是营销，即找出用户需要什么。本节讨论的是销售问题，也就是使情报用户接受（或使用）你所拥有的情报。然而，应当认识到这种提议富有争议。伊拉克大规模杀伤性武器委员会的报告批评了这种趋势——“《每日报告》似乎都在以狡猾或笨拙的方式‘推销’情报——以便让其用户或至少第一用户感兴趣。”[1]

除了推销情报产品外，分析人员通常别无选择。理想状况是，情报将成为像食品一样的商品——用户需要它，所以购买它。在各种行动中，特别是在军事行动中，情况可能就是如此。不幸的是，至少在政策支持方面，情报更像是保险产品——它必须被销售出去，而且必须让买家确信，他们得到了好的产品。一位分析人员指出，战争爆发前他曾向前国务卿亨利·基辛格提供了预警情报，基辛格在其报告中毫不客气地评论道：“你警告过我，但你并没有说服我。”[2] 道理很显然：如果决策者期望情报分析人员说服他们，那么他们就要像推销商品那样推销自己的情报。

将情报作为产品销售存在一个问题，就是它增加了投其所好的危险，即让用户听他所爱听的信息，这一点在政策事务方面表现尤为突出。[3] 另一个挑战是情报分析人员要善于审时度势、把握时机（正如每位销售人员

---

[1] *Report of the Commission on the Intelligence Capabilities of the United States Regarding Weapons of Mass Destruction*, March 31, 2005, www.wmd.gov/report/wmd_report.pdf, 14.

[2] Roger Z. George and James B. Bruce, *Analyzing Intelligence* (Washington, D.C.: Georgetown University Press, 2008), 80,113.

[3] Douglas H. Dearth and R.Thomas Goodden, *Strategic Intelligence: Theory and Application*, 2nd ed. (Carlisle Barracks, Pa.: U.S. Army War College, and Washington, D.C.: Defense Intelligence Agency, 1995), 153.

知道的那样)。[1]

虽然正确的分析态度是保持客观性，但一旦分析完成，政治因素就开始介入。物理学中有这样一个基本原理：每个作用力都会产生一个大小相同但方向相反的作用力。这一原理同样适用于情报工作（我们在前面讨论过的分析原则 12–2)。如果分析人员得出的结果确有价值，他们遭遇怀疑或公开反对也是自然而然的。因而，分析人员必须努力去推销情报产品。

此外，如果用户是美国政府的一位决策者，在通常情况下，分析人员还必须与律师进行互动。这种关系与分析人员所习惯的其他一切关系不同，在这种关系中辩护技能异常实用。律师们更愿意像他们在法庭上使用科学专家一样利用情报专家：接收有关事实与观点的证词、交叉询问、判定关键问题并做出决断。从律师的观点看，争议和不同观点的存在对于确定事实必不可少。他们不喜欢单一的专家观点，也不喜欢情报工作中的部门隔离制度。在他们看来，情报界为保护情报来源与搜集方法而采取的传统部门隔离制度是可疑的，因为它往往隐藏了证据，不符合民事诉讼中“取证程序”[2] 的目的。

大多数情报分析人员难以扮演辩护者的角色，因为这与他们秉承的客观性相悖。抗辩式诉讼是一个敌对的过程，其指导原则来自司法专业。在司法领域，辩护早已被提升为一种艺术，而不合理辩护所具有的各种缺陷

---

[1] Douglas H. Dearth and R.Thomas Goodden, *Strategic Intelligence: Theory and Application*, 2nd ed. (Carlisle Barracks, Pa.: U.S. Army War College, and Washington, D.C.: Defense Intelligence Agency, 1995), 156.

[2] discovery process，亦译作“证据开示程序”，是美国民事诉讼中最漫长、最重要、最昂贵的程序。其主要目的是根据《联邦民事诉讼规则》第 26 条第 2 款规定，在法庭不参与的情况下，由双方提交书面证据，使双方当事人充分了解对方所拥有的证据，进一步明确和整理争议焦点，确定主要证据，为法庭最终审理做准备。取证程序所使用的法律程序包括：提交文件请求（document request)、书面回答讯问（interrogatory)、请求承认（request for admission）以及获取书面证词（deposition)，一般这四种程序会交错进行。取证程序的最后通常还有双方聘用专家的取证程序，包括双方提交技术专家、财务专家、法律专家的报告及相关文件，以及对双方专家证人的讯问。此后，双方就进入开庭审理程序。——译注

也已被透彻理解。R. V. 琼斯曾评论说 ：“当分析人员参与抗辩诉讼时，他就是一名辩护者，应当表现得像一名辩护者，也应当被当作辩护者来对待。抗辩式诉讼的规则不同于研究工作的规则，前者容许带有偏见的或扭曲的证词，而后者则以客观评价为导向。” [1] 琼斯指出，给出“带有偏向的或扭曲的证词”是否符合科学家的荣誉，他暂不表态。[2]

解决这种困境的答案与马基雅维利给他的君主的答案相同 ：我所描述的行为可能不当或不体面，但在恰当和体面的行为不奏效时它很奏效。[3] 琼斯本人还举了一些例子，阐述了如果他认为是正确的，他会如何扭曲或曲解证据。这与大多数分析人员的观点可能相悖，他们认为 ：即使会导致用户做出错误的决策，也不能歪曲情报报告，那是不道德的，是个坏主意。

另外，能否获得用户认可也取决于分析人员的声望。在用户群建立可信和可靠的声望是分析人员最宝贵的财富。这种声望需要花很长时间才能建立，却可以在一夜之间失去。戴维 · 兰迪斯曾说过 ：“在公共领域，保持可靠的声誉比勇气和智慧更为珍贵，在充满谎言和口是心非的当今世界，这一品质尤为重要。” [4] 你需要使用户关注你，但你不能以牺牲可信度或真相为代价。否则你可能被淘汰出局。下面举几个例子 ：

- “永别”档案欺骗案曝光后，克格勃在苏联领导人眼中丧失了信用，该机构所获其他成果也因此受到了质疑。
- 在越南战争期间，北越通过柬埔寨的西哈努克港向越共运送支援物资，中情局忽视了其重要性并低估了其规模，军方的判断则比较准确（一名在西哈努克港招募的线人提供的情报验证了这一点）。之后，每当中情局与五角大楼发生意见冲突时，白宫就斥责

[1] “The Obligations of Scientists as Counsellors: Guidelines for the Practice of Operations Research,” *Minerva* 10 (January 1972): 115.

[2] R. V. Jones, “Temptations and Risks of the Scientific Adviser,” *Minerva* 10 (July 1972): 441.

[3] Niccolò Machiavelli, *The Prince* (NewYork: Bantam Classics, 1984).

[4] David S. Landes, *The Wealth and Poverty of Nations* (NewYork: W. W. Norton and Company, 1998), 167.

中央情报主任理查德·赫尔姆斯（Richard Helms）："西哈努克港是怎么回事？"[1]

- 伊拉克大规模杀伤性武器的误报损害了若干情报组织尤其是中情局分析小组的可信度，而弥补这一损害需要多年的时间。

国防情报分析的挑战

国防机构里的情报分析人员面临两大截然不同的挑战：预警中存在的回馈风险和屈从政策进行威胁评估的压力。

预警中存在的回馈风险　国防情报分析人员有责任向其上级就敌对军事行动发出预警。然而，不能发出预警信号比过度预警后果严重。赫尔曼曾说过，"低估似乎比高估更难以让人原谅"，"在军事领域，作为一个鹰派比作为一个唯唯诺诺的鸽派似乎更能得心应手"。[2] 国防分析人员趋向于高估威胁，这早已有据可查。而这样做将导致脱敏问题（警戒疲劳，正如第 4 章所述）[3]，最终结果则是国防分析人员信誉受损。

威胁评估为经费和政策服务　赫尔曼指出，"威胁评估历来都是军队争取经费的制胜砝码之一"[4]。第 14 章所讲的"逆火"轰炸机的案例和第 7 章讲的粒子束武器的案例就是军队将威胁评估作为争取经费的工具的例子。国防情报机构趋向于夸大威胁以争取经费或支持其国防政策立场。其结果就是，如赫尔曼所言，美国的国防情报机构"从来没有得到应有

[1]　David S. Robarge, "Richard Helms: The Intelligence Professional Personified," *Studies in Intelligence* 46, no.4 (2002), www.cia.gov/csi/studies/vol46no4/article06.html.

[2]　Roger Z. George and James B. Bruce, *Analyzing Intelligence* (Washington, D.C.: Georgetown University Press, 2008), 247.

[3]　Roger Z. George and James B. Bruce, *Analyzing Intelligence* (Washington, D.C.: Georgetown University Press, 2008), 80, 113.

[4]　Michael Herman, *Intelligence Power in Peace and War* (Cambridge: Cambridge University Press, 1996), 248.

的尊重”。[1]

国防情报分析人员要冲出这种评估与经费挂钩的怪圈，进行客观的分析，哪怕这种分析与其所属机构或国防部门的官方立场背道而驰。然而，那些敢于坚持信念的人往往没什么好下场。美国国防情报局前常务局长戈登·尼格斯（Gordon Negus）讲述了林肯·弗若尔（Lincoln Faurer）少将在担任国防情报局局长时的遭遇：卡特担任总统期间，苏联改进了其防空系统，白宫就此形成了两种应对方案。一种方案是开发B–1 轰炸机，另一种方案则主张在现有的 B–52 机群加装巡航导弹。空军希望开发 B–1 轰炸机，而国防情报局的情报显示第二方案将抵消苏联耗资巨大的防空建设，苏联对这一方案更加忌惮。空军参谋长明确告诉弗若尔，要求其修改评估报告以支持空军的立场。弗若尔予以拒绝，不到一个月，他便离开了国防情报局。[2]

尽管评估屈从于政策的压力在军队系统更为突出，但并不等于说只有军队才存在这一问题。与政策机构联系紧密的其他分析机构都存在这一问题。如我在本书引言中提到的，英国外交和联邦事务部逼迫情报部门得出它想要的结论——1982 年阿根廷不会对福克兰群岛进行攻击。再比如美国国务院情报研究局（INR），虽为部门性的情报机构，却同样面临情报屈从于政策的压力。国务院早已意识到这一潜在问题，并试图通过完善组织机制，维护分析人员的独立性，帮助他们抵挡来自决策者的压力。

经费审核机构也认识到了这一趋势，他们通常借助第 7 章所讲的某些组织的评估结果的规则进行判断。即，如果申请组织与情报部门提供的报告有利益关系，或者情报部门的报告支持其自身利益或所持有的立场，审核机构通常对报告持怀疑态度。

---

[1] Michael Herman, *Intelligence Power in Peace and War* (Cambridge: Cambridge University Press, 1996), 240.

[2] Gordon Negus, unpublished briefing notes on the Intelligence Reform and Terrorism Prevention Act of 2004, Washington, D.C., 2007.

四、提交分析结果

即便你已经仔细遵循了第 2 章中讨论的指导方针，你最终仍然需要一种用于通报分析结果的手段。对情报组织而言，这种手段几乎总是书面报告或口头报告（通常是一份简报）。本章的余下部分将集中在提交结果和获得反馈上。

提交一份情报可能需要书面报告或简报，两者都是耗时的行动。每种方式都有自己的优势。报告的流通面比较广，生命周期较长，所以大多数分析项目都以某种形式的书面报告得出结论。简报使分析人员能够立即获得直接反馈。对行政管理人员而言，简报很可能是沟通的主要方法。他们通常看重双向交流，而你则应该看重反馈。

让呈报的分析结果符合关键用户的风格至关重要。虽然大多数行政管理人员偏爱简报，但有些人则喜欢书面报告，越来越多的人愿意使用电子邮件。你也许不得不在关键用户身上下功夫（其部属通常会竭力配合），找出其喜欢的获取信息的方式。有些人喜欢文字的东西多些，有些人则喜欢图表，还有些人可能需要大量的事实与数字。下面介绍呈报分析结果的一些指导原则。

每一项分析结论都要有足够的依据

所有的分析结论都必须能够清楚地查到你的分析理由，并在报告主体中加以解释。提供、解释并强调关键的情报见解。让读者能够理解你的所有推理。突出关键的字词、短语或句子，以强调它们的重要性。

分析人员经常密切地接触研究，在他看来研究结果和结论是十分清楚的，但对于未参与该研究的人而言却不是那么清楚。另外，结果与结论中明显的矛盾之处应当删除。在提交结果与结论之前，考虑找若干个非参与者对它们进行审读。利用你能获得的一切机会，请同行对你的最终产品进行审读。你的同行可以对你的分析报告的流畅性、清晰性和逻辑性提供最好的反馈意见。

大多数报告包含两种层次的细节：一种是提供给决策者的简洁但完整的摘要；另一种是给同行提供的比较详尽的说明。这些详尽的说明要足以使同行能够复制出相同的研究结果。最终的书面研究报告应该在正文前撰写一段简洁的执行摘要（executive summary），以便使得忙碌的读者不必钻研一页又一页的细节就可获得“基本意思”。执行摘要的篇幅应限制在一页以内。

书面报告或口头简报要有的放矢

由于多数情报产品包含大量信息，因而用户期望预先就听到清晰、简明的结论或预测。这意味着你在撰写报告时要先定义要解决的中心问题，有的放矢，直截了当。

将事实与分析分开

当你从事实转向分析时，必须做到充分明确。千万不要用华而不实的论述掩盖事实依据。正如第 7 章中指出的，你不可避免地要处理不完整和存在冲突的信息。出于这个原因，你最终的分析报告必须清晰地说明，哪些是已知的（事实）、你是如何知道它的（来源）、是什么因素推动你得出这样的判断（关键假设）、如果这些推动因素发生改变会产生怎样的影响（备选结果），以及哪些情况仍未掌握等。用户期望看到合乎逻辑的和客观的论述。提供详尽的事实可能合适，也可能不合适，这取决于主题的范围和技术的复杂性、读者的兴趣与需要。但是，决不应当让读者拿捏不准他们得到的究竟是事实还是你的分析。

陈述事实　如前文所述，典型的情报包括对相关事实的摘要或简要叙述，以回答下述问题：

- 主要人物是谁?
- 发生了什么情况?
- 什么时间发生的?
- 在哪里发生的?
- 如何发生的?

偶尔，你也不得不提交与用户想要听到的相矛盾的结果——例如，它们可能会削弱现行的政策。在这种情况下，事实变得至关重要。你改变一项政策决定的唯一机会（也是一次渺茫的机会），是提出翔实的、具有说服力的证据，而牢靠实在的证据最具说服力。

分析事实 通过回答“谁—什么—何时—哪里—如何”这些问题可以得出情况的事实。然后，第二部分要回答的是另外两个问题：

- 为什么?
- 因此会怎样?

回答“为什么”和“因此会怎样”这两个问题需要进行超越事实的分析。“因此会怎样”回答了用户的问题，即，“为什么我应当关心这个问题?”假设你的用户要你继续回答，那么接下来要回答的问题就是：“我应该对此做些什么了?”

“为什么”和“因此会怎样”这两个问题需要你提出自己的看法。此时，你不是在陈述事实，或简单地报告事实，你是在进行**分析**。回答这些问题，也可能需要你利用本书第 6 章有关数据来源的内容，提出指导方针来评估情报来源的可靠性。

直奔主题

直入主题，不要逐渐推导出你的主要观点，而是把你的主要观点放在每一节的开始。把建议放在理由前面，把答案放在解释前面，把结论放在细节前面。你不是在写悬疑小说，所以报告越短越好。对于忙碌的决策者来说（他们都很忙），两至三页纸的内容是上限，十页纸的篇幅太长。理想的状况是，将决策者需要了解的一切信息压缩在一页纸之内。

我们都碰到过证券或保险销售人，他们会突然打来电话——你以前从未听说过他，但他的第一句话总是“你好”。他可不在意你好不好，他真正的意思是：“你愿意花钱在……上吗？”

转弯抹角会把人惹恼。别这样做。

书面或口头简报是为了提供信息，而不是为了给人留下印象

大多数人在学校学到的正式交流技能通常包括将材料提交给老师。老师对这个领域的了解比你多，而你的主要目的是给他留下印象，即你很好地掌握了这个主题。实际工作中听众（读者）是完全不同的，因此，你的产品风格与技术内容也应该随之改变。

在情报工作中，专家是提交情报者，而不是用户。因此，你的报告必须提供信息，而不是给人留下深刻印象。这意味着你必须确保你要传递的信息对于你的听众（读者）来说绝对清晰。你不能假定读者熟悉技术术语，也不能假定他们熟悉所看到或所预测到的后果或影响。为了进行有效的交流，你必须使用情报界和读者都熟悉的词汇。你可以介绍新的术语，但你必须从某些共同点、某些共同的理解入手。正是这种共性理解使得分析人员能够介绍某种新事物。然后，新的术语或概念变成了共同的东西，反过来又被用来介绍其他的新事物。你必须按照从旧到新的次序进行介绍，且合乎逻辑，易于理解。

使阅读或倾听过程轻松愉悦

为了达成效果，除了具有明确的目的之外，每项产品还必须具有为听众量身定做的技术内容与组织结构。这意味着你必须使用听众（读者）熟悉的词汇并适应其思维过程。在每一节和每一小节中，都要有引导和激发读者（听众）的内容，不要让他感到疑惑：“为什么我要读这个或听这个？”

出色的写作是一项艰苦的工作，但为了使读者易于消化你想要他们消化的信息，你艰苦些是必要的。如果你在意读者是否吸收了你的信息，那么让他们付出不必要的努力是一场危险的赌博。是不是去读你的分析报告，是不是读完你的分析报告，读者有权选择。因此，使读者的工作尽可能轻松和富有成果，是必不可少的。如果阅读内容需要付出艰辛努力，那么读者可能就不会去碰它。

各种统计表明，大多数读者会阅读文件的摘要，一小部分读者会阅读前言，几乎没有什么读者会去阅读技术讨论或附件。另外，众所周知的是，听众仅仅在一份简报的前五分钟注意听讲，此后他们的注意力明显下降。作为报告的写作者或简报的介绍人，你既然在陈述的主体部分花费了大量精力，为何不再付出点努力，让报告和简报更易于理解，更易于吸收呢？如果你对读者或听众不具有权威性，做到这一点的唯一办法是，使你的报告读起来有趣，使你的简报引人入胜，使你要传递的信息显而易见。

要使你的产品和原始信息标准化。用户需要看到标准的产品线，知道到哪里去寻找信息。例如，不要同时搞一栏篇幅和两栏篇幅的产品；避免连续不断的大段正文，这种文字难以卒读；英文写作中采用全大写字母的文本格式是最差劲的，它会令用户沮丧。如果有必要使用较长的文本，那么注意使用粗体字、着重号和文本框等。

以会话的方式写作

要像你对别人说话那样写作。要用陈述句，避免使用被动语态。然而，写作不应当像谈话那样随意、不正式。避免两种极端方式：生硬的写作和非正式的写作——偏离信息或影响其可信性的随意表达。

避免使用缩略语

最好不要使用不加定义的缩略语。在某一组织中司空见惯的缩略语，对于外界用户来说也可能造成各种困扰。可取的办法是，列出一个标准的缩略语清单，用附录或词汇表中给出定义。

采用图表

要让呈报的成果更容易被理解，应该利用图形和表格等工具组织和展示数据。放手使用各种数字、表格、着重号、多媒体手段和其他手段，使报告看起来生动有趣。请参阅本书所有的图形和表格。

报告中所显示的概率和统计数字具有说服力，但决不可只用数字堆积，这一点很重要。一般原则是，采用的图表越多越好。它们有助于解释并支持文本、总结数据，“一图道千言”的古老原则仍然适用。地图和时间轴线更受人们喜欢。地图和图片要进行详细解释，使其意不言自明。概括各项结论的图表易于记住，而文字记述则不能。包括文章全部要点并带有注释的图片总是最受欢迎。

有史以来最令人难忘的情报图形之一，是由海军研究实验室的工程师、一位非情报界的人士詹姆斯 · 海德里克（James Headrick）于 1971 年提供的。当时情报分析人员正在评估一个新式苏联雷达，这款雷达拥有当时世界上最庞大的天线。为了形象表达，海德里克找来华盛顿特区国家广场 (National Mall）的照片，并按照比例把雷达天线的图片对照白色填空方框填充到照片中。结果雷达天线的白色方块覆盖了国家广场，其高度比华盛顿纪念碑还要高。此图形，令人景仰，其复制品广为流传，因为它提供了明确和易于理解的信息：俄罗斯人知道如何建立真正大型而高效的雷达。

五、小结

第一流的分析人员必须具备许多品质。首先，他必须喜欢寻根究底，也就是说，分析人员必须采取客观的态度，依靠科学的方法。理想状况下，当分析人员开始分析某个情报问题时，不应当在意答案是什么。他应该做好准备，对非正常的情况、意外情况、根本不符合现有目标模型的事物进行观察和调查。但一旦分析完成，分析人员就必须放弃客观态度，充当起辩护者的角色。有时优秀的分析人员不得不成为销售人员，要向用户推销分析产品。要做好这一点，分析人员需要具有良好的口头和书面表达能力。

由于综合 / 分析过程越来越成为一种合作过程，分析人员应当善于团队工作。他们应该熟悉团队伙伴的文化、过程与问题。具体地说，他们应该了解信息搜集者，与他们密切配合，以获取情报，评估信息收集过程。他们还应该了解情报用户的悟性与局限。

情报用户在表达情报需求和使用情报的意愿上，存在巨大差异。决策者很可能是最难以打交道的用户，因为他们身处压力重重的工作环境，而且他们往往有某种思维模式。政治情报的用户是最不容易接受情报的团体，科技与武器领域的情报用户最容易接受情报。

军事领导人和军事行动的用户理解并重视情报。军事情报的作用已得到公认，且越来越重要，尤其是在战术层面上。执法人员也越来越理解情报的价值，并懂得如何使用情报，他们遇到的问题是没有需要的涉密权限去处理涉密材料。

在与这些用户打交道时，分析人员面临两大挑战：使用户理解情报信息，让用户接受并使用分析结果。让情报变得可以理解，需要各种沟通技能和移情的方法——设身处地替用户着想的能力。让用户接受并利用情报，可能需要分析人员成为一名辩护者，这一点存在争议，风险很大。用户对情报成果的认可还取决于分析人员在用户心中的声誉。

有一种办法可使准备并提交的分析结果得到最有效的实现，即本书第 2 章介绍的从问题分解开始快速建立原型的方法，然后将概要扩展成为最终的报告或简报。展现报告的种类与方式受用户喜好或用户层次影响。一般情况下，简短、切题和以图表进行介绍的方式效果最好。

[附录]

两份《国家情报评估》的故事

1990 年，美国国家情报委员会就南斯拉夫局势提出了一份《国家情报评估》，这是情报界最具权威性的评估。12 年后，该国家情报委员会就伊拉克大规模杀伤性武器计划也同样提出了一份《国家情报评估》。

关于南斯拉夫局势的《国家情报评估》：

- 采用了合理的预测方法。
- 做出了正确的判断。
- 提出了令美国决策者十分讨厌的各种结论。
- 对美国的政策没有产生任何影响。

相比之下，关于伊拉克武器的《国家情报评估》：

- 采用了有缺陷的预测方法。
- 做出了错误的判断。
- 确实是美国决策者想要听到的东西。
- 对美国的政策产生了重大影响。

本附录将对这两份《国家情报评估》中所使用的分析方法存在的差异进行讨论。

一、关于南斯拉夫局势的《国家情报评估》

1990 年关于南斯拉夫的《国家情报评估》在开篇陈述中就给出了四项极有先见之明的结论[1]：

1. 一年内南斯拉夫将不复为一个联邦国家，很可能将在两年内解体。经济改革将阻止不了其解体。
2. 塞尔维亚将阻止斯洛文尼亚人和克罗地亚人试图组成全南斯拉夫邦联（all-Yugoslav confederafion）。
3. 阿尔巴尼亚人将在科索沃进行长期武装暴动。加盟共和国之间很可能不会爆发全面战争，但严重的族群冲突将伴随国家解体，并在国家解体后持续下去。暴力难以消除，并且十分严酷。
4. 对于保持南斯拉夫的统一，美国及其欧洲盟国能做的不多。南斯拉夫将把美欧的这种做法视为有悖于民主与民族自决的主张。

我之所以关注有关南斯拉夫的《国家情报评估》，是因为它使用了力场分析（force field analysis）进行预测，并以情景想定的形式创建各种备选的目标模型。它还是一个案例，说明如何与决策者这个最难打交道的情报用户进行清晰且毫不含糊的沟通。最后，它还与一个因宗教和种族矛盾而分裂的国家有关。但美国的政策却是保持其完整统一，而且南斯拉夫可能会成为美军以有害的方式进行匆忙介入的地方。这种情景相定今天仍然具有相关性。同样的想定出现在 20 世纪 80 年代美国对黎巴嫩的介入，以及最近对伊拉克的卷入。

---

[1] 本附录中的相关资料摘自托马斯·施里夫 2003 年 5 月为国防大学所做的一份案例研究，题目为《一份关于南斯拉夫的〈国家情报评估〉》。参见：Thomas W. Shreeve, "The Intelligence Community Case Method Program: A National Intelligence Estimate on Yugoslavia," in *Intelligence and the National Security Strategist: Enduring Issues and Challenges*, ed. Roger Z. George and Robert D. Kline (Washington, D.C.: National Defense University Press, 2004).

背景

南斯拉夫是一个由六个加盟共和国组成的联邦，有着长期不稳定的历史。南斯拉夫创建于第一次世界大战之后，并且出于各种政治原因，它统一了三个不同的民族——塞尔维亚族、克罗地亚族和斯洛文尼亚族。南斯拉夫的内部边界大致反映了种族与历史分野，但居民是完全混杂在一起的，以至于不可能将各个种族清晰地分开。这对于处于主导地位的种族——塞尔维亚族来说尤其如此，他们广泛地分布在各个加盟共和国境内。民族主义的紧张局面长久以来一直困扰着这个地区。宗教差异加剧了这个问题：克罗地亚人和斯洛文尼亚人信奉天主教，塞尔维亚人信奉东正教，而在波斯尼亚—黑塞哥维那（波黑）和科索沃却有大量的穆斯林人口。从 1945 年起，铁腕人物约瑟普 · 布罗兹 · 铁托 (Josip Broz Tito）开始统治南斯拉夫，在此期间，他非常有效地压制紧张局势，保持了国家的统一。这种局面维持到他于 1980 年去世。

1990 年，铁托已经不在了。铁托留下的遗产——联邦中央政府运转不灵，外债、通货膨胀和失业造成了棘手的形势，经济陷入困境，民族主义压力使局势越来越不稳定。在 1990 年 3 月和 4 月，斯洛文尼亚和克罗地亚举行了近 50 年来首次多党选举。共产党改革派输给了赞成在南斯拉夫实行民族主权的政党。

1990 年负责欧洲地区的美国国家情报官是马丁 · 范 · 霍伊文（Marten van Heuven)。同年 5 月，为了评估那里的局势，他访问了南斯拉夫。他的结论是，南联盟解体的压力正在形成。他认为，仅一个种族问题就使局势变得不可收拾。从贝尔格莱德回来后，范 · 霍伊文指示起草一份有关南斯拉夫局势的《国家情报评估》。这份《国家情报评估》曾两易其稿。两份草稿均涉及力场分析，但因为它们建立了完全不同的目标模型，所以其分析结论截然不同。

第一稿："胡乱对付过去"的《国家情报评估》

范·霍伊文最初将起草《国家情报评估》的任务交给国务院的一位分析人员，这位分析人员拥有研究南斯拉夫和东欧事务的深厚背景。在 1990 年夏天完成的第一稿中，作者对支持和反对南斯拉夫可能解体的证据进行了评估，得出的结论是，对各加盟共和国来说，待在一起的理由多于分开的理由。这第一稿有时被称作"胡乱对付过去"的《国家情报评估》，因为正如范·霍伊文所说，它预测南斯拉夫无论如何将能够"胡乱对付过去"。它明确了许多能将南斯拉夫凝聚在一起的力量。图 A–1 中显示的影响网络是对这些力量的总结（见第 11 章对影响网络的讨论）。它所明确的支持统一的主要凝聚力量如下：

- 在铁托健在期间及其死后的 10 年内，苏联进行干预的威胁将南斯拉夫凝聚在一起。
- 在数量上占主导地位的塞尔维亚人强烈要求保持一个统一的南斯拉夫。在南斯拉夫军队（南斯拉夫人民军）的官员中，塞尔维亚人占绝大多数，他们被认为是反对国家解体的。
- 维持统一的经济刺激因素很强大，因为各共和国本身的经济规模太小，无法生存。

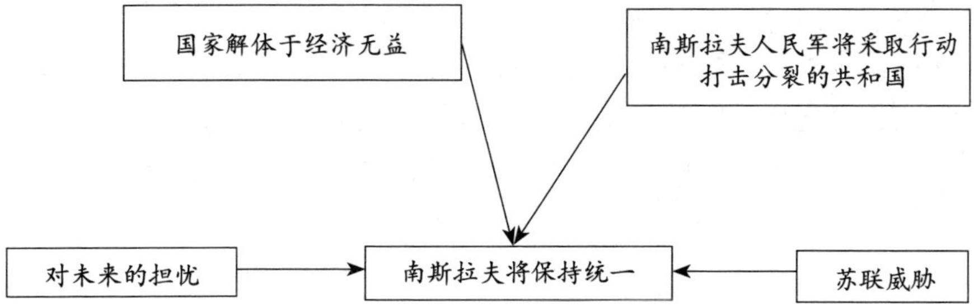

图A–1　影响网络模型：有关南斯拉夫的《国家情报评估》第一稿

注：方框延伸出的箭头表示支持"南斯拉夫将保持统一"这一结论的理由。

- 对未来的担忧，特别是对种族和宗教冲突的担忧，被认为是可以制约具有分裂倾向的加盟共和国的一种力量。

本书引言中讨论的某些客观性的缺失，可能对第一稿的《国家情报评估》产生了影响。美国国务院有着根深蒂固的兴趣，希望南斯拉夫作为一个国家保留，至少希望在南斯拉夫不能保持统一时出能够和平解体。这种组织偏见可能影响了分析。愿望思维可能也起了作用。维持南斯拉夫统一的一个力量是"对未来的担忧"，但看来这种担忧主要来自美国。一名美国国家安全委员会（National Security Council）工作人员告诉斯洛文尼亚人和克罗地亚人，如果他们宣布独立将会引发战争，他们回答说："那又会怎样呢？"最终，美国在南斯拉夫遭遇了一种不同的思维方式，美国的种族中心偏见可能起了作用。美国的文化和司法体制都强调宗教与种族包容，而南斯拉夫各加盟共和国有着长期的宗教与种族冲突和不包容性。第一稿《国家情报评估》根本没有考虑到这种关键力量。

范·霍伊文对这种评估结论表示怀疑，因为它与他在该地区看到的情形不符。他希望看到一种替代模式，这就有了第二份《国家情报评估》。

第二稿：力场分析

范·霍伊文将撰写《国家情报评估》第二稿的任务交给其他对南斯拉夫事件具有丰富经验的分析人员，包括中情局的哈里·耶德（Harry Yeide）。耶德在这个地区工作过，对所涉及的问题十分熟悉。《国家情报评估》第二稿提出一种不同的模型或未来情景想定。第二稿的结论是，过去将南斯拉夫凝聚在一起的力量十分微弱，或者根本就不复存在，而当前的力量正将南斯拉夫弄得四分五裂。图 A–2 中的影响网络图对这些力量做了总结：

- 南斯拉夫人民军不像以前那样愿意进行干预，除非塞尔维亚人的利益受到严重威胁。无论如何，它也不会在克罗地亚进行干预，因为克罗地亚没有塞尔维亚人。

- 没有一个强大的中央领导层能接替铁托领导层。
- 苏联的威胁早已不复存在。
- 正如第一稿所述，国家解体对南斯拉夫作为一个整体来说没有任何经济意义，但作为独立国家，克罗地亚和斯洛文尼亚在经济上将会比较富裕。
- 第一稿低估了各种力量，如南斯拉夫各民族之间的种族与民族主义差异、敌对与怀疑的历史、宗教分歧。这些因素很可能正在发挥主导作用。
- 对未来的担忧不是发挥作用的因素。如前所述，美国可能对未来担忧，但克罗地亚和斯洛文尼亚这些分裂出来的国家并不担忧。

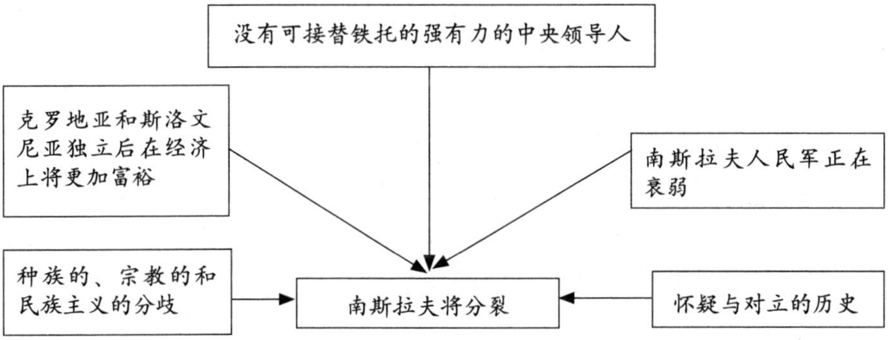

图A–2　影响网络模型：有关南斯拉夫的《国家情报评估》第二稿

注：从方框延伸的箭头表示支持“南斯拉夫将分裂”这一结论的理由。

由此形成的《国家情报评估》在若干方面值得注意。所有的主要撰稿者对事实达成了一致。大多数《国家情报评估》都附带脚注，表明情报界的哪些单位对某些结论持不同意见，但这份评估则没有。我在本附录开头引用的那些预测特别准确，然而这份《国家情报评估》对美国政策几乎没有任何影响。

用户的视角

从决策者的观点看，关于南斯拉夫局势的第二稿《国家情报评估》是不受欢迎的。它预测到即将发生的情况，但却让决策者无所作为。美国的政策倾向是——首先，保持南斯拉夫的完整；如果做不到这一点，决策者希望看到南斯拉夫和平解体；如果所有这些都失败了，所发生的灾难必须是可控的。但这几条他们一条都没有得到。南斯拉夫解体于 1991 年开始，它是野蛮、血腥的，由此导致的战争和“种族清洗”夺去了大约 20 万人的生命。

如果说这份《国家情报评估》存有缺陷的话，那就是它没有让决策者建设性地参与进来。它的那些关键判断坦率地预测到解体之后伴有长久和痛苦的冲突，但对于如何缓解这种解体所产生的影响，它却没有给出任何建议。另外，美国政府的注意力当时迅速地聚集到在中东局势，因为伊拉克即将入侵科威特。因此，正如一位分析人员所说，美国完全停止了对南斯拉夫的关心，直到各种暴行上演。

此外，这份《国家情报评估》显然被泄露给了《纽约时报》。它在《纽约时报》上的发表也许加速了南斯拉夫的解体，因为它向相关各方表明，美国已经认识到解体不可避免。可以说，由于其公开发表，这份《国家情报评估》对美国政府是一次纯粹的伤害（net disservice）。

二、关于伊拉克大规模杀伤性武器的《国家情报评估》

2002 年 10 月，应国会议员的要求，美国国家情报委员会撰写了一份关于伊拉克大规模杀伤性武器计划的《国家情报评估》。这份文件得出的结论是：

- 伊拉克正在重建其核武器计划，并在积极寻求核装置。
- 伊拉克拥有比海湾战争前更强大、更先进的生物武器能力，并且包括一些移动式的生物武器生产设施。

- 伊拉克重新启动了化学武器的生产，包括芥子气、沙林、GF（环沙林）和 VX 毒剂，而且它已经积累了 100 至 500 吨的化学储存。
- 伊拉克拥有可能用于投送生物武器的无人驾驶飞机。[1]

所有这些结论都是错误的。关于这份《国家情报评估》，美国关于大规模杀伤性武器情报能力委员会（即“美国大规模杀伤性武器委员会”）称：

> 我们断定，在伊拉克大规模杀伤性武器问题上，（美国）情报界战前几乎所有的判断都是完全错误的。这是一次重大的情报失误。其主要原因是，情报界未能搜集到关于伊拉克大规模杀伤性武器计划的准确情报，在对搜集的信息进行分析时存在严重错误，未能弄清有多少分析是以假设为依据而不是以确凿的证据为依据的。

这份《国家情报评估》在情报搜集与分析上都存在失误，对此大规模杀伤性武器委员会的报告做了详细阐述。我这里集中关注分析失误，先从大规模杀伤性武器委员会报告提到了但没有着重剖析的一个失误开始。

糟糕的问题定义

糟糕的问题定义可能是这份《国家情报评估》分析失误的根本原因。这份《国家情报评估》一开始就没有提出正确的问题，分析行动从一开始就错了，随后与本书第 2 章讨论的框架效应相冲突。国会给评估提出了一个不合理的期限，评估起草者接受了。限制得过于狭窄的问题分解，就像这个问题一样，过分制约了目标模型和结论。但其他大部分的失误，都源于对问题的不当定义。

问题定义仅仅集中在伊拉克是否拥有大规模杀伤性武器计划，以及如果有，那么这个计划是什么的问题上。通过对大规模杀伤性武器的关注，

---

[1] Report of the Commission on the Intelligence Capabilities of the United States Regarding Weapons of Mass Destruction, March 31, 2005, www.wmd.gov/report/wmd_report.pdf, 8–9.

分析人员倾向于把所有证据都运用到大规模杀伤性武器模型上。他们一开始假定伊拉克拥有大规模杀伤性武器计划，分析工作就从此开展。如果他们能更宏观地审视伊拉克的整体军事能力，就会发现对某些证据的解释将更加合乎逻辑。例如：

- 2001 年 3 月，情报报告表明，伊拉克正在获取高强度铝合金管。[1] 美国中情局和国防情报局分析人员断定，伊拉克购买铝管，是为了支持一个气体离心机铀浓缩项目。由于只关注这些铝管是否会用于离心机，分析人员忽视了这些铝管更适于制造火箭的证据。事实上，这些铝管与伊拉克传统的火箭采用的铝管的尺寸完全相同，材料也相同。曾有一位中情局官员建议，中情局应获得这种火箭的技术规格，以评估那些铝管用于制造火箭的可能性。但中情局引用既有判断，拒绝了这一建议。这是情报分析人员在证据不全的情况下就过早做出结论的一个典型案例。[2]
- 这份《国家情报评估》认为，伊拉克正在开发小型无人驾驶飞机，这些飞机很可能用于投送生物武器战剂。在得出这一结论时，美国的情报界（除空军外）没有考虑无人驾驶飞机的其他可能用途，并且拒绝了相反的证据。正如一位中情局分析人员所说，这份《国家情报评估》的目的是讨论伊拉克的大规模杀伤性武器计划的，因此分析不能探讨其他可能的用途。[3] 如果能对问题进行更广泛的定义，那么分析人员很可能就能得出正确的结论，即绝大多数证据表明，

---

[1] Report of the Commission on the Intelligence Capabilities of the United States Regarding Weapons of Mass Destruction, March 31, 2005, www.wmd.gov/report/wmd_report.pdf, 55.

[2] Report of the Commission on the Intelligence Capabilities of the United States Regarding Weapons of Mass Destruction, March 31, 2005, www.wmd.gov/report/wmd_report.pdf, 57, 68.

[3] Report of the Commission on the Intelligence Capabilities of the United States Regarding Weapons of Mass Destruction, March 31, 2005, www.wmd.gov/report/wmd_report.pdf, 145.

无人驾驶飞机主要用于战场侦察。

更准确地对问题进行定义——一个需要由政治、经济和军事分析人员以及武器系统分析人员提供输入信息的定义——将很可能避免这份《国家情报评估》中出现的某些最严重的分析疏忽。正如大规模杀伤性武器委员会指出的那样，多学科问题事实上是关键。关于南斯拉夫的《国家情报评估》考虑了各种军事、政治、经济和社会力量，但是，关于伊拉克的《国家情报评估》却没有对伊拉克的社会政治形势或伊拉克领导层的动机与意图进行任何认真分析。武器系统分析人员不可能提出这样的问题：萨达姆是否在虚张声势？或，他是否已经决定暂时取消他的武器计划，直到制裁被取消？只有关注伊拉克政治与文化的分析人员有可能会提出此类问题。[1]

关于情报来源与证据的糟糕评估

大规模杀伤性武器委员会责怪分析人员在做出判断时证据不足。分析人员倒是十分愿意自己的判断在证据中得到证实，可当时却没有认识到这些证据的可靠性是大可怀疑的。他们乐于接受支持其结论的证据，即伊拉克已经储备并在发展武器，而搪塞或者干脆不考虑任何可做其他解释的证据。关于伊拉克生物武器计划的情况来自一个关键人力情报来源，关于伊拉克化学武器计划的情报来源于一些人力情报与图像情报，对这些来源的评估就是两个极坏的例子。

关于伊拉克生物武器的结论严重依赖单一的人力情报来源，即一位代号“曲线球”的伊拉克化学工程师。他声称伊拉克拥有若干个生产生物武器战剂的移动设施。“曲线球”提出的证据可信度显然达不到我们在第 7 章中提到的标准：

[1] Report of the Commission on the Intelligence Capabilities of the United States Regarding Weapons of Mass Destruction, March 31, 2005, www.wmd.gov/report/wmd_report.pdf, 13.

- **胜任**：人们对“曲线球”其人有多种描述：酒徒、性情多变、难以管理、“不受控制”，并且表现出捏造者所具有的典型行为。[1]
- **途径**：没有证据表明“曲线球”可以接近生物武器实验室。唯一成立的确凿证据就是他曾经到过某个特定的地点，但不能表明他对那里正在进行的生物武器活动有任何了解。[2]
- **既得利益或偏见**：“曲线球”提供引人关注的情报的动机，是获得移民援助，得到永久庇护。[3]
- **进行沟通的渠道**：报告是通过与德国情报机构的联络而获得的，美国情报官员没有直接接触“曲线球”的渠道。因此，“曲线球”与美国大规模杀伤性武器分析人员之间的沟通渠道存在许多中间节点，分析人员必然可能收到被扭曲的信息。

分析人员在评估“曲线球”提供的信息时意识到一部分上述问题，但仍然视其报告为可靠，并继续以此为《国家情报评估》和后来关于伊拉克生物武器计划评估中判断的依据。“曲线球”的报告中没有图像证据，这一缺陷被分析人员视为伊拉克拒止与欺骗措施的结果，因而不予考虑。[4]“曲线球”后来被证实是一个情报捏造者。

这份《国家情报评估》还错误地断定，伊拉克重启化学武器生产，增加了其化学武器的储备。这些结论的依据，源于分析人员对图像情报来源

[1] Report of the Commission on the Intelligence Capabilities of the United States Regarding Weapons of Mass Destruction, March 31, 2005, www.wmd.gov/report/wmd_report.pdf, 91, 97.

[2] Report of the Commission on the Intelligence Capabilities of the United States Regarding Weapons of Mass Destruction, March 31, 2005, www.wmd.gov/report/wmd_report.pdf, 113.

[3] Report of the Commission on the Intelligence Capabilities of the United States Regarding Weapons of Mass Destruction, March 31, 2005, www.wmd.gov/report/wmd_report.pdf, 96.

[4] Report of the Commission on the Intelligence Capabilities of the United States Regarding Weapons of Mass Destruction, March 31, 2005, www.wmd.gov/report/wmd_report.pdf, 92.

和人力情报来源的拙劣评估：

- 分析人员严重依赖在疑为化学武器场所的地方出现的“萨马拉”式（Samarra type）油罐卡车的图像。20 世纪 80 年代和海湾战争期间，这种与众不同的卡车已经与化学武器的运输联系在一起。分析人员还相信，“萨马拉”式卡车在那些地点的活动在增加。他们显然没有考虑另一种不同的假设：那些卡车或许另有他用，而后来的事实证明就是如此。他们没有认识到：那些卡车的活动之所以被频频看到，是因为图像情报搜集活动增加而造成的一种假象。[1]
- 作为人力情报来源之一，一位伊拉克化学家提供了大量的报告，其中约有一半是荒谬的。尽管有证据表明他可能不是一个可信的情报来源，但分析人员仍然在这份《国家情报评估》中采用了他的报告，即伊拉克已经成功地稳定住了神经毒剂 VX 的性能，只因为这样的报告符合他们现有的思维模式。[2] 另一位情报线人不仅报告伊拉克正在生产芥子气和二元化学战剂，还报告了伊拉克的导弹、核武器与生物武器计划情况。鉴于已知伊拉克采用部门隔离制度来保护敏感的武器计划，分析人员本应该认识到这位情报线人不可能接触到所有这些计划。[3]

未能考虑各种其他目标模型

关于伊拉克大规模杀伤性武器的《国家情报评估》包含了大量的案

[1] Report of the Commission on the Intelligence Capabilities of the United States Regarding Weapons of Mass Destruction, March 31, 2005, www.wmd.gov/report/wmd_report.pdf, 122, 125.

[2] Report of the Commission on the Intelligence Capabilities of the United States Regarding Weapons of Mass Destruction, March 31, 2005, www.wmd.gov/report/wmd_report.pdf, 127.

[3] Report of the Commission on the Intelligence Capabilities of the United States Regarding Weapons of Mass Destruction, March 31, 2005, www.wmd.gov/report/wmd_report.pdf, 128.

例，说明分析人员如何选择某种单一的假设（或目标模型），然而企图将所有证据纳入这种模型。正如前文指出，他们没有认真考虑伊拉克无人驾驶飞机计划的其他使命，以及铝管的其他用途。另外，还存在以下问题：

- 分析人员没有考虑他们正在使用的目标模型存在的各种缺陷。如果伊拉克将他们采购的所有铝管用于制造离心机，那么他们就会制造出 10 万至 15 万台离心机，远远超过任何核武器扩散者要制造的数量。[1] 所有的目标模型都应当经过合理性检查：模型在直觉上合理吗?
- 也没有考虑"奥卡姆剃刀原理"最简单的道理（见第 7 章）——经过仔细搜索后，他们找不到移动式生物武器实验室，其原因是根本就不存在该实验室。[2] 在情报行业，根本就不可能证明一种否定观点（negative），但至少这种否定观点是值得考虑的。

拙劣的分析方法

由于伊拉克的拒止与欺骗，美国分析人员可利用的原始情报大多数是历史材料，有关 20 世纪 90 年代后期以来伊拉克武器发展状况的情报，严重依赖图像情报和某些值得怀疑的人力情报，测量与特征情报、通信情报和开源情报几乎没有发挥什么作用。[3] 结果是，分析人员实际上不得不"预测"当前大规模杀伤性武器计划的状态。

他们是根据过去的历史，通过不变力预测法"预测"现在的。在 1991

[1] Report of the Commission on the Intelligence Capabilities of the United States Regarding Weapons of Mass Destruction, March 31, 2005, www.wmd.gov/report/wmd_report.pdf, 85.

[2] Report of the Commission on the Intelligence Capabilities of the United States Regarding Weapons of Mass Destruction, March 31, 2005, www.wmd.gov/report/wmd_report.pdf, 93.

[3] Report of the Commission on the Intelligence Capabilities of the United States Regarding Weapons of Mass Destruction, March 31, 2005, www.wmd.gov/report/wmd_report.pdf, 165.

年海湾战争之前，美国情报界已经低估了伊拉克的核计划，而且没有找出其所有的化学武器储藏点。在考虑哪些因素影响了伊拉克大规模杀伤性武器活动的时候，这段历史限制了分析人员的选择范围。具体地说，伊拉克的领导层未变，在大规模杀伤性武器方面的目标可能也未变；伊拉克曾开发过大规模杀伤性武器，并进行过隐藏。那些力量成为所谓直线式不变力预测法的起点，与有关南斯拉夫局势的《国家情报评估》“胡乱应付过去”的第一稿中所采用的不变力预测法类似。分析人员假定 1991 年的力量仍然存在，没有考虑 1991 年以后发生的各种变化，也没有考虑持续的国际核查，没有考虑任何持续的大规模杀伤性武器计划被发现后将招致更多的制裁或军事行动的高风险，也没有考虑到一个持续性的、非常重要的力量：萨达姆想成为中东强权政治的一个主要角色，这一动机会使他隐瞒没有大规模杀伤性武器这一事实。缺少情报，加上拙劣的力场分析，形成的结果是以不变力预测法为依据的评估。[1]

例如，对无人驾驶飞机的判断就严重依赖于直线式不变力预测法。在海湾战争前，伊拉克尚处于将米格–21 型喷气式飞机改装成投送生物武器的无人驾驶飞机这个项目的初期阶段。1990 年，伊拉克还试验了一个生物武器喷洒系统，准备在改装的米格–21 型无人驾驶飞机上使用。20 世纪 90 年代中期，伊拉克开始进行测试，将另一种改装过的喷气式飞机 L–29 作为无人驾驶飞机。美国分析人员断定 L–29 是米格–21 项目的后续项目。当更小型的新式无人驾驶飞机亮相时，分析人员错误地进行不变力预测，认为这些无人驾驶飞机只是生物武器投送计划的继续。[2]

然而，最有趣的分析方法的失败就是马丁 · 范 · 霍伊文极力避免的那种失败。作为负责美国评估南斯拉夫局势的国家情报官，范 · 霍伊文强迫

[1] Report of the Commission on the Intelligence Capabilities of the United States Regarding Weapons of Mass Destruction, March 31, 2005, www.wmd.gov/report/wmd_report.pdf, 168–169.

[2] Report of the Commission on the Intelligence Capabilities of the United States Regarding Weapons of Mass Destruction, March 31, 2005, www.wmd.gov/report/wmd_report.pdf, 141–145.

分析人员考虑第二种目标模型，该模型最终被《国家情报评估》所采用。关于伊拉克大规模杀伤性武器的《国家情报评估》起草人员受一个单一的模型所吸引，显然没有考虑一个合乎逻辑的、最高层次的备选假设或模型：伊拉克已经放弃了其大规模杀伤性武器计划。

与搜集人员和用户的糟糕互动

本书的一个重要主题是强调共享目标模型的重要性，分析人员应与情报搜集人员和情报用户分享目标模型。关于伊拉克大规模杀伤性武器的《国家情报评估》却在这两方面都遭到了失败。分析人员没有让搜集人员知道，他们如何依赖于这样的情报，搜集人员却知道情报来源不可靠——而"曲线球"和报告所谓伊拉克化学武器项目的那位化学工程师就是两个示例。在与用户打交道时，分析人员给人留下的印象是，他们的情报来源实际比情报本身更可靠。正如大规模杀伤性武器委员会报告所说，这份《国家情报评估》没有清晰地揭示出作为判断基础的情报是如何不可靠。分析人员没有与决策者充分交流他们不能确定的各种因素。对于其结论如何严重依赖推测和假设，许多分析产品含糊其词。[1] 由于对问题进行拙劣的定义，这份《国家情报评估》一开始就把事情弄错了。正如大规模杀伤性武器委员会所说[2]，它的糟糕结局就在于沟通的失败。

---

[1] Report of the Commission on the Intelligence Capabilities of the United States Regarding Weapons of Mass Destruction, March 31, 2005, www.wmd.gov/report/wmd_report.pdf, 12.

[2] Report of the Commission on the Intelligence Capabilities of the United States Regarding Weapons of Mass Destruction, March 31, 2005, www.wmd.gov/report/wmd_report.pdf, 3.

致　谢

在本书的撰写过程中，美国和英国的情报界、学术界和商业情报界中的许多人士都贡献了智慧，这些智慧成了本书的组成部分。虽然我无法将他们的姓名一一列出，但是我十分感激他们的帮助。我特别感激美国情报界内外的审稿人花费时间修改书稿。除了要感谢几位匿名审稿人外，我还要感谢马修·德恩（Mattew Degn）教授和贾森·托马斯（Jason Thomas）教授的审阅，我也要感谢CQ出版社的埃莉丝·弗雷泽（Elise Frasier）、艾米莉·巴克利（Emily Bakely）、安·戴维斯（Ann Davies）、克里斯蒂娜·穆勒（Christina Mueller），他们为本书最终定稿做了重要的工作。

罗伯特·M. 克拉克

弗吉尼亚州雷斯顿

英汉对照表

alternative analysis　替代分析

alternative scenario　备选情景想定

Bayesian Inference Net Analysis　贝叶斯推理网络分析法

benchmarking　基准点测试

Box-Jenkins Method　博克斯—詹金斯法

burst transmission　脉冲传输

case officer　专案官

chronological model　编年式模型

communications intelligence（COMIN）　通信情报

comparative modeling　比较性模型法

comparative performance analysis　比较性能分析法

competing hypothesis　竞争性假设

competitive analysis　竞争性分析

computer network exploitation（CNE）　电脑网络利用

conceptual model　概念性模型

conflict spectrum　冲突范围

confirmation bias　证实偏见

counterintelligence　反情报

conventional wisdom　常规思维

covert action 隐蔽行动
cyber collection 网络搜集
cost-utility analysis 成本—效用分析
cross-impact analysis 交叉影响分析
Defense Intelligence Agency（DIA） 国防情报局
demonstration scenario 论证性情景想定
denial and deception 拒止与欺骗
Director of Central Intelligence（DCI） 中央情报主任
Director of National Intelligence（DNI） 国家情报总监
disaster curve 灾难曲线
driving-force scenario 驱动力情景想定
dynamic modeling 动态模型，也称为仿真
electronic intelligence（ELINT） 电子情报
electro-optical imaging 光电成像
elicitation 套取
exponential curve 指数曲线
extrapolation 不变力预测法
Farewell Operation “永别”行动
forecasting 变力预测法
force field analysis 力场分析
force synthesis/analysis 力量合成 / 分析
foreign instrumentation signals Intelligence（FISINT） 外国仪器信号情报
framing effect 框架效应
Gaussian Curve 高斯曲线
generalized network 广义化网络
generalized network analysis 广义网络分析
generic model 类属模型
geophysical intelligence 地球物理情报

geospatial intelligence（GEOINT） 地理空间情报

geospatial modeling 地理空间模型

gray literature 灰色文献

GRU 俄罗斯军事情报总局（格鲁乌）

hard copy source 硬拷贝来源

Heisenberg’s Uncertainty Principle 海森堡不确定性原理

heuristic bias 启发式偏见

hierarchy model 层次体系模型

horizontal relevance tree 横向相关树形图

human intelligence（HUMINT） 人力情报

human terrain model 人类地形模型

hybrid model 混合模型

hyperspectral image 高光谱图像

imagery intelligence（IMINT） 图像情报

imaging radar 成像雷达

indications and warning 征候与预警情报

indicator 预警指标

influence diagramming technique 影响图表法

information operation 信息作战

information warfare 信息战

intelligence cycle 情报周期

intelligence analysis process 情报流程

intelligence view 情报视野

iterative analysis process 迭代分析过程

Kalman Filter 卡尔曼滤波

Kempner Tregoe Rational Management Process 凯普纳·特雷高理性管理流程

liaison relationship 联络关系

linchpin premise　关键前提
link model　联系模型
literal information　文字信息
literature assessment　文献评估
literature intelligence（LITINT）　文献情报
Maslow Hierarchy of Needs　马斯洛需求层次理论
materiel and materials collection　物料和材料搜集
materiel acquisition　物料获取
matrix model　矩阵模型
measurements and signatures intelligence（MASINT）　测量与特征情报
mental model　思维模式
microphone and audio transmitter　麦克风和音频发射器
mirror-image　镜像思维
mobile dead drop　移动的无人交接点
momentum scenario　“动力”情景想定
Monte Carlo Model　蒙特卡洛模型
movement intelligence（MOVEINT）　运动情报
Myers-Briggs Type Indicator　迈尔斯—布里格斯类型指标
National Counterintelligence Executive（NCIX）　国家反情报执行办公室
National Geospatial-Intelligence Agency　国家地理空间情报局
National Reconnaissance Office　国家侦察办公室
National Security Agency（NSA）　国家安全局
netwar　网络战
network-centric warfare　网络中心战
network model　网络模型
nonliteral information　非文字信息
normal curve　正态曲线
normative model　规范性模型

online database　在线数据库

open source　公开来源

open source intelligence（OSINT）　开源情报

operational intelligence　战役情报

organizational analysis　组织分析

parametric matrix　参数矩阵

passive radiofrequency intelligence　被动射频情报

pattern analysis　模式分析

pattern bias　模式偏见

pattern model　模式模型

perception management　知觉管理

performance analysis　性能分析

preconception　先入之见

predictive analysis　预测性分析

predictive synthesis/analysis process　预测性综合 / 分析流程

President's Foreign Intelligence Advisory Board　总统国外情报咨询委员会

principles of impotence　无能原则

process model　过程模型

Program Evaluation and Review Technique Chart　项目评审方法曲线图

projection　变力预测法

psychosocial instrument　心理社会工具

qualitative force synthesis/analysis　定性力量综合 / 分析

radar intelligence　雷达情报

radio frequency flooding　射频溢流

radiometry and spectrometry　辐射测定与光谱测定法

relationship analysis　关系分析

relevance tree　相关树形图

remote and in situ sensing　遥感传感器和原位传感器

sampling technique　抽样方法
scenario　情景想定
scientific and technical intelligence（S&T）　科技情报
seismic intelligence　地震情报
signals intelligence（SIGINT）　信号情报
slice-of-time scenario　时间片段情景想定
simultaneous equations　联立方程组
social instrument　社会工具
social network analysis　社会网络分析
source　情报来源，线人
spatial model　空间式模型
statistical analysis　统计分析
straight-line extrapolation　不变力预测法
strategic intelligence　战略情报
structured argumentation　结构性论证
structured thinking　结构性思考
system-change scenario　系统变化情景想定
system dynamic　系统动态分析
tactical intelligence　战术情报
telemetry interception　遥测截取情报
telephone surveillance　电话监听
time series data analysis　时序数据分析
traceability matrix　可跟踪矩阵
traffic analysis　流量分析
trend impact analysis　趋势影响分析法
wishful thinking　愿望思维

译后记

美国的情报理论研究，从谢尔曼·肯特出版《战略情报：为美国世界政策服务》[1]算起，至今已历70余年，这期间名家辈出，成就了美国情报研究蔚为大观的局面。这里面，除了学科奠基人谢尔曼·肯特以外，我们还可以列举一连串的名字，如巴顿·惠利（Barton Whaley）、迈克尔·汉德尔（Michael I. Handel）、罗伯塔·沃尔斯泰特……

美国情报研究的发达，与其发达的情报分析实践有着密切关系。美国第一代情报分析家大多来自人文社会科学领域。他们中包括哈佛大学历史学家威廉·兰格（William L. Langer）、经济学家爱德华·梅森（Edward S. Mason）、法国史教授唐纳德·麦凯（Donald C. Mckay）、杜克大学经济学家加尔文·胡佛（Calvin B. Hoover）、普林斯顿大学的国际政治学家爱德华·厄尔（Edward M. Earle），以及历史家家阿瑟·施莱辛格（Arthur Schlesinger, Jr）、中国问题专家费正清（John K. Fairbank）等。谢尔曼·肯特本人即是第一代情报分析人员的杰出代表。他与威廉·兰格一起，开创了美国情报分析的第一个时代。

第一代情报分析人员深受逻辑实证主义哲学的影响，精神中透着实证主义的气息。他们相信，社会科学研究与自然科学研究类似，情报分析与他们拿手的历史研究是一回事。情报分析不仅是一门技艺，更是一门科

[1] *Strategic Intelligence for American World Policy*，中译本2012年1月已由金城出版社出版。

学。只要掌握基本信息，通过小心的假设，缜密的推理，他们完全可以得出正确的结论。这种理念，使情报研究拿到了科学殿堂的入场券，成为一门科学。限于其学术背景和分析工具的局限，他们主要使用定性分析方法。

然而，情报分析毕竟不同于自然科学或社会科学研究，情报资料内在的不确定性，情报分析人员的主观性，情报工作的对抗性，情报分析方法固有的局限性，始终阻碍分析人员做出客观、精确的分析。定性、含糊是传统情报分析固有的弱点。这种弱点，影响了情报分析成果被决策者的接纳。

20 世纪 60 年代以后，随着行为主义在美国政治科学领域的异军突起，一大批信奉行为主义的学者加入了情报研究行列，成为情报分析的中坚力量。他们大多来自自然科学领域，熟谙自然科学研究方法及方法论。他们给传统的以定性为特色的情报分析带来了清新的气息。各种各样的定量方法、模型建构使传统的情报分析令人耳目一新。本书的作者罗伯特 · 克拉克，就是新生代情报分析家的代表。

罗伯特 · 克拉克，1970—1984 年供职于美国中情局，担任过情报分局分析支持组（Diretorate of Intelligence's Analytic Support Group）的组长，涉足的分析领域包括苏联的雷达、通信和电子战系统。从 1984 年起，他担任科技分析公司（Scientific and Technical Analysis Corporation）的总裁和 CEO。从 2001 年起，他参与国家情报总监办公室的“情报官课程”（Intelligence Community Officer's Course），2008 年起担任国家情报总监办公室“情报界课程入门”的课程主管（Course Director of the DNI's Introduction to the Intelligence Community Course）。《情报分析：以目标为中心的方法》是他在情报研究领域的第一本书，他的第二本书《情报搜集技术》于 2010 年出版，其中译本已于 2015 年 8 月由金城出版社推出。

与前一代情报分析家的人文学科背景不同，克拉克是麻省理工学院的学士、伊利诺州立大学的电子工程学博士。坚实的学术背景和 40 余年的情报工作经历使他对情报工作形成了独特的看法，对情报分析中存在的问题，他有了自己的思考。这种思考的成果，就体现在《情报分析：以目标为中心的方法》一书中。在这本书中，他借鉴美国情报界既有的研究结果，结合自己的情报分析经验，对传统的情报周期理论进行改造，提出了“以目标为中心”的情报周期理论。他完善了情报分析的逻辑过程，形成了“问题分解—建立模型—评估数据—填充模型—进行预测”的情报分析流程。基于以目标为中心的方法，他提出了改进情报分析与决策者关系的途径。这种系统改进情报分析的见解一经提出，即在美国情报界和学术界引起热烈反响，本书很快修订再版。我们现在这个版本是本书的第三版。一本书在短短的几年内连续出版，一方面说明了美国读者对情报作品的热爱，另一方面也可说明本书的畅销程度。

本书开篇即从情报失误的缘由谈起。我们为什么会犯错误？原因很简单：我们不能共享信息，我们不能客观分析所搜集的材料，用户不能根据情报采取行动。所有这一切，都可以归结为一点：情报周期。这种周期理论界定了一系列相对独立的步骤，分割了情报搜集人员、处理人员和分析人员之间的联系，导致一种“把信息扔到墙外”的现象。谁也不用为信息负责，责任总是由下一个环节的人员承担。它限制了信息的流动，使情报生产者与情报用户之间产生了距离。此外，由于这种流程相对程式化，因此易被对手发现，易被对手操控。

解决这一问题的办法，是用情报流程理论来代替现实中并不存在的情报周期，使搜集、分析和使用各个环节充分互动，建立一个目标共享的图景，所有参与者均可从中提取他们所需要素，完成自己的工作，并为此贡献自己的资源，以建立一个更加准确的目标情景。克拉克指出：情报作为一个流程，正在变成一种非线性的和以目标为中心的网络。所有的利益相关方，包括情报搜集人员、情报分析人员和情报用户，组成一种非线性的、动态的、以目标为中心的网络。在这个流程中，情报分析渗透了各个环节，但分析并不完全是由分析人员完成，情报用户和搜集人员也参与其中。这种情报流程理论，更符合情报工作的实际运转情况。由于情报用户全程参与了情报工作，情报生产者与情报使用者之间的距离得到缩短，两者之间有了足够的互动，生产的产品能够满足使用者的不同要求，更可能在决策中发挥作用。现在，这种情报流程理论已经为美国情报界普遍接受。美国情报界将其命名为“以网络为中心的合作过程”。[1]

除了详细阐述“以目标为中心”的情报流程外，克拉克还对传统的情报分析流程进行了精细化，提出了一个更为精确的情报分析模式。

从本质上说，情报分析与社会科学研究和自然科学研究有很大的相似性，对此，老一代分析家已有论述。肯特在自己的著述中阐述过这种情报分析模式，那就是发现问题、搜集资料、评估资料、得出假设、上报结论等。这种传统的情报分析方法，注重因果关系分析，能够把所研究的事件进行连贯思考，找到主导性的观点，并以此建立起完整的描述。[2] 但是，由于种种原因，肯特在其著述中并未对此流程进行详细阐述，从而也给情报分析的入门者准确把握这种分析流程造成了障碍。例如，肯特指出在情报分析中发现问题十分重要，也认识到具体问题往往是以非常粗糙的模式出现，因此必须先进行细致而透彻的分析。然而，如何对这种问题进行分解，如何才能将其分解到可以解决的层次，肯特却语焉不详。

本书提供了一种替代方法，以重新归纳情报分析流程。这种方法，与其说是对传统情报分析逻辑的取代，不如说是对原先的情报分析逻辑的进一步精细化。重构情报分析的逻辑，构成了本书的第二大主题。

克拉克指出，尽管存在各种各样的情报分析方法，但所有的情报分析方法都来自一个根本流程。这一流程说到底就是两个步骤，其一是创建情报目标模型（综合），其二是从该模型中提取有用信息（分析）。所有的情报分析活动都是从某种形式的问题定义开始的。在开始进行情报分析前，分析人员必须理解用户的问题。一位分析人员能够采取的第一步，也是最重要的一步，就是详细了解用户所提出的问题。他必须确定用户要求进行情报分析的原因，分析结果将支持什么样的决策。对问题进行定义，是结构性论证过程的第一步。这个第一步被称为从战略到任务的分解，即

---

[1] V. Joseph Broodwater, “I Would Make the T-PED Pain Go Away,” Memorandum for the record (U.S. National Reconnaissance Office, Washington, D.C., August 3,2000), photocopy.——译注

[2] 引自李景龙：《美国情报分析理论》，北京：国防大学出版社，2010年版，第28页。——译注

把一个最高级的抽象问题分解成较低级的构成功能，直到得出必须予以执行的最基础的任务或必须予以解决的最基础的子问题。克拉克指出，错误的问题分解，必然带来错误的情报分析结果。例如，美国习惯上将反情报工作定义为防御性情报工作，从而在反情报领域造成了一系列的被动，就是因为美国对反情报问题进行了错误的定义。完成问题的定义或界定后，分析人员要搜集和评估相关信息，并将其填入目标模型。

建模是本书中的一个核心概念。对一个只具备社会科学研究背景的分析人员来说，建立模型可能遥不可及，但事实上，在克拉克看来，模型是一个普遍概念，“所有的情报活动均涉及创建目标模型，然后从中提取知识”。这里所说的模型，实际上是有关对方的活动模式，模式识别是所有情报工作的关键要素。[1] 因此，情报综合的一个重要方面是识别对手的活动模式，然后确定：这些模式是否偏离了已知的或预期的情况，这些变化是否重要到需要关注。经验丰富的情报分析人员之所以能迅速对某种情况做出判断，是因为他的脑海中已经有了关于此类情况的模型。所以，建模是我们进行情报分析的基础。就像小理查兹 · 霍耶尔所说，“情报分析人员以感觉的信息为基础构建自己认定的‘现实’，但是，感官输入的信息要经历复杂的思维过程，正是思维过程决定了哪些信息会得到处理，如何对它们进行组织以及赋予它们怎样的意义。过往经验、教育背景、文化价值观、自身身份要求、组织规则以及信息的具体细节等，都会强烈影响到人们所认知的内容、认知信息的难易程度以及获得信息之后的处理方式。人们可以将这一处理过程形象地想象成透过镜头或屏幕来观察外部世界，因此所见到的景象可能会扭曲变形。例如，为了得到最清晰的某国图景，分析人员不仅需要有关该国的信息，他们还需要清楚自己观察这些信息的镜头。这些镜头有多种多样的称谓：思维模型（mental model）、思维模式

[1] M. S. Loescher, C. Schroeder, and C. W. Thomas, *Proteus: Insights from 2020* (Utrecht, Netherlands: Copernicus Institute Press, 2000), 25.——译注

(mindset)、偏见（bias)、分析假定（analytic assumption）等。”[1]这种思维模式的好坏，则完全取决于分析人员自身的知识素养和分析技能，以及他对这个问题的理解。本书用大量的实例，说明如何就某一具体情报主题，构建情报分析模型。

模型建立后，分析人员的任务就是查出目标模型中存在的信息空白，制定填补这些空白的策略。这就涉及对情报搜集的指导。本书详细讨论了各种情报手段的优长与缺陷，从传统的间谍手段，到最现代化的网络搜集和各种信号情报手段，并讨论了搜集策略。考虑到情报工作的对抗性，本书专门讨论了拒止与欺骗问题。在一本以情报分析为主题的著作中讨论情报搜集问题，这一点颇具特色。

肯特把情报分成三种类型，即基本描述型情报、动向报告型情报和预测评估型情报。尽管肯特明确指出：评估是最珍贵的情报产品，但根据这种分类标准，基本描述型情报和动向报告型情报都是情报的基本内容。

克拉克的观点与肯特明显不同。虽然他强调要重视已经掌握的资料，并用以填充情报模型，但他明确指出，为了实用，情报分析必须具有预测性。叙述过去的事件，不是情报分析，那是历史。最高级形式的情报分析是对可能发生的情况进行预测的结构性思考。真正的情报分析总是预测性的。这就把肯特所说的基本描述型情报和动向报告型情报逐出了情报殿堂，更加强调了情报的预测性功能，实际上说出了肯特意犹未尽的弦外之音：除了预测未来的发展趋势外，所谓基本描述型情报和动向型情报，实际上都不是情报工作的真正目标，它们只是情报分析的基础，或者说，是达成情报分析终极目的的一个阶段性目标，而不是终极目标本身。

本书对预测评估型的情报分析进行了详细讨论。克拉克指出：情报分析的任务就是根据情报目标的当前状态，评估目标发展到未来状态的过渡过程，以及塑造该过程的力量。大多数预测性分析都会形成某种形式的情景想定——对目标的未来状态进行描述。通常情况下，分析人员会进行不

[1] Richards J. Heuer, Jr., *Psychology of Intelligence Analysis* (Center for the Study of Intelligence, Central Intelligence Agency, 1999), xxii. ——译注

同假设，建立若干可替代的情景想定。这其中最重要的是关注塑造事物未来状态的力量的变化，由此可以把预测区分为三种：不变力预测（力量不发生变化）、变力预测（力量发生变化）和变力与新力预测（力量变化外加新力量）。考虑到情报分析的复杂性，情报分析人员在预测时主要使用变力与新力预测，即在进行预测时要重点关注力量的变化和新力量的影响。

创建情景想定有四个步骤，这与传统的解决问题的流程很相像。第一步是定义问题，这里的关键是创建一个对情报用户有用的想定。第二步是找到与问题相关的因素或驱动力量。这些驱动力量也是想定的一部分，它们包括社会动力、经济力量、政治力量和技术力量。这些因素和力量必须根据他们在想定中的重要性进行排列。最后一步是找到可能的想定结果，选择那些最可能的想定，呈递给情报用户。

一旦完成情景想定，情报机构必须对涌进的情报实施监控。这些新搜集到的情报可提供各种指标，帮助分析人员判定哪种想定正在形成。这样，整个情报工作就转变成动向监控，以发现哪些异常迹象正在发生。

情报分析的目的是为决策提供参考，没有得到用户认可的情报分析是失败的情报分析，没有得到用户响应的预警是无效的预警。因此，建立恰当的情报与决策关系十分重要。然而，在大多数案例中，决策者不相信分析人员提供的情报，是造成情报失误的根源。

本书十分关注情报与决策者的关系，尤其关注如何才能让情报分析产品得到决策者的认可。克拉克援引肯特的话，说一名分析人员具有三个愿望："知晓一切，得到信任和对政策施加积极影响。"[1] 本书第 1 章至第 14 章可帮助分析人员学会各种分析技巧（即"知晓一切"），而第 15 章则可帮助分析人员朝第二个和第三个愿望迈进。

在情报与决策的关系中，分析人员始终处于被动的一方。决策者希望知道事态发展的趋势，但他们对预测性分析持怀疑态度。他们认为自己对

[1] Center for the Study of Intelligence, Central Intelligence Agency, "Watching the Bear: Essays on CIA's Analysis of the Soviet Union," Conference, Princeton University, March 2001, www.cia.gov/cis/books/watchingthebear/article08.html, 12. ——译注

未来的判断起码与专业分析人员一样好。因此，如果分析人员提出某种预测，却又没有过硬的证据支持，那么，该预测不会得到决策者重视。

作者分析了各种类型的情报用户——决策者、军事指挥官、执法机构、公司管理人员等对情报工作的看法，认为所有类型的情报用户都有自己的思维模式，各类情报用户与分析人员的互动迥然不同。政治领域的决策者是最难打交道的情报用户。他们对政治的理解经常比分析人员更透彻，拥有独立于情报界的信息来源。他们认为自己能够很好地读懂他人。科技与武器领域的情报用户在技术能力方面无法与分析人员相比，因此会更加尊重分析人员的观点。经济情报用户往往处于这两个极端之间。由于决策者思维模式的存在，支持政策的情报容易被接受，与政策相矛盾的情报会被忽略。这就对分析人员及其情报产品提出了极高的要求。

情报分析人员首先必须保持客观性和广阔的视野。广泛涉猎外国文化、经济、军事传统、宗教和政治学说以及哲学之类的问题，可大大提高分析人员的能力。预测外国的文化、政府、行业、系统或技术，需要分析人员具备长期的历史性的视角。此外，情报分析人员还必须成为以目标为中心的共享团队的一员，成为一位有力的团队领导者，不但能够实施团队情报行动，而且了解复杂问题的广泛性质，并致力于解决这一问题。分析人员应该采用各种做法，保障利益相关方之间的交流，提高获取和分享诸如观点、疑问、问题、反对意见、观念、假设和约束等软信息的价值。

除了秉承客观的情报分析外，一位杰出的分析人员还需要具备沟通和表达能力。他需要很好地了解各类情报用户的特点，要以解决用户感兴趣的难题和问题为重心，其提供给用户的产品要具有前瞻性，包括对主题领域的未来发展或主要趋势进行详尽的预测，以及对推动那些趋势发展的因素进行描述。要清晰阐述已被彻底研究和技术论证的各种结论。要向情报用户清晰地解释复杂的技术问题。美国前国家安全顾问布伦特·斯考克罗夫特（Brent Scowcroft）评论说：“对决策者而言，情报判断应该提醒他有哪些力量在起作用，趋势是什么，以及他必须考虑哪些可能性。”达到这些要求的预测性评估将易于被接受。

既让用户了解情报的局限，还要让他们重视情报，这对分析人员来说是一项挑战。解决这一问题的方法，就是使用户成为情报流程的一部分。这对于忙碌的决策者来说并不容易做到，但一旦用户参与到这个过程之中，交流就会顺畅很多，用户就会更容易理解和使用情报。

除了在情报分析理论和情报分析流程上有所突破外，本书还是一部情报分析的教科书。由于作者具有丰富的情报分析经验，书中使用了大量的成熟模型。如编年模型使得情报用户可以对相关事件的时机进行分析，并找到改变事态进程的方法；关系模型用于分析目标（组织、人、地点和实际物体）各要素之间在一段时间内的关系；领导人和关键行政管理人员传略可用来预测各种决策；过程模型描述的是一个可生产结果的事件或活动的序列。它经常被用来评估一个开发项目的进展；地理空间模型可将图像、地理空间信息（如地图和图表）以及从多个渠道获得的位置信息综合起来，用于描述、评估和直观地显示地球上的物理特征和有关的地理活动；人类地形测绘模型涵盖当地政治、经济、社会以及军事方面详细信息，这样的信息在军队进行战场行动时非常有用；空间—时间模型常用来观察一段时间内时局的发展，并预测其未来的发展趋势。这些模型在美国情报界已经广泛使用，我们完全可以奉行“拿来主义”的政策，直接将其引进到我国情报分析工作中。因此，本书对改进我国的情报分析工作，极具借鉴意义。

本书是美国情报分析理论的最新力作，它既展现了美国情报分析理论的创新性，也体现了美国情报分析理论的传承性。除了使用的具体方法不同外，新生代情报分析家与老一代情报分析家并无本质差别。他们都信仰情报分析的科学性，相信科学的情报分析方法和严密的逻辑推理会使他们得出必然的结论。因此，他们有着同样的情报分析逻辑，认为情报分析与学术研究一样，应该从提出问题开始。客观问题的提出、客观问题的分析、情报材料的搜集、情报材料的估计、做出假设与上报结论构成了情报分析的逻辑过程。美国第一代情报分析家的许多具体观点，在本书中得到了进一步阐发。例如，肯特鼓励对判断进行集体负责，这实际上是情报分析网络方法的雏形。克拉克推崇的从战略到问题的分解，实际上在肯特的九原则中也有体现。这充分体现了美国情报分析方法的继承性，也体系了情报分析的科学性。

在克拉克看来，以目标为中心的方法是一贴万应灵药，它可以解决情报搜集与情报分析之间、情报分析与情报用户之间的隔离，也可以用于识别对手的拒止与欺骗。换句话说，使用这一分析方法的情报人员，将可能避免情报失误。这明显与美国情报界的主流观点不符。美国情报分析家、小理查兹·霍耶尔指出，尽管分析人员总是在努力改进情报评估工作，但是，没有一种方法可以保证分析人员必然得出正确结论。也就是说，情报失误是不可避免的。

另一位分析家约翰逊指出，情报工作具有极强的时效性，这是情报分析面临的最难克服的障碍。以目标为中心的模型，本质上是一个耗时费力的过程。它比传统的情报周期理论需要耗费更多的时间。如果分析人员不断与搜集人员和决策者互动，那么，等他的产品最终抵达用户手中时早已时过境迁。所以，以目标为中心的情报分析，只是一种理想状态，在实际操作中有一定难度。但是，在对复杂问题的分析中，以目标为中心的方法还是值得一试的。

译者

国家安全与保密参考书目

情报与反情报丛书

《情报分析：以目标为中心的方法》（第2版） [美] 罗伯特·克拉克
《情报分析心理学》（第2版） [美] 小理查兹·J.霍耶尔
《情报搜集：复杂环境下的规划与实施》 [美] 韦恩·霍尔 加里·西腾鲍姆
《战略情报：为美国世界政策服务》 [美] 谢尔曼·肯特
《以目标为中心的网络建模 》 [美] 罗伯特·克拉克 [丹] 威廉·米切尔
《情报欺骗：反欺骗与反情报》 [美] 罗伯特·克拉克 [丹] 威廉·米切尔
《情报搜集：技术、方法与思维》 [美] 罗伯特·克拉克
《情报搜集的五大科目》 [美] 马克·洛文塔尔 罗伯特·克拉克
《情报分析：复杂环境下的思维方法》 [美] 韦恩·霍尔 加里·西腾鲍姆
《战略情报：情报人员、管理者和用户手册》 [澳] 唐·麦克道尔
《分析情报：国家安全从业者视角》 [美] 罗杰·乔治 詹姆斯·布鲁斯
《情报分析案例·实操版：结构化分析方法的应用》 [美] 萨拉·毕比 伦道夫·弗森
《情报分析案例：结构化分析方法的应用》 [美] 萨拉·毕比 伦道夫·弗森
《情报分析：结构化分析方法》 [美] 小理查兹·J.霍耶尔 伦道夫·弗森
《情报研究与分析入门》 [美] 杰罗姆·克劳泽 简·戈德曼
《战略情报的批判性思维》 [美] 凯瑟琳·弗森 伦道夫·弗森
《情报搜集技术》 [美] 罗伯特·克拉克
《情报：从秘密到政策》 [美] 马克·洛文塔尔

国家战略预警研究译丛

（“十三五”“十四五”国家重点图书出版专项规划项目）

《信息时代的预警分析：再造高效情报流程》 [美] 约翰·博德纳尔
《情报为何失误：案例、方法与分析》 [美] 罗伯特·杰维斯
《战略预警情报：历史、挑战与展望》 [美] 约翰·金特利 约瑟夫·戈登
《情报与突然袭击：战略预警案例研究》 [美] 埃里克·J.达尔
《减少不确定性：情报分析与国家安全》 [美] 冯稼时
《珍珠港：预警与决策》 [美] 罗伯塔·沃尔斯泰特
《预警情报手册（完整解密版）：国家安全威胁评估》 [美] 辛西娅·格拉博
《先发制人：国际冲突的先制与预防》 [美] 迈克尔·多伊尔
《突然袭击：被袭国的视角》 [以] 伊弗雷姆·卡姆

国家安全译丛

《现代英国保密史：国家秘密与国家治理》 [英] 克里斯托弗·莫兰
《秘密与泄密：美国国家保密的困境》 [美] 拉胡尔·赛加尔
《美国政府保密史：制度的诞生与进化》 [美] 戴维·弗罗斯特
《数据与监控：信息安全的隐形之战》 [美] 布鲁斯·施奈尔
《21世纪犯罪情报：公共安全从业者指南》 [美] 理查德·赖特
《恐怖主义如何终结：恐怖活动的衰退与消亡》 [美] 奥德丽·克罗宁
《国家安全与情报政策研究：美国安全体系的起源、思维和架构》 [美] 伯特·查普曼
《秘密情报与公共政策：保密、民主和决策》 [美] 帕特·霍尔特
《网络战：信息空间攻防历史、案例与未来》 [美] 保罗·沙克瑞恩
《全民监控：大数据时代的安全与隐私困境》 [英] 约翰·帕克
《骗中骗：克格勃与中情局的无声战争》 [美] 爱德华·爱泼斯坦
《情报术：间谍大师杜勒斯论情报的搜集处理》 [美] 艾伦·杜勒斯
《谁来监管泄密者？：国家安全与新闻自由的冲突》 [美] 盖里·罗斯

其　他

《情报战图文史：1939—1945年冲突中的无声对决》（精装彩印）
[美] 尼尔·卡根　史蒂芬·希斯洛普
《密战图文史：1939—1945年冲突背后的较量》（精装彩印） [英] 加文·莫蒂默
《希特勒的间谍：纳粹德国军事情报史》（全译本，上下册） [美] 戴维·卡恩
《破译者：人类密码史》（全译本，上下册） [美] 戴维·卡恩
《偷阅绅士信件的人：美国黑室创始人雅德利传》 [美] 戴维·卡恩
《大西洋密码战："捕获"恩尼格玛》 [美] 戴维·卡恩
《间谍图文史：世界情报战 5000 年》（精装彩印） [美] 欧内斯特·弗克曼
《斯诺登档案：世界头号通缉犯的内幕故事》（修订版） [英] 卢克·哈丁
《二战后的美国对外政策》 [美] 史蒂文·胡克　约翰·斯帕尼尔
《金融情报学》 王幸平

……后续新品，敬请关注……